발자취 빠르게 격증을 득한다!

DIAT 프리젠테이션

파워포인트 2016

수험서개발팀 지음

MARINEBOOKS

차례

PART 01 DIAT 시험 안내
- 01 DIAT 시험 소개 4
- 02 회원가입부터 자격증 수령까지 한눈에! 6
- 03 시험장 답안전송시스템 접속하기 8
- 04 채점 프로그램 사용 방법 9

PART 02 출제유형 마스터하기
- 01 슬라이드 크기 및 슬라이드 마스터 12
- 02 [슬라이드 1] 프리젠테이션 제목 도형 22
- 03 [슬라이드 1] 본문 도형 30
- 04 [슬라이드 1] 그림 및 텍스트 상자 37
- 05 [슬라이드 1] 애니메이션 43
- 06 [슬라이드 2] 제목 도형 48
- 07 [슬라이드 2] 본문 도형 56
- 08 [슬라이드 2] SmartArt 66
- 09 [슬라이드 3] 표 75
- 10 [슬라이드 3] 차트 81
- 11 [슬라이드 3] 텍스트 상자 및 배경 92
- 12 [슬라이드 4] 본문 도형 98
- 13 [슬라이드 4] WordArt 113

PART 03 KAIT 공개 샘플 문제
- 제01회 KAIT 공개 샘플 문제 120
- 제02회 KAIT 공개 샘플 문제 125

PART 04 실전 모의고사
- 제01회 실전모의고사 ─ 132
- 제02회 실전모의고사 ─ 137
- 제03회 실전모의고사 ─ 142
- 제04회 실전모의고사 ─ 147
- 제05회 실전모의고사 ─ 152
- 제06회 실전모의고사 ─ 157
- 제07회 실전모의고사 ─ 162
- 제08회 실전모의고사 ─ 167
- 제09회 실전모의고사 ─ 172
- 제10회 실전모의고사 ─ 177
- 제11회 실전모의고사 ─ 182
- 제12회 실전모의고사 ─ 187
- 제13회 실전모의고사 ─ 192
- 제14회 실전모의고사 ─ 197
- 제15회 실전모의고사 ─ 202
- 제16회 실전모의고사 ─ 207
- 제17회 실전모의고사 ─ 212
- 제18회 실전모의고사 ─ 217
- 제19회 실전모의고사 ─ 222
- 제20회 실전모의고사 ─ 227
- 제21회 실전모의고사 ─ 232
- 제22회 실전모의고사 ─ 237
- 제23회 실전모의고사 ─ 242

PART 01
DIAT 시험 안내

- **01** DIAT 시험 소개
- **02** 회원가입부터 자격증 수령까지 한눈에!
- **03** 시험장 답안전송시스템 접속하기
- **04** 채점 프로그램 사용 방법

DIAT 시험 소개

시험 과목

검정 과목	사용 프로그램	검정 방법	문항수	시험 시간	배점	합격 기준
프리젠테이션	- MS 파워포인트 - 한컴오피스 한쇼	작업식	4문항	40분	200점	- 초급 : 80~119점 - 중급 : 120~159점 - 고급 : 160~200점
스프레드시트	- MS 엑셀 - 한컴오피스 한셀		5문항			
워드프로세서	- 한컴오피스 한글		2문항			
멀티미디어제작	- 포토샵/곰믹스프로 - 이지포토/곰믹스프로		3문항			
인터넷정보검색	- 인터넷		8문항		100점	- 초급 : 40~59점 - 중급 : 60~79점 - 고급 : 80~100점
정보통신상식	- CBT 프로그램	객관식	40문항			

※ 스프레드시트(한셀), 프리젠테이션(한쇼), 멀티미디어제작(이지포토)는 서울, 경기, 인천 지역에 한하여 접수 가능

출제 내용(프리젠테이션)

문항		출제 내용
공통적용사항	페이지 설정	슬라이드 크기(A4), 방향(가로), 디자인 테마(Office 테마)
	슬라이드 마스터	도형 삽입, 도형 스타일, 글꼴
슬라이드1	도형 1	도형 삽입, 도형 채우기, 도형 윤곽선, 도형 효과, 글꼴
	도형 2	도형 삽입, 도형 채우기, 도형 윤곽선, 도형 효과
	도형 3	도형 삽입, 도형 스타일
	그림 삽입	그림 1 삽입, 크기
	텍스트 상자	글꼴
	애니메이션	도형 또는 그림 애니메이션 지정
슬라이드2	도형 1	도형 삽입, 도형 채우기, 도형 윤곽선, 도형 효과, 글꼴
	도형 2	도형 삽입, 도형 채우기, 도형 윤곽선, 글꼴
	도형 3~6	도형 삽입, 도형 채우기, 도형 윤곽선, 도형 효과, 글꼴
	실행 단추	도형 삽입, 하이퍼링크, 도형 스타일
	SmartArt	SmartArt 삽입, 글꼴, SmartArt 스타일
	애니메이션	SmartArt 애니메이션 지정
슬라이드3	도형 1	도형 삽입, 도형 채우기, 도형 윤곽선, 도형 효과, 글꼴
	표	표 삽입, 표 스타일, 글꼴(가장 위의 행, 나머지 행)
	차트	차트 삽입, 차트 스타일, 축 서식/데이터 레이블 서식, 범례 서식
	텍스트 상자 1~2	글꼴
	배경	그림 2 삽입
	애니메이션	차트 애니메이션 지정
슬라이드4	도형 1	도형 삽입, 도형 채우기, 도형 윤곽선, 도형 효과, 글꼴
	도형 2~4	도형 삽입, 도형 채우기, 도형 윤곽선, 도형 효과, 글꼴
	도형 5~7	도형 삽입, 도형 채우기, 도형 윤곽선, 도형 효과, 글꼴
	도형 8	도형 삽입, 도형 채우기, 도형 윤곽선, 도형 효과
	도형 9	도형 삽입, 도형 채우기(그림 3), 도형 윤곽선, 도형 효과
	WordArt	WordArt 삽입, WordArt 스타일, 글꼴

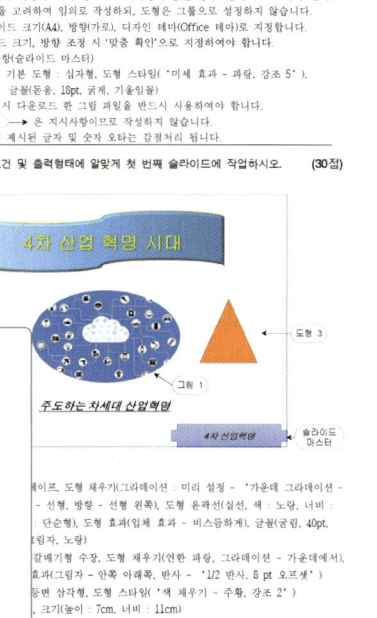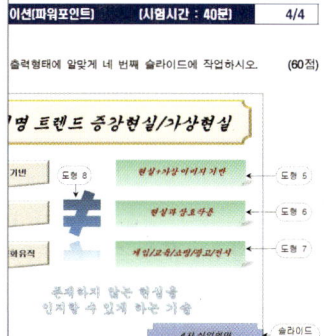

회원가입부터 자격증 수령까지 한눈에!

1. 회원가입!
회원가입 – 본인인증 – 사진등록
www.ihd.or.kr 접속 > 개인정보 입력!

2. 시험 접수!
- 정기검정, 수시검정으로 구분
- 정기검정은 인터넷으로 접수 가능
- 검정 수수료 : 1과목 20,000원
  2과목 36,000원
  3과목 51,000원

8. 자격증 신청!

7. 성적 분석
성적 분석표

시험장 답안전송시스템 접속하기

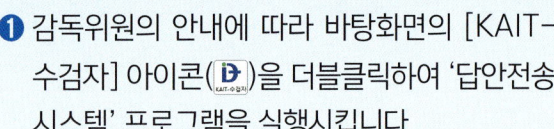

❶ 감독위원의 안내에 따라 바탕화면의 [KAIT-수검자] 아이콘( )을 더블클릭하여 '답안전송시스템' 프로그램을 실행시킵니다.

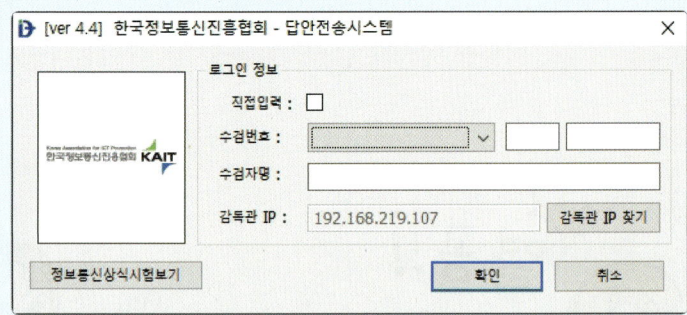

❷ 수검번호 첫 번째 부분의 화살표( )를 클릭하여 과목을 선택한 후 수검번호 가운데 4자리와 뒷 6자리를 입력합니다.

❸ 수검자명 입력란에 본인의 이름을 입력합니다.

❹ 본인 PC와 감독관 PC를 연결하기 위하여 [감독관 IP 찾기]를 클릭한 후에 [확인] 버튼을 클릭합니다.

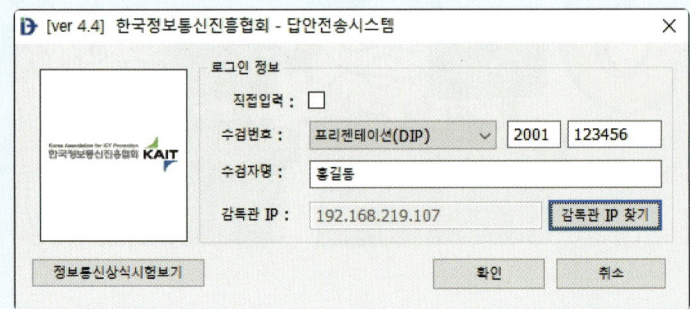

❺ [확인] 버튼을 클릭하면 컴퓨터가 잠금 상태가 됩니다.

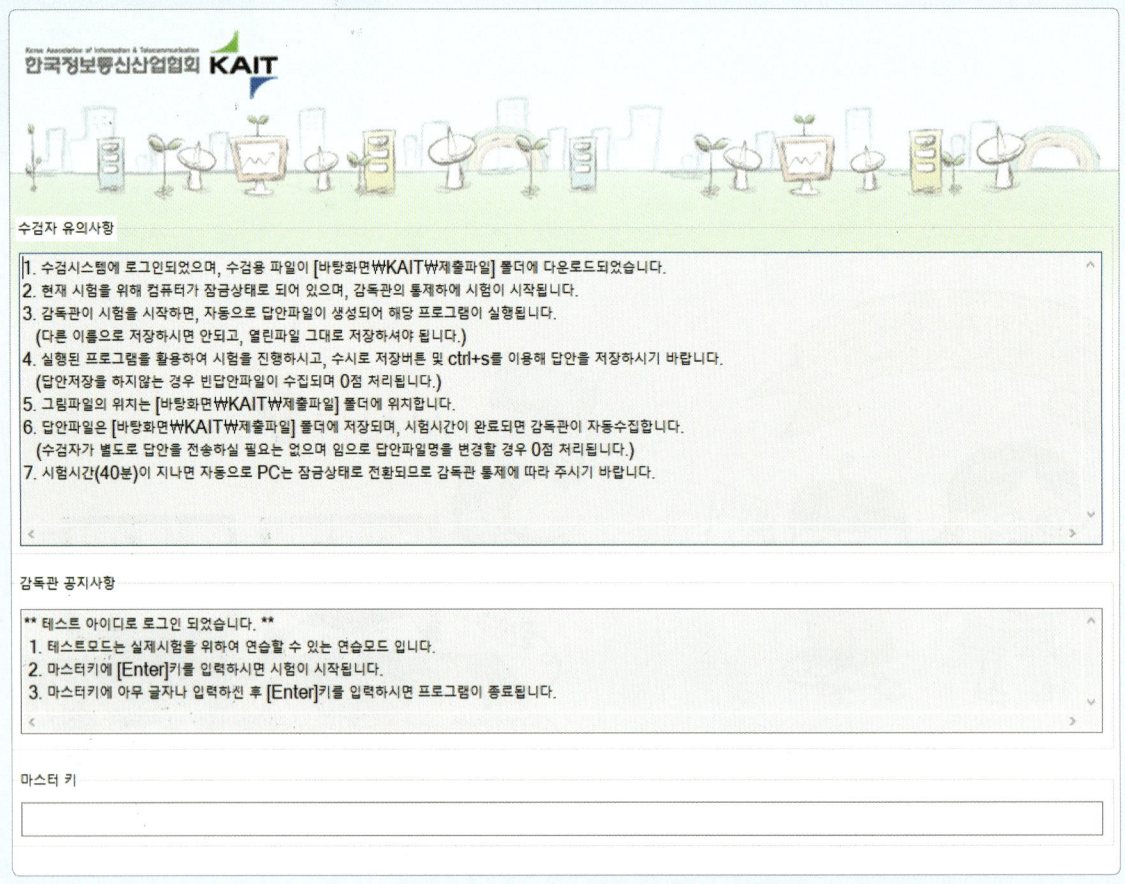

❻ 시험 시작 시간이 되면 잠금 상태가 풀리면서 답안 파일이 자동으로 열립니다.

채점 프로그램 사용 방법

1. 학생용

❶ 마린북스 홈페이지(www.mrbooks.kr)의 [자료실]에서 "마린북스 채점 프로그램(학생용)"을 다운로드합니다.

❷ 압축 파일을 풀고 프로그램을 설치합니다.

❸ 필요한 정보를 입력하고, 답안파일을 지정한 후 [답안 제출하기] 버튼을 클릭합니다.

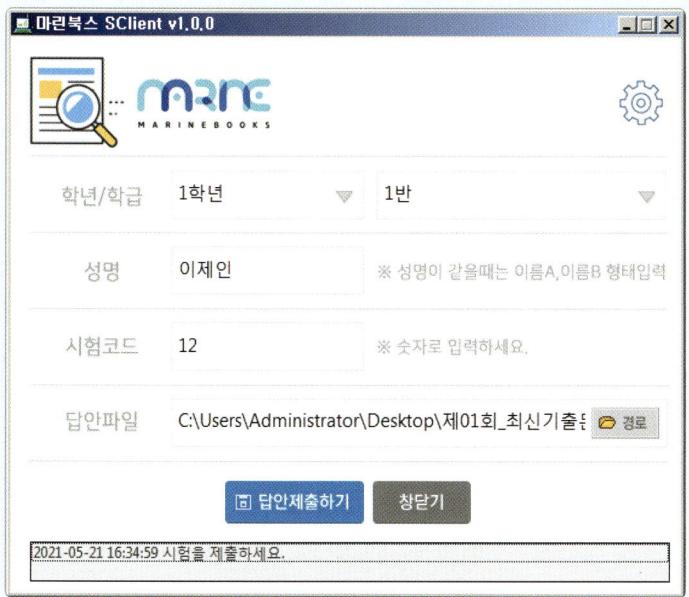

※ 시험코드는 선생님께서 알려주시는 숫자를 입력합니다.

❹ 선생님께서 보내주신 채점 결과를 확인합니다.

※ 프로그램이 실행되면 업데이트 확인 및 설치가 먼저 진행되며, 프로그램의 기능 및 사용 방법은 수시로 변경될 수 있습니다.

2. 일반 사용자용

❶ 마린북스 홈페이지(www.mrbooks.kr)의 [자료실]에서 "마린북스 채점 프로그램(교사/일반사용자용)"을 다운로드합니다.

❷ 압축 파일을 풀고 프로그램을 설치합니다.

❸ 프로그램을 실행하여 [일반 사용자용]을 클릭합니다.

※ 선생님께서는 '방과후학교 선생님들의 모임(cafe.naver.com/marinebooks)'에서 "교사용 매뉴얼"을 다운로드하여 사용하시기 바랍니다.

❹ 교재 종류와 시험을 선택한 후 답안파일을 지정하고 [채점 시작하기] 버튼을 클릭한 후 채점 결과를 확인합니다.

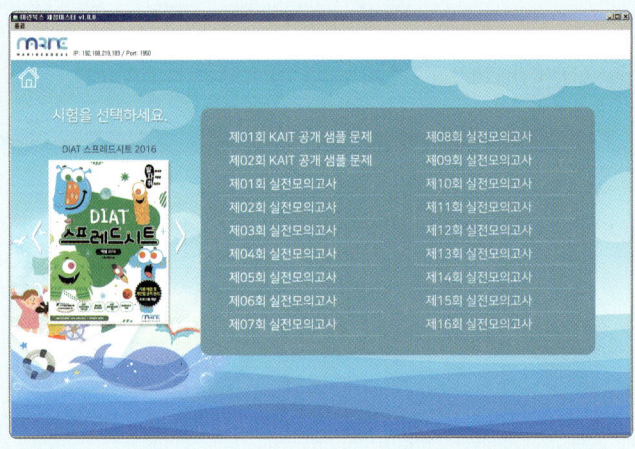

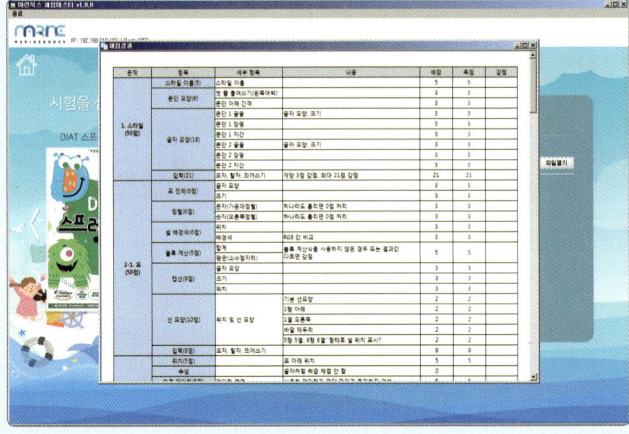

※ 프로그램이 실행되면 업데이트 확인 및 설치가 먼저 진행되며, 프로그램의 기능 및 사용 방법은 수시로 변경될 수 있습니다.

PART 02
출제유형 마스터하기

- 01 슬라이드 크기 및 슬라이드 마스터
- 02 [슬라이드 1] 프리젠테이션 제목 도형
- 03 [슬라이드 1] 본문 도형
- 04 [슬라이드 1] 그림 및 텍스트 상자
- 05 [슬라이드 1] 애니메이션
- 06 [슬라이드 2] 제목 도형
- 07 [슬라이드 2] 본문 도형
- 08 [슬라이드 2] SmartArt
- 09 [슬라이드 3] 표
- 10 [슬라이드 3] 차트
- 11 [슬라이드 3] 텍스트 상자 및 배경
- 12 [슬라이드 4] 본문 도형
- 13 [슬라이드 4] WordArt

슬라이드 크기 및 슬라이드 마스터

출제유형 마스터하기 01

시험에서 가장 먼저 해야 하는 작업이 바로 슬라이드 크기 설정입니다. 슬라이드 크기는 'A4 용지', 슬라이드 방향은 '가로', 콘텐츠 크기는 '맞춤 확인'으로 지정해야 합니다. 그리고 모든 페이지에 공통적으로 삽입되는 도형 1개를 슬라이드 마스터에서 작성해야 합니다.

소스파일: 없음 **완성파일:** 01차시(완성).pptx

문제 미리보기

《출력형태》

→ 슬라이드 마스터

《유의사항》
- 《작성조건》을 준수하여 반드시 프리젠테이션 슬라이드로 작업합니다.
- 글꼴 및 기타 사항에 대해 별도의 지시사항이 없는 경우, 슬라이드 크기와 전체적인 균형을 고려하여 임의로 작성하되, 도형은 그룹으로 설정하지 않습니다.
- 모든 슬라이드 크기(A4), 방향(가로), 디자인 테마(Office 테마)로 지정합니다.
  ▶ 슬라이드 크기, 방향 조정 시 '맞춤 확인'으로 지정하여야 합니다.
- 공통적용사항(슬라이드 마스터)
  ▶ 도형 ⇒ 순서도 : 수동 입력, 도형 스타일('보통 효과 – 파랑, 강조 5'), 글꼴(굴림, 20pt, 굵게, 기울임꼴)
- 그림 삽입 시 다운로드 한 그림 파일을 반드시 사용하여야 합니다.
- ┌┄┄┐→ 은 지시사항이므로 작성하지 않습니다.
- 슬라이드에 제시된 글자 및 숫자 오타는 감점 처리됩니다.

과정 미리보기 슬라이드 크기 변경 ▶ 레이아웃 변경 ▶ 슬라이드 마스터 작성 ▶ 슬라이드 추가

01 슬라이드 크기 변경하기

- 모든 슬라이드 크기(A4), 방향(가로), 디자인 테마(Office 테마)로 지정합니다.
  ▶ 슬라이드 크기, 방향 조정 시 '맞춤 확인'으로 지정하여야 합니다.

❶ [시작()]-[PowerPoint 2016]을 클릭하거나 바탕 화면의  아이콘을 더블 클릭하여 파워포인트 2016 프로그램을 실행한 후 [새 프레젠테이션]을 클릭합니다.

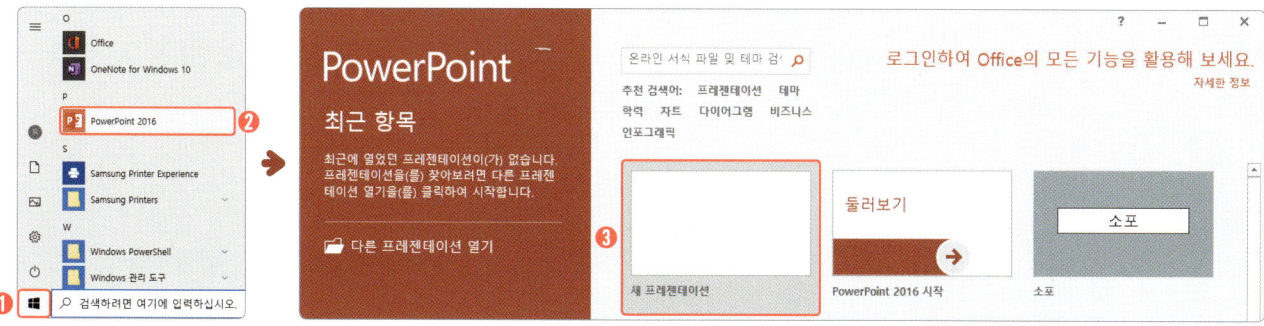

💡 **시험꿀팁**
- 시험장에서는 시험 시작과 동시에 [바탕 화면]-[KAIT]-[제출파일] 폴더의 답안 파일이 자동으로 실행됩니다.
- 답안 파일의 파일명은 'dip_123456_홍길동.pptx'와 같이 여러분의 수험번호와 이름으로 저장되어 있습니다.

❷ 슬라이드 크기를 변경하기 위해 [디자인] 탭-[사용자 지정] 그룹-[슬라이드 크기]-[사용자 지정 슬라이드 크기]를 클릭합니다.

❸ [슬라이드 크기] 대화상자에서 슬라이드 크기를 'A4 용지(210x297mm)', 슬라이드 방향을 '가로'로 선택하고 [확인]을 클릭한 후 [콘텐츠 크기 조정] 대화상자에서 **[맞춤 확인]**을 클릭합니다.

➕ 슬라이드 방향은 '가로'가 기본 값으로 설정되어 있습니다.

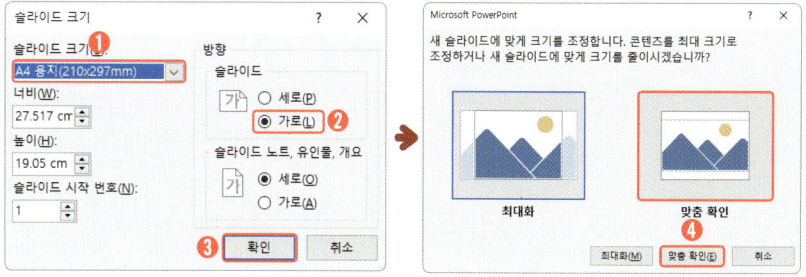

레벨업 콘텐츠 크기 선택

- 슬라이드의 크기나 방향을 변경하면 콘텐츠의 크기를 어떻게 조정할 것인지 선택해야 합니다.
  - 최대화 : 콘텐츠가 최대한 크게 보이도록 콘텐츠의 크기를 확대시킵니다.
  - 맞춤 확인 : 콘텐츠가 모두 표시되도록 콘텐츠의 크기를 축소시킵니다.
- 콘텐츠가 없는 상태에서는 '최대화'나 '맞춤 확인'이나 결과는 같지만, 시험에서는 반드시 문제에 제시된 대로 '맞춤 확인'으로 지정해야 합니다.

❹ 슬라이드 크기가 다음과 같이 변경됩니다.

➕ 유의사항의 '디자인 테마(Office 테마)'는 기본 값으로 설정되어 있으므로 설정할 필요가 없으며, [디자인] 탭-[테마] 그룹에서 확인할 수 있습니다.

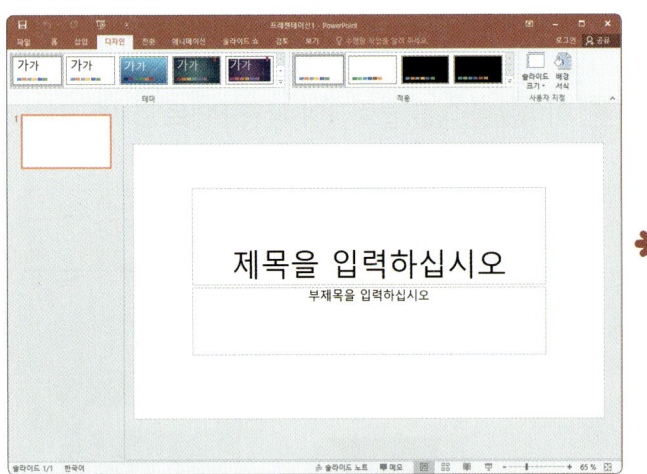 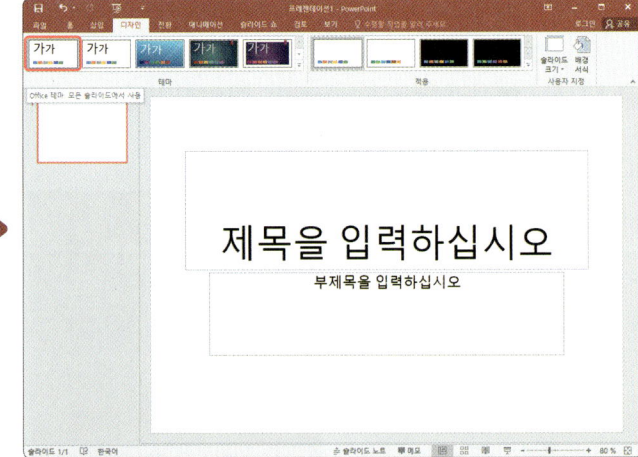

02 슬라이드 레이아웃 변경하기

❶ 슬라이드 레이아웃을 '빈 화면'으로 변경하기 위해 축소판 그림 창의 **'슬라이드 1'**을 마우스 오른쪽 버튼으로 클릭하여 [**레이아웃**]-[**빈 화면**]을 선택합니다.

➕ • 텍스트나 콘텐츠를 쉽게 입력할 수 있는 개체 틀을 사용하지 않으므로, 슬라이드 레이아웃을 '빈 화면'으로 바꾸는 것이 좋습니다.
• [홈] 탭-[슬라이드] 그룹-[레이아웃]에서도 슬라이드 레이아웃을 변경할 수 있습니다.

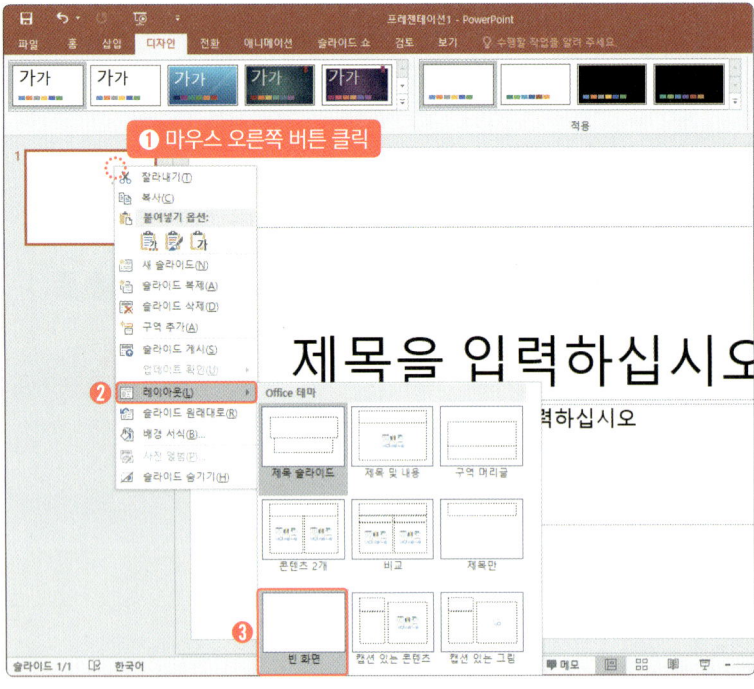 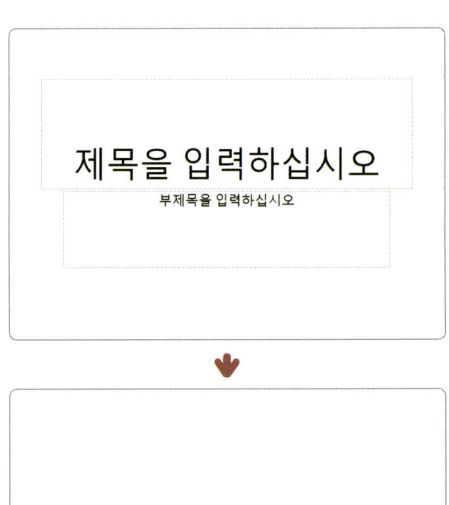

03 슬라이드 마스터 작성하기

- 공통적용사항(슬라이드 마스터)
  ▶ 도형 ⇒ 순서도 : 수동 입력, 도형 스타일('보통 효과 – 파랑, 강조 5'), 글꼴(굴림, 20pt, 굵게, 기울임꼴)

❶ 모든 슬라이드에 공통으로 표시되는 도형을 슬라이드 마스터에 삽입하기 위해 **[보기] 탭-[마스터 보기] 그룹-[슬라이드 마스터]**를 클릭합니다.

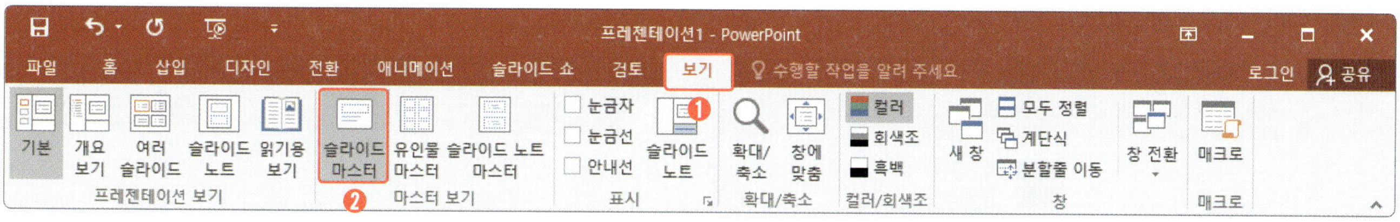

❷ 축소판 그림 창에서 맨 위의 'Office 테마 슬라이드 마스터'를 클릭합니다.

　✚ 축소판 그림 창에서 맨 위에 있는 것이 모든 슬라이드에 적용되는 '슬라이드 마스터'이고, 나머지는 해당 레이아웃에만 적용되는 '레이아웃 마스터'입니다.

❸ 도형을 삽입하기 위해 **[삽입] 탭-[일러스트레이션] 그룹-[도형]**을 클릭하고 **[순서도]-[수동 입력(▱)]**을 선택한 후 슬라이드 작업 창에서 드래그하여 도형을 그립니다.

　✚ 도형 그림에 마우스 포인터를 갖다 대면 도형의 이름이 나타납니다.

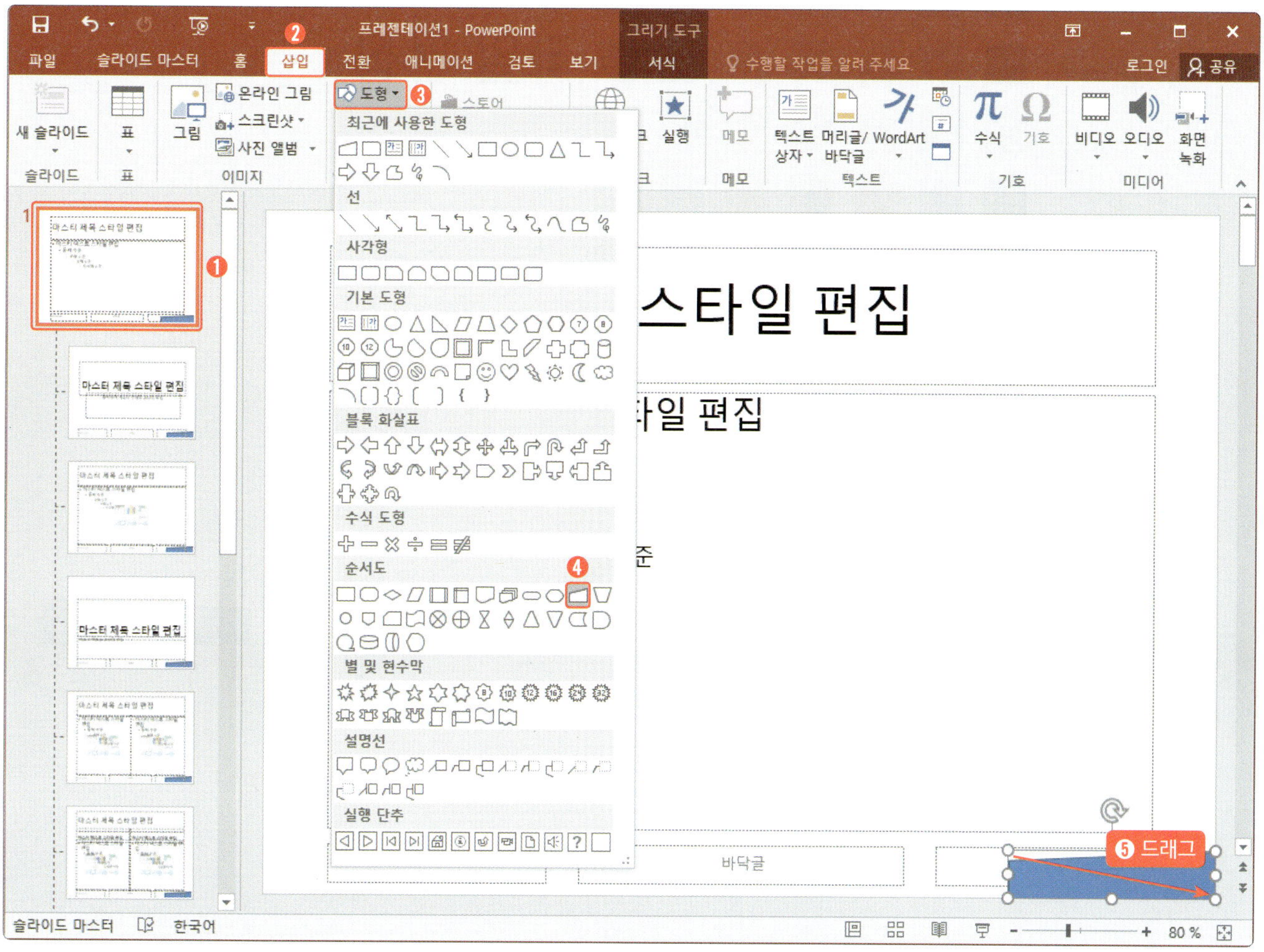

❹ 《출력형태》와 동일하도록 도형의 크기 조정 핸들(○)을 드래그하여 크기를 조정하고, 도형을 드래그하여 위치를 조정합니다.

　▣ 도형에서 색이 채워진 부분이나 테두리에 마우스 포인터를 위치시켜 모양으로 바뀐 상태에서 드래그하면 도형의 위치를 조정할 수 있으며, 도형이 선택된 상태에서 키보드 방향키를 이용하면 세밀하게 위치를 조정할 수 있습니다.

❺ 도형 스타일을 지정하기 위해 [그리기 도구-서식] 탭-[도형 스타일] 그룹의 자세히 버튼(▼)을 클릭한 후 '보통 효과 – 파랑, 강조 5'를 선택합니다.

　▣ 도형 스타일 그림에 마우스 포인터를 갖다 대면 도형 스타일의 이름이 나타납니다.

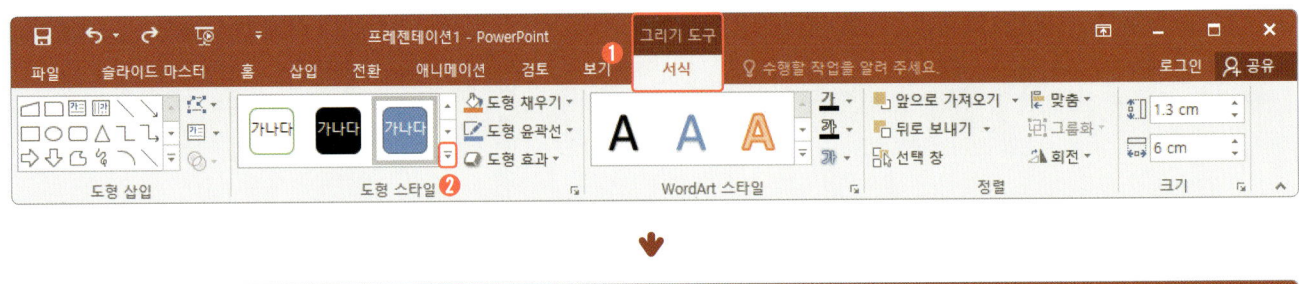

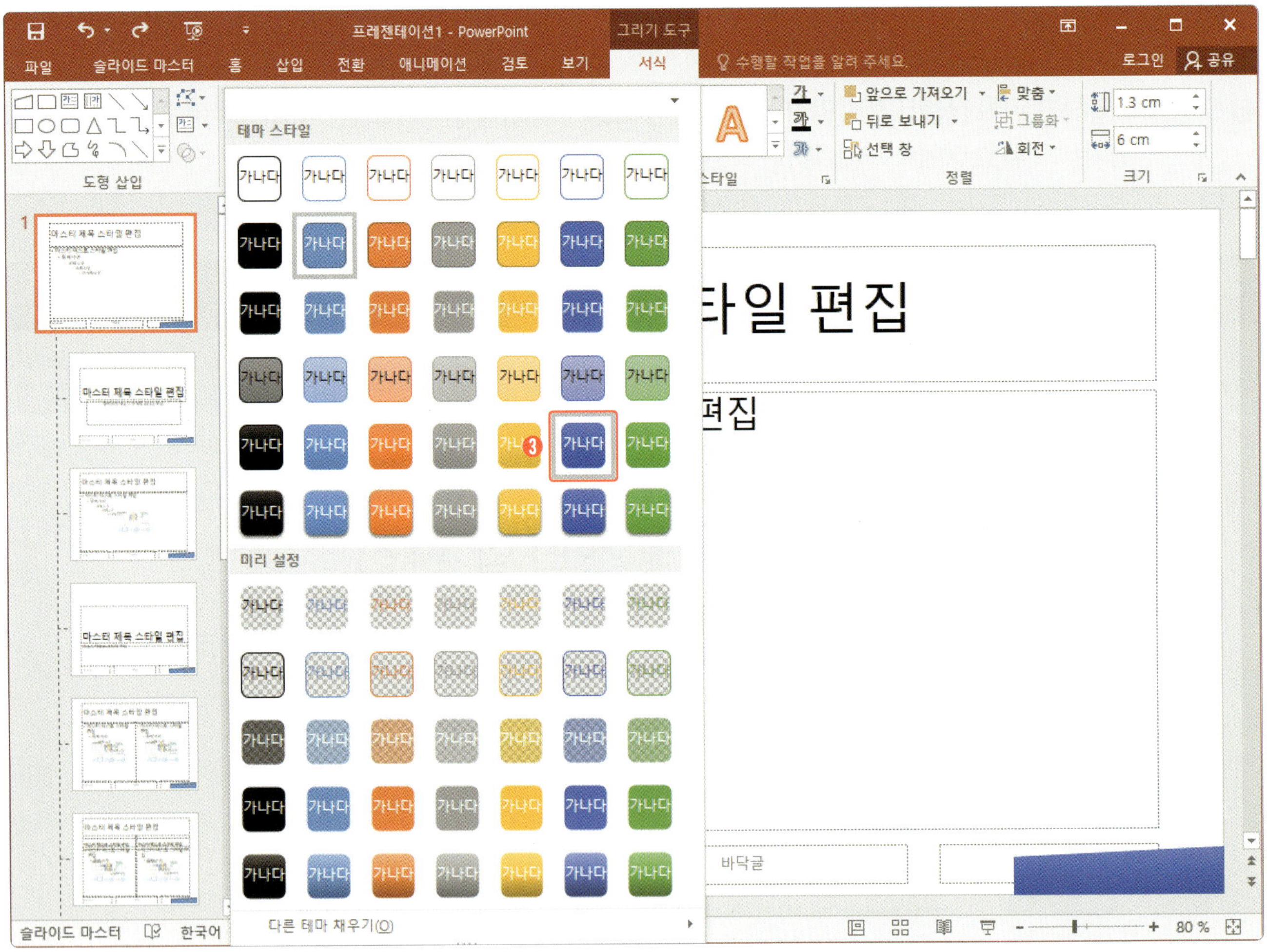

💡 **시험꿀팁**

• 슬라이드 마스터에 삽입되는 도형은 도형 채우기/도형 윤곽선/도형 효과 없이 도형 스타일만 적용하는 형태로만 출제되고 있습니다.

 **도형 스타일 이름 살펴보기**

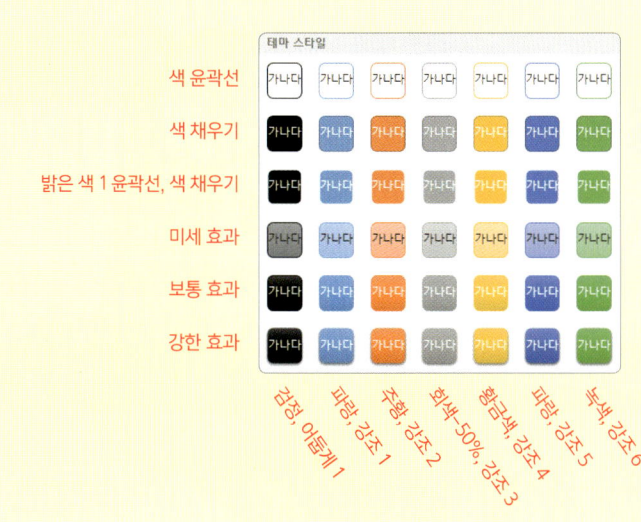

- 맨 왼쪽 맨 위의 도형 스타일은 '색 윤곽선 – 검정, 어둡게 1'입니다.
- 맨 오른쪽 맨 아래의 도형 스타일은 '강한 효과 – 녹색, 강조 6'입니다.
- 도형 스타일에 마우스 포인터를 갖다 대면 스타일의 이름이 나타나기 때문에 외울 필요는 없지만, 이러한 방식으로 이름이 지어진다는 것을 알면 쉽게 찾을 수 있습니다.

❻ 도형이 선택된 상태에서 "Future Career"를 입력한 후 Esc 를 누릅니다.

- 한글이 입력되면 한/영 을 눌러 영문을 입력하고, 영문 대문자는 Caps Lock 이 해제된 상태에서 Shift 를 누른 채 입력하면 됩니다.
- 텍스트 입력 상태에서는 글꼴을 지정할 수 없으므로 반드시 텍스트를 입력하고 나면 Esc 를 누르거나 도형의 테두리를 클릭해야 합니다.

❼ [홈] 탭-[글꼴] 그룹에서 글꼴 '굴림', 글꼴 크기 '20pt', '굵게', '기울임꼴'을 지정합니다.

- 글꼴이나 글꼴 크기를 지정할 때 선택 상자 옆의 펼침 버튼(▼)을 눌러 목록에서 선택해도 되고, 선택 상자를 클릭하여 글꼴이나 글꼴 크기를 직접 입력해도 됩니다.
- 텍스트가 한 줄이 아니라 여러 줄로 입력되면 크기 조정 핸들(○)을 드래그하여 도형의 너비를 조절하면 됩니다.

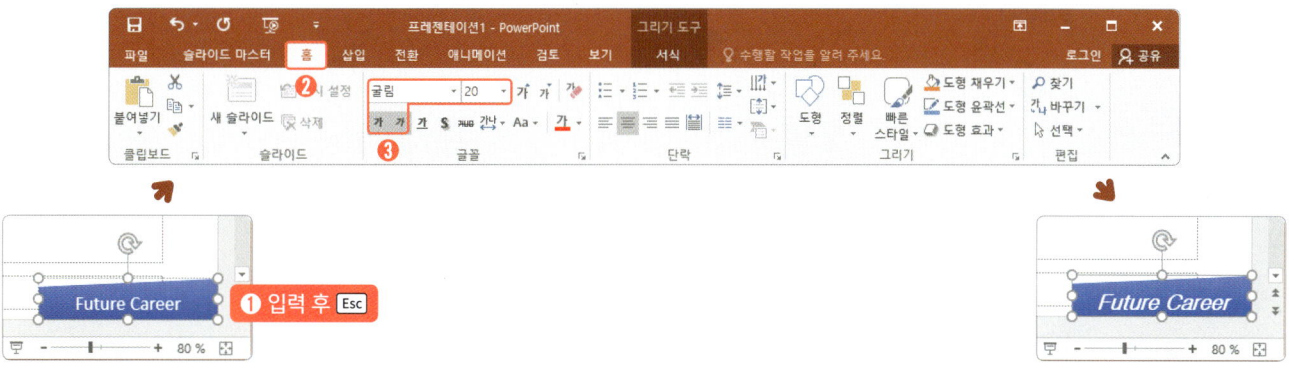

 **[글꼴] 그룹 살펴보기**

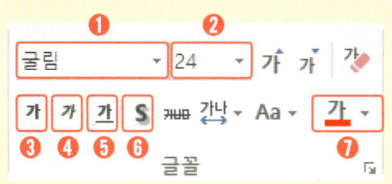

텍스트는 [홈] 탭-[글꼴] 그룹에서 꾸밀 수 있으며, 시험에서는 글꼴, 글꼴 크기, 굵게, 기울임꼴, 밑줄, 텍스트 그림자, 글꼴 색 지정 등이 출제됩니다.

❶ 글꼴 : 글꼴의 종류를 변경함
❷ 글꼴 크기 : 글꼴의 크기를 변경함
❸ 굵게 : 텍스트를 굵게 표시함
❹ 기울임꼴 : 텍스트를 기울임꼴로 표시함
❺ 밑줄 : 텍스트에 밑줄을 표시함
❻ 텍스트 그림자 : 텍스트 뒤에 그림자를 추가함
❼ 글꼴 색 : 텍스트의 색을 변경함

❽ 슬라이드 마스터의 편집을 마치고 되돌아가기 위해 **[슬라이드 마스터] 탭-[닫기] 그룹-[마스터 보기 닫기]**를 클릭합니다.

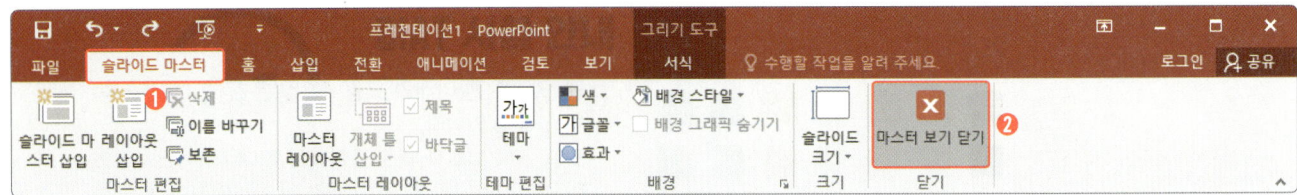

04 슬라이드 추가하기

❶ 시험에서는 4개의 슬라이드를 작성해야 하므로, 슬라이드 3개를 추가하기 위해 축소판 그림 창의 '**슬라이드 1**' 을 클릭한 후 Enter 를 **3번** 누릅니다.

　　[홈] 탭-[슬라이드] 그룹-[새 슬라이드]를 3번 클릭하거나 Ctrl + M 을 3번 눌러도 슬라이드 3개가 추가됩니다.

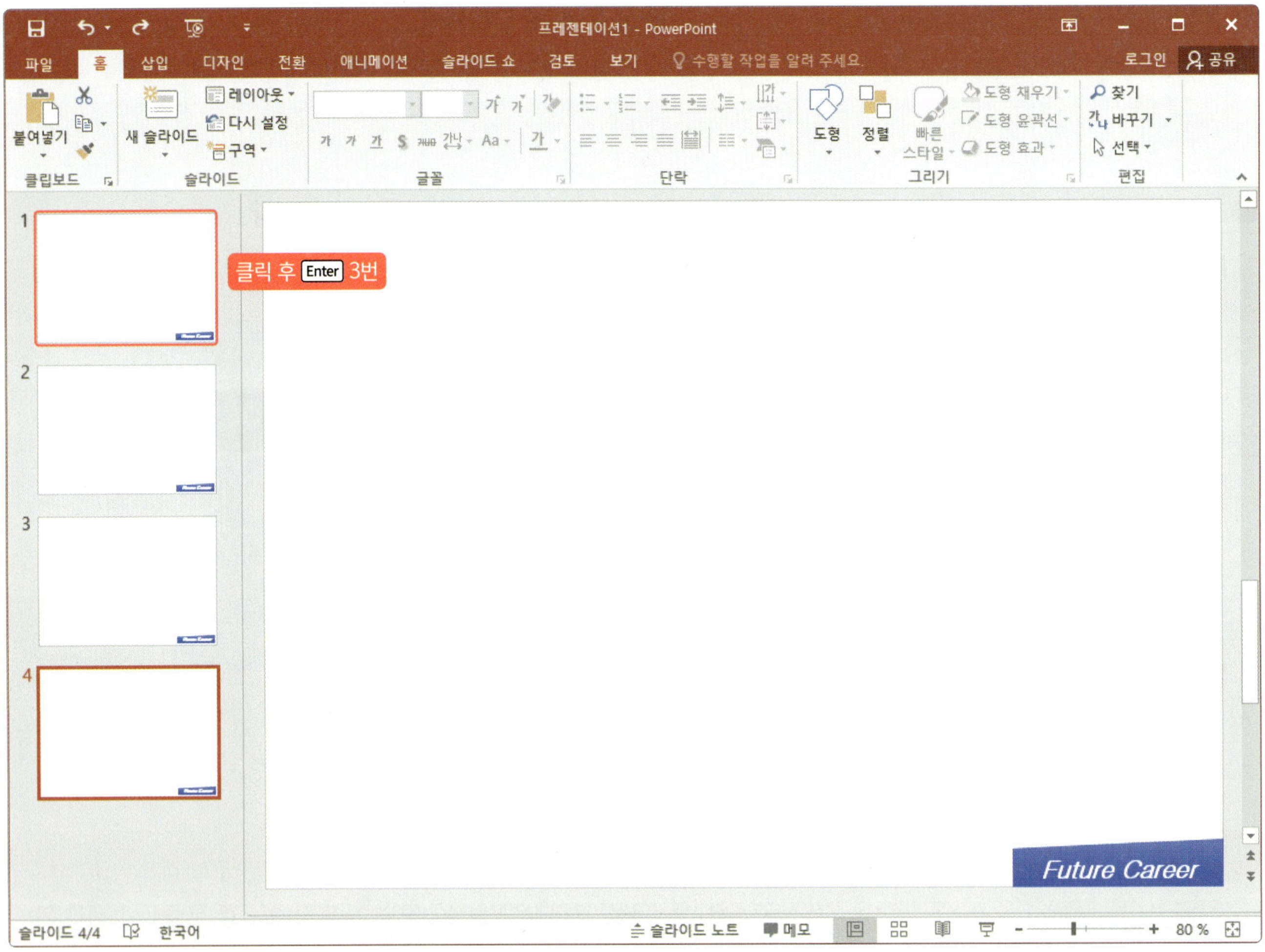

❷ 슬라이드가 추가된 것을 확인한 후 파일을 저장하기 위해 [빠른 실행 도구 모음]에서 [저장(🖫)]을 클릭하거나 Ctrl + S 를 누릅니다.

➕ [파일] 탭-[저장] 또는 [파일] 탭-[다른 이름으로 저장]을 클릭해도 됩니다.

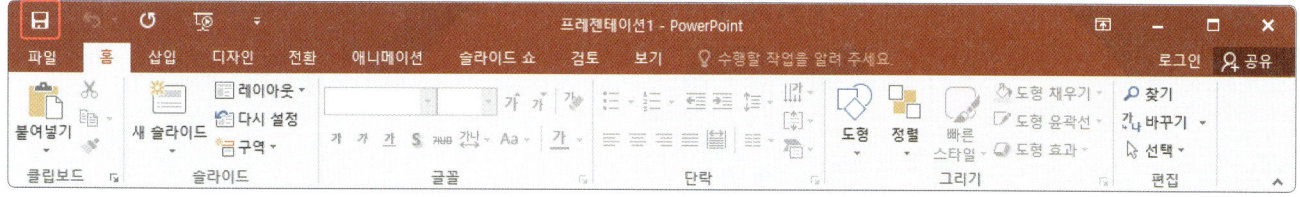

❸ 파일이 저장될 폴더를 지정하고 파일 이름에 "**01차시(본인 이름)**"을 입력한 후 [저장]을 클릭합니다.

➕ 실제 시험에서는 답안 파일 이름과 저장 폴더를 바꾸면 안 되기 때문에 [저장(🖫)]을 클릭하거나 Ctrl + S 를 눌러 저장하기만 하면 됩니다.

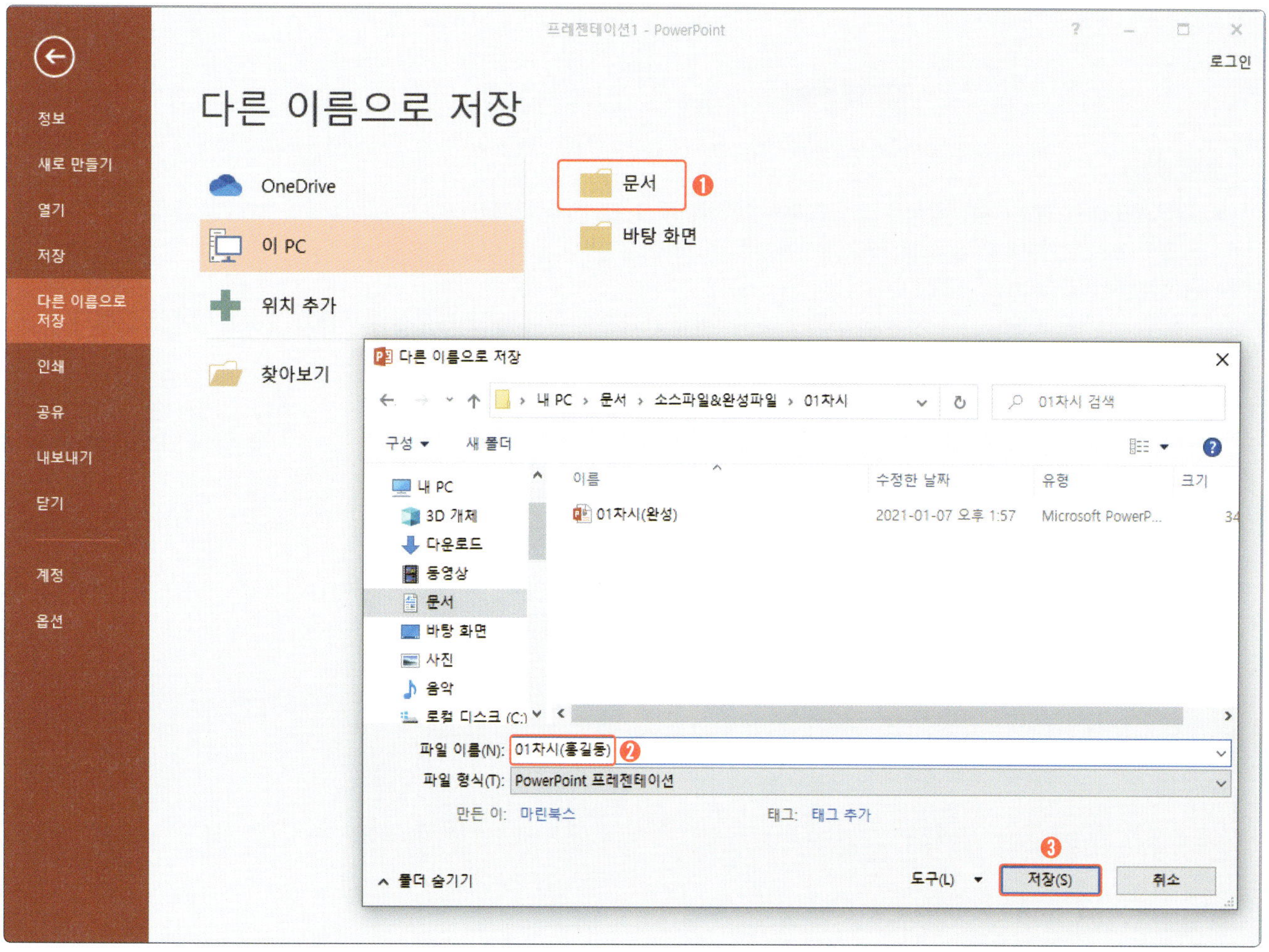

01 아래의 작성조건 및 출력형태에 알맞게 작업하시오.

소스파일: 없음
완성파일: 01-01(완성).pptx

《출력형태》

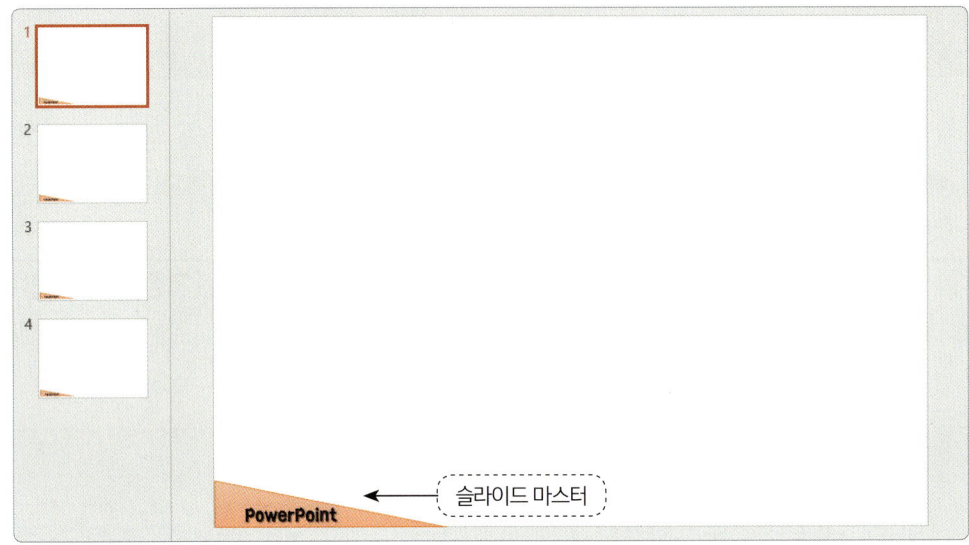

← 슬라이드 마스터

《작성조건》
▶ 모든 슬라이드 크기(A4), 방향(가로), 디자인 테마(Office 테마)로 지정합니다.
　- 슬라이드 크기, 방향 조정 시 '맞춤 확인'으로 지정하여야 합니다.
▶ 공통적용사항(슬라이드 마스터)
　- 도형 ⇒ 기본 도형 : 직각 삼각형, 도형 스타일('미세 효과 - 주황, 강조 2'), 글꼴(휴먼옛체, 20pt, 텍스트 그림자)

02 아래의 작성조건 및 출력형태에 알맞게 작업하시오.

소스파일: 없음
완성파일: 01-02(완성).pptx

《출력형태》

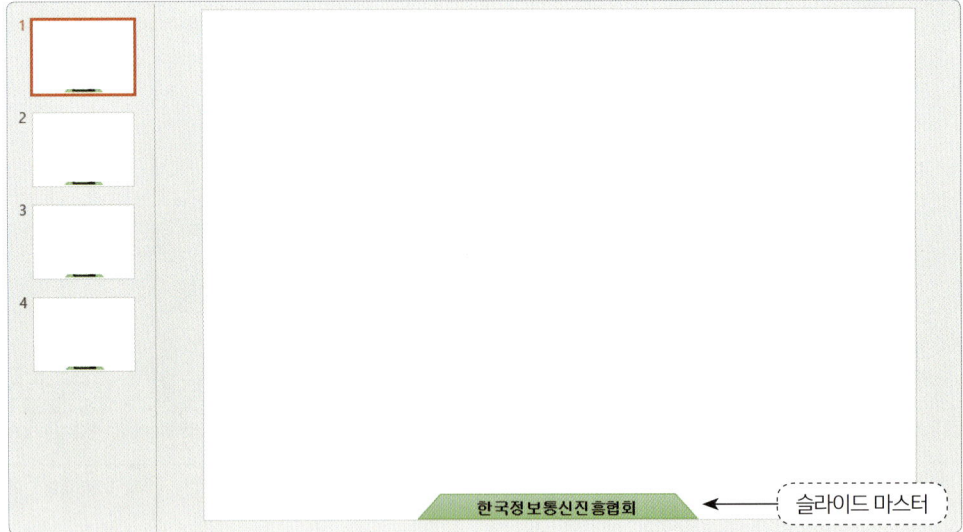

← 슬라이드 마스터

《작성조건》
▶ 모든 슬라이드 크기(A4), 방향(가로), 디자인 테마(Office 테마)로 지정합니다.
　- 슬라이드 크기, 방향 조정 시 '맞춤 확인'으로 지정하여야 합니다.
▶ 공통적용사항(슬라이드 마스터)
　- 도형 ⇒ 기본 도형 : 사다리꼴, 도형 스타일('미세 효과 - 녹색, 강조 6'), 글꼴(굴림, 18pt, 굵게)

03 아래의 작성조건 및 출력형태에 알맞게 작업하시오.

소스파일: 없음
완성파일: 01-03(완성).pptx

《출력형태》

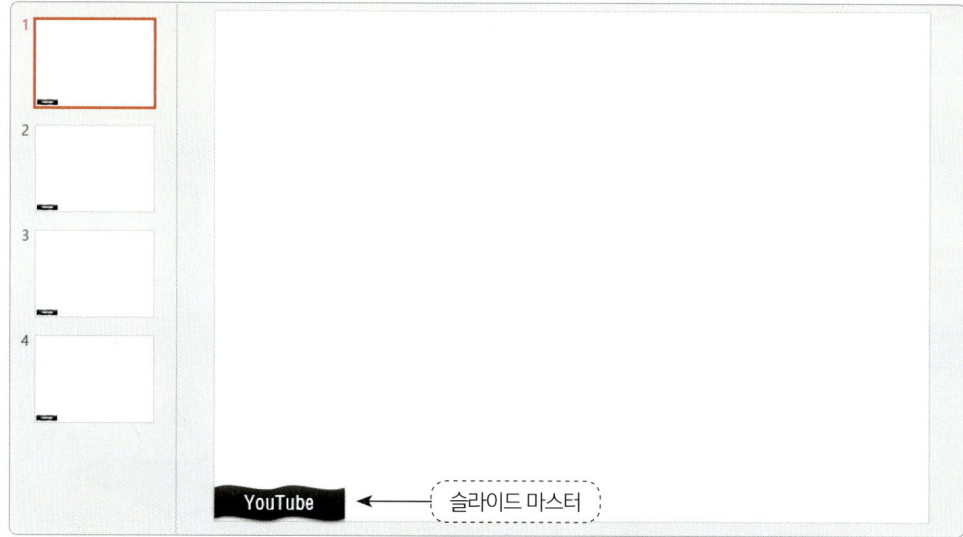

《작성조건》

▶ 모든 슬라이드 크기(A4), 방향(가로), 디자인 테마(Office 테마)로 지정합니다.
　- 슬라이드 크기, 방향 조정 시 '맞춤 확인'으로 지정하여야 합니다.
▶ 공통적용사항(슬라이드 마스터)
　- 도형 ⇒ 별 및 현수막 : 이중 물결, 도형 스타일('강한 효과 – 검정, 어둡게 1'), 글꼴(휴먼모음T, 20pt, 텍스트 그림자)

04 아래의 작성조건 및 출력형태에 알맞게 작업하시오.

소스파일: 없음
완성파일: 01-04(완성).pptx

《출력형태》

《작성조건》

▶ 모든 슬라이드 크기(A4), 방향(가로), 디자인 테마(Office 테마)로 지정합니다.
　- 슬라이드 크기, 방향 조정 시 '맞춤 확인'으로 지정하여야 합니다.
▶ 공통적용사항(슬라이드 마스터)
　- 도형 ⇒ 순서도 : 수동 입력, 도형 스타일('강한 효과 – 녹색, 강조 6'), 글꼴(궁서, 20pt, 기울임꼴, 밑줄)

[슬라이드 1] 프리젠테이션 제목 도형

[슬라이드 1]에는 프리젠테이션 제목이 들어가는 제목 도형 1개와, 입력 텍스트가 없는 도형 2개가 출제됩니다. 제목 도형은 도형을 작성하고 도형 채우기, 도형 윤곽선, 도형 효과를 지정한 후에 텍스트를 입력하고 글꼴 서식을 지정하면 됩니다. 이번 차시에서는 제목 도형에 대해 학습하겠습니다.

소스파일: 02차시(문제).pptx **완성파일:** 02차시(완성).pptx

문제 미리보기

《출력형태》

《작성조건》
- 도형 1 ⇒ 별 및 현수막 : 위로 구부러진 리본,
  도형 채우기(그라데이션 : 미리 설정 - '가운데 그라데이션 - 강조 5', 종류 - 방사형, 방향 - 가운데에서),
  도형 윤곽선(실선, 색 : 진한 파랑, 너비 : 2pt, 겹선 종류 : 단순형),
  도형 효과(그림자 - 바깥쪽 - 오프셋 아래쪽), 글꼴(휴먼옛체, 48pt, 텍스트 그림자, 노랑)
- 도형 2 ⇒ 기본 도형 : 구름, 도형 채우기('회색-25%, 배경 2', 그라데이션 - 선형 위쪽), 선 없음,
  도형 효과(그림자 - 안쪽 가운데, 반사 - '근접 반사, 4 pt 오프셋')
- 도형 3 ⇒ 기본 도형 : 웃는 얼굴, 도형 스타일('색 채우기 - 황금색, 강조 4')
- 그림 삽입 ⇒ 그림 1 삽입, 크기(높이 : 7cm, 너비 : 10cm)
- 텍스트 상자(학생들의 희망 직업 알아보기) ⇒ 글꼴(돋움, 24pt, 굵게, 밑줄)
- 애니메이션 지정 ⇒ 도형 1 : 나타내기 - 블라인드
- 지시사항이 없는 부분은《출력형태》와 동일하게 작성하시오.

과정 미리보기

도형 삽입 ➡ 도형 채우기 ➡ 도형 윤곽선 ➡ 도형 효과 ➡ 글꼴 지정

01 도형 삽입하기

▶ 도형 1 ⇒ 별 및 현수막 : 위로 구부러진 리본

❶ 파워포인트 2016 프로그램을 실행하여 소스파일을 열기 위해 **[다른 프레젠테이션 열기]**를 클릭합니다. [열기] 대화상자에서 **[찾아보기]**를 클릭한 후 **[02차시]** 폴더의 '02차시(문제).pptx' 파일을 선택하고 [열기]를 클릭합니다.

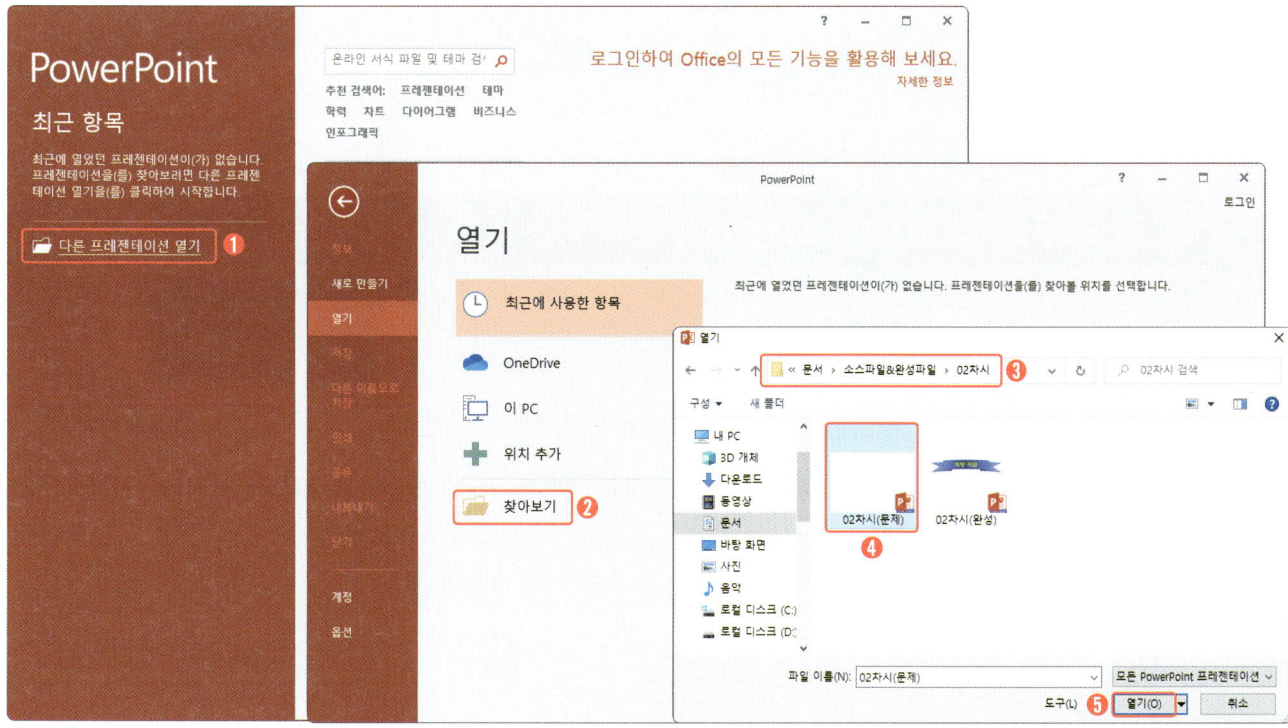

❷ 축소판 그림 창의 '슬라이드 1'을 클릭한 후 도형을 삽입하기 위해 **[삽입]** 탭-**[일러스트레이션]** 그룹-**[도형]**을 선택한 후 **[별 및 현수막]**-**[위로 구부러진 리본(　)]**을 클릭합니다.

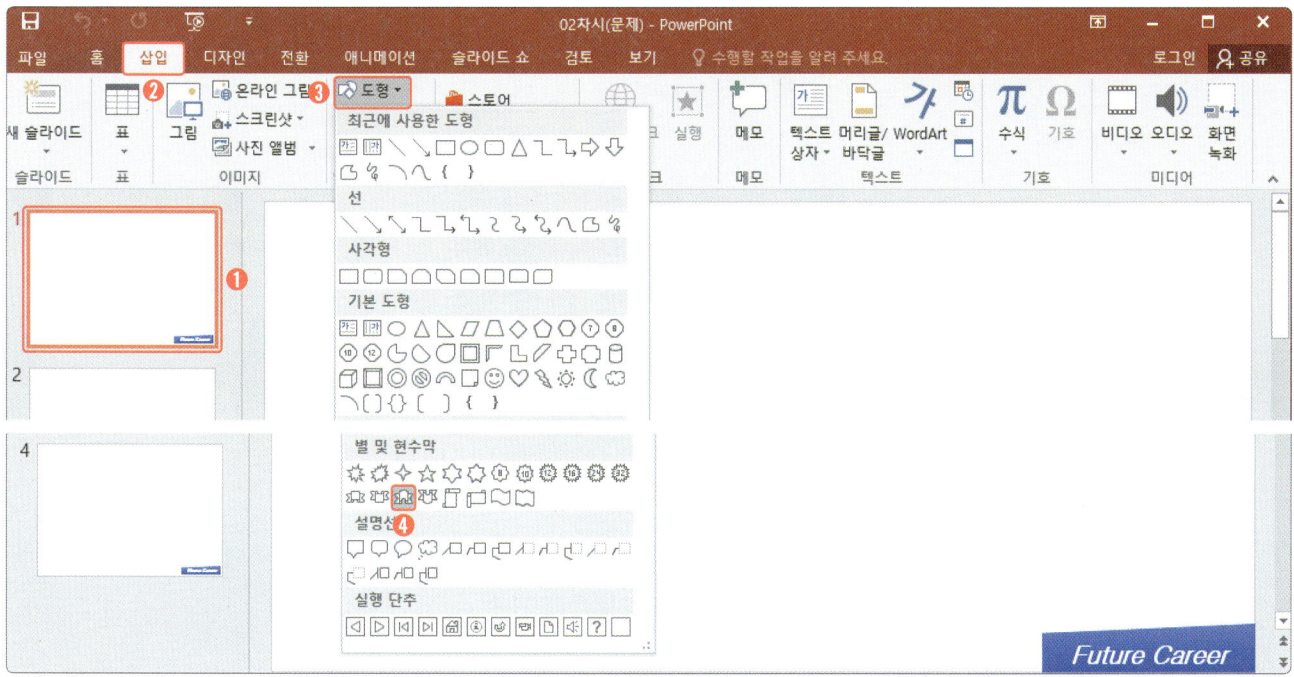

❸ 드래그하여 도형을 그린 후 《출력형태》와 동일하게 크기와 위치를 조정합니다.

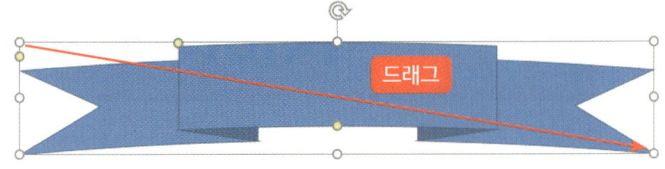

❹ 리본 가운데 부분의 너비를 늘이기 위해 위쪽 노란색 조절점을 왼쪽으로 드래그합니다.

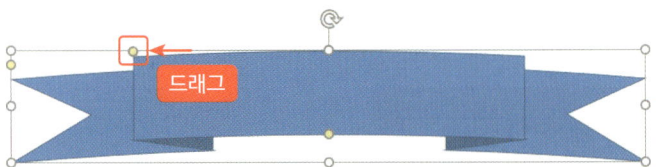

02 도형 채우기 및 윤곽선 지정하기

▶ 도형 1 ⇒ 도형 채우기(그라데이션 : 미리 설정 – '가운데 그라데이션 – 강조 5', 종류 – 방사형, 방향 – 가운데에서),
도형 윤곽선(실선, 색 : 진한 파랑, 너비: 2pt, 겹선 종류 : 단순형)

❶ 도형 채우기를 지정하기 위해 도형 위에서 마우스 오른쪽 버튼을 클릭하여 [도형 서식] 메뉴를 클릭합니다.

❷ 화면 오른쪽 [도형 서식] 작업 창에서 [채우기]-[그라데이션 채우기]-[그라데이션 미리 설정]-[가운데 그라데이션 – 강조 5]를 클릭한 후 종류는 '**방사형**', 방향은 '**가운데에서**'를 선택합니다.

➕ 그라데이션은 한 색상에서 다른 색상으로 점진적이고 자연스럽게 변하는 것을 의미합니다.

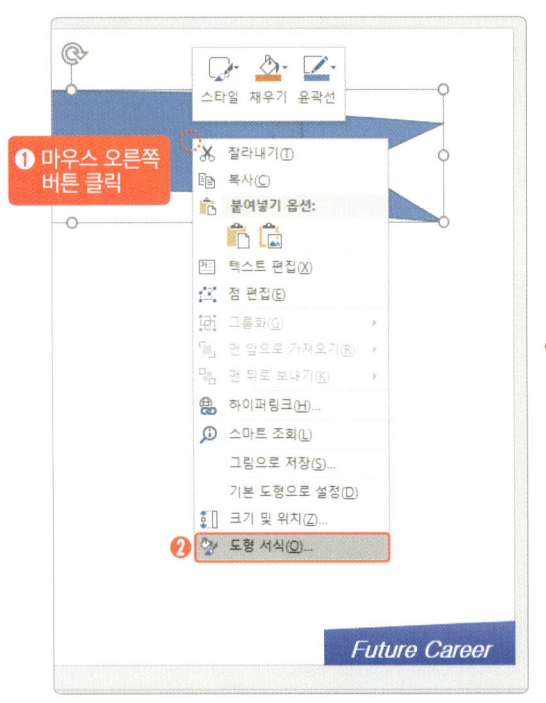  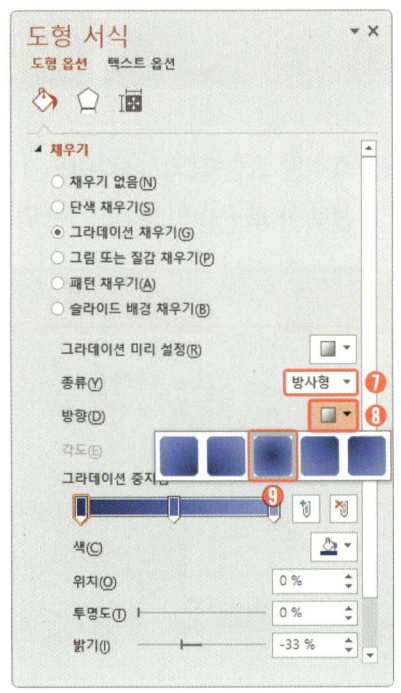

💡 시험꿀팁

- 그라데이션 채우기는 두 가지 유형으로 출제됩니다.
- 유형 1) "그라데이션 미리 설정" 유형은 [도형 서식] 작업 창에서 설정해야 합니다.
- 유형 2) "단색 그라데이션" 유형은 [그리기 도구-서식] 탭-[도형 스타일] 그룹-[도형 채우기]에서 설정해야 합니다.

 **오른쪽 작업 창 너비 조정하기**

- 오른쪽의 작업 창 너비가 좁으면 작업하기가 불편합니다.
- 아래쪽의 가로 스크롤 바를 오른쪽으로 이동시키면 가려진 부분이 보입니다.
- 작업 창 경계선을 왼쪽으로 드래그하여 작업 창 너비를 크게 하면 편리합니다.

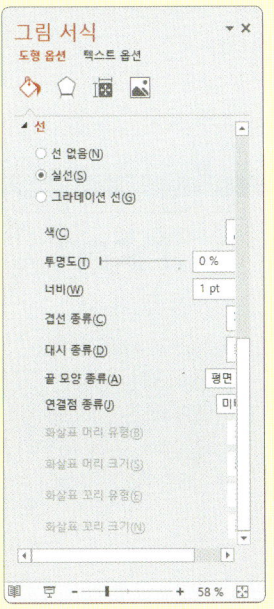 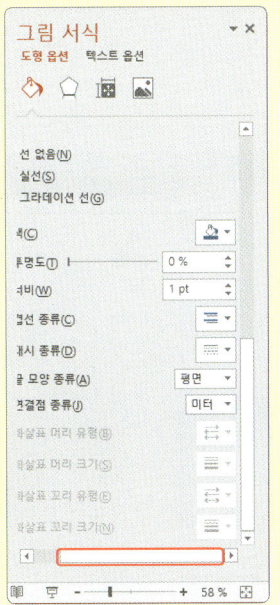 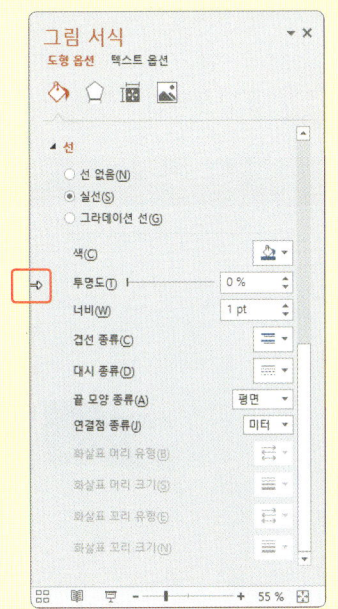

❸ 다음과 같이 그라데이션으로 도형 채우기가 적용됩니다.

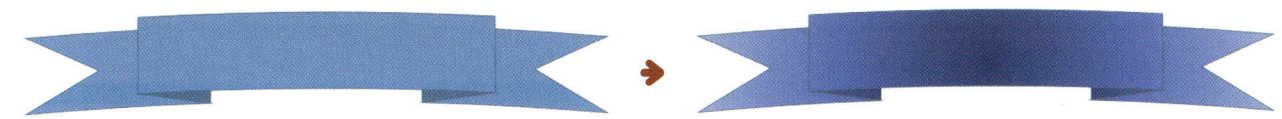

❹ 도형 윤곽선을 지정하기 위해 [도형 서식] 작업 창 아래에서 [선]-[실선]을 선택하고 색은 '**진한 파랑**', 너비는 '**2pt**', 겹선 종류는 '**단순형**'을 선택합니다.

➕ 겹선 종류 '단순형'은 기본 값이므로 확인만 하면 됩니다.

❺ 도형 윤곽선 지정이 완료되면 [도형 서식] 작업 창의 닫기 버튼을 클릭하여 닫습니다.

 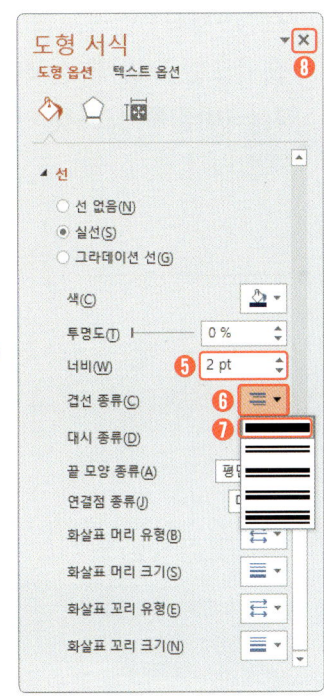

❻ 다음과 같이 도형 윤곽선이 적용됩니다.

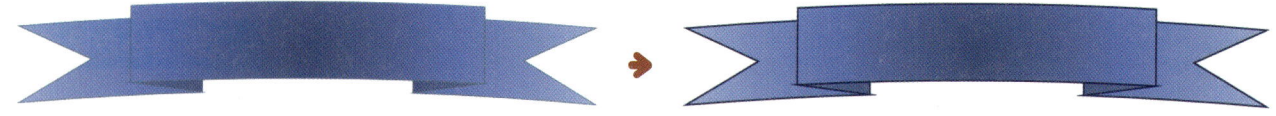

레벨업 도형 윤곽선 지정하기

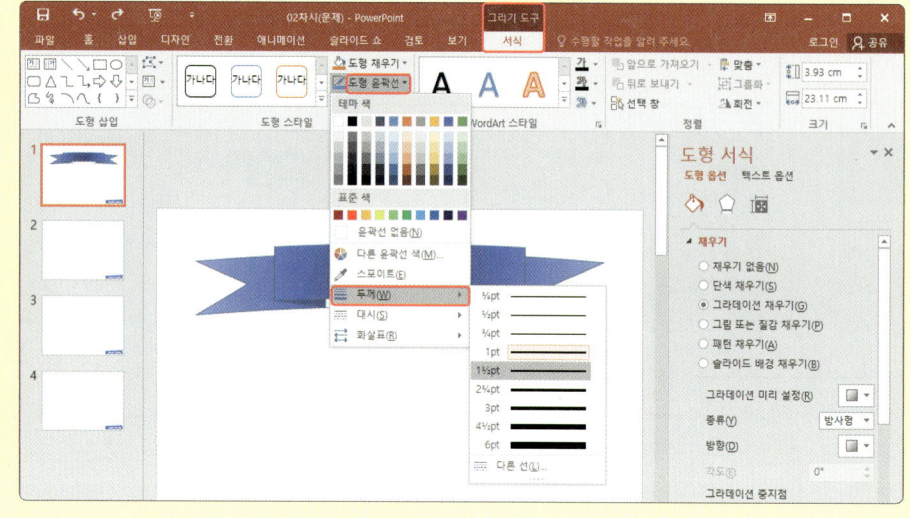

- 도형 윤곽선 색과 너비(두께)는 그림과 같이 [그리기 도구-서식] 탭-[도형 스타일] 그룹-[도형 윤곽선]에서 지정할 수도 있습니다.
- 하지만 선 너비(두께)가 몇 개만 있고 겹선 종류는 지정하기 어렵기 때문에 [도형 서식] 작업 창에서 도형 채우기와 함께 윤곽선을 지정해야 합니다.

03 도형 효과 지정하기

▶ 도형 1 ⇒ 도형 효과(그림자 – 바깥쪽 – 오프셋 아래쪽)

❶ 도형 효과를 지정하기 위해 [그리기 도구-서식] 탭-[도형 스타일] 그룹-[도형 효과]를 선택한 후 [그림자]-[바깥쪽-오프셋 아래쪽]을 클릭합니다.

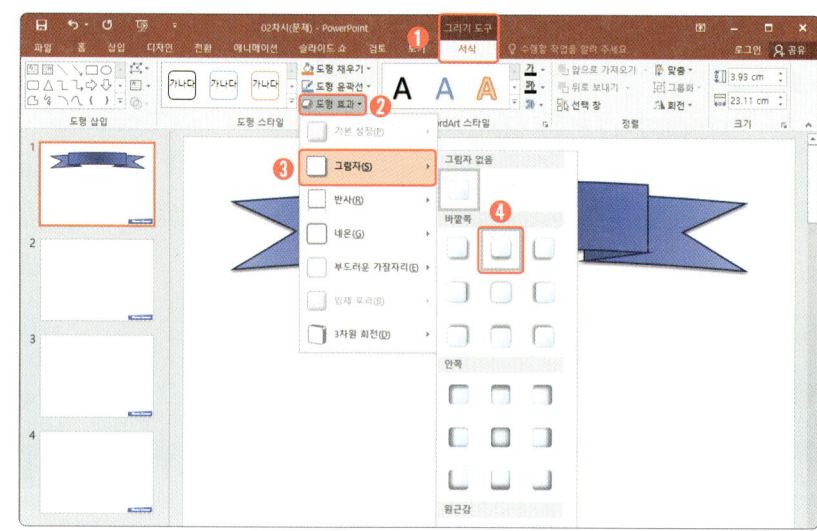

❷ 다음과 같이 그림자가 적용됩니다.

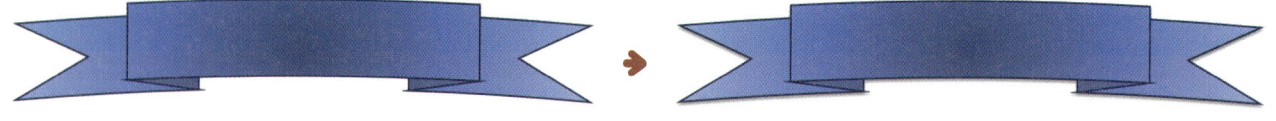

 **도형 효과 지정하기**

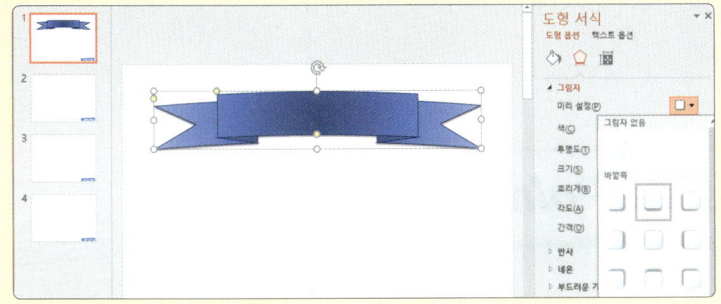

- 도형 효과는 다음과 같이 [도형 서식] 작업 창에서 지정할 수도 있습니다.
- 하지만 도형 효과 중에서 '입체 효과'는 [도형 서식] 작업 창에서 지정하기 어렵기 때문에 도형 효과는 [그리기 도구-서식] 탭-[도형 스타일] 그룹-[도형 효과]에서 지정하는 것이 좋습니다.

 **그림자 효과 종류 살펴보기**

❶ 오프셋 대각선 오른쪽 아래
❷ 오프셋 아래쪽
❸ 오프셋 대각선 왼쪽 아래
❹ 오프셋 오른쪽
❺ 오프셋 가운데
❻ 오프셋 왼쪽
❼ 오프셋 대각선 오른쪽 위
❽ 오프셋 위쪽
❾ 오프셋 대각선 왼쪽 위

❶ 안쪽 대각선 왼쪽 위
❷ 안쪽 위쪽
❸ 안쪽 대각선 오른쪽 위
❹ 안쪽 왼쪽
❺ 안쪽 가운데
❻ 안쪽 오른쪽
❼ 안쪽 대각선 왼쪽 아래
❽ 안쪽 아래쪽
❾ 안쪽 대각선 오른쪽 아래

❶ 원근감 대각선 왼쪽 위
❷ 원근감 대각선 오른쪽 위
❸ 아래쪽
❹ 원근감 대각선 왼쪽 아래
❺ 원근감 대각선 오른쪽 아래

04 텍스트 입력 및 글꼴 지정하기

▶ 도형 1 ⇒ 글꼴(휴먼옛체, 48pt, 텍스트 그림자, 노랑)

❶ 도형이 선택된 상태에서 "**희망 직업**"을 입력한 후 Esc 를 누릅니다.

❷ [홈] 탭-[글꼴] 그룹에서 글꼴 '**휴먼옛체**', 글꼴 크기 '**48pt**', '**텍스트 그림자**', 글꼴 색 '**노랑**'을 지정합니다.

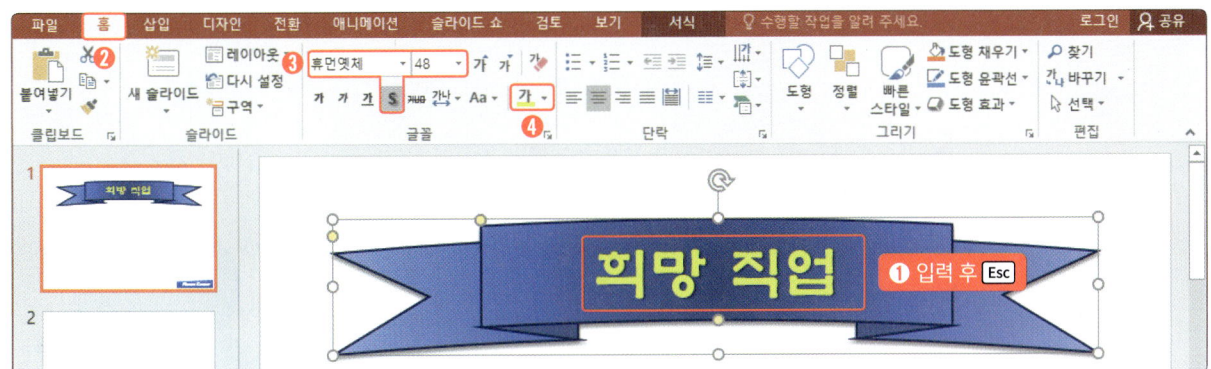

❸ 글꼴 서식이 지정된 것을 확인한 후 [빠른 실행 도구 모음]에서 [**저장(💾)**]을 클릭하거나 Ctrl + S 를 눌러 파일을 저장합니다.

➕ 실제 시험에서는 작업하면서 수시로 저장하는 것이 좋습니다.

01 아래의 작성조건 및 출력형태에 알맞게 작업하시오.

소스파일: 02-01(문제).pptx
완성파일: 02-01(완성).pptx

《출력형태》

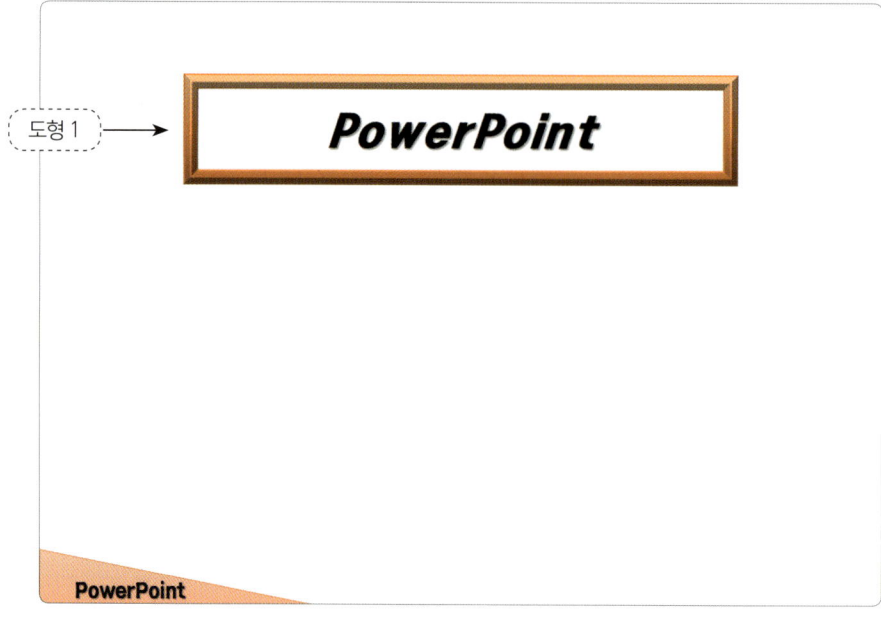

《작성조건》

▶ 도형 1 ⇒ 기본 도형 : 액자, 도형 채우기(그라데이션 : 미리 설정 – '가운데 그라데이션 – 강조 2', 종류 – 선형, 방향 – 선형 위쪽), 도형 윤곽선(실선, 색 : '주황, 강조 2', 너비 : 1.5pt, 겹선 종류 : 단순형), 도형 효과(입체 효과 – 각지게), 글꼴(휴먼둥근헤드라인, 36pt, 기울임꼴, 텍스트 그림자)

02 아래의 작성조건 및 출력형태에 알맞게 작업하시오.

소스파일: 02-02(문제).pptx
완성파일: 02-02(완성).pptx

《출력형태》

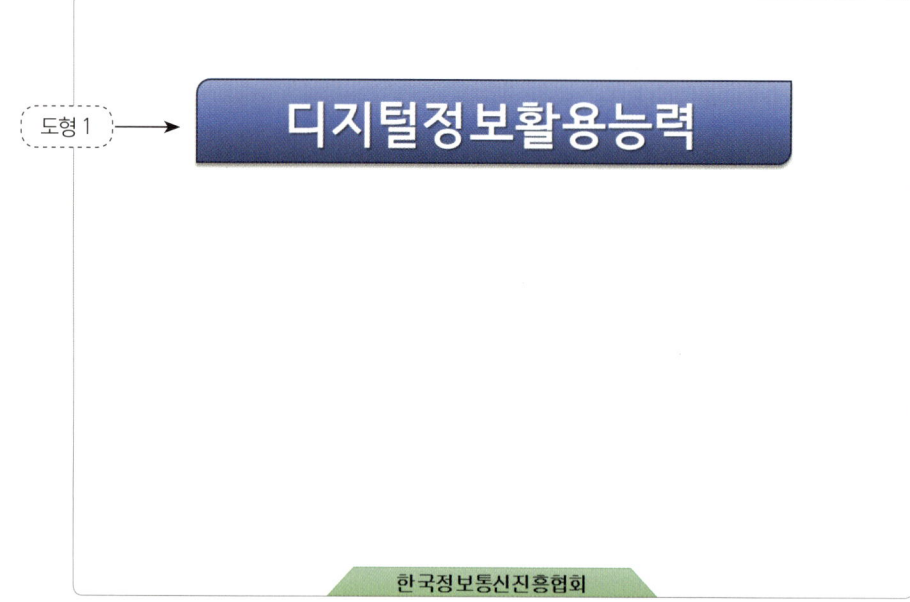

《작성조건》

▶ 도형 1 ⇒ 사각형 : 대각선 방향의 모서리가 둥근 사각형, 도형 채우기(그라데이션 : 미리 설정 – '가운데 그라데이션 – 강조 5', 종류 – 선형, 방향 – 선형 위쪽), 도형 윤곽선(실선, 색 : 진한 파랑, 너비 : 1.5pt, 겹선 종류 : 단순형), 도형 효과(그림자 – 바깥쪽 – 오프셋 아래쪽), 글꼴(함초롬돋움, 44pt, 굵게, 텍스트 그림자)

03 아래의 작성조건 및 출력형태에 알맞게 작업하시오.

소스파일: 02-03(문제).pptx
완성파일: 02-03(완성).pptx

《출력형태》

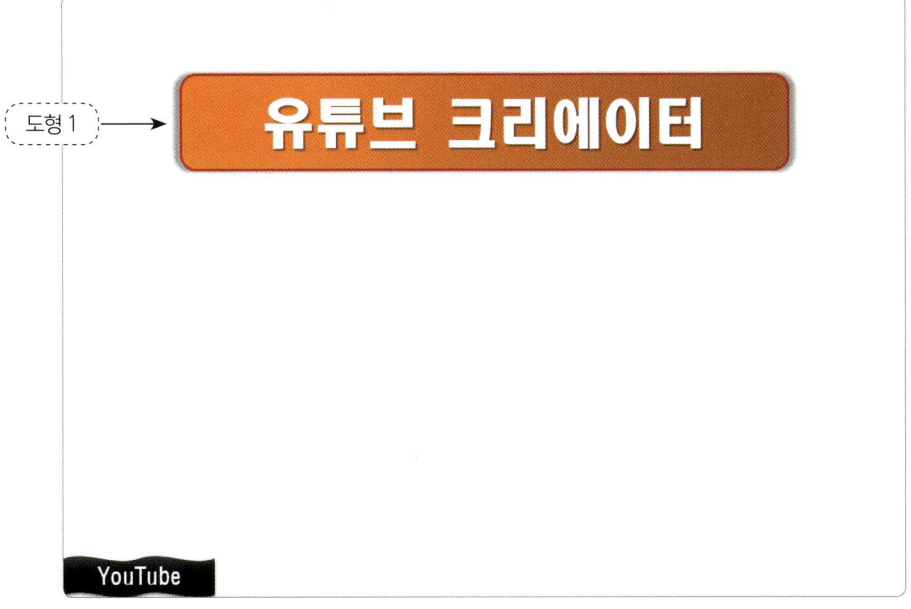

《작성조건》

▶ 도형 1 ⇒ 사각형 : 모서리가 둥근 직사각형, 도형 채우기(그라데이션 : 미리 설정 – '방사형 그라데이션 – 강조 2', 종류 – 방사형, 방향 – 왼쪽 위 모서리에서), 도형 윤곽선(실선, 색 : 진한 빨강, 너비 : 2pt, 겹선 종류 : 단순형), 도형 효과(그림자 – 바깥쪽 – 오프셋 가운데), 글꼴(휴먼둥근헤드라인, 48pt, 텍스트 그림자)

04 아래의 작성조건 및 출력형태에 알맞게 작업하시오.

소스파일: 02-04(문제).pptx
완성파일: 02-04(완성).pptx

《출력형태》

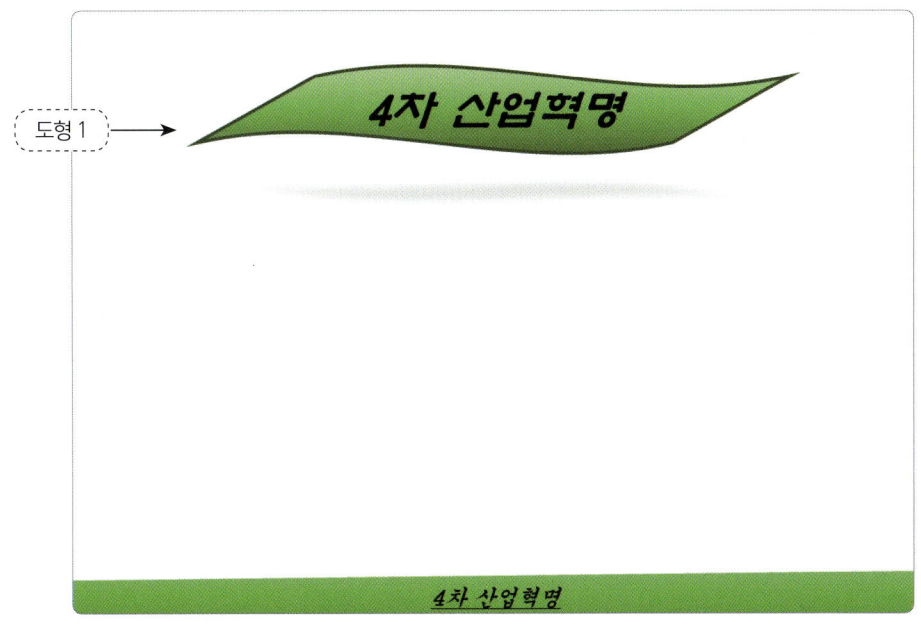

《작성조건》

▶ 도형 1 ⇒ 별 및 현수막 : 물결, 도형 채우기(그라데이션 : 미리 설정 – '가운데 그라데이션 – 강조 6', 종류 – 선형, 방향 – 선형 위쪽), 도형 윤곽선(실선, 색 : '녹색, 강조 6, 50% 더 어둡게', 너비 : 3pt, 겹선 종류 : 단순형), 도형 효과(그림자 – 원근감 – 아래쪽), 글꼴(휴먼옛체, 40pt, 기울임꼴, '검정, 텍스트 1')

출제유형 마스터하기 03

[슬라이드 1] 본문 도형

[슬라이드 1]에는 제목 도형(도형 1) 외에도 본문에 2개의 도형(도형 2, 도형 3)이 출제됩니다. 텍스트가 들어가는 것만 없을 뿐 본문 도형은 제목 도형과 동일합니다. '도형 2'는 단색, 단색 그라데이션, 질감 등으로 도형을 채우고 선을 없앤 후 도형 효과를 지정합니다. '도형 3'은 도형 스타일만 지정하면 됩니다.

소스파일: 03차시(문제).pptx   **완성파일:** 03차시(완성).pptx

문제 미리보기

《출력형태》

《작성조건》
- ▶ 도형 1 ⇒ 별 및 현수막 : 위로 구부러진 리본,
  도형 채우기(그라데이션 : 미리 설정 – '가운데 그라데이션 – 강조 5', 종류 – 방사형, 방향 – 가운데에서),
  도형 윤곽선(실선, 색 : 진한 파랑, 너비 : 1.5pt, 겹선 종류 : 단순형),
  도형 효과(그림자 – 바깥쪽 – 오프셋 아래쪽), 글꼴(휴먼옛체, 48pt, 텍스트 그림자, 노랑)
- ▶ 도형 2 ⇒ 기본 도형 : 구름, 도형 채우기('회색-25%, 배경 2', 그라데이션 – 선형 위쪽), 선 없음,
  도형 효과(그림자 – 안쪽 가운데, 반사 – '근접 반사, 4 pt 오프셋')
- ▶ 도형 3 ⇒ 기본 도형 : 웃는 얼굴, 도형 스타일('색 채우기 – 황금색, 강조 4')
- ▶ 그림 삽입 ⇒ 그림 1 삽입, 크기(높이 : 7cm, 너비 : 10cm)
- ▶ 텍스트 상자(학생들의 희망 직업 알아보기) ⇒ 글꼴(돋움, 24pt, 굵게, 밑줄)
- ▶ 애니메이션 지정 ⇒ 도형 1 : 나타내기 – 블라인드
- ▶ 지시사항이 없는 부분은 《출력형태》와 동일하게 작성하시오.

과정 미리보기

도형 삽입 ▶ 도형 채우기 ▶ 도형 윤곽선 ▶ 도형 효과

01 도형 2 작성하기

▶ 도형 2 ⇒ 기본 도형 : 구름, 도형 채우기('회색-25%, 배경 2', 그라데이션 – 선형 위쪽), 선 없음,
  도형 효과(그림자 – 안쪽 가운데, 반사 – '근접 반사, 4 pt 오프셋')

❶ 파워포인트 2016 프로그램을 실행하여 [03차시] 폴더의 '03차시(문제).pptx' 파일을 열고 축소판 그림 창에서 '슬라이드 1'을 클릭합니다.

❷ 도형을 삽입하기 위해 [삽입] 탭-[일러스트레이션] 그룹-[도형]을 선택한 후 [순서도]-[구름(☁)]을 클릭합니다.

❸ 드래그하여 도형을 그린 후 《출력형태》와 동일하게 크기와 위치를 조정합니다.

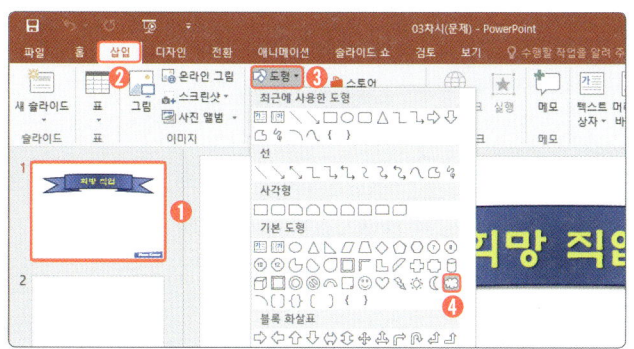

❹ 도형 채우기를 지정하기 위해 [그리기 도구-서식] 탭-[도형 스타일] 그룹-[도형 채우기]-[회색-25%, 배경 2]를 클릭한 후에 [도형 채우기]-[그라데이션]-[선형 위쪽]을 클릭합니다.

💡 시험꿀팁
- 그라데이션 채우기는 두 가지 유형으로 출제됩니다.
- "그라데이션 미리 설정" 유형은 [도형 서식] 작업 창에서 설정하고, "단색 그라데이션" 유형은 [그리기 도구-서식] 탭-[도형 스타일] 그룹-[도형 채우기]에서 설정하면 됩니다.

❺ 도형 윤곽선을 없애기 위해 [그리기 도구-서식] 탭-[도형 스타일] 그룹-[도형 윤곽선]-[윤곽선 없음]을 클릭합니다.

➕ [도형 서식] 작업 창에서는 '선 없음'이고, [도형 스타일] 그룹에서는 '윤곽선 없음'인데 둘 다 같은 기능입니다.

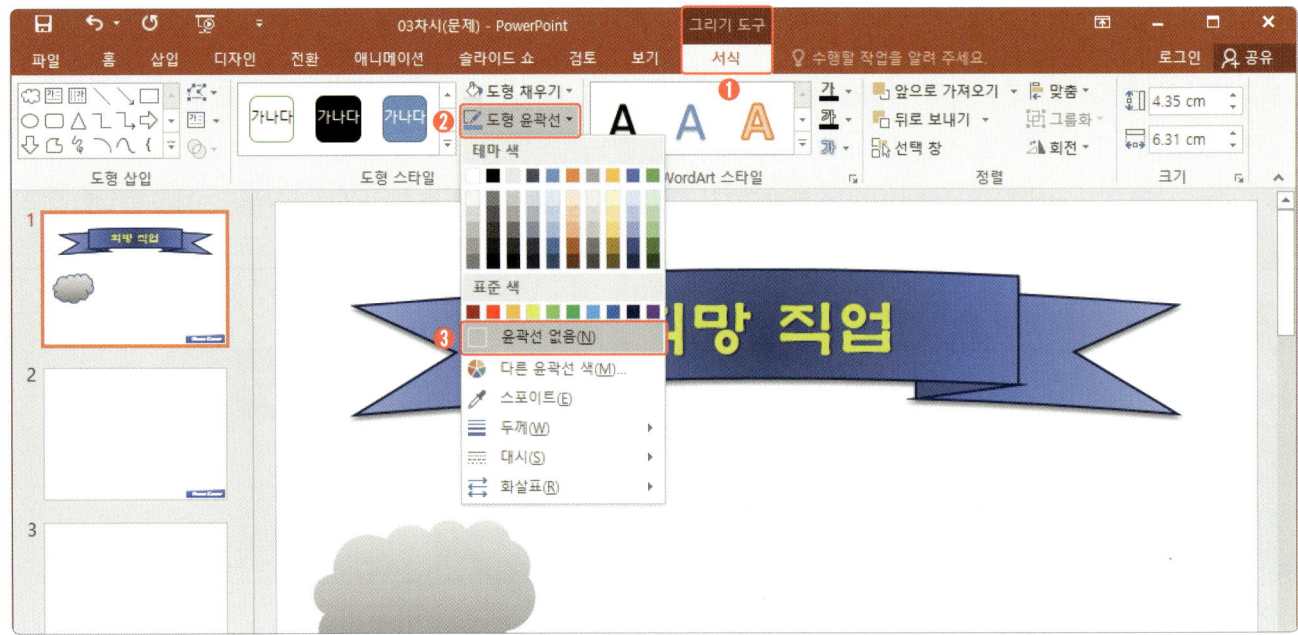

❻ 그림자 효과를 지정하기 위해 [그리기 도구-서식] 탭-[도형 스타일] 그룹-[도형 효과]를 선택한 후 [그림자]-[안쪽 가운데]를 클릭합니다.

❼ 반사 효과를 지정하기 위해 [그리기 도구-서식] 탭-[도형 스타일] 그룹-[도형 효과]를 선택한 후 [반사]-[근접 반사, 4 pt 오프셋]을 클릭합니다.

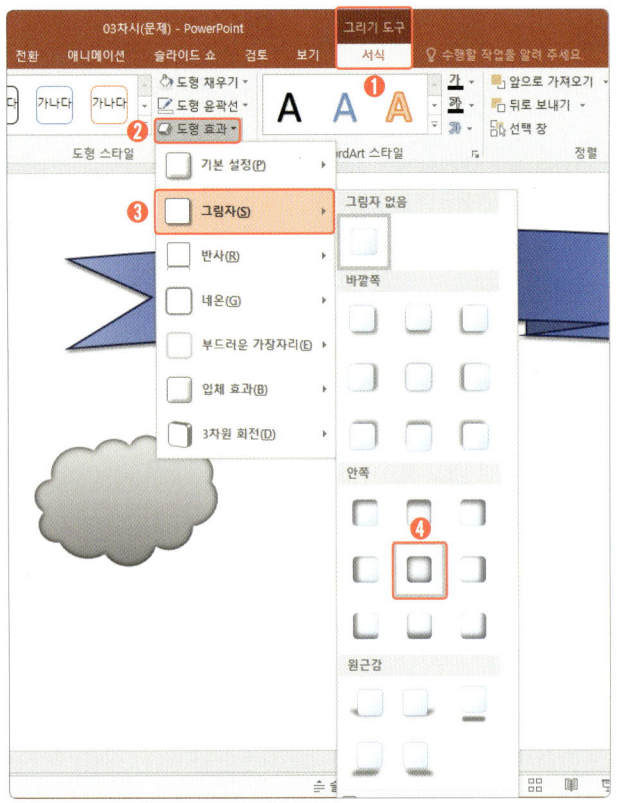
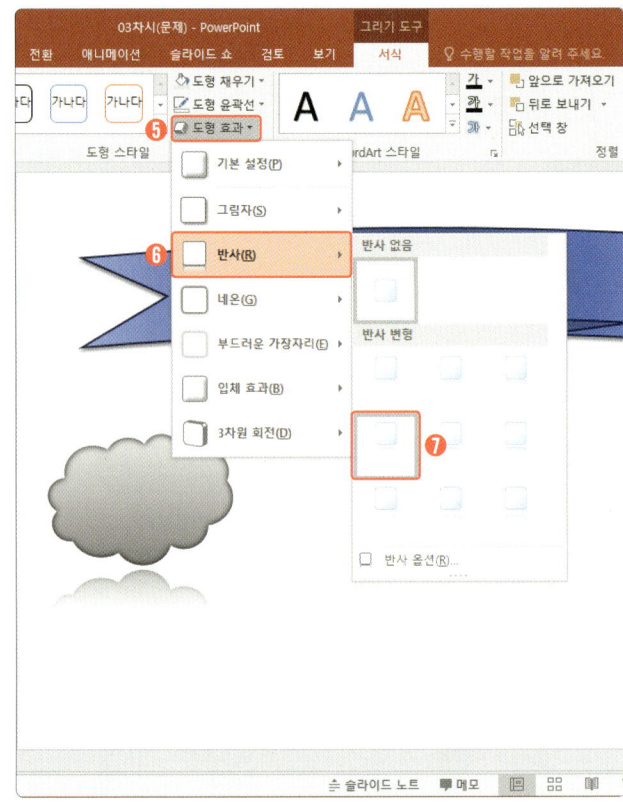

 **반사 효과 종류 살펴보기**

❶ 근접 반사, 터치   ❷ 1/2 반사, 터치   ❸ 전체 반사, 터치
❹ 근접 반사, 4 pt 오프셋   ❺ 1/2 반사, 4 pt 오프셋   ❻ 전체 반사, 4 pt 오프셋
❼ 근접 반사, 8 pt 오프셋   ❽ 1/2 반사, 8 pt 오프셋   ❾ 전체 반사, 8 pt 오프셋

02 도형 3 작성하기

▶ 도형 3 ⇒ 기본 도형 : 웃는 얼굴, 도형 스타일('색 채우기 – 황금색, 강조 4')

❶ 도형을 삽입하기 위해 [삽입] 탭-[일러스트레이션] 그룹-[도형]-[기본 도형]-[웃는 얼굴(☺)]을 클릭합니다.
❷ Shift 를 누른 채 드래그하여 도형을 그린 후 《출력형태》와 동일하게 크기와 위치를 조정합니다.

> Shift 를 누른 채 드래그하면 원이나 정사각형 등과 같은 가로와 세로의 크기가 똑같은 도형을 그릴 수 있습니다.

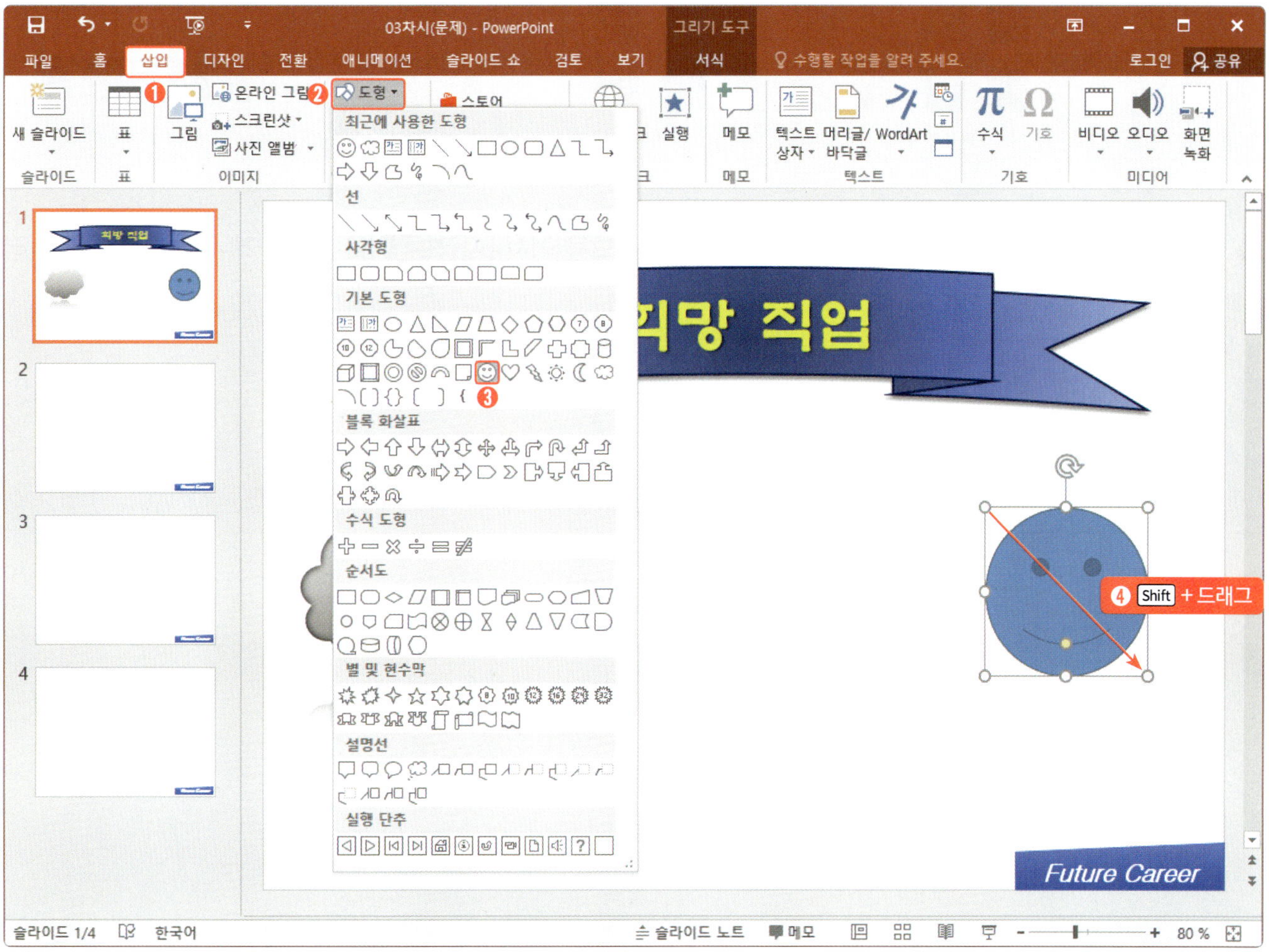

❸ 도형 스타일을 지정하기 위해 [그리기 도구-서식] 탭-[도형 스타일] 그룹의 자세히 버튼(▼)을 클릭한 후 '색 채우기 – 황금색, 강조 4'를 선택합니다.

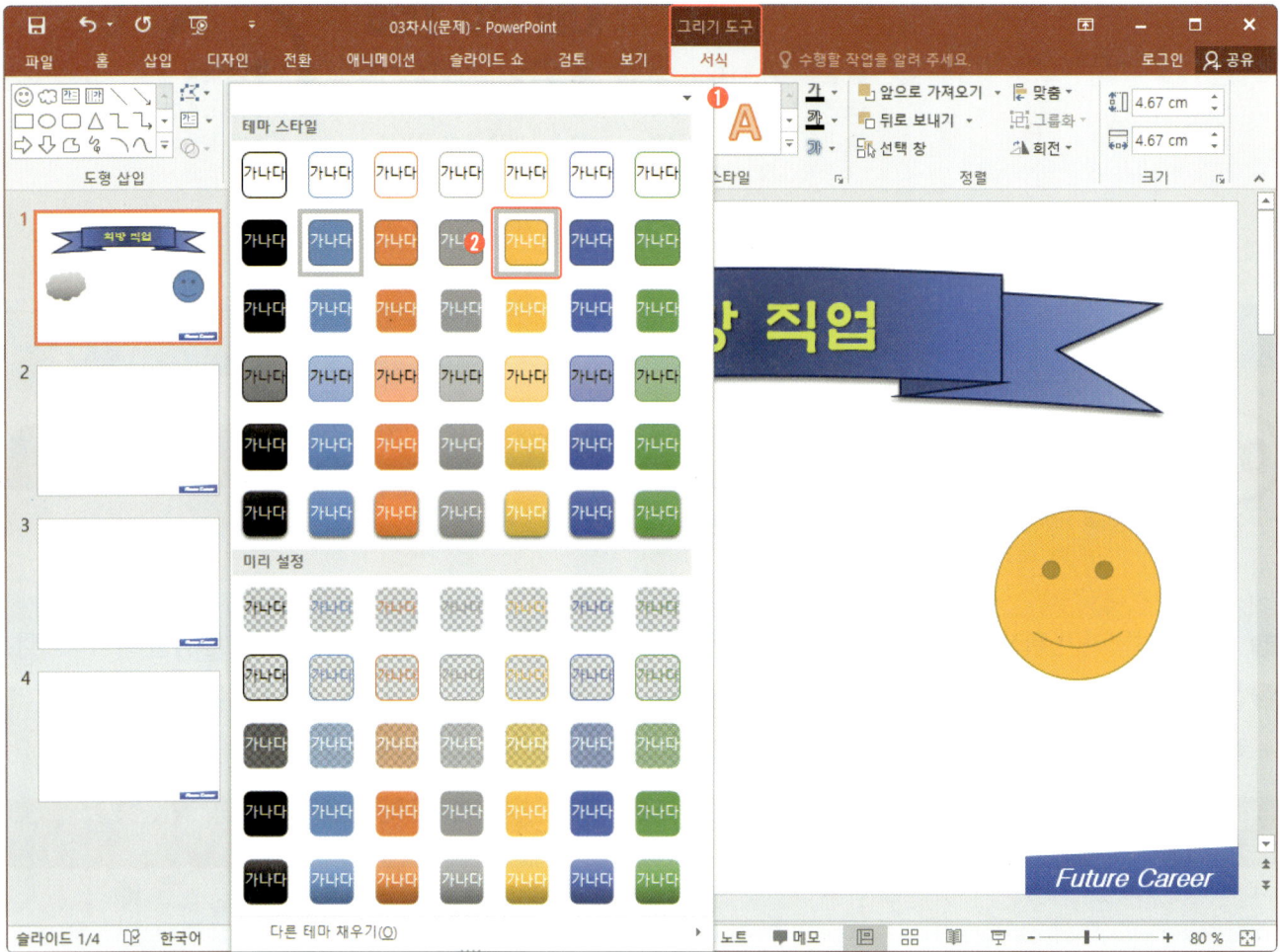

❹ 도형 스타일이 지정된 것을 확인한 후 [빠른 실행 도구 모음]에서 [저장(🖫)]을 클릭하거나 Ctrl + S 를 눌러 파일을 저장합니다.

➕ 실제 시험에서는 작업하면서 수시로 저장하는 것이 좋습니다.

01 아래의 작성조건 및 출력형태에 알맞게 작업하시오.

소스파일: 03-01(문제).pptx
완성파일: 03-01(완성).pptx

《출력형태》

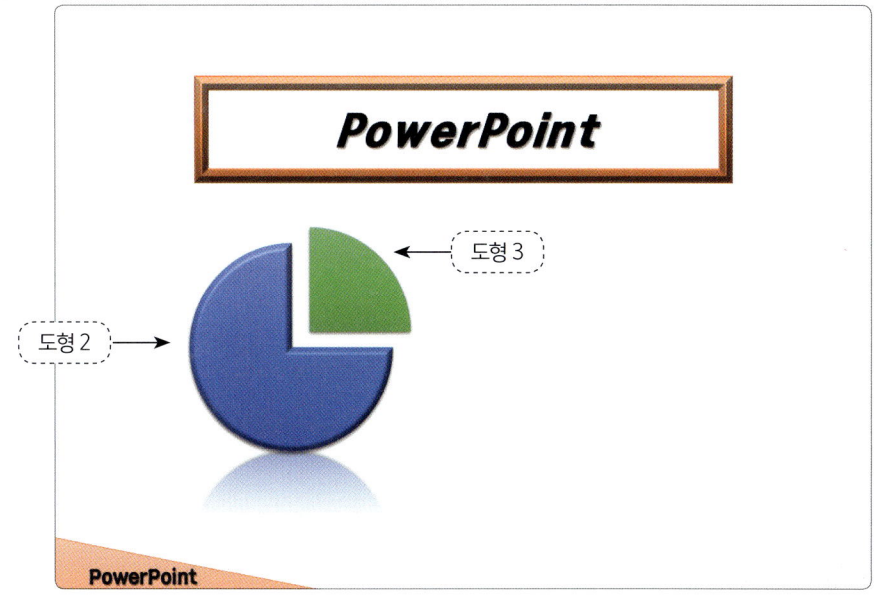

《작성조건》

▶ 도형 2 ⇒ 기본 도형 : 원형, 도형 스타일('강한 효과 - 파랑, 강조 5'), 선 없음,
　　　　　도형 효과(반사 - '근접 반사, 터치', 입체 효과 - 비스듬하게)
▶ 도형 3 ⇒ 기본 도형 : 원형, 도형 스타일('강한 효과 - 녹색, 강조 6')

02 아래의 작성조건 및 출력형태에 알맞게 작업하시오.

소스파일: 03-02(문제).pptx
완성파일: 03-02(완성).pptx

《출력형태》

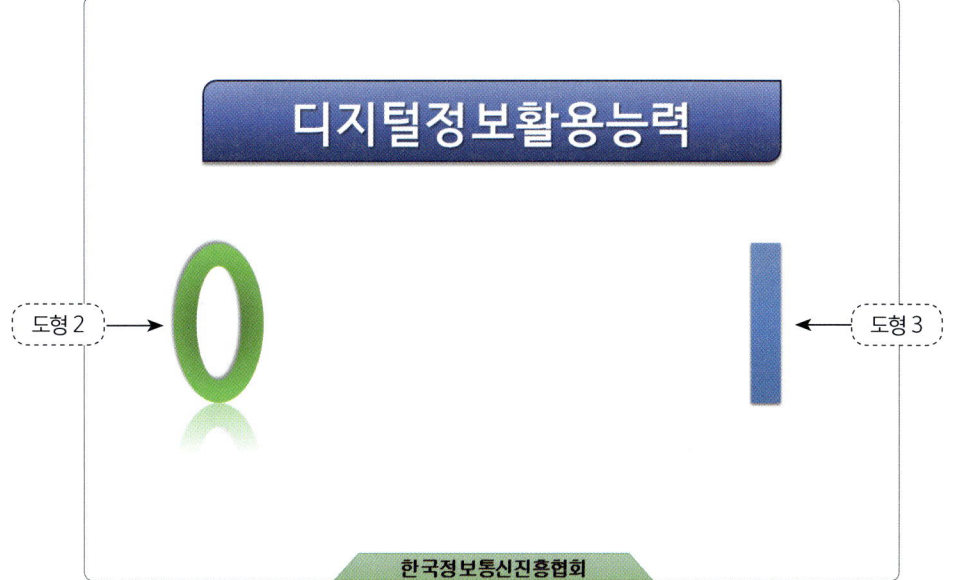

《작성조건》

▶ 도형 2 ⇒ 기본 도형 : 도넛, 도형 채우기(연한 녹색, 그라데이션 - 가운데에서), 선 없음,
　　　　　도형 효과(그림자 - 바깥쪽 - 오프셋 대각선 왼쪽 위, 반사 - '근접 반사, 터치')
▶ 도형 3 ⇒ 사각형 : 직사각형, 도형 스타일('강한 효과 - 파랑, 강조 1')

03 아래의 작성조건 및 출력형태에 알맞게 작업하시오.

《출력형태》

《작성조건》

▶ 도형 2 ⇒ 사각형 : 모서리가 둥근 직사각형, 도형 채우기(진한 빨강), 선 없음,
　　　　　도형 효과(그림자 – 원근감 – 대각선 왼쪽 위, 입체 효과 – 부드럽게 둥글리기)
▶ 도형 3 ⇒ 기본 도형 : 이등변 삼각형, 도형 스타일('색 윤곽선 – 주황, 강조 2')

04 아래의 작성조건 및 출력형태에 알맞게 작업하시오.

《출력형태》

《작성조건》

▶ 도형 2 ⇒ 기본 도형 : 구름, 도형 채우기(질감 : 흰색 대리석), 선 없음,
　　　　　도형 효과(그림자 – 바깥쪽 – 오프셋 대각선 오른쪽 아래, 부드러운 가장자리 – 5 포인트)
▶ 도형 3 ⇒ 기본 도형 : 해, 도형 스타일('보통 효과 – 주황, 강조 2')

출제유형 마스터하기 04

[슬라이드 1] 그림 및 텍스트 상자

[슬라이드 1]에는 그림과 텍스트 상자가 각각 1개씩 출제됩니다. 시험장에서 시험 시작과 동시에 답안 파일이 열리면서 그림 파일 3개가 다운로드되는데, '그림 1.jpg' 파일을 삽입하여 크기를 조정하면 됩니다. 또한 텍스트 상자를 삽입하여 텍스트를 입력하고 글꼴, 글꼴 크기, 글꼴 스타일, 글꼴 색을 지정하면 됩니다.

소스파일: 04차시(문제).pptx, 그림 1.jpg   **완성파일**: 04차시(완성).pptx

문제 미리보기

《출력형태》

《작성조건》
- 도형 1 ⇒ 별 및 현수막 : 위로 구부러진 리본,
  도형 채우기(그라데이션 : 미리 설정 – '가운데 그라데이션 – 강조 5', 종류 – 방사형, 방향 – 가운데에서),
  도형 윤곽선(실선, 색 : 진한 파랑, 너비 : 1.5pt, 겹선 종류 : 단순형),
  도형 효과(그림자 – 바깥쪽 – 오프셋 아래쪽), 글꼴(휴먼옛체, 48pt, 텍스트 그림자, 노랑)
- 도형 2 ⇒ 기본 도형 : 구름, 도형 채우기('회색-25%, 배경 2', 그라데이션 – 선형 위쪽), 선 없음,
  도형 효과(그림자 – 안쪽 가운데, 반사 – '근접 반사, 4 pt 오프셋')
- 도형 3 ⇒ 기본 도형 : 웃는 얼굴, 도형 스타일('색 채우기 – 황금색, 강조 4')
- 그림 삽입 ⇒ 그림 1 삽입, 크기(높이 : 7cm, 너비 : 10cm)
- 텍스트 상자(학생들의 희망 직업 알아보기) ⇒ 글꼴(돋움, 24pt, 굵게, 밑줄)
- 애니메이션 지정 ⇒ 도형 1 : 나타내기 – 블라인드
- 지시사항이 없는 부분은 《출력형태》와 동일하게 작성하시오.

과정 미리보기

그림 삽입 ▶ 크기/위치 변경 ▶ 텍스트 입력 ▶ 글꼴 지정

01 그림 삽입하기

▶ 그림 삽입 ⇒ 그림 1 삽입, 크기(높이 : 7cm, 너비 : 10cm)

❶ 파워포인트 2016 프로그램을 실행하여 [04차시] 폴더의 '04차시(문제).pptx' 파일을 열고 축소판 그림 창에서 **슬라이드 1**'을 클릭합니다.

❷ 그림을 삽입하기 위해 [삽입] 탭-[이미지] 그룹-[그림]을 클릭하고 [그림 삽입] 대화상자에서 [04차시] 폴더의 '**그림 1.jpg**' 파일을 선택하고 [삽입]을 클릭합니다.

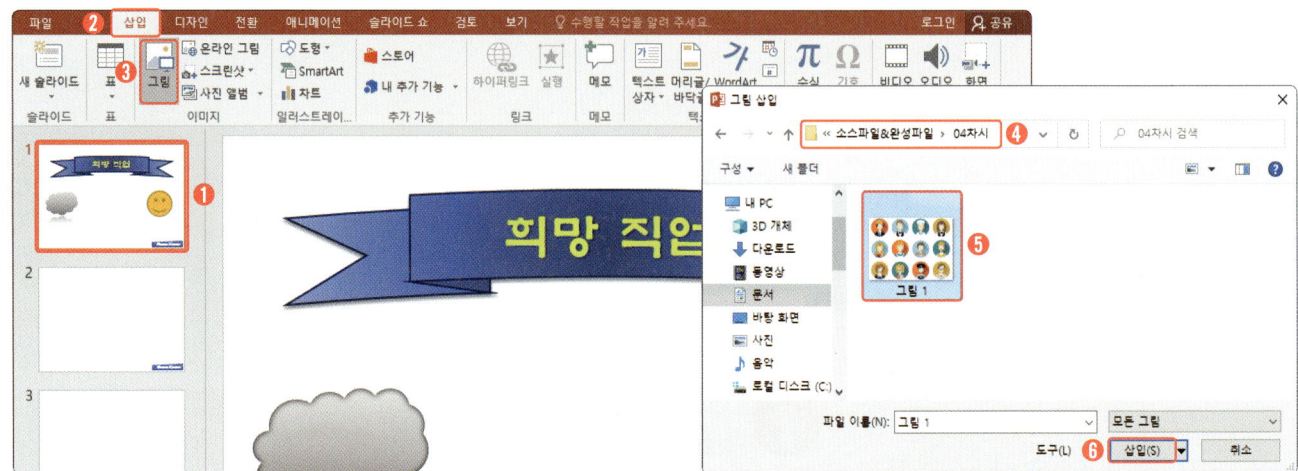

💡 시험꿀팁

- 시험장에서는 답안 파일이 저장된 [바탕 화면]-[KAIT]-[제출파일] 폴더에 그림 파일이 저장되어 있습니다.
- 그림 파일은 '그림 1.jpg', '그림 2.jpg', '그림 3.jpg' 3개가 저장되어 있으며, '그림 1.jpg'는 [슬라이드 1]에 삽입하고, '그림 2.jpg'는 [슬라이드 3]에 배경으로 삽입되며, '그림 3.jpg'는 [슬라이드 4]의 도형을 채울 때 사용됩니다.

❸ 그림의 크기를 지정하기 위해 그림 위에서 마우스 오른쪽 버튼을 눌러 [크기 및 위치]를 클릭합니다.

❹ [그림 서식] 작업 창에서 '**가로 세로 비율 고정**'을 **해제**하고 높이를 '**7cm**', 너비를 '**10cm**'로 설정합니다.

> 그림 크기는 그림을 선택하고 [그림 도구-서식] 탭-[크기] 그룹에서 변경할 수도 있지만, '가로 세로 비율 고정'을 해제할 수 없기 때문에 반드시 [그림 서식] 작업 창에서 크기를 지정해야 합니다.

❺ 《**출력형태**》와 동일하게 그림의 위치를 조정하고 [그림 서식] 작업 창의 닫기 버튼을 클릭하여 닫습니다.

레벨업 가로 세로 비율 고정

- '가로 세로 비율 고정'은 가로와 세로의 원래 비율을 유지하면서 크기를 바꾸는 옵션입니다.
- 예를 들어 높이 12cm, 너비 6cm의 그림을 높이 4cm, 너비 3cm로 변경하려고 한다고 생각해 볼까요?
- '가로 세로 비율 고정' 옵션이 체크된 상태에서 높이를 4cm로 변경하면 가로 세로 비율을 2:1로 유지하기 위해 너비가 자동으로 2cm가 되어 버리고, 이어서 너비를 3cm로 지정하면 높이가 자동으로 6cm가 되어 버려서 원하는 대로 지정할 수 없게 됩니다.
- '가로 세로 비율 고정' 옵션을 체크 해제하면 높이를 4cm로 변경해도 너비가 자동으로 바뀌지 않기 때문에 이어서 너비를 3cm로 지정하면 됩니다.

02 텍스트 상자 작성하기

▶ 텍스트 상자(학생들의 희망 직업 알아보기) ⇒ 글꼴(돋움, 24pt, 굵게, 밑줄)

❶ 텍스트 상자를 삽입하기 위해 [**삽입**] 탭-[**텍스트**] 그룹-[**가로 텍스트 상자 그리기**]를 클릭합니다.

> 텍스트 상자는 [홈] 탭-[그리기] 그룹-[도형]-[텍스트 상자]를 클릭하거나 [삽입] 탭-[일러스트레이션] 그룹-[도형]-[텍스트 상자]를 클릭해도 삽입할 수 있습니다.

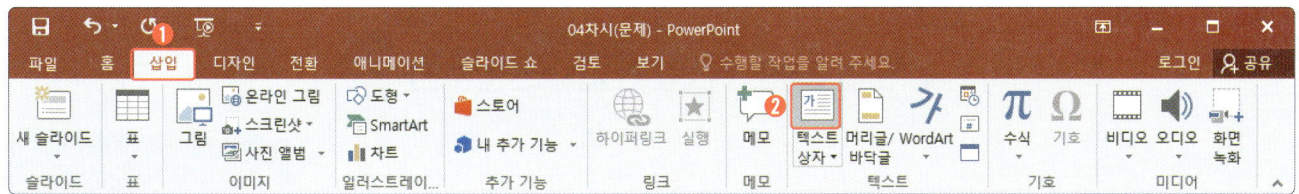

❷ 텍스트가 시작되는 부분에 클릭하여 "**학생들의 희망 직업 알아보기**"를 입력한 후 Esc 를 누릅니다.

❸ [홈] 탭-[글꼴] 그룹에서 글꼴 '**돋움**', 글꼴 크기 '**24pt**', '**굵게**', '**밑줄**'을 지정합니다.

➕ 글꼴 색이 <작성조건>에 없는 경우 임의로 변경하면 안 됩니다.

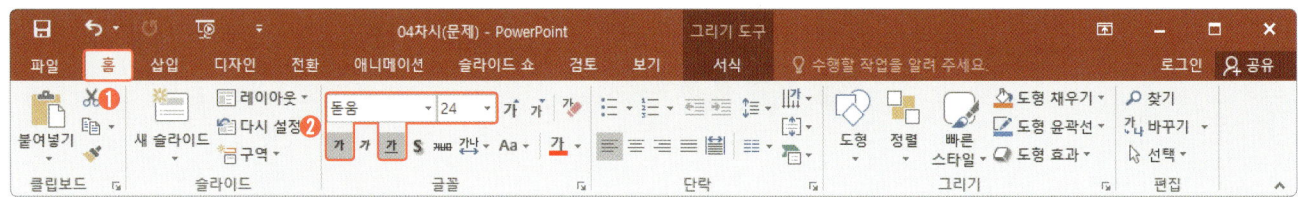

❹ 《출력형태》와 동일하게 위치를 조정한 후 [빠른 실행 도구 모음]에서 [**저장(🖫)**]을 클릭하거나 Ctrl + S 를 눌러 파일을 저장합니다.

01 아래의 작성조건 및 출력형태에 알맞게 작업하시오.

소스파일: 04-01(문제).pptx, 발표.jpg
완성파일: 04-01(완성).pptx

《출력형태》

《작성조건》

- 그림 삽입 ⇒ '발표' 삽입, 크기(높이 : 7cm, 너비 : 8cm)
- 텍스트 상자(여러분을 발표 전문가로 만들어주는 소프트웨어!)
  ⇒ 글꼴(휴먼모음T, 26pt, 굵게, 기울임꼴, 진한 빨강)

02 아래의 작성조건 및 출력형태에 알맞게 작업하시오.

소스파일: 04-02(문제).pptx, 디지털.jpg
완성파일: 04-02(완성).pptx

《출력형태》

《작성조건》

- 그림 삽입 ⇒ '디지털' 삽입, 크기(높이 : 8cm, 너비 : 13cm)
- 텍스트 상자(여러분의 소중한 꿈을 응원합니다.)
  ⇒ 글꼴(궁서, 26pt, 굵게, 기울임꼴, '녹색, 강조 6')

03 아래의 작성조건 및 출력형태에 알맞게 작업하시오.

소스파일: 04-03(문제).pptx, 로고.png
완성파일: 04-03(완성).pptx

《출력형태》

《작성조건》

▶ 그림 삽입 ⇒ '로고' 삽입, 크기(높이 : 5cm, 너비 : 12cm)
▶ 텍스트 상자(초등학생 희망직업 4위) ⇒ 글꼴(굴림체, 28pt, 굵게, 밑줄)

04 아래의 작성조건 및 출력형태에 알맞게 작업하시오.

소스파일: 04-04(문제).pptx, 4IR.jpg
완성파일: 04-04(완성).pptx

《출력형태》

《작성조건》

▶ 그림 삽입 ⇒ '4IR' 삽입, 크기(높이 : 8cm, 너비 : 13cm)
▶ 텍스트 상자(정보통신기술(ICT)의 융합으로 이뤄지는 산업혁명)
  ⇒ 글꼴(궁서, 26pt, 굵게, 기울임꼴, 밑줄)

[슬라이드 1] 애니메이션

애니메이션은 개체를 움직이게 함으로써 동적인 프리젠테이션을 만들게 하는 기능입니다. 애니메이션 지정은 [슬라이드 1]뿐만 아니라 [슬라이드 2]와 [슬라이드 3]에도 출제되는데, 애니메이션을 지정할 개체를 선택하고 문제에 제시된 애니메이션 종류만 선택하면 되는 간단한 유형입니다.

소스파일: 05차시(문제).pptx 완성파일: 05차시(완성).pptx

문제 미리보기

《출력형태》

《작성조건》
- 도형 1 ⇒ 별 및 현수막 : 위로 구부러진 리본,
  도형 채우기(그라데이션 : 미리 설정 – '가운데 그라데이션 – 강조 5', 종류 – 방사형, 방향 – 가운데에서),
  도형 윤곽선(실선, 색 : 진한 파랑, 너비 : 1.5pt, 겹선 종류 : 단순형),
  도형 효과(그림자 – 바깥쪽 – 오프셋 아래쪽), 글꼴(휴먼옛체, 48pt, 텍스트 그림자, 노랑)
- 도형 2 ⇒ 기본 도형 : 구름, 도형 채우기('회색-25%, 배경 2', 그라데이션 – 선형 위쪽), 선 없음,
  도형 효과(그림자 – 안쪽 가운데, 반사 – '근접 반사, 4 pt 오프셋')
- 도형 3 ⇒ 기본 도형 : 웃는 얼굴, 도형 스타일('색 채우기 – 황금색, 강조 4')
- 그림 삽입 ⇒ 그림 1 삽입, 크기(높이 : 7cm, 너비 : 10cm)
- 텍스트 상자(학생들의 희망 직업 알아보기) ⇒ 글꼴(돋움, 24pt, 굵게, 밑줄)
- 애니메이션 지정 ⇒ 도형 1 : 나타내기 – 블라인드
- 지시사항이 없는 부분은 《출력형태》와 동일하게 작성하시오.

과정 미리보기

개체 선택 ➡ 애니메이션 지정 ➡ 애니메이션 확인

01 애니메이션 지정하기

▶ 애니메이션 지정 ⇒ 도형 1 : 나타내기 - 블라인드

❶ 파워포인트 2016 프로그램을 실행하여 [05차시] 폴더의 '05차시(문제).pptx' 파일을 열고 축소판 그림 창에서 '**슬라이드 1**'을 클릭합니다.

❷ 애니메이션을 지정할 '**도형 1**'을 선택하고 [애니메이션] 탭-[애니메이션] 그룹의 자세히 버튼(▼)을 클릭한 후 [**추가 나타내기 효과**]를 클릭합니다.

  ➕ 자세히 버튼을 클릭하여 [애니메이션 갤러리]의 [나타내기] 목록에서 문제에 제시된 애니메이션이 있는 경우 바로 선택하면 됩니다.

💡 **시험꿀팁**
- [슬라이드 1]에서는 대부분 도형 1에 애니메이션을 지정하는 문제가 출제됩니다.
- 그림 1이나 도형 2에 애니메이션을 지정하는 문제가 출제된 적도 있는데, 어느 개체에 지정하든 방법은 똑같습니다.

 **애니메이션 갤러리**

- [애니메이션 갤러리]는 자주 사용되는 애니메이션을 미리 설정해 놓은 것이며, 추가 효과를 선택하면 더 많은 애니메이션을 선택할 수 있습니다. 시험에서는 [나타내기]에서만 출제됩니다.

- 나타내기 : 선택한 개체가 화면에 나타납니다.
- 강조 : 선택한 개체가 화면에 있는 상태에서 모양이나 형태가 변합니다.
- 끝내기 : 선택한 개체가 화면에 있다가 사라집니다.
- 이동 경로 : 선택한 개체가 녹색 중심에서 빨간색 중심으로 경로를 따라 이동합니다.

❸ [나타내기 효과 변경] 대화상자에서 '**블라인드**'를 선택한 후 [확인]을 클릭합니다.

❹ '**도형 1**'에 애니메이션 순서를 나타내는 '1'이 표시된 것과 [애니메이션] 그룹에 표시되는 애니메이션 종류를 확인한 후 [빠른 실행 도구 모음]에서 [**저장(🔲)**]을 클릭하거나 Ctrl + S 를 눌러 파일을 저장합니다.

➕ 만약 애니메이션을 잘못 지정하였을 경우 애니메이션 지정과 동일한 방법으로 재지정하면 됩니다.

 **애니메이션 재생하기**

- 방법 1) [애니메이션] 탭-[미리 보기] 그룹-[미리 보기]를 클릭합니다.
- 방법 2) 축소판 그림 창의 슬라이드 1에 표시되는 애니메이션 실행 아이콘(★)을 클릭합니다.
- 방법 3) [슬라이드 쇼] 탭-[슬라이드 쇼 시작] 그룹-[현재 슬라이드부터]를 클릭합니다.(Shift + F5)

01 아래의 작성조건 및 출력형태에 알맞게 작업하시오.

소스파일: 05-01(문제).pptx
완성파일: 05-01(완성).pptx

《출력형태》

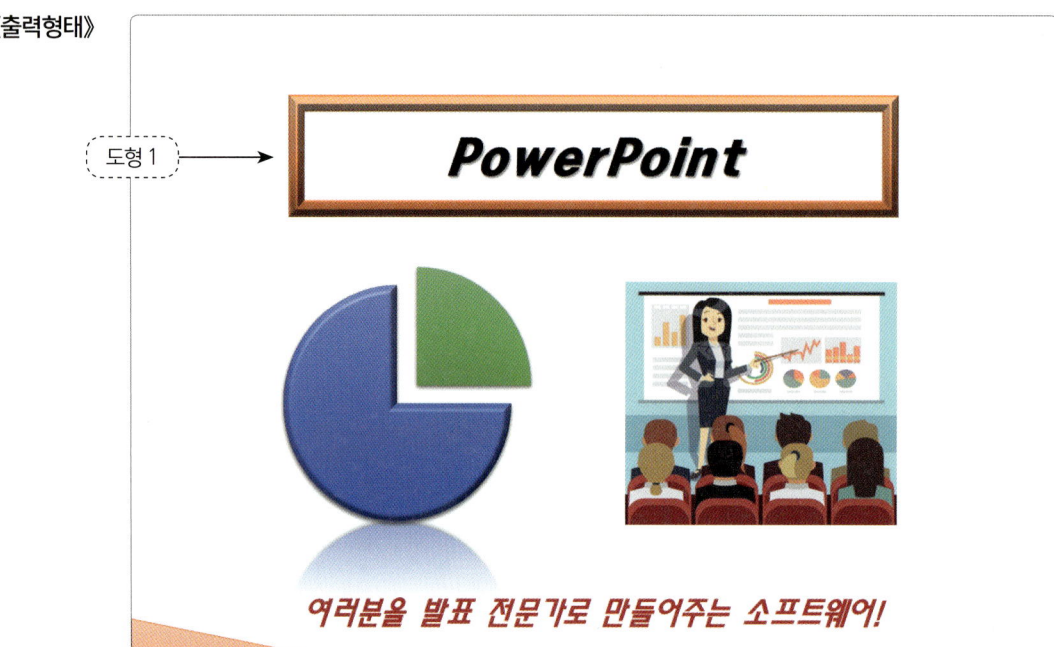

《작성조건》
▶ 애니메이션 지정 ⇒ 도형 1 : 나타내기 - 실선 무늬

02 아래의 작성조건 및 출력형태에 알맞게 작업하시오.

소스파일: 05-02(문제).pptx
완성파일: 05-02(완성).pptx

《출력형태》

《작성조건》
▶ 애니메이션 지정 ⇒ 도형 1 : 나타내기 - 확대/축소

03 아래의 작성조건 및 출력형태에 알맞게 작업하시오.

소스파일: 05-03(문제).pptx
완성파일: 05-03(완성).pptx

《출력형태》

《작성조건》
▶ 애니메이션 지정 ⇒ 그림 1 : 나타내기 – 흩어 뿌리기

04 아래의 작성조건 및 출력형태에 알맞게 작업하시오.

소스파일: 05-04(문제).pptx
완성파일: 05-04(완성).pptx

《출력형태》

《작성조건》
▶ 애니메이션 지정 ⇒ 도형 2 : 나타내기 – 시계 방향 회전

[슬라이드 2] 제목 도형

출제유형 마스터하기 06

[슬라이드 2]의 제목 도형인 '도형 1'은 [슬라이드 1]의 제목 도형과 거의 비슷하기 때문에 쉽게 작성할 수 있습니다. 또한 [슬라이드 2]~[슬라이드 4]에는 제목 도형이 똑같이 들어가고 텍스트만 다르기 때문에 [슬라이드 2]에서 작성한 제목 도형을 복사하여 [슬라이드 3]과 [슬라이드 4]에 붙여넣고 텍스트만 수정하면 됩니다.

소스파일: 06차시(문제).pptx   완성파일: 06차시(완성).pptx

문제 미리보기

《출력형태》

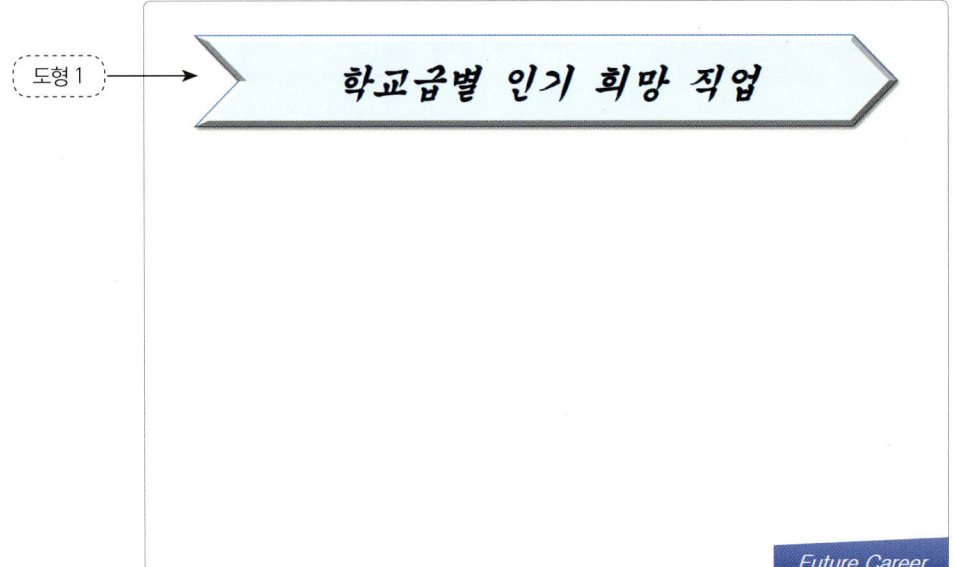

《작성조건》

(1) 제목
- 도형 1 ⇒ 블록 화살표 : 갈매기형 수장, 도형 채우기('파랑, 강조 1, 80% 더 밝게'), 도형 윤곽선(실선, 색 : 파랑, 너비 : 1pt, 겹선 종류 : 단순형), 도형 효과(그림자 – 바깥쪽 – 오프셋 대각선 오른쪽 아래, 입체 효과 – 각지게), 글꼴(궁서체, 36pt, 굵게, 기울임꼴, '검정, 텍스트 1')

(2) 본문
- 도형 2 ⇒ 별 및 현수막 : 포인트가 16개인 별, 도형 채우기(빨강, 그라데이션 – 가운데에서), 도형 윤곽선(실선, 색 : 진한 빨강, 너비 : 2pt, 겹선 종류 : 단순형, 대시 종류 : 사각 점선), 글꼴(굴림, 28pt, 굵게, 텍스트 그림자, '검정, 텍스트 1')
- 도형 3~6 ⇒ 블록 화살표 : 오각형, 도형 채우기(진한 빨강, 그라데이션 – 가운데에서), 선 없음, 도형 효과(네온 – '주황, 8 pt 네온, 강조색 2'), 글꼴(굴림, 24pt, 굵게, 텍스트 그림자)
- 실행 단추 ⇒ 실행 단추 : 홈, 하이퍼링크 : 첫째 슬라이드, 도형 스타일('미세 효과 – 검정, 어둡게 1')
- SmartArt 삽입 ⇒ 계층 구조형 : 조직도형, 글꼴(돋움, 20pt, 굵게, 가운데 맞춤), SmartArt 스타일(색 변경 – '색상형 범위 – 강조색 4 또는 5', 3차원 – 광택 처리), (반드시 SmartArt 기능을 이용하여 작성할 것)
- 애니메이션 지정 ⇒ SmartArt : 나타내기 – 시계 방향 회전
- 지시사항이 없는 부분은《출력형태》와 동일하게 작성하시오.

과정 미리보기

도형 삽입 ▶ 도형 스타일 지정 ▶ 글꼴 지정 ▶ 제목 도형 복제

01 도형 삽입하기

▶ 도형 1 ⇒ 블록 화살표 : 갈매기형 수장

❶ 파워포인트 2016 프로그램을 실행하여 [06차시] 폴더의 '06차시(문제).pptx' 파일을 열고 축소판 그림 창에서 '슬라이드 2'를 클릭합니다.

❷ 도형을 삽입하기 위해 [삽입] 탭-[일러스트레이션] 그룹-[도형]을 선택한 후 [블록 화살표]-[갈매기형 수장(≫)]을 클릭한 다음 드래그하여 도형을 그립니다.

❸ 《출력형태》와 동일하게 크기와 위치를 조정합니다.

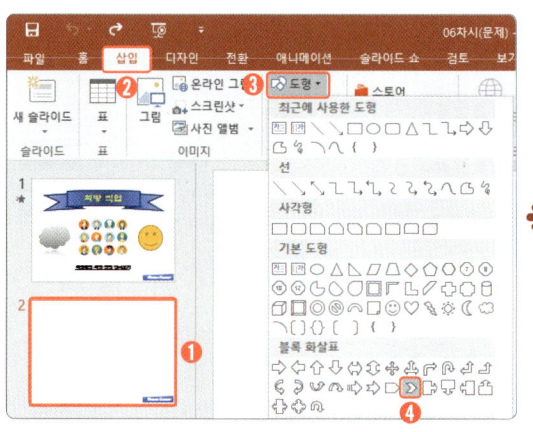
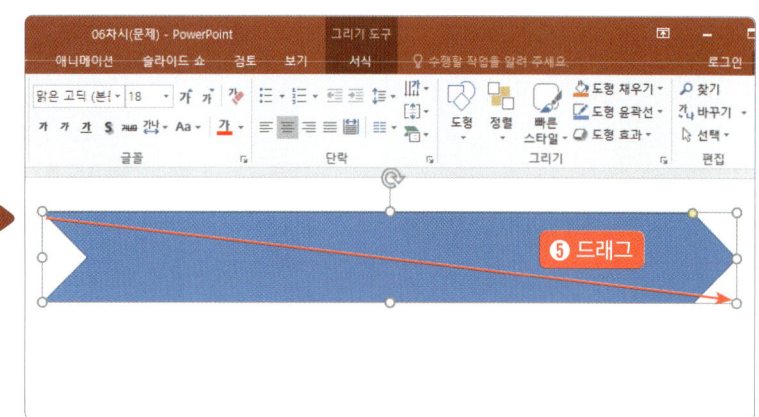

02 도형 채우기 및 윤곽선 지정하기

▶ 도형 1 ⇒ 도형 채우기('파랑, 강조 1, 80% 더 밝게'), 도형 윤곽선(실선, 색 : 파랑, 너비 : 1pt, 겹선 종류 : 단순형)

❶ 도형 채우기를 지정하기 위해 [그리기 도구-서식] 탭-[도형 스타일] 그룹-[도형 채우기]-[파랑, 강조 1, 80% 더 밝게]를 클릭합니다.

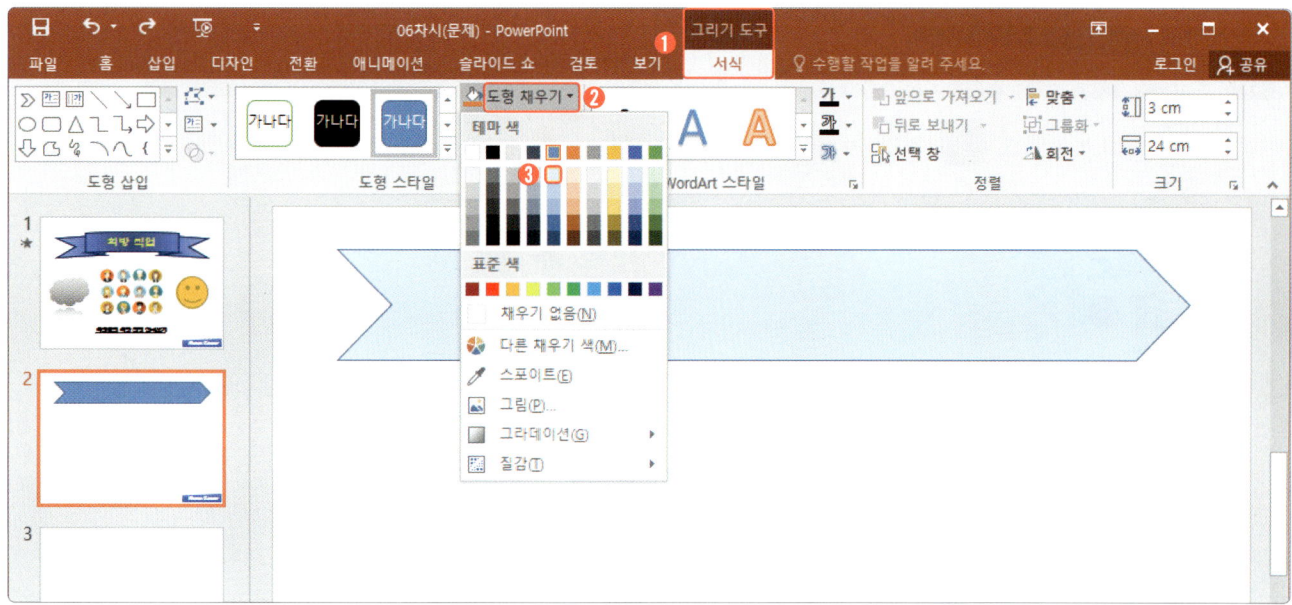

❷ 도형 윤곽선을 지정하기 위해 도형 위에서 마우스 오른쪽 버튼을 클릭하여 [도형 서식] 메뉴를 클릭합니다.

❸ [도형 서식] 작업 창에서 [선]-[실선]을 선택하고 색은 '**파랑**', 너비는 '**1pt**', 겹선 종류는 '**단순형**'을 선택합니다.

➕ 너비 '1pt'와 겹선 종류 '단순형'은 기본 값이므로 확인만 하면 됩니다.

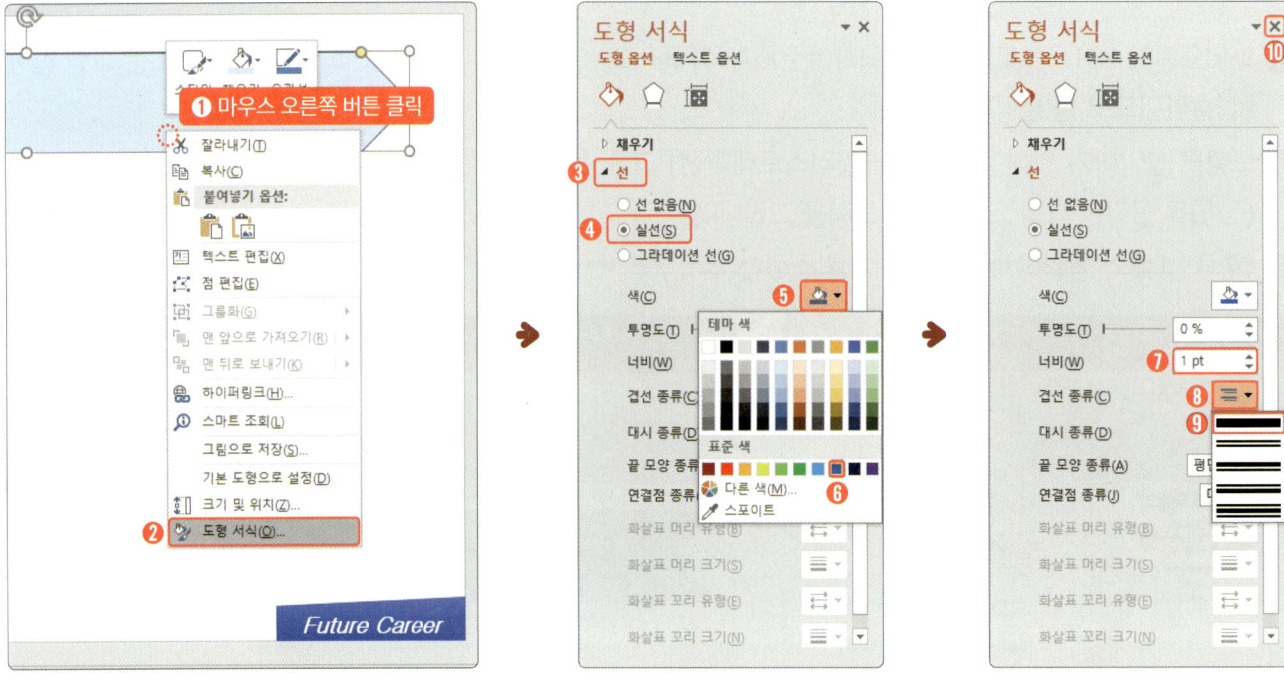

❹ 도형 윤곽선 지정이 완료되면 [도형 서식] 작업 창의 닫기 버튼을 클릭하여 닫습니다.

03 도형 효과 지정하기

▶ 도형 1 ⇒ 도형 효과(그림자 – 바깥쪽 – 오프셋 대각선 오른쪽 아래, 입체 효과 – 각지게)

❶ 도형이 선택된 상태에서 그림자 효과를 지정하기 위해 [그리기 도구-서식] 탭-[도형 스타일] 그룹-[도형 효과]-[그림자]-[바깥쪽-오프셋 대각선 오른쪽 아래]를 클릭합니다.

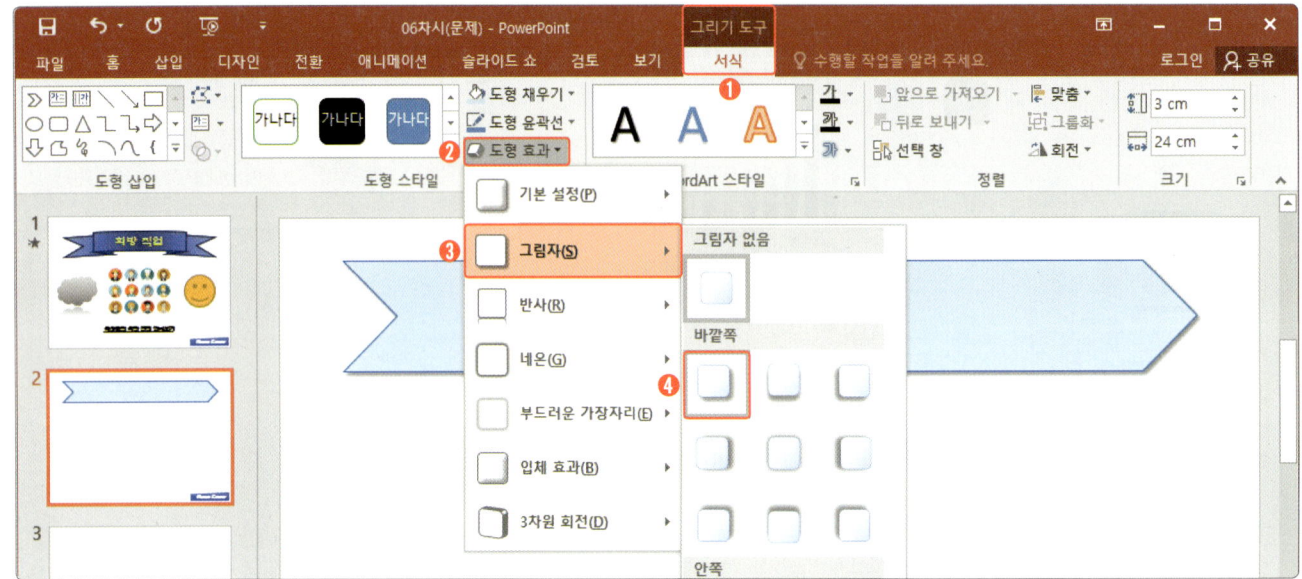

❷ 입체 효과를 지정하기 위해 [그리기 도구-서식] 탭-[도형 스타일] 그룹-[도형 효과]-[입체 효과]-[각지게]를 클릭합니다.

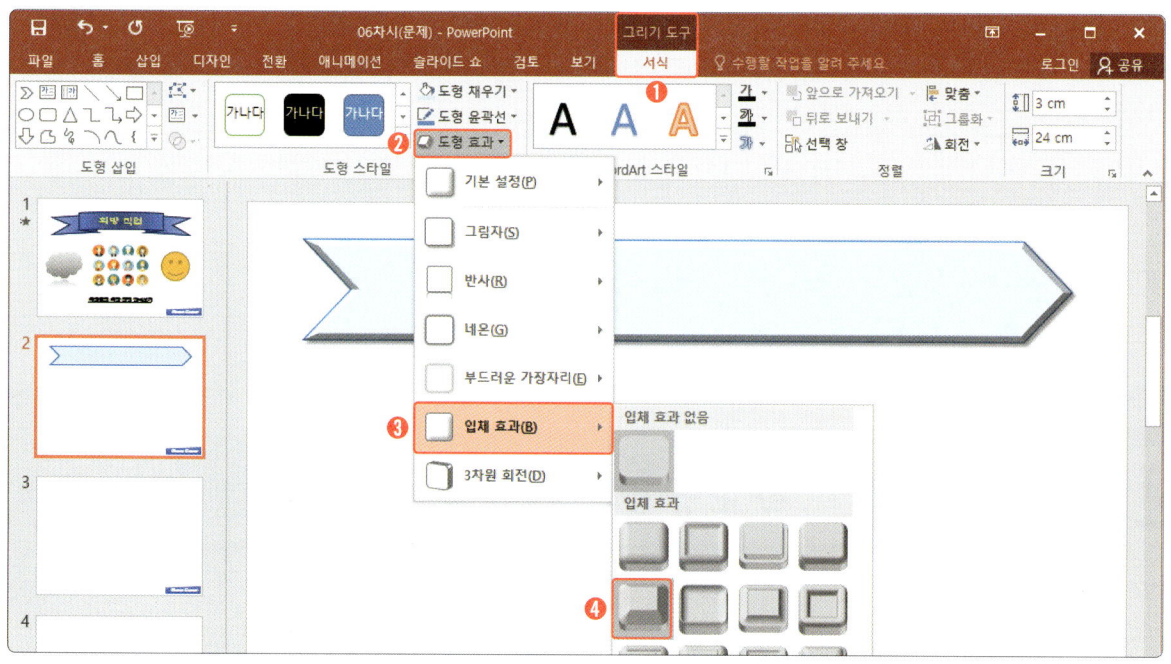

레벨업 | 입체 효과 종류 살펴보기

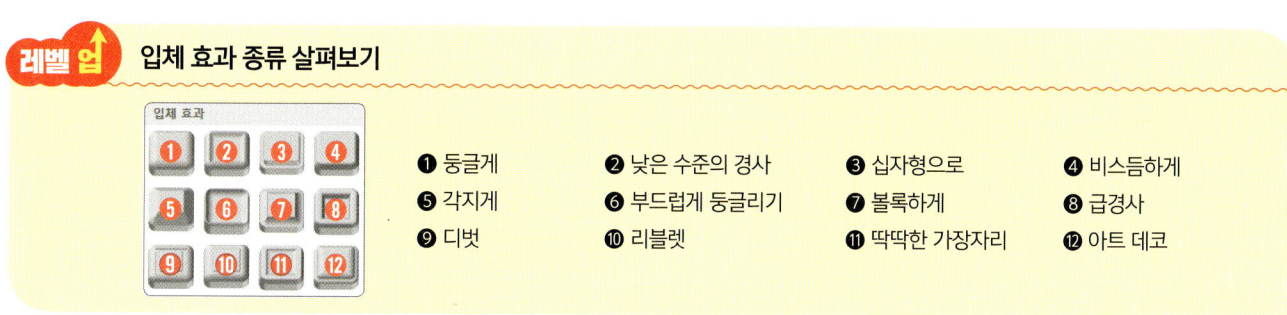

❶ 둥글게　❷ 낮은 수준의 경사　❸ 십자형으로　❹ 비스듬하게
❺ 각지게　❻ 부드럽게 둥글리기　❼ 볼록하게　❽ 급경사
❾ 디벗　❿ 리블렛　⓫ 딱딱한 가장자리　⓬ 아트 데코

04 텍스트 입력 및 글꼴 지정하기

▶ 도형 1 ⇒ 글꼴(궁서체, 36pt, 굵게, 기울임꼴, '검정, 텍스트 1')

❶ 도형이 선택된 상태에서 "**학교급별 인기 희망 직업**"을 입력한 후 Esc 를 누릅니다.
❷ [홈] 탭-[글꼴] 그룹에서 글꼴 '**궁서체**', 글꼴 크기 '**36pt**', '**굵게**', '**기울임꼴**', 글꼴 색 '**검정, 텍스트 1**'을 지정합니다.

05 제목 도형 복제하기

> 💡 **시험꿀팁**
> - 슬라이드 2~4의 제목 도형은 텍스트만 다르고 똑같이 출제됩니다.
> - 그러므로 슬라이드 2에 작성된 제목 도형을 복사하여 슬라이드 3과 슬라이드 4에 붙여넣고 텍스트만 수정하면 매우 편리합니다.

❶ 제목 도형이 선택된 상태에서 Ctrl + C 를 눌러 도형을 복사합니다.

➕ [홈] 탭-[클립보드] 그룹-[복사]를 클릭해도 복사됩니다.

❷ '슬라이드 3'을 클릭하여 Ctrl + V 를 눌러 붙여넣고 텍스트를 드래그하여 블록으로 지정한 후 "**희망 직업이 있는 학생 비율**"을 입력합니다.

➕ [홈] 탭-[클립보드] 그룹-[붙여넣기]를 클릭해도 붙여넣기가 됩니다.

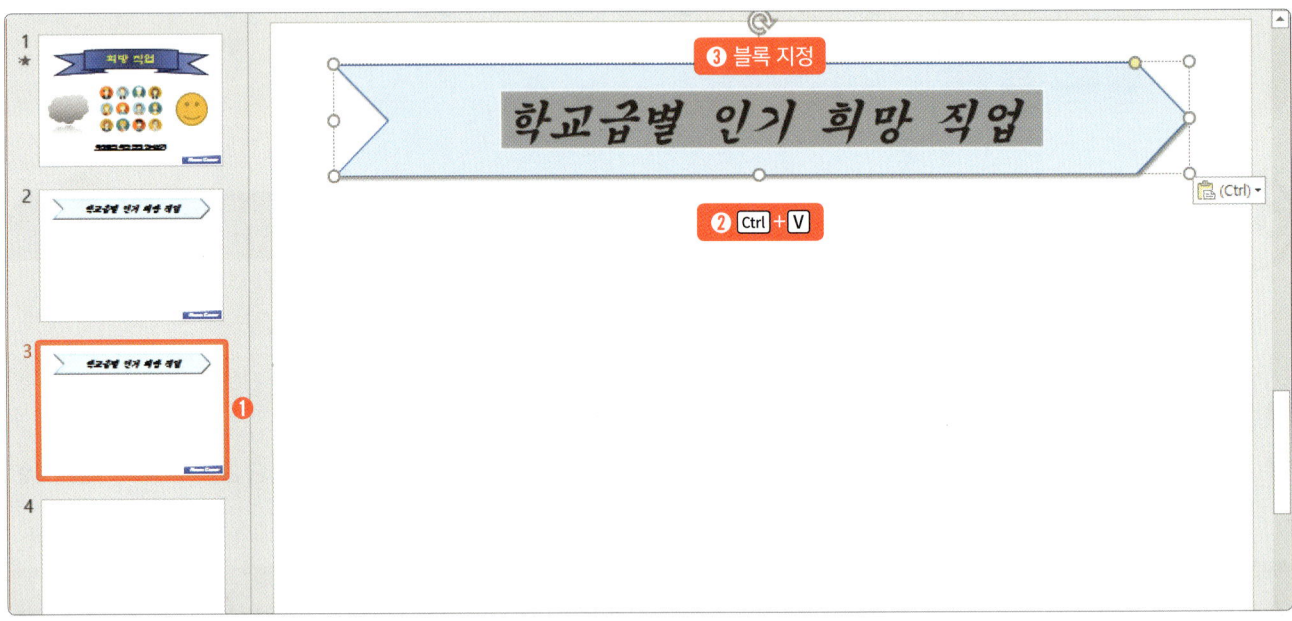

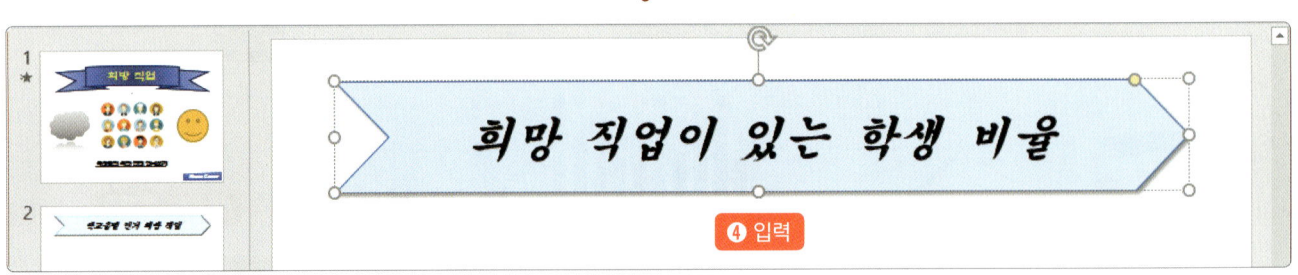

❸ '슬라이드 4'를 클릭하여 Ctrl + V 를 눌러 붙여넣은 후 텍스트를 "**희망 직업을 선택한 이유**"로 수정합니다.

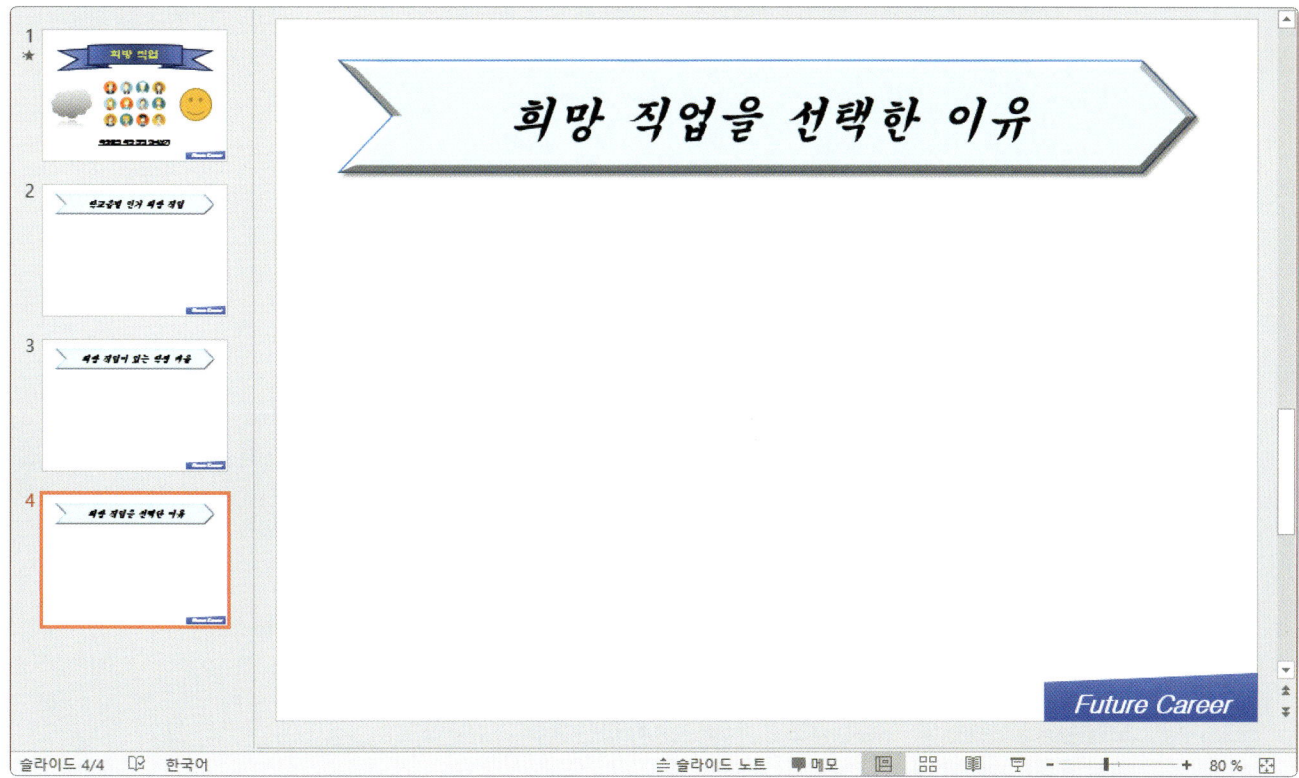

❹ 제목 도형이 완성된 것을 확인한 후 [빠른 실행 도구 모음]에서 [**저장(🖫)**]을 클릭하거나 Ctrl + S 를 눌러 파일을 저장합니다.

➕ 실제 시험에서는 작업하면서 수시로 저장하는 것이 좋습니다.

01 아래의 작성조건 및 출력형태에 알맞게 작업하시오.

소스파일: 06-01(문제).pptx
완성파일: 06-01(완성).pptx

《출력형태》

《작성조건》
▶ 도형 1 ⇒ 사각형 : 한쪽 모서리가 둥근 사각형, 도형 채우기('주황, 강조 2, 40% 더 밝게'),
　　　　　도형 윤곽선(실선, 색 : '주황, 강조 2', 너비 : 5pt, 겹선 종류 : 단순형),
　　　　　도형 효과(그림자 - 원근감 - 대각선 오른쪽 위, 입체 효과 - 디벗),
　　　　　글꼴(휴먼둥근헤드라인, 36pt, 기울임꼴, '주황, 강조 2, 25% 더 어둡게')

02 아래의 작성조건 및 출력형태에 알맞게 작업하시오.

소스파일: 06-02(문제).pptx
완성파일: 06-02(완성).pptx

《출력형태》

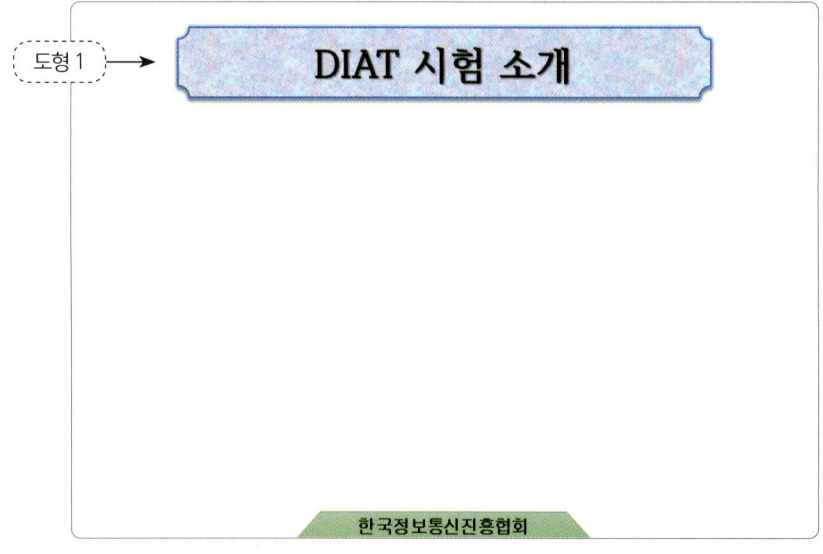

《작성조건》
▶ 도형 1 ⇒ 기본 도형 : 배지, 도형 채우기(질감 : 꽃다발),
　　　　　도형 윤곽선(실선, 색 : 파랑, 너비 : 1.5pt, 겹선 종류 : 단순형),
　　　　　도형 효과(그림자 - 바깥쪽 - 오프셋 아래쪽, 네온 - '파랑, 5 pt 네온, 강조색 1'),
　　　　　글꼴(함초롬바탕, 40pt, 굵게, 텍스트 그림자, '검정, 텍스트 1')

03 아래의 작성조건 및 출력형태에 알맞게 작업하시오.

《출력형태》

《작성조건》

▶ 도형 1 ⇒ 사각형 : 모서리가 둥근 직사각형, 도형 채우기(진한 빨강),
　　　　　　도형 윤곽선(실선, 색 : '주황, 강조 2, 25% 더 어둡게', 너비 : 2pt, 겹선 종류 : 단순형),
　　　　　　도형 효과(네온 - '주황, 8 pt 네온, 강조색 2', 입체 효과 - 볼록하게),
　　　　　　글꼴(휴먼옛체, 40pt, 기울임꼴, 텍스트 그림자)

04 아래의 작성조건 및 출력형태에 알맞게 작업하시오.

《출력형태》

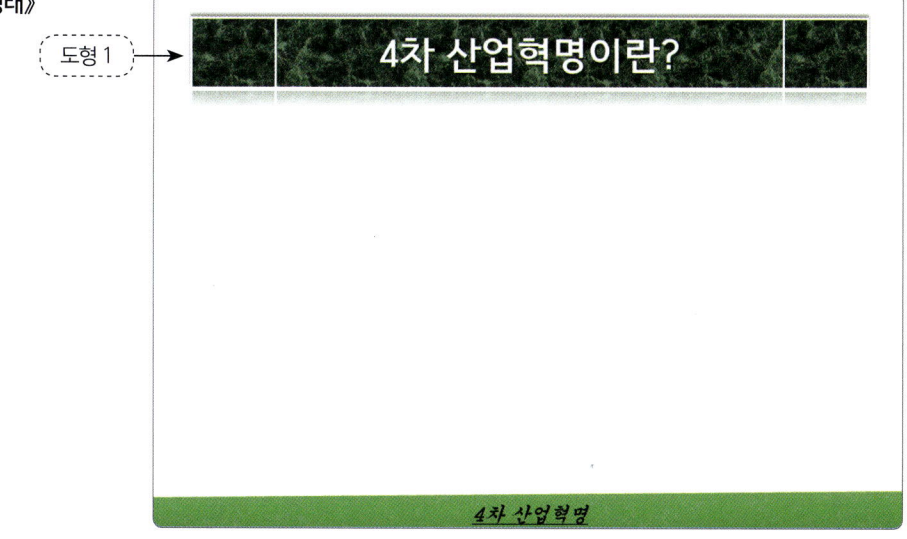

《작성조건》

▶ 도형 1 ⇒ 순서도 : 종속 처리, 도형 채우기(질감 : 녹색 대리석),
　　　　　　도형 윤곽선(실선, 색 : '흰색, 배경 1', 너비 : 2pt, 겹선 종류 : 단순형),
　　　　　　도형 효과(그림자 - 바깥쪽 - 오프셋 위쪽, 반사 - '근접 반사, 터치'),
　　　　　　글꼴(함초롬돋움, 38pt, 굵게, 텍스트 그림자)

[슬라이드 2] 본문 도형

[슬라이드 2]의 본문 도형은 주제가 들어가는 '도형 2'와 내용이 들어가는 '도형 3'~'도형 6', 그리고 '실행 단추'로 구성됩니다. '도형 3'~'도형 6'은 동일하므로 한 개만 작성하여 복제한 후에 텍스트만 수정하면 됩니다. '실행 단추'는 마우스로 클릭했을 때 다른 슬라이드로 이동시키는 도형입니다.

소스파일: 07차시(문제).pptx   완성파일: 07차시(완성).pptx

문제 미리보기

《출력형태》

《작성조건》

(2) 본문
- ▶ 도형 2 ⇒ 별 및 현수막 : 포인트가 16개인 별, 도형 채우기(빨강, 그라데이션 - 가운데에서),
  도형 윤곽선(실선, 색 : 진한 빨강, 너비 : 2pt, 겹선 종류 : 단순형, 대시 종류 : 사각 점선),
  글꼴(굴림, 28pt, 굵게, 텍스트 그림자, '검정, 텍스트 1')
- ▶ 도형 3~6 ⇒ 블록 화살표 : 오각형, 도형 채우기(진한 빨강, 그라데이션 - 가운데에서), 선 없음,
  도형 효과(네온 - '주황, 8 pt 네온, 강조색 2'), 글꼴(굴림, 24pt, 굵게, 텍스트 그림자)
- ▶ 실행 단추 ⇒ 실행 단추 : 홈, 하이퍼링크 : 첫째 슬라이드, 도형 스타일('미세 효과 - 검정, 어둡게 1')
- ▶ SmartArt 삽입 ⇒ 계층 구조형 : 조직도형, 글꼴(돋움, 20pt, 굵게, 가운데 맞춤), SmartArt 스타일(색 변경 - '색상형 범위 - 강조색 4 또는 5', 3차원 - 광택 처리), (반드시 SmartArt 기능을 이용하여 작성할 것)
- ▶ 애니메이션 지정 ⇒ SmartArt : 나타내기 - 시계 방향 회전
- ▶ 지시사항이 없는 부분은 《출력형태》와 동일하게 작성하시오.

과정 미리보기

도형 2 작성 ➔ 도형 3~6 작성 ➔ 실행 단추 작성

01 도형 2 작성하기

▶ 도형 2 ⇒ 별 및 현수막 : 포인트가 16개인 별, 도형 채우기(빨강, 그라데이션 – 가운데에서), 도형 윤곽선(실선, 색 : 진한 빨강, 너비 : 2pt, 겹선 종류 : 단순형, 대시 종류 : 사각 점선), 글꼴(굴림, 28pt, 굵게, 텍스트 그림자, '검정, 텍스트 1')

❶ 파워포인트 2016 프로그램을 실행하여 [07차시] 폴더의 '07차시(문제).pptx' 파일을 열고 축소판 그림 창에서 '슬라이드 2'를 클릭합니다.

❷ 도형을 삽입하기 위해 [삽입] 탭-[일러스트레이션] 그룹-[도형]-[별 및 현수막]-[포인트가 16개인 별(🏵)]을 클릭한 후 드래그하여 도형을 그립니다.

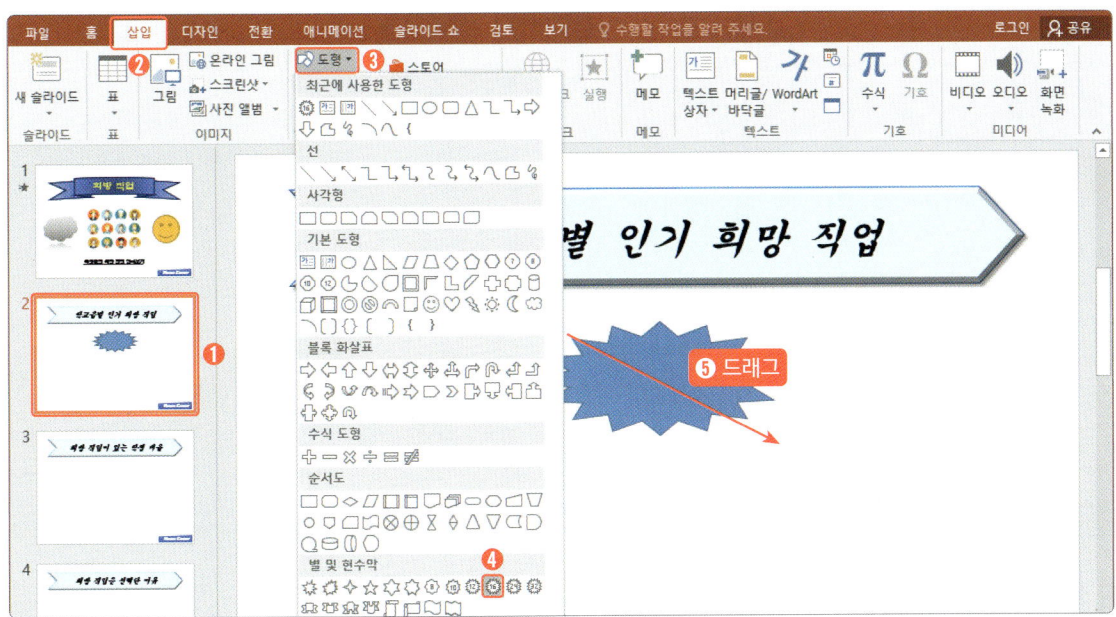

❸ 도형 채우기를 지정하기 위해 [그리기 도구-서식] 탭-[도형 스타일] 그룹-[도형 채우기]-[빨강]을 클릭한 후에 [도형 채우기]-[그라데이션]-[가운데에서]를 클릭합니다.

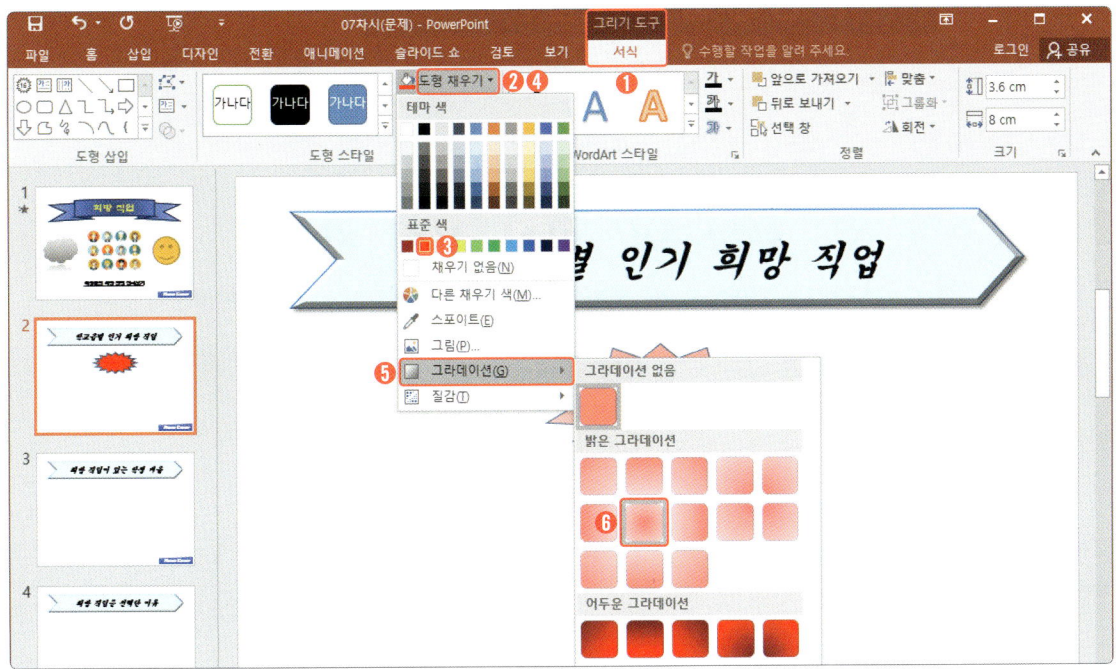

DIAT 프리젠테이션 57 출제유형 마스터하기 07

> 💡 **시험꿀팁**
> - 그라데이션은 '밝은 그라데이션'과 '어두운 그라데이션'으로 두 종류가 있는데, 시험에는 어떤 그라데이션인지 지시사항이 주어지지 않습니다.
> - 그러므로 시험지의 《출력형태》를 보고 해당하는 그라데이션을 선택하면 됩니다.

❹ 도형 윤곽선을 지정하기 위해 도형 위에서 마우스 오른쪽 버튼을 클릭하여 [도형 서식]을 선택합니다.

❺ [도형 서식] 작업 창에서 [선]-[실선]을 선택하고 색은 '**진한 빨강**', 너비는 '**2pt**', 겹선 종류는 '**단순형**', 대시 종류는 '**사각 점선**'을 선택합니다.

❻ 도형 윤곽선 지정이 완료되면 [도형 서식] 작업 창의 닫기 버튼을 클릭하여 닫습니다.

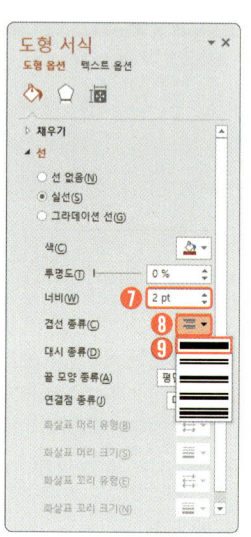
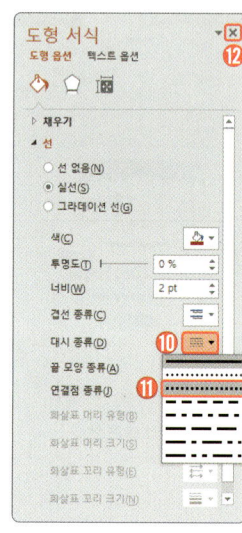

❼ 도형이 선택된 상태에서 "BEST 4"를 입력한 후 Esc 를 누릅니다.

❽ [홈] 탭-[글꼴] 그룹에서 글꼴 '**굴림**', 글꼴 크기 '**28pt**', '**굵게**', '**텍스트 그림자**', 글꼴 색 '**검정, 텍스트 1**'을 지정합니다.

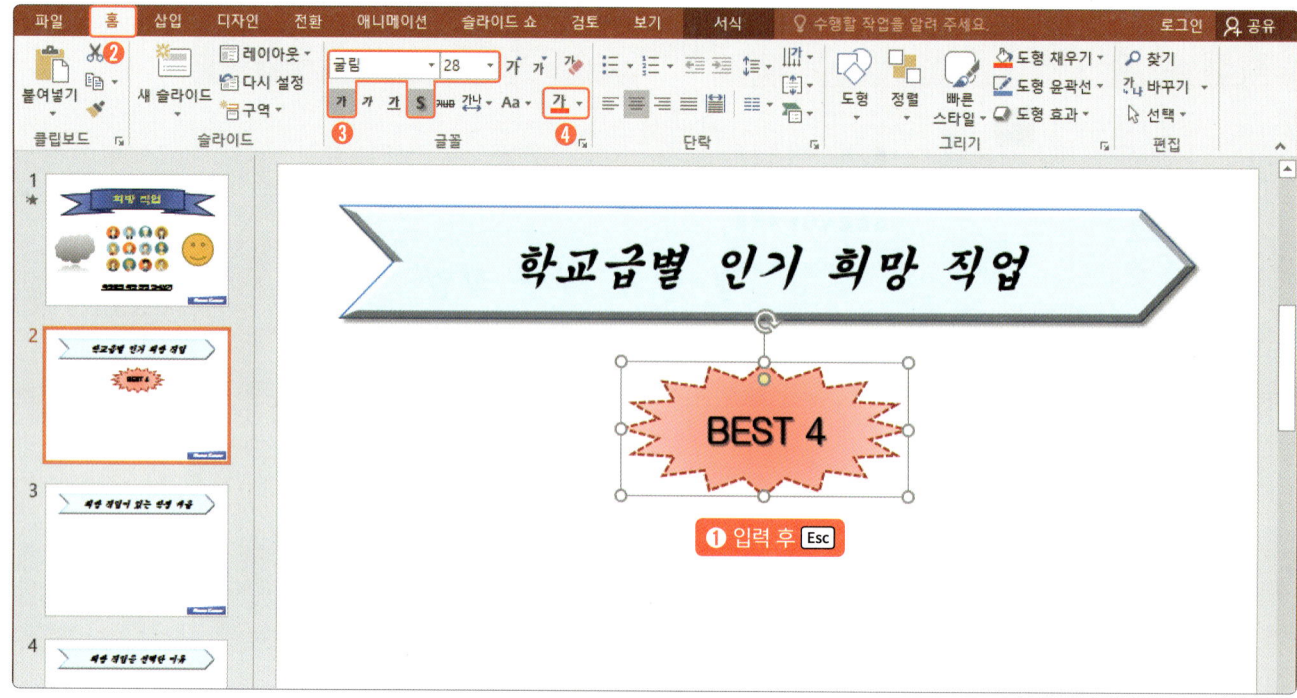

도형 3~6 작성하기

▶ 도형 3~6 ⇒ 블록 화살표 : 오각형, 도형 채우기(진한 빨강, 그라데이션 - 가운데에서), 선 없음,
도형 효과(네온 - '주황, 8 pt 네온, 강조색 2'), 글꼴(굴림, 24pt, 굵게, 텍스트 그림자)

❶ 도형을 삽입하기 위해 [삽입] 탭-[일러스트레이션] 그룹-[도형]-[블록 화살표]-[오각형(▷)]을 클릭한 후 드래그하여 도형을 그립니다.

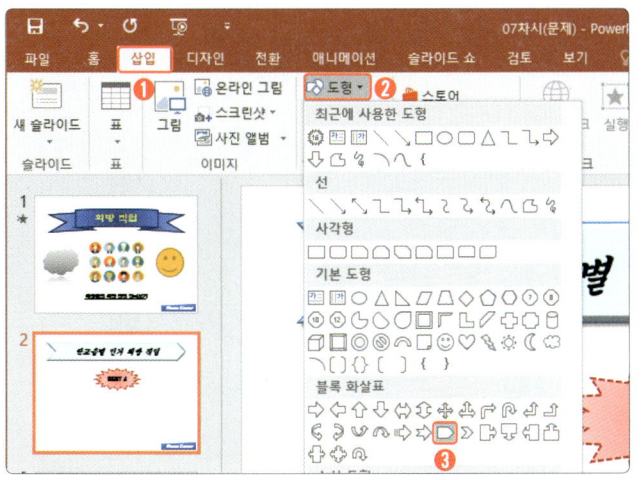 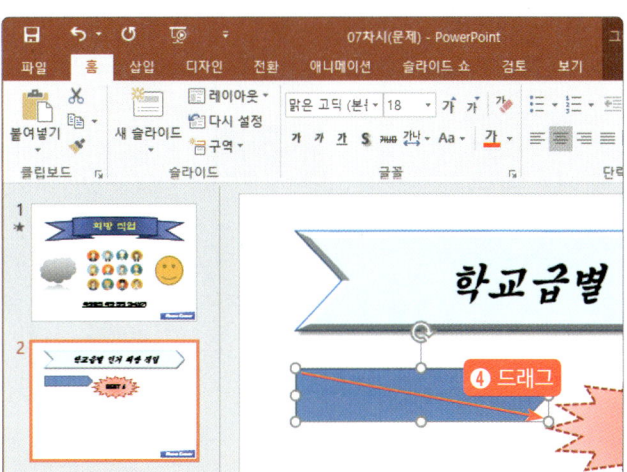

❷ 도형 채우기를 지정하기 위해 [그리기 도구-서식] 탭-[도형 스타일] 그룹-[도형 채우기]-[진한 빨강]을 클릭한 후에 [도형 채우기]-[그라데이션]-[가운데에서]를 클릭합니다.

　《출력형태》를 보고 '밝은 그라데이션'과 '어두운 그라데이션' 중에서 선택하면 됩니다.

❸ 도형 윤곽선을 없애기 위해 [그리기 도구-서식] 탭-[도형 스타일] 그룹-[도형 윤곽선]-[윤곽선 없음]을 클릭합니다.

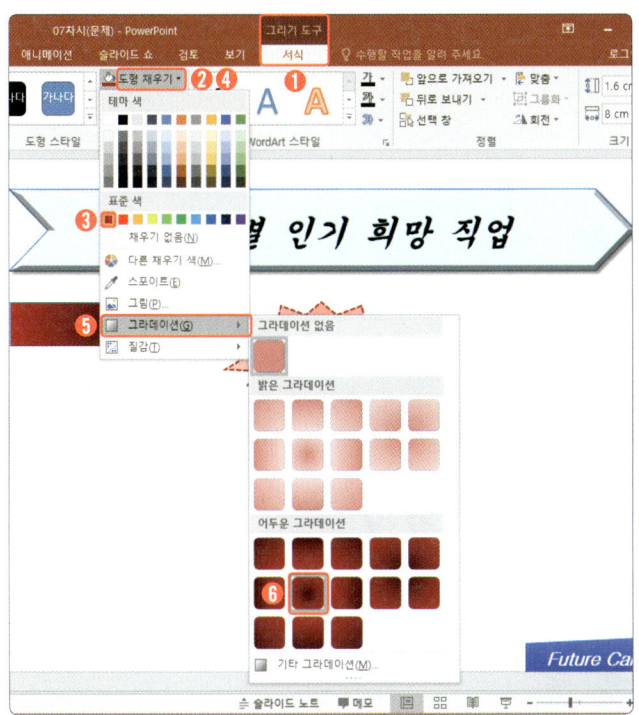 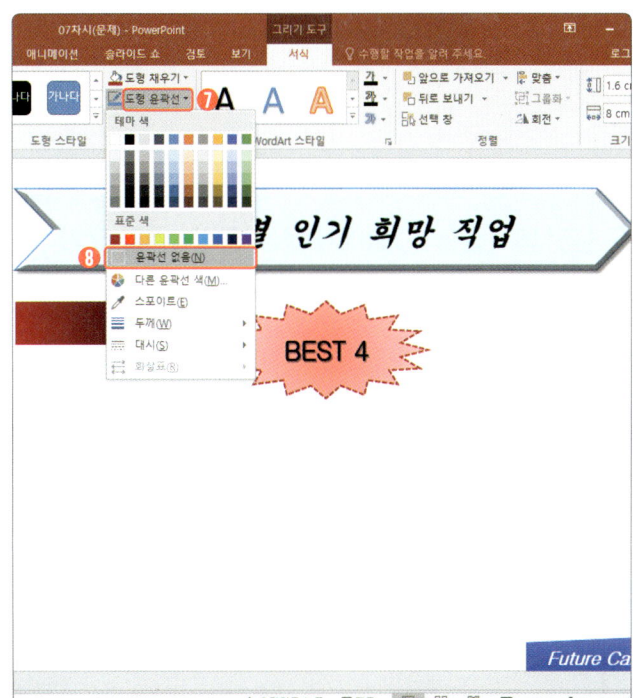

❹ 도형 효과를 지정하기 위해 [그리기 도구-서식] 탭-[도형 스타일] 그룹-[도형 효과]-[네온]-[주황, 8 pt 네온, 강조색 2]를 클릭합니다.

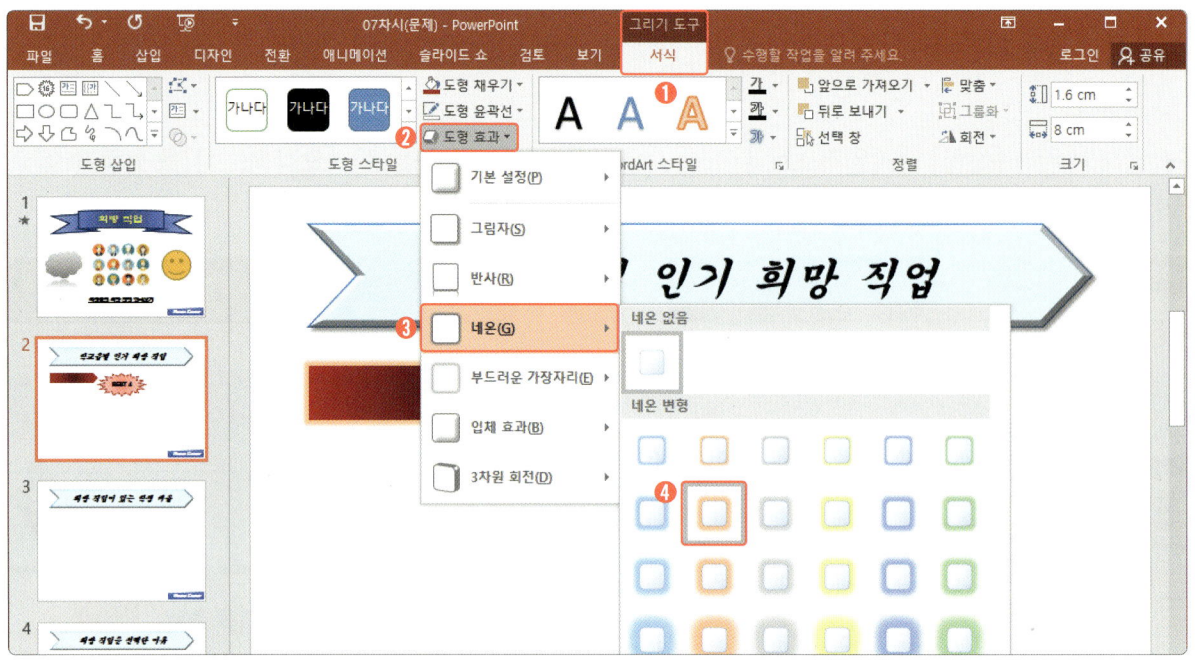

레벨 업 | 네온 효과 종류 살펴보기

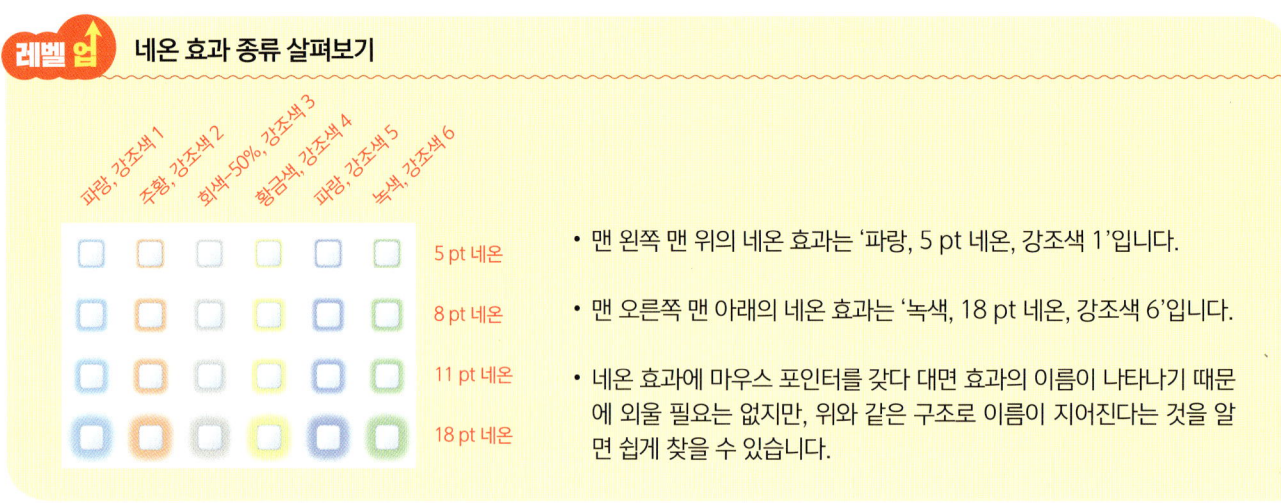

- 맨 왼쪽 맨 위의 네온 효과는 '파랑, 5 pt 네온, 강조색 1'입니다.
- 맨 오른쪽 맨 아래의 네온 효과는 '녹색, 18 pt 네온, 강조색 6'입니다.
- 네온 효과에 마우스 포인터를 갖다 대면 효과의 이름이 나타나기 때문에 외울 필요는 없지만, 위와 같은 구조로 이름이 지어진다는 것을 알면 쉽게 찾을 수 있습니다.

❺ 도형이 선택된 상태에서 "교사"를 입력한 후 Esc 를 누릅니다.
❻ [홈] 탭-[글꼴] 그룹에서 글꼴 '굴림', 글꼴 크기 '24pt', '굵게', '텍스트 그림자'를 지정합니다.

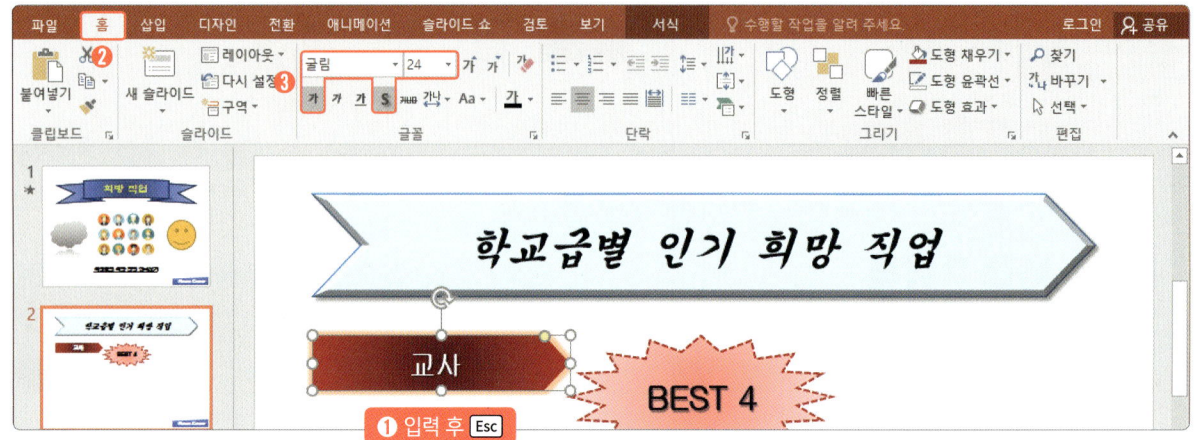

❼ 아래쪽에 도형을 복제하기 위해 Ctrl + Shift 를 누른 채 아래쪽으로 드래그합니다.

➕ 도형의 테두리나 도형 안쪽의 텍스트가 없는 부분을 드래그해야 합니다.

레벨 업 | 도형을 복제하거나 이동하기

- Ctrl 을 누른 채 드래그 : 복제

- Shift 를 누른 채 드래그 : 수평 또는 수직으로 이동

- Ctrl + Shift 를 누른 채 드래그 : 수평 또는 수직으로 복제

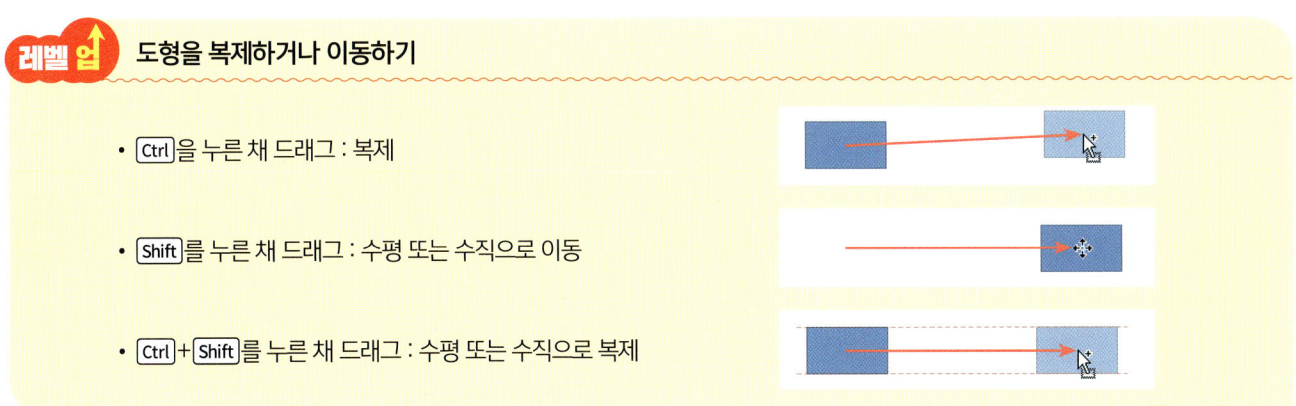

❽ 오른쪽에 도형을 복사하기 위해 Shift 를 누른 채 2개의 도형을 클릭하여 선택한 후 Ctrl + Shift 를 누른 채 오른쪽으로 드래그합니다.

❾ 오른쪽 2개의 도형을 좌우 대칭시키기 위해 도형이 선택된 상태에서 [그리기 도구-서식] 탭-[정렬] 그룹-[회전]-[좌우 대칭]을 클릭한 후 도형 4~6의 텍스트를 수정합니다.

➕ [홈] 탭-[그리기] 그룹-[정렬]-[회전]-[좌우 대칭] 메뉴를 이용해도 됩니다.

03 실행 단추 작성하기

▶ 실행 단추 ⇒ 실행 단추 : 홈, 하이퍼링크 : 첫째 슬라이드, 도형 스타일('미세 효과 – 검정, 어둡게 1')

❶ 실행 단추 도형을 삽입하기 위해 [삽입] 탭-[일러스트레이션] 그룹-[도형]-[실행 단추]-[홈(⌂)]을 클릭합니다.

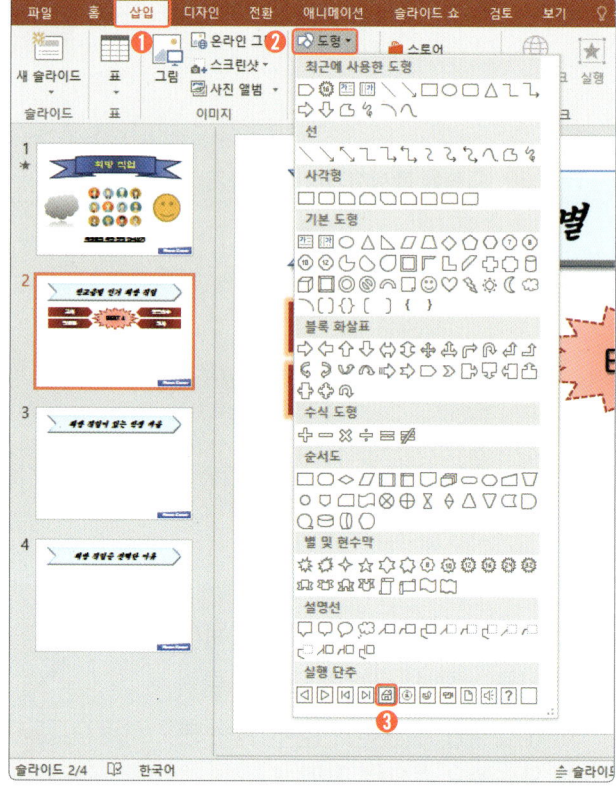

❷ 드래그하여 도형을 그리면 나타나는 [실행 설정] 대화 상자에서 하이퍼링크가 '**첫째 슬라이드**'인 것을 확인한 후 [확인]을 클릭합니다.

➕ 하이퍼링크를 수정하려면 도형을 마우스 오른쪽 버튼으로 클릭하여 [하이퍼링크 편집]을 클릭한 후 수정하면 됩니다.

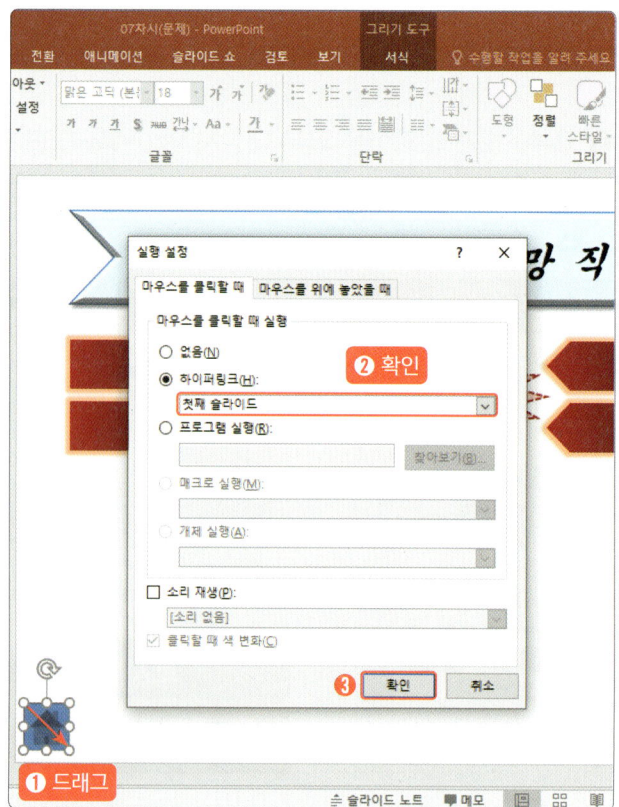

❸ 도형 스타일을 지정하기 위해 [그리기 도구-서식] 탭-[도형 스타일] 그룹의 자세히 버튼(▼)을 클릭한 후 '미세 효과 – 검정, 어둡게 1'을 선택합니다.

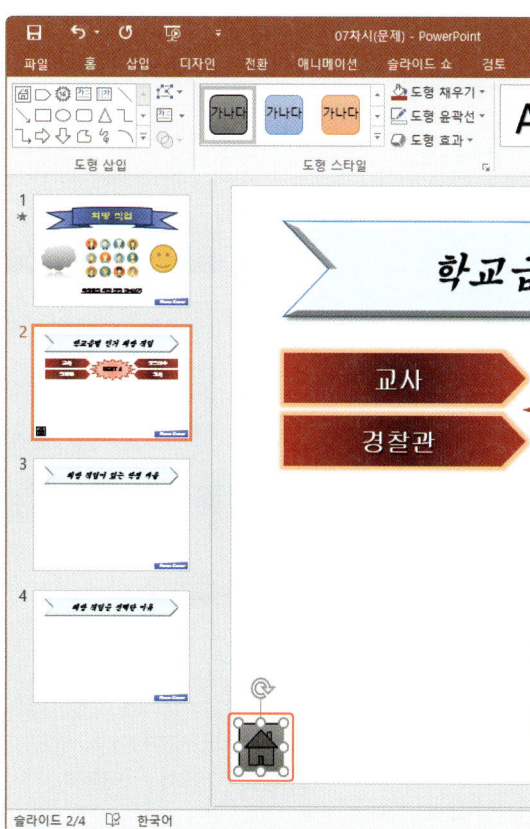

❹ 도형 스타일이 지정된 것을 확인한 후 [빠른 실행 도구 모음]에서 [저장(🖫)]을 클릭하거나 Ctrl + S 를 눌러 파일을 저장합니다.

　➕ 실제 시험에서는 작업하면서 수시로 저장하는 것이 좋습니다.

01 아래의 작성조건 및 출력형태에 알맞게 작업하시오.

소스파일: 07-01(문제).pptx
완성파일: 07-01(완성).pptx

《출력형태》

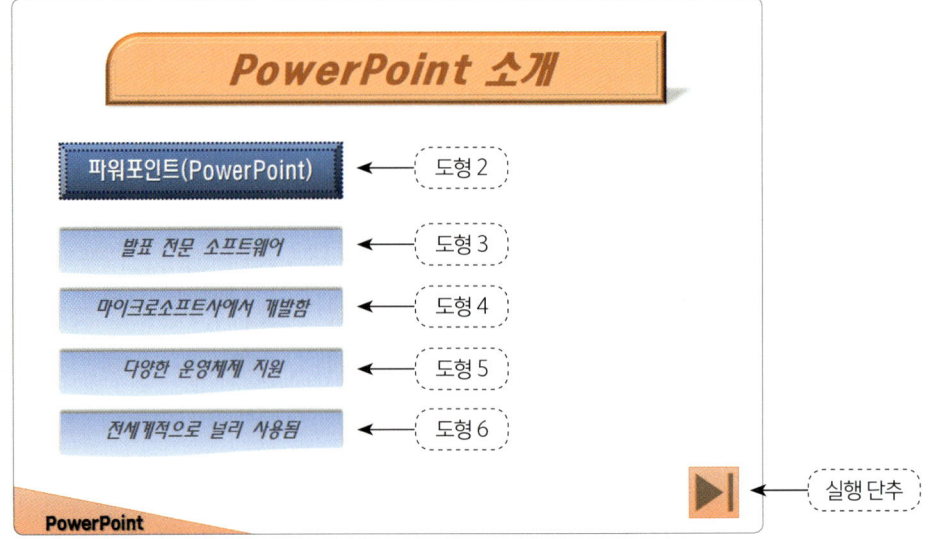

《작성조건》

▶ 도형 2 ⇒ 기본 도형 : 빗면, 도형 채우기('파랑, 강조 1', 그라데이션 – 선형 위쪽), 도형 윤곽선(실선, 색 : 진한 파랑, 너비 : 2pt, 겹선 종류 : 단순형, 대시 종류 : 둥근 점선), 글꼴(휴먼모음T, 24pt, 텍스트 그림자)
▶ 도형 3~6 ⇒ 순서도 : 문서, 도형 채우기('파랑, 강조 1', 그라데이션 – 선형 아래쪽), 선 없음, 도형 효과(그림자 – 바깥쪽 – 오프셋 위쪽), 글꼴(휴먼모음T, 20pt, 기울임꼴, '청회색, 텍스트 2')
▶ 실행 단추 ⇒ 실행 단추 : 끝, 하이퍼링크 : 마지막 슬라이드, 도형 스타일('미세 효과 – 주황, 강조 2')

02 아래의 작성조건 및 출력형태에 알맞게 작업하시오.

소스파일: 07-02(문제).pptx
완성파일: 07-02(완성).pptx

《출력형태》

《작성조건》

▶ 도형 2 ⇒ 블록 화살표 : 아래쪽 화살표 설명선, 도형 채우기(녹색, 그라데이션 – 가운데에서), 도형 윤곽선(실선, 색 : 파랑, 너비 : 2pt, 겹선 종류 : 단순형, 대시 종류 : 파선), 글꼴(돋움, 24pt, 굵게, 텍스트 그림자)
▶ 도형 3~6 ⇒ 기본 도형 : 눈물 방울, 도형 채우기(연한 녹색, 그라데이션 – 선형 왼쪽), 선 없음, 도형 효과(반사 – '근접 반사, 터치'), 글꼴(돋움, 20pt, 굵게, 기울임꼴, '검정, 텍스트 1')
▶ 실행 단추 ⇒ 실행 단추 : 앞으로 또는 다음, 하이퍼링크 : 다음 슬라이드, 도형 스타일('강한 효과 – 파랑, 강조 1')

03 아래의 작성조건 및 출력형태에 알맞게 작업하시오.

《출력형태》

《작성조건》
- ▶ 도형 2 ⇒ 별 및 현수막 : 위로 구부러진 리본, 도형 채우기(파랑, 그라데이션 - 선형 위쪽), 도형 윤곽선(실선, 색 : '흰색, 배경 1', 너비 : 3pt, 겹선 종류 : 이중), 글꼴(굴림체, 22pt, 굵게, 텍스트 그림자)
- ▶ 도형 3~6 ⇒ 순서도 : 순서도: 자기디스크, 도형 채우기('주황, 강조 2', 그라데이션 - 선형 위쪽), 선 없음, 도형 효과(그림자 - 바깥쪽 - 오프셋 아래쪽), 글꼴(굴림체, 20pt, 굵게, 텍스트 그림자)
- ▶ 실행 단추 ⇒ 실행 단추 : 뒤로 또는 이전, 하이퍼링크 : 첫째 슬라이드, 도형 스타일('색 윤곽선 - 주황, 강조 2')

04 아래의 작성조건 및 출력형태에 알맞게 작업하시오.

《출력형태》

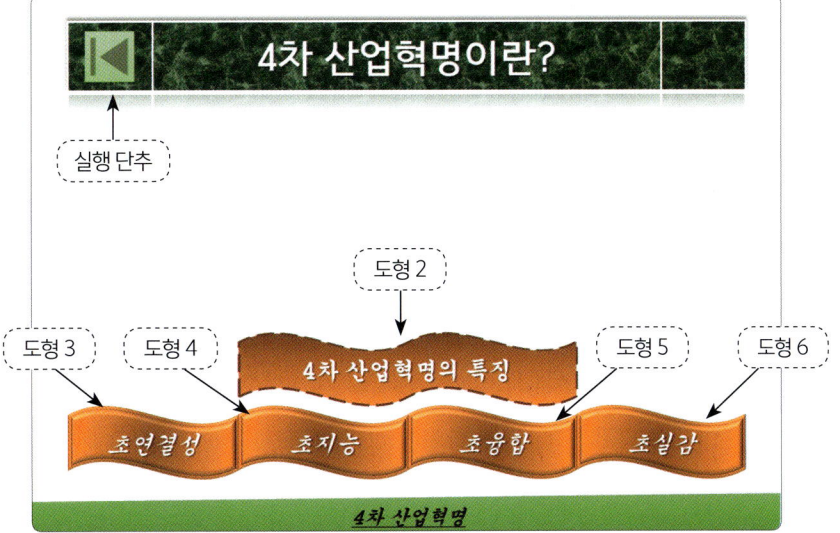

《작성조건》
- ▶ 도형 2 ⇒ 별 및 현수막 : 이중 물결, 도형 채우기('주황, 강조 2', 그라데이션 - 선형 아래쪽), 도형 윤곽선(실선, 색 : '주황, 강조 2, 50% 더 어둡게', 너비 : 2pt, 겹선 종류 : 단순형, 대시 종류 : 긴 파선), 글꼴(궁서, 24pt, 굵게, 텍스트 그림자)
- ▶ 도형 3~6 ⇒ 별 및 현수막 : 물결, 도형 채우기('주황, 강조 2', 그라데이션 - 가운데에서), 선 없음, 도형 효과(입체 효과 - 아트 데코), 글꼴(궁서, 24pt, 기울임꼴, 텍스트 그림자)
- ▶ 실행 단추 ⇒ 실행 단추 : 시작, 하이퍼링크 : 첫째 슬라이드, 도형 스타일('미세 효과 - 녹색, 강조 6')

출제유형 마스터하기 08

[슬라이드 2] SmartArt

SmartArt(스마트아트)는 도형을 이용하여 내용이 잘 전달될 수 있도록 해 주는 기능으로, 원하는 형태를 선택한 후 스타일과 서식만 지정하면 됩니다. [슬라이드 2]에서 다양한 형태의 SmartArt가 출제되는데, 문제에 제시된 형태를 선택하고 스타일을 지정한 후 텍스트를 입력하고 서식만 지정하면 됩니다.

소스파일: 08차시(문제).pptx   완성파일: 08차시(완성).pptx

문제 미리보기

《출력형태》

《작성조건》

(2) 본문
- 도형 2 ⇒ 별 및 현수막 : 포인트가 16개인 별, 도형 채우기(빨강, 그라데이션 – 가운데에서), 도형 윤곽선(실선, 색 : 진한 빨강, 너비 : 2pt, 겹선 종류 : 단순형, 대시 종류 : 사각 점선), 글꼴(굴림, 28pt, 굵게, 텍스트 그림자, '검정, 텍스트 1')
- 도형 3~6 ⇒ 블록 화살표 : 오각형, 도형 채우기(진한 빨강, 그라데이션 – 가운데에서), 선 없음, 도형 효과(네온 – '주황, 8 pt 네온, 강조색 2'), 글꼴(굴림, 24pt, 굵게, 텍스트 그림자)
- 실행 단추 ⇒ 실행 단추 : 홈, 하이퍼링크 : 첫째 슬라이드, 도형 스타일('미세 효과 – 검정, 어둡게 1')
- SmartArt 삽입 ⇒ 계층 구조형 : 조직도형, 글꼴(돋움, 20pt, 굵게, 가운데 맞춤), SmartArt 스타일(색 변경 – '색상형 범위 – 강조색 4 또는 5', 3차원 – 광택 처리), (반드시 SmartArt 기능을 이용하여 작성할 것)
- 애니메이션 지정 ⇒ SmartArt : 나타내기 – 시계 방향 회전
- 지시사항이 없는 부분은 《출력형태》와 동일하게 작성하시오.

과정 미리보기

SmartArt 작성 ➡ SmartArt 스타일 지정 ➡ 애니메이션 지정

01 SmartArt 작성하기

▶ SmartArt 삽입 ⇒ 계층 구조형 : 조직도형, 글꼴(돋움, 20pt, 굵게, 가운데 맞춤)

❶ 파워포인트 2016 프로그램을 실행하여 [08차시] 폴더의 '08차시(문제).pptx' 파일을 열고 축소판 그림 창에서 '슬라이드 2'를 클릭합니다.

❷ SmartArt를 삽입하기 위해 [삽입] 탭-[일러스트레이션] 그룹-[SmartArt]를 클릭한 후 [SmartArt 그래픽 선택] 대화 상자에서 [계층 구조형]-[조직도형]을 선택한 후 [확인]을 클릭합니다.

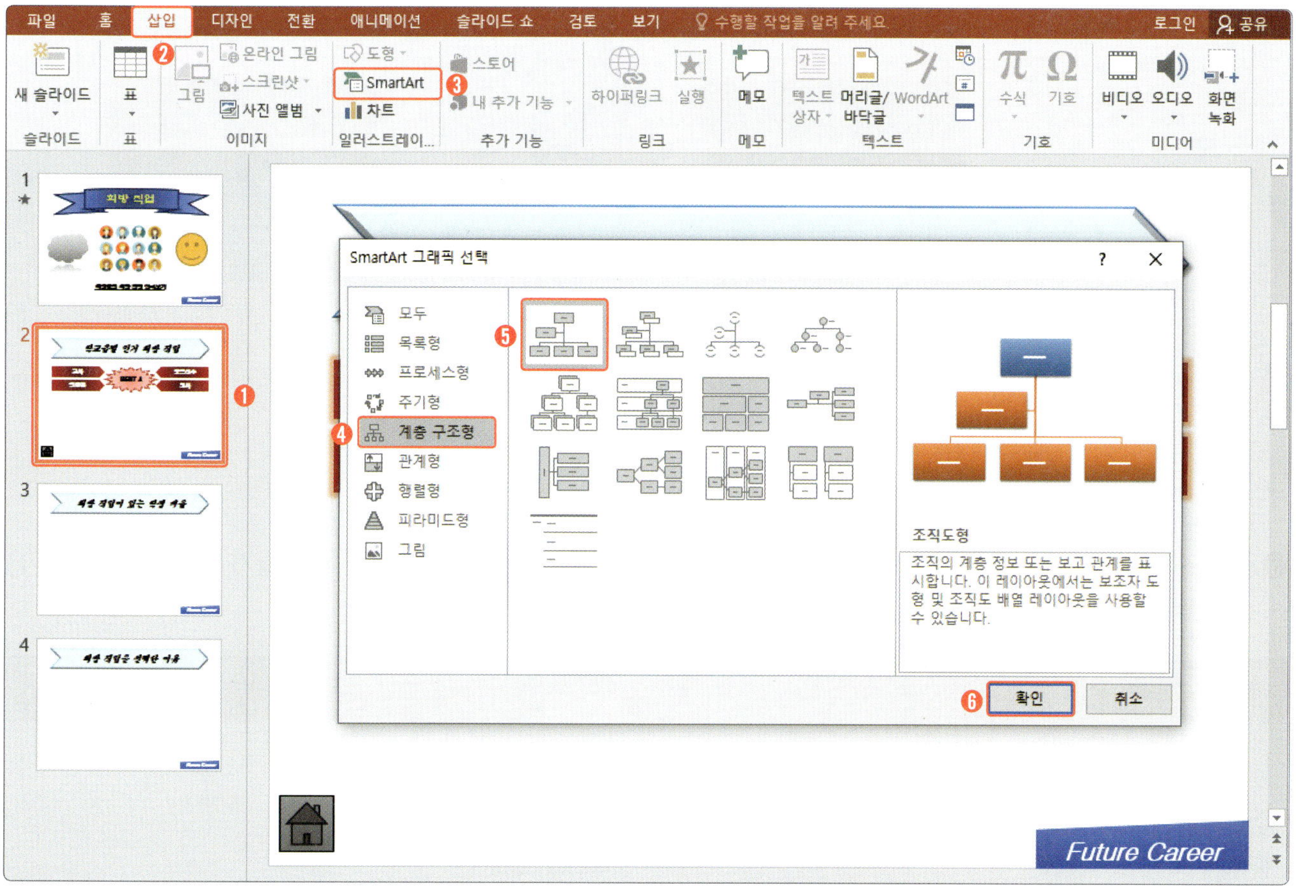

❸ 위에서 두 번째 도형인 '보조자' 도형의 테두리를 클릭하여 선택하고 Delete 를 눌러 삭제합니다.

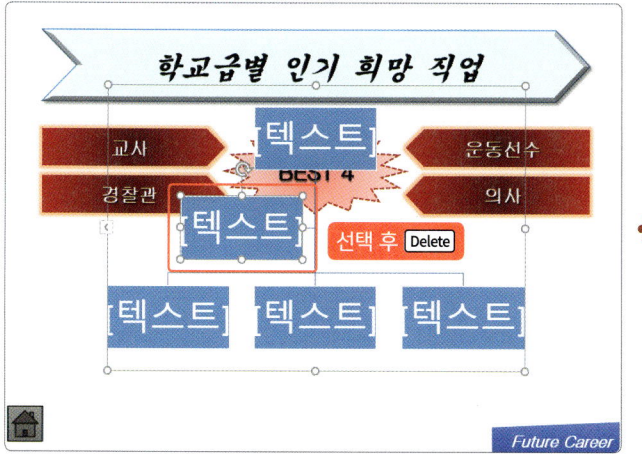

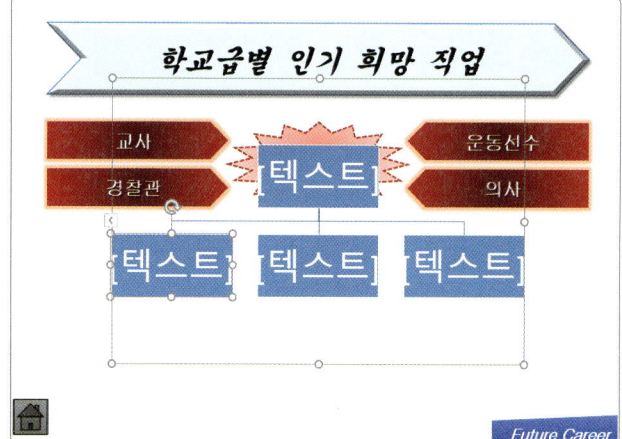

❹ 둘째 수준에서 첫 번째 도형의 테두리를 클릭하여 선택한 후 [SmartArt 도구-디자인] 탭-[그래픽 만들기] 그룹-[도형 추가]의 목록단추-[아래에 도형 추가]를 클릭합니다.

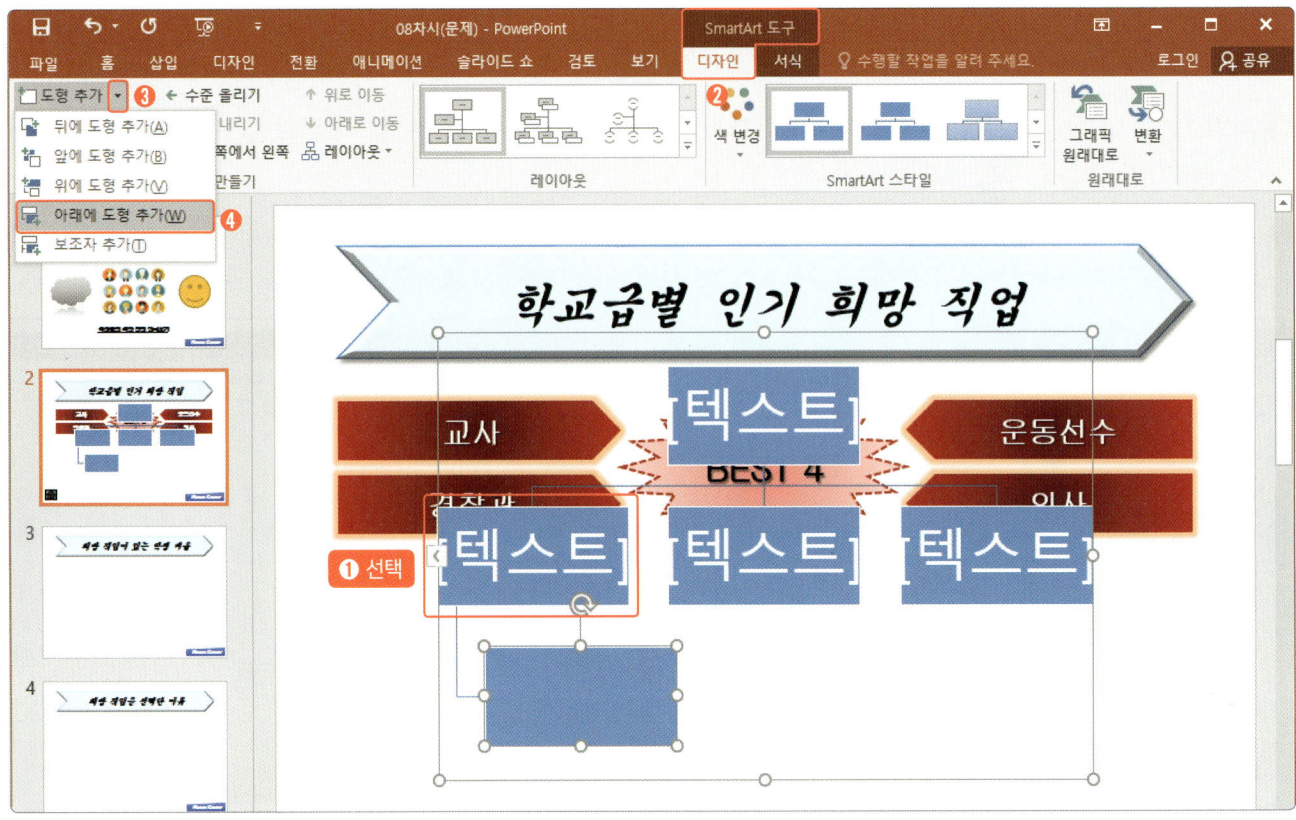

❺ 같은 수준의 도형을 하나 더 추가하기 위해 [SmartArt 도구-디자인] 탭-[그래픽 만들기] 그룹-[도형 추가]의 목록단추-[뒤에 도형 추가]를 클릭합니다.

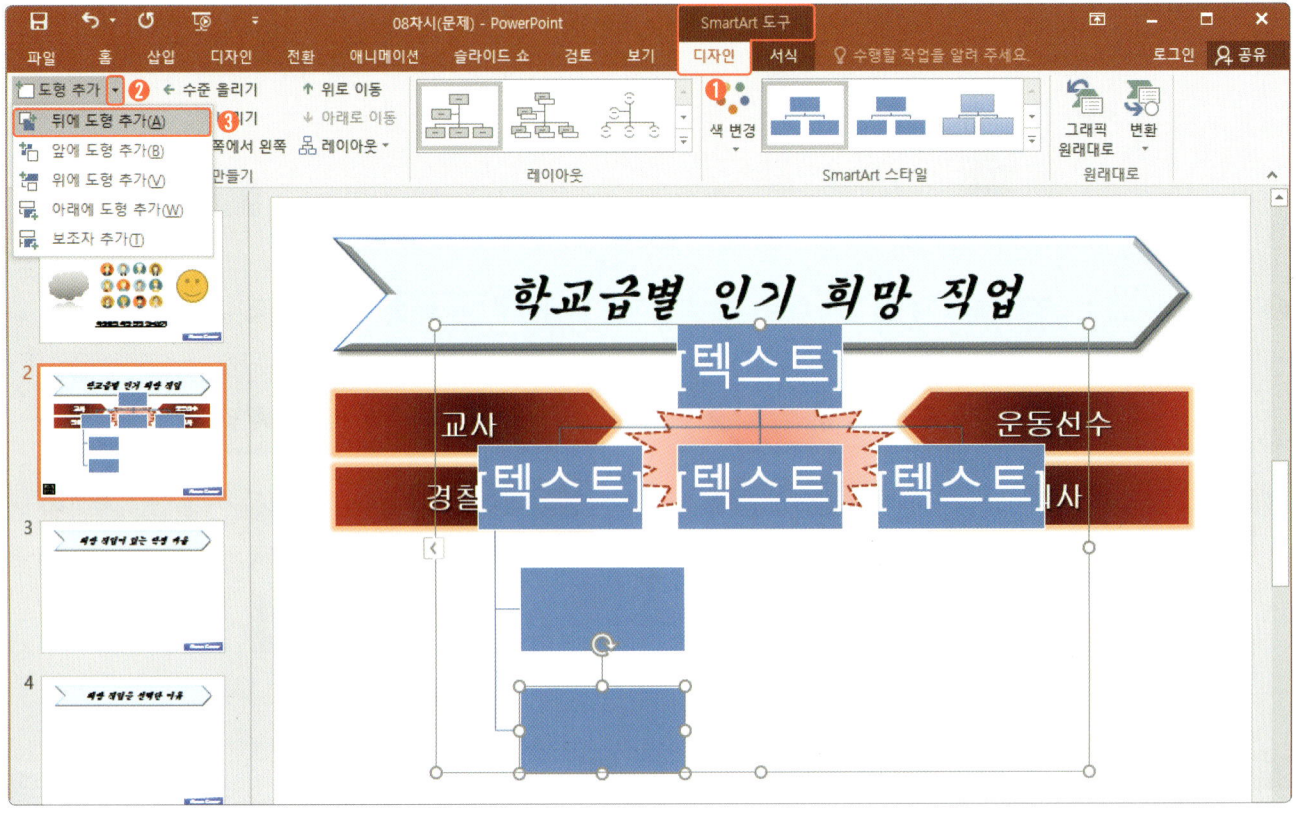

❻ 같은 방법으로 둘째 수준에서 두 번째 도형과 세 번째 도형의 **하위 도형**을 각각 **2개씩 추가**합니다.

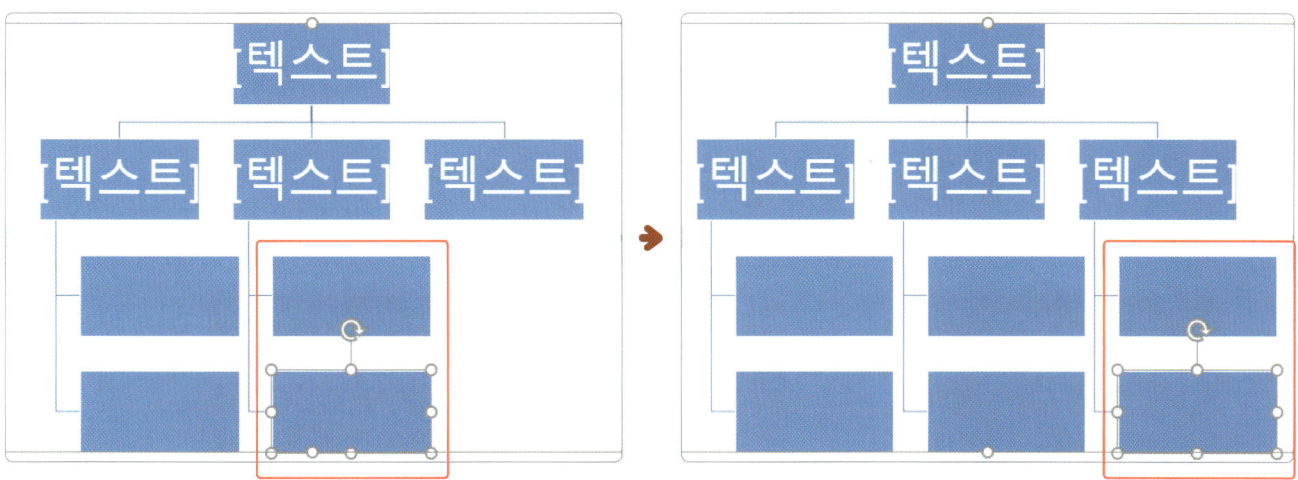

❼ 둘째 수준의 레이아웃을 변경하기 위해 **둘째 수준**에서 **첫 번째 도형**의 테두리를 클릭하여 선택한 후 Shift 를 누른 채 두 번째 도형과 세 번째 도형의 테두리를 클릭합니다.

❽ [SmartArt 도구-디자인] 탭-[그래픽 만들기] 그룹-[레이아웃]-[표준]을 클릭합니다.

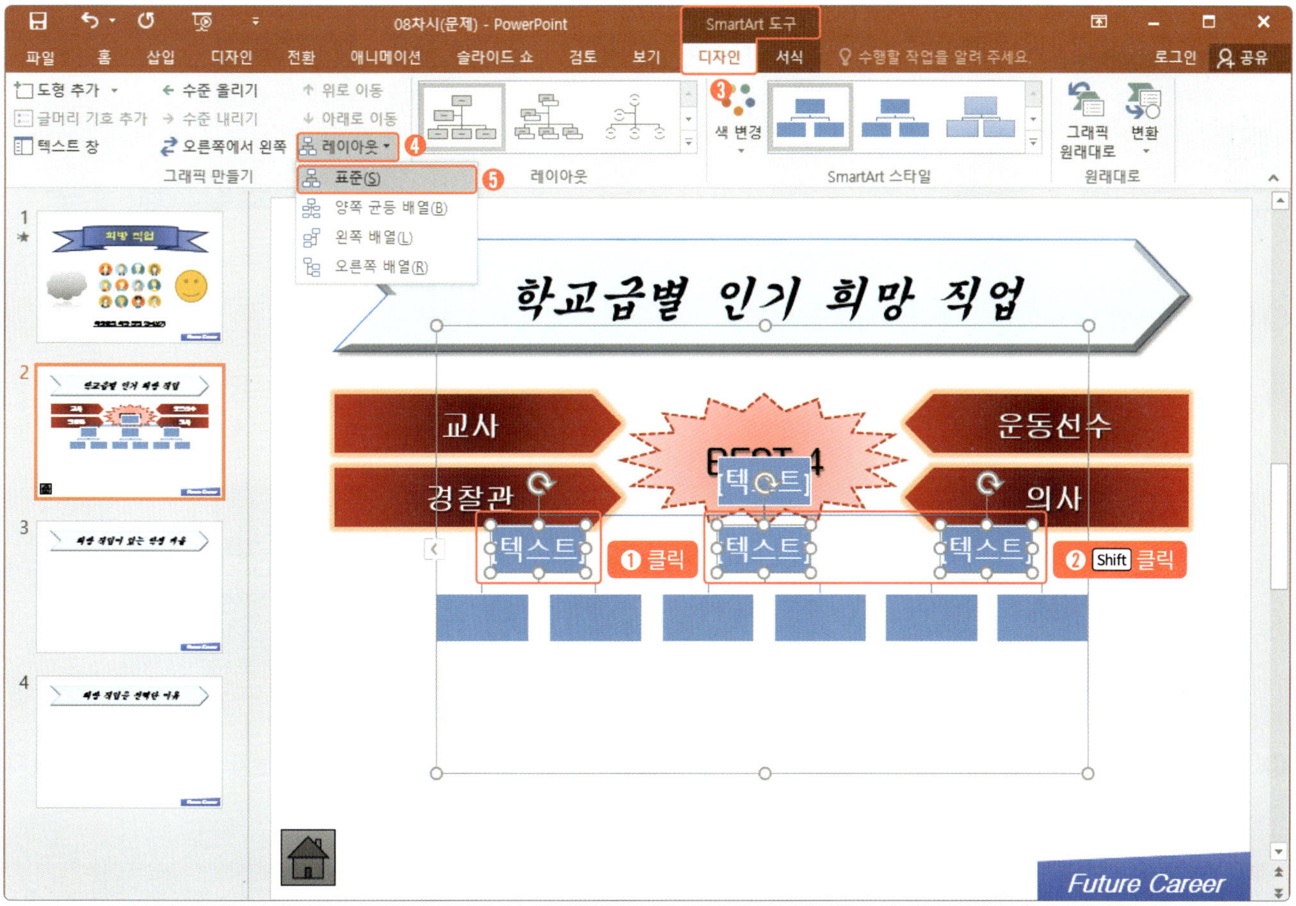

💡 시험꿀팁

- '계층 구조형 – 조직도형' SmartArt의 레이아웃은 '표준' 또는 '오른쪽 배열'이 주로 출제됩니다.
- 하위 도형이 아래 가운데에 수평으로 정렬되는 '표준' 레이아웃의 경우 반드시 레이아웃을 변경해야 합니다.
- 하위 도형이 오른쪽 아래에 수직으로 정렬되는 '오른쪽 배열' 레이아웃의 경우 레이아웃을 변경하지 않아도 됩니다.

❾ 《출력형태》와 동일하도록 SmartArt의 크기 조정 핸들(○)을 드래그하여 크기를 조정하고, SmartArt 테두리를 드래그하여 위치를 조정합니다.

❿ SmartArt의 각 도형을 선택하여 내용을 입력합니다.

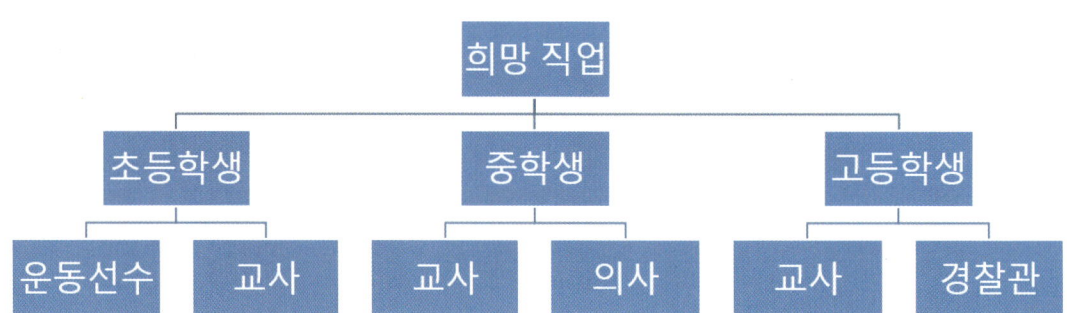

⓫ SmartArt의 테두리를 클릭하여 선택한 후 [홈] 탭-[글꼴] 그룹에서 글꼴 '**돋움**', 글꼴 크기 '**20pt**', '**굵게**'를 지정하고 [단락] 그룹-[가운데 맞춤(≡)]을 클릭합니다.

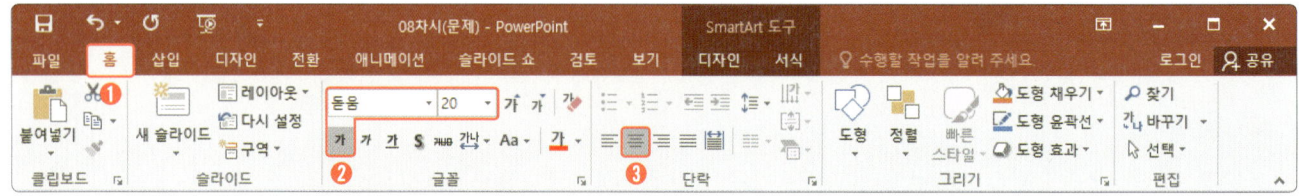

02 SmartArt 스타일 지정하기

▶ SmartArt 삽입 ⇒ SmartArt 스타일(색 변경 – '색상형 범위 – 강조색 4 또는 5', 3차원 – 광택 처리),
  (반드시 SmartArt 기능을 이용하여 작성할 것)

❶ SmartArt 그래픽에 적용된 색을 변경하기 위해 [SmartArt 도구-디자인] 탭-[SmartArt 스타일] 그룹-[색 변경]-[색상형 범위 – 강조색 4 또는 5]를 클릭합니다.

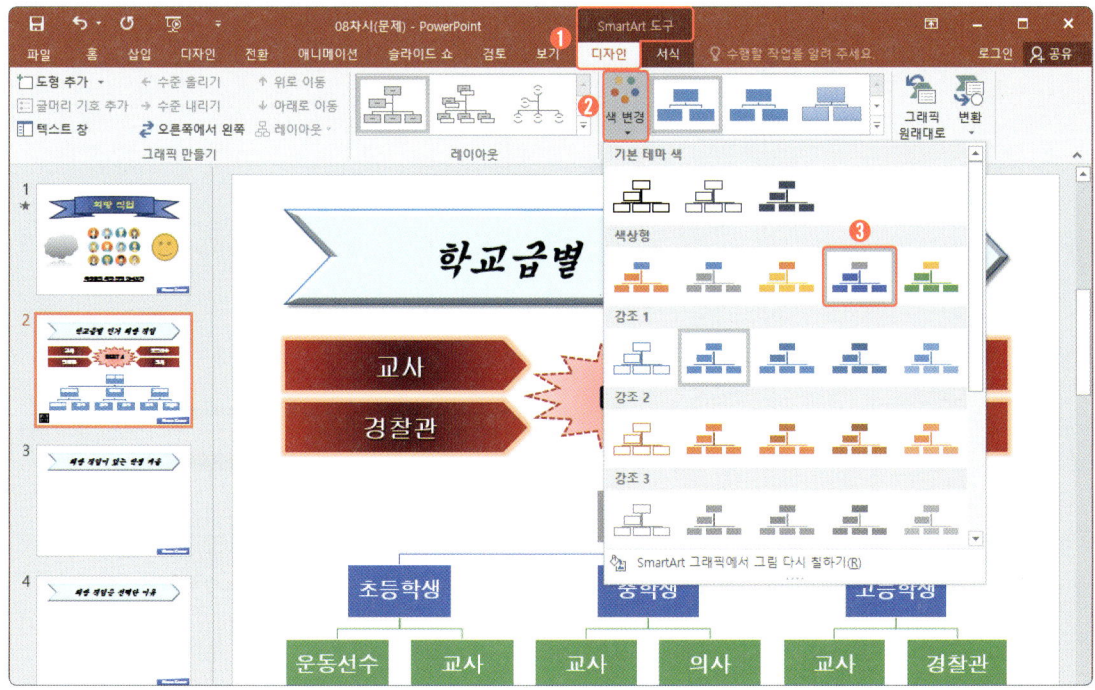

❷ SmartArt 그래픽의 전체 표시 스타일을 변경하기 위해 [SmartArt 도구-디자인] 탭-[SmartArt 스타일] 그룹의 자세히 버튼(▽)을 클릭한 후 [3차원]-[광택 처리]를 클릭합니다.

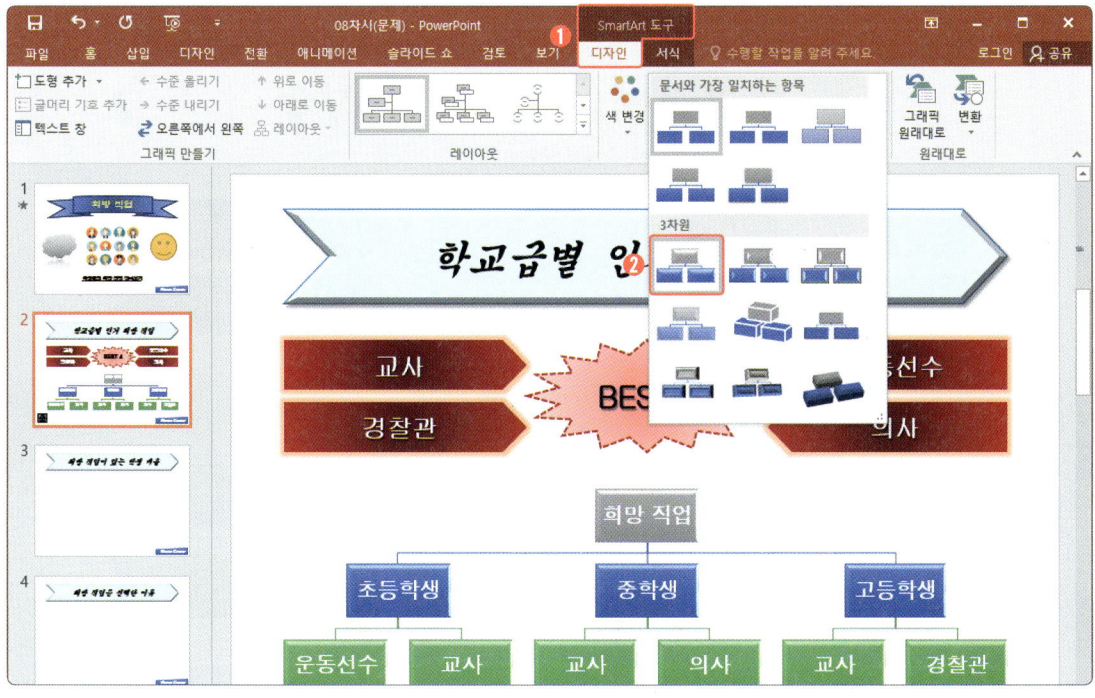

03 애니메이션 지정하기

▶ 애니메이션 지정 ⇒ SmartArt : 나타내기 - 시계 방향 회전

❶ 애니메이션을 지정할 'SmartArt'가 선택된 상태에서 [애니메이션] 탭-[애니메이션] 그룹의 자세히 버튼(▼)을 클릭한 후 [나타내기]-[시계 방향 회전]을 클릭합니다.

➕ 자세히 버튼을 클릭하면 나타나는 [애니메이션 갤러리]에 원하는 애니메이션이 없을 경우 [추가 나타내기 효과]를 클릭하여 선택하면 됩니다.

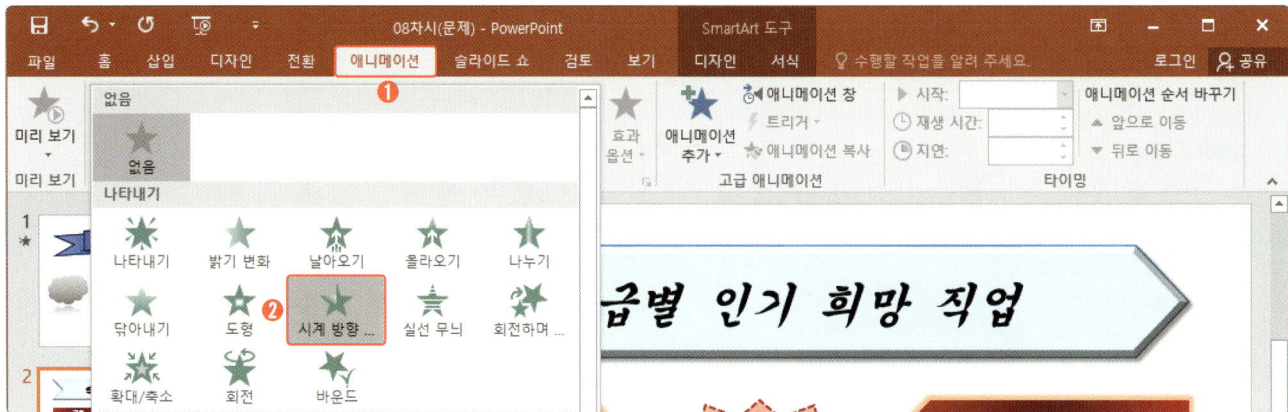

❷ 'SmartArt'에 애니메이션 순서를 나타내는 '1'이 표시된 것과 [애니메이션] 그룹에 표시되는 애니메이션 종류를 확인한 후 [빠른 실행 도구 모음]에서 [저장(💾)]을 클릭하거나 Ctrl + S 를 눌러 파일을 저장합니다.

➕ 만약 애니메이션을 잘못 지정하였을 경우 애니메이션 지정과 동일한 방법으로 재지정하면 됩니다.

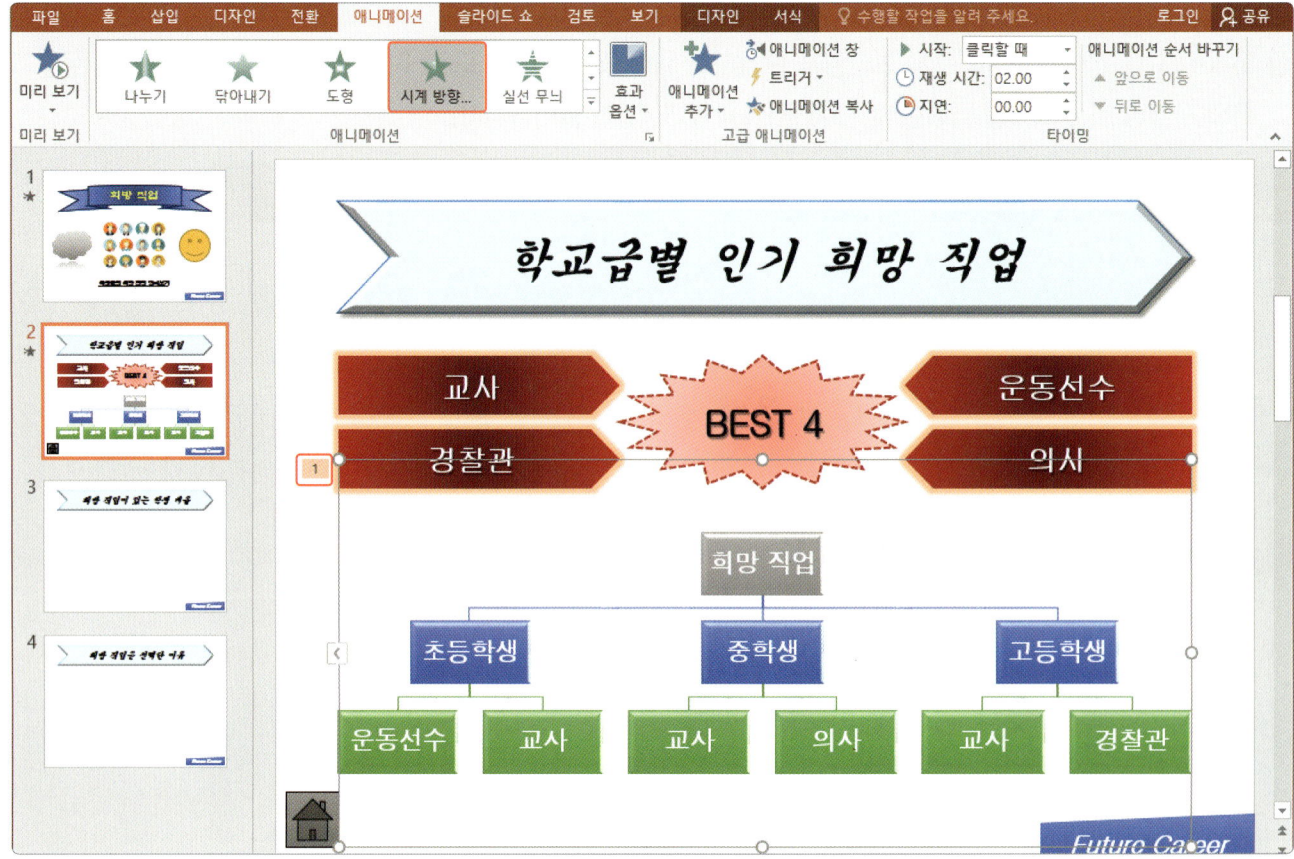

01 아래의 작성조건 및 출력형태에 알맞게 작업하시오.

소스파일: 08-01(문제).pptx
완성파일: 08-01(완성).pptx

《출력형태》

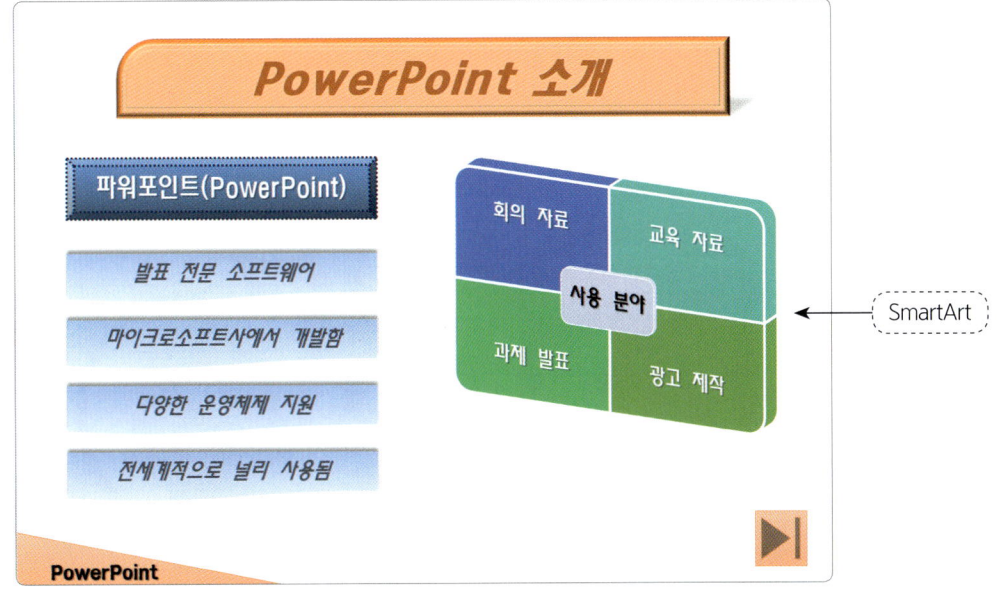

《작성조건》

▶ SmartArt 삽입 ⇒ 행렬형 : 제목 있는 행렬형, 글꼴(휴먼모음T, 22pt, 텍스트 그림자, 가운데 맞춤),
　　　　　　　　SmartArt 스타일(색 변경 – '색상형 범위 – 강조색 5 또는 6', 3차원 – 벽돌),
　　　　　　　　(반드시 SmartArt 기능을 이용하여 작성할 것)
▶ 애니메이션 지정 ⇒ SmartArt : 나타내기 – 회전하며 밝기 변화

02 아래의 작성조건 및 출력형태에 알맞게 작업하시오.

소스파일: 08-02(문제).pptx
완성파일: 08-02(완성).pptx

《출력형태》

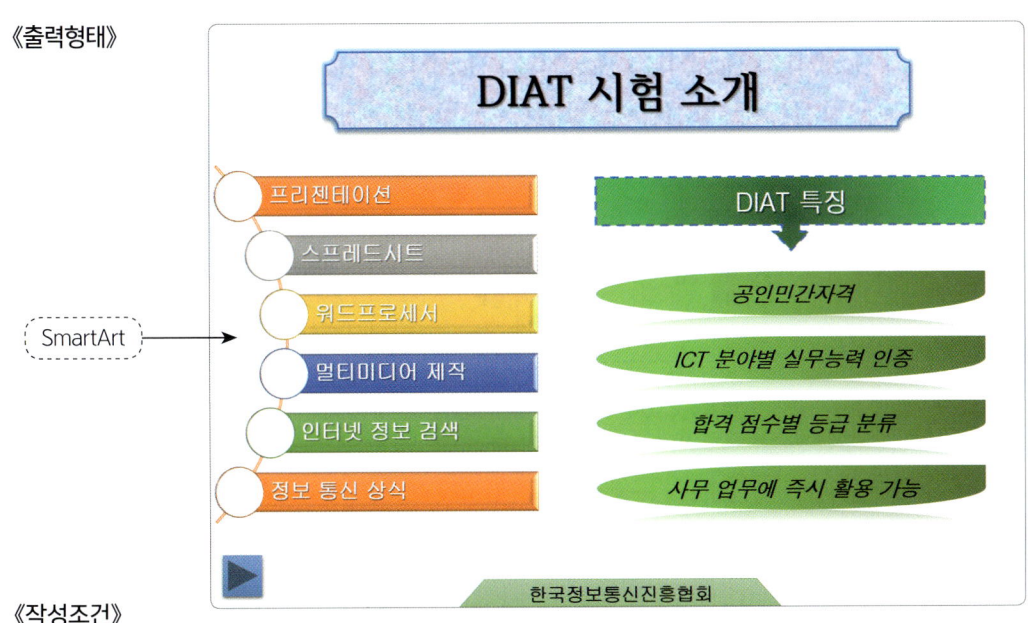

《작성조건》

▶ SmartArt 삽입 ⇒ 목록형 : 세로 곡선 목록형, 글꼴(굴림, 20pt, 굵게, 텍스트 그림자, 왼쪽 맞춤),
　　　　　　　　SmartArt 스타일(색 변경 – '색상형 – 강조색', 3차원 – 경사),
　　　　　　　　(반드시 SmartArt 기능을 이용하여 작성할 것)
▶ 애니메이션 지정 ⇒ SmartArt : 나타내기 – 도형

03 아래의 작성조건 및 출력형태에 알맞게 작업하시오.

《출력형태》

《작성조건》

▶ SmartArt 삽입 ⇒ 주기형 : 톱니 바퀴형, 글꼴(휴먼옛체, 22pt, 텍스트 그림자, 가운데 맞춤),
　　　　　　　　　SmartArt 스타일(색 변경 - '색상형 범위 - 강조색 5 또는 6', 3차원 - 광택 처리),
　　　　　　　　　(반드시 SmartArt 기능을 이용하여 작성할 것)
▶ 애니메이션 지정 ⇒ SmartArt : 나타내기 - 바람개비

04 아래의 작성조건 및 출력형태에 알맞게 작업하시오.

《출력형태》

《작성조건》

▶ SmartArt 삽입 ⇒ 프로세스형 : 강조 프로세스형, 글꼴(휴먼모음T, 16pt, 텍스트 그림자, 왼쪽 맞춤),
　　　　　　　　　SmartArt 스타일(색 변경 - '색상형 범위 - 강조색 3 또는 4', 3차원 - 경사),
　　　　　　　　　(반드시 SmartArt 기능을 이용하여 작성할 것)
▶ 애니메이션 지정 ⇒ SmartArt : 나타내기 - 내밀기

[슬라이드 3] 표

[슬라이드 3]은 제목 도형과 표, 표의 단위(텍스트 상자), 차트, 차트의 출처(텍스트 상자)가 출제됩니다. 표는 문제에 제시된 크기대로 삽입하고 스타일을 지정한 후 내용을 입력하고 가장 위의 행과 나머지 행을 구분하여 글꼴 서식을 지정하면 됩니다.

소스파일: 09차시(문제).pptx 완성파일: 09차시(완성).pptx

문제 미리보기

《출력형태》

희망 직업이 있는 학생 비율

구분	2013년	2015년	2017년	2019년
초등학생	81.4	91.3	88.5	87.2
고등학생	66.9	81.7	79.4	79.5

Future Career

《작성조건》

(2) 본문
- 텍스트 상자 1([단위 : %]) ⇒ 글꼴(바탕, 20pt, 굵게)
- 표 ⇒ 표 스타일(보통 스타일 2 - 강조 2), 가장 위의 행 : 글꼴(굴림, 20pt, 굵게, 텍스트 그림자, 가운데 맞춤), 나머지 행 : 글꼴(굴림, 18pt, 굵게, 기울임꼴, 가운데 맞춤)
- 텍스트 상자 2([출처 : 한국직업능력개발원]) ⇒ 글꼴(바탕, 20pt, 굵게)
- 차트 ⇒ 세로 막대형 : 묶은 세로 막대형, 차트 스타일(색 변경 - '색상형 - 색 4', 스타일 8), 축 서식/데이터 레이블 서식 : 글꼴(돋움, 16pt, 굵게), 범례 서식 : 글꼴(돋움, 16pt, 굵게, 기울임꼴), 데이터는 표 참고
- 배경 ⇒ 배경 서식(채우기 - 그림 또는 질감 채우기)에서 그림 2 삽입(현재 슬라이드만 적용)
- 애니메이션 지정 ⇒ 차트 : 나타내기 - 닦아내기
- 지시사항이 없는 부분은《출력형태》와 동일하게 작성하시오.

과정 미리보기 표 삽입 ➡ 표 스타일 지정 ➡ 표 내용 입력 ➡ 글꼴 및 맞춤 지정

01 표 작성하기

▶ 표 ⇒ 표 스타일(보통 스타일 2 – 강조 2), 가장 위의 행 : 글꼴(굴림, 20pt, 굵게, 텍스트 그림자, 가운데 맞춤), 나머지 행 : 글꼴(굴림, 18pt, 굵게, 기울임꼴, 가운데 맞춤)

❶ 파워포인트 2016 프로그램을 실행하여 [09차시] 폴더의 '09차시(문제).pptx' 파일을 열고 축소판 그림 창에서 '슬라이드 3'을 클릭합니다.

❷ 표를 삽입하기 위해 [삽입] 탭-[표] 그룹-[표]를 클릭한 후 문제에 주어진 크기만큼 드래그합니다.

➕ • 열이나 행을 삭제하려면 삭제하려는 열이나 행에 커서를 위치시킨 후 마우스 오른쪽 버튼을 클릭하여 [삭제]를 클릭하고 [열 삭제] 또는 [행 삭제]를 선택하면 됩니다.
• 열이나 행을 추가하려면 마우스 오른쪽 버튼을 클릭하여 [삽입]을 클릭하고 원하는 위치에 열이나 행을 삽입하면 됩니다.

❸ 표가 삽입되면 크기 조정 핸들을 드래그하여 크기를 조정하고, 테두리를 드래그하여 위치를 조정합니다.

➕ • 표의 모서리에 있는 크기 조정 핸들에 마우스 포인터를 위치시켜서 마우스 포인터가 대각선 화살표(⤢) 모양으로 바뀌었을 때 드래그하면 크기를 조정할 수 있습니다.
• 마우스 포인터가 십자형 화살표(✥) 모양일 때 드래그하면 표의 위치가 이동됩니다.

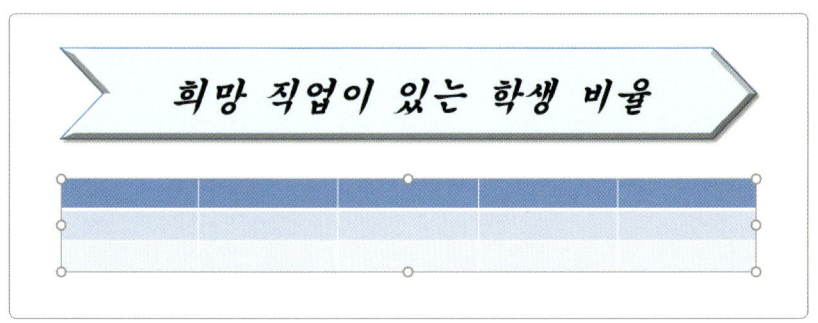

❹ 표 스타일을 지정하기 위해 [표 도구-디자인] 탭-[표 스타일] 그룹의 자세히 버튼(▼)을 클릭한 후 '보통 스타일 2 – 강조 2'를 선택합니다.

➕ 표 스타일을 변경하면 표 안의 글꼴 서식이 함께 변경되기 때문에 반드시 표 스타일을 먼저 지정한 후에 글꼴 서식을 지정해야 합니다.

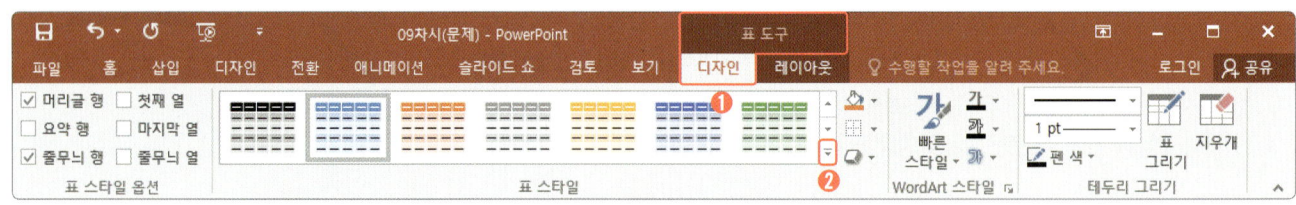

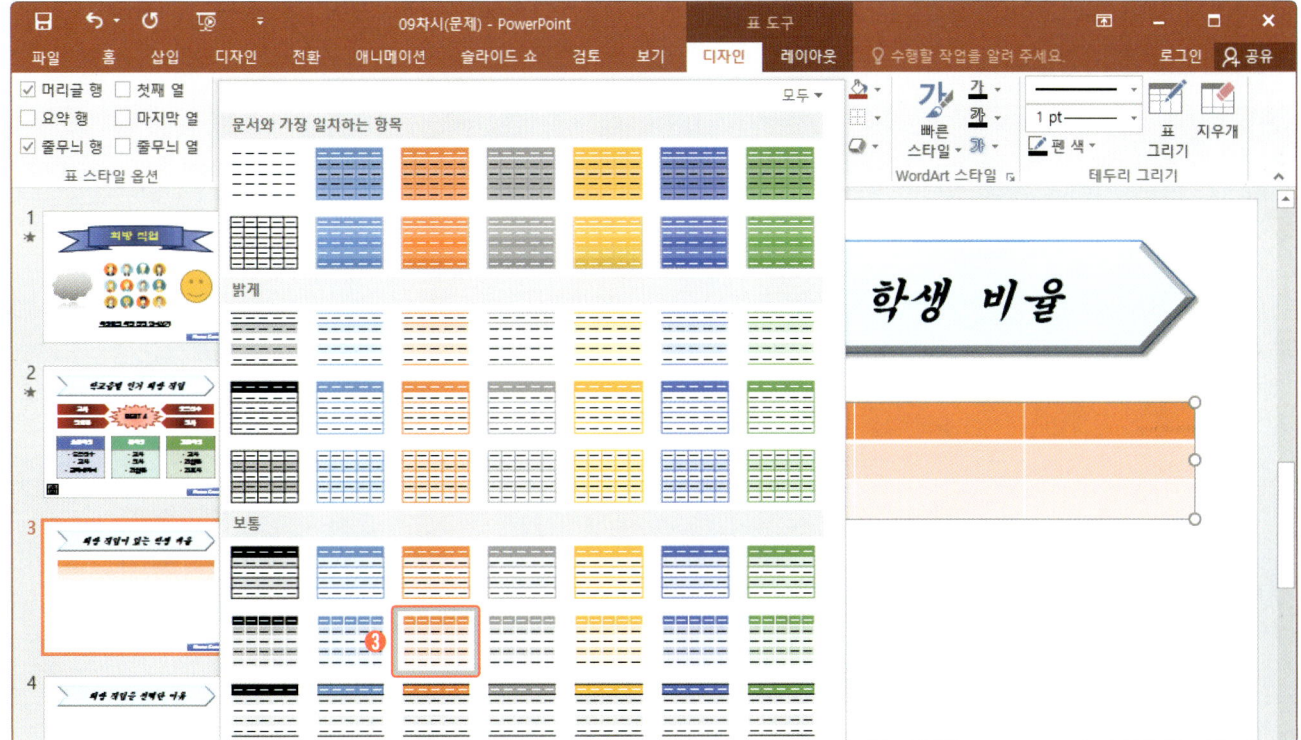

❺ 표 내용을 입력하기 위해 **첫 번째 셀**을 선택하여 텍스트를 입력하고 `Tab`을 누르거나 방향키를 눌러서 옆 칸으로 이동하면서 나머지 텍스트를 모두 입력합니다.

❻ 가장 위의 행을 드래그하여 블록으로 지정한 후 **[홈] 탭-[글꼴] 그룹**에서 글꼴 '**굴림**', 글꼴 크기 '**20pt**', '**굵게**', '**텍스트 그림자**'를 지정합니다.

➕ '가운데 맞춤' 지정은 따로 하지 말고 나중에 표 전체를 한 번에 지정하면 됩니다.

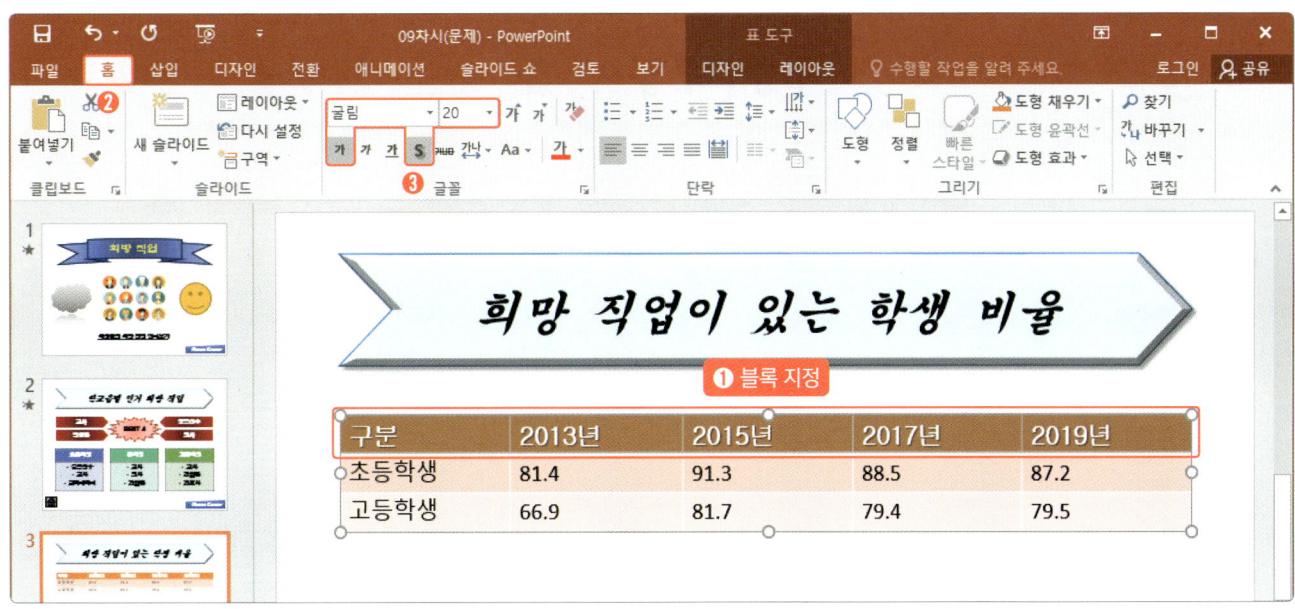

❼ 나머지 행을 드래그하여 블록으로 지정한 후 [홈] 탭-[글꼴] 그룹에서 글꼴 '굴림', 글꼴 크기 '18pt', '굵게', '기울임꼴'을 지정합니다.

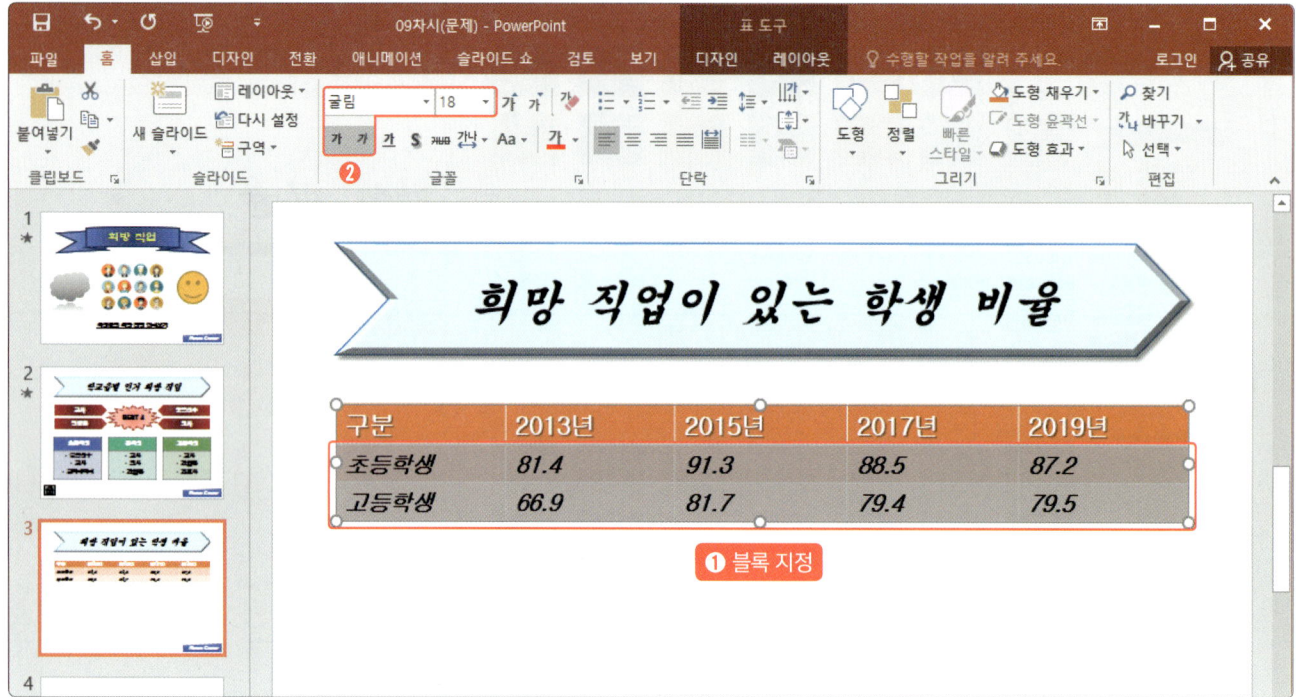

❽ 표의 테두리를 클릭하여 표를 선택한 후 [홈] 탭-[단락] 그룹-[가운데 맞춤(≡)]을 클릭하고, [텍스트 맞춤]-[중간]을 클릭합니다.

- 표 안쪽에 임의의 셀을 클릭하여 선택한 후 Esc 를 누르거나, 표 바깥에서 드래그하여 표를 선택해도 됩니다.
- 시험에서는 '가운데 맞춤'만 명시되는데, 《출력형태》대로 가로 '가운데 맞춤', 세로 '중간'으로 설정해야 합니다.

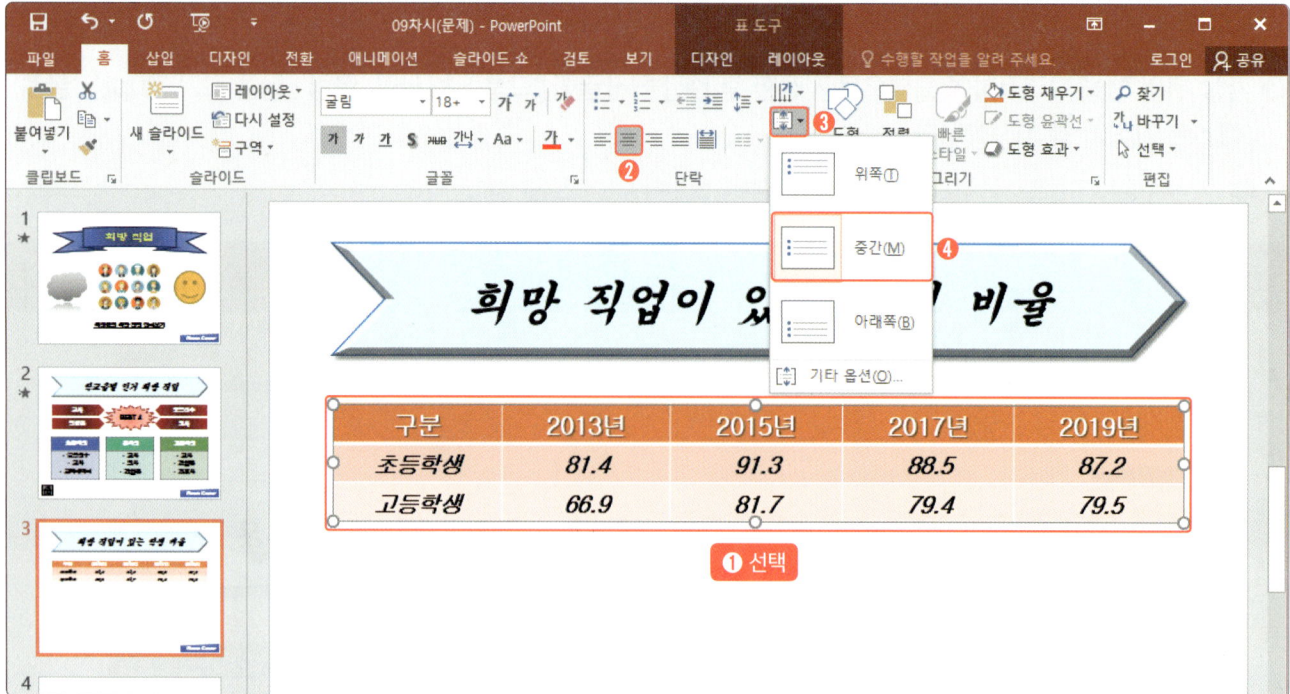

❾ 《출력형태》와 동일하게 표의 위치를 조정한 후 [빠른 실행 도구 모음]에서 [저장(🖫)]을 클릭하거나 Ctrl + S 를 눌러 파일을 저장합니다.

01 아래의 작성조건 및 출력형태에 알맞게 작업하시오.

소스파일: 09-01(문제).pptx
완성파일: 09-01(완성).pptx

《출력형태》

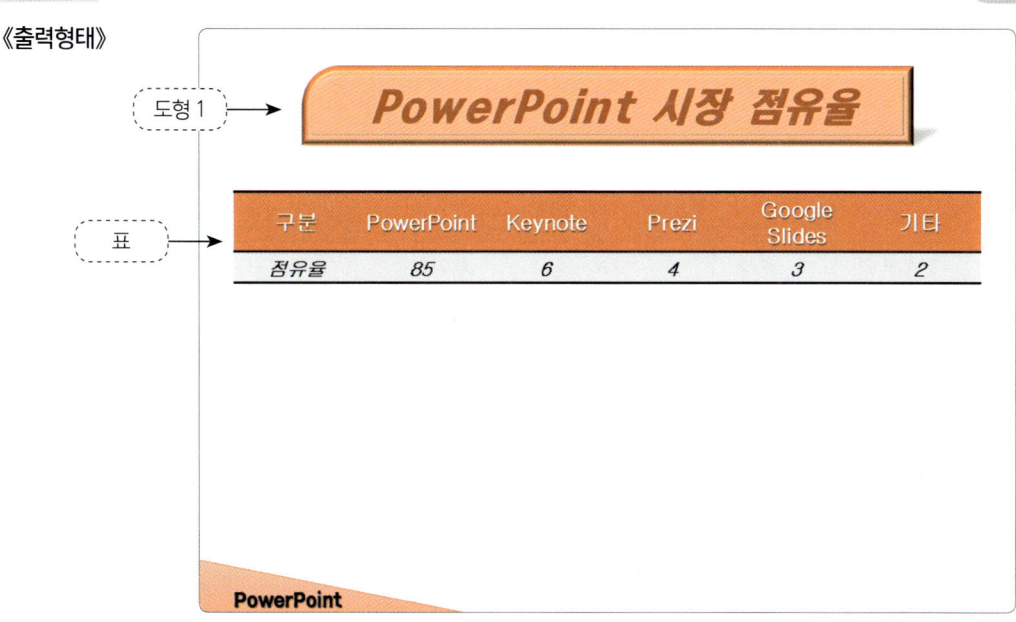

《작성조건》

▶ 도형 1 ⇒ (이전 슬라이드에서 복제하여 텍스트 수정)
▶ 표 ⇒ 표 스타일(보통 스타일 3 - 강조 2), 가장 위의 행 : 글꼴(굴림, 20pt, 굵게, 텍스트 그림자, 가운데 맞춤),
　　나머지 행 : 글꼴(굴림, 18pt, 굵게, 기울임꼴, 가운데 맞춤)

02 아래의 작성조건 및 출력형태에 알맞게 작업하시오.

소스파일: 09-02(문제).pptx
완성파일: 09-02(완성).pptx

《출력형태》

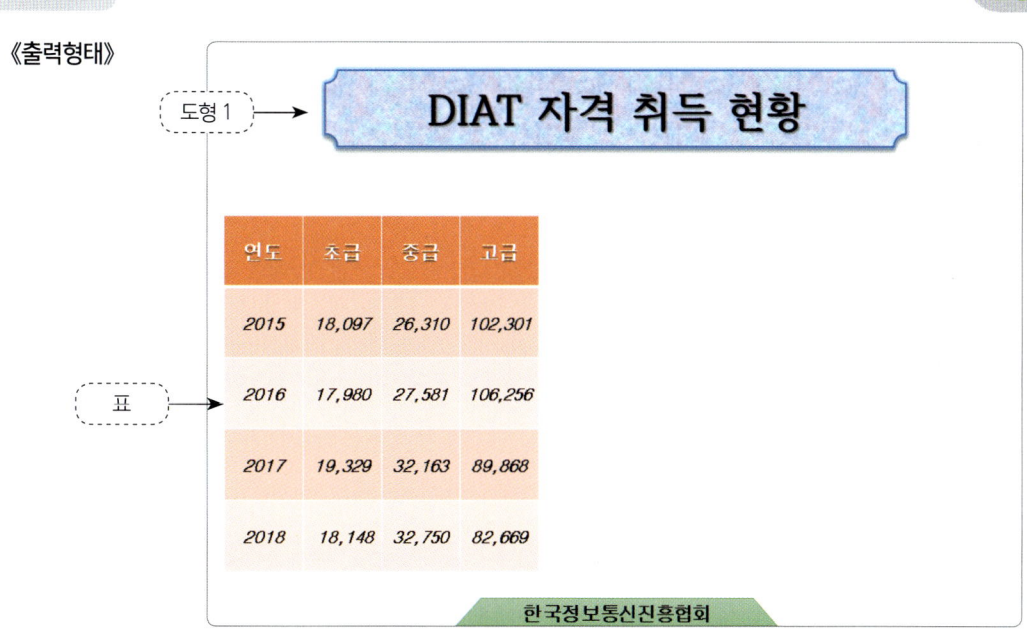

《작성조건》

▶ 도형 1 ⇒ (이전 슬라이드에서 복제하여 텍스트 수정)
▶ 표 ⇒ 표 스타일(보통 스타일 2 - 강조 2), 가장 위의 행 : 글꼴(돋움, 18pt, 굵게, 텍스트 그림자, 가운데 맞춤),
　　나머지 행 : 글꼴(돋움, 16pt, 굵게, 기울임꼴, 가운데 맞춤)

03 아래의 작성조건 및 출력형태에 알맞게 작업하시오.

소스파일: 09-03(문제).pptx
완성파일: 09-03(완성).pptx

《출력형태》

《작성조건》

▶ 도형 1 ⇒ (이전 슬라이드에서 복제하여 텍스트 수정)
▶ 표 ⇒ 표 스타일(보통 스타일 3 – 강조 5), 가장 위의 행 : 글꼴(바탕, 20pt, 굵게, 텍스트 그림자, 가운데 맞춤),
　　나머지 행 : 글꼴(바탕, 18pt, 굵게, 기울임꼴, 가운데 맞춤)

04 아래의 작성조건 및 출력형태에 알맞게 작업하시오.

소스파일: 09-04(문제).pptx
완성파일: 09-04(완성).pptx

《출력형태》

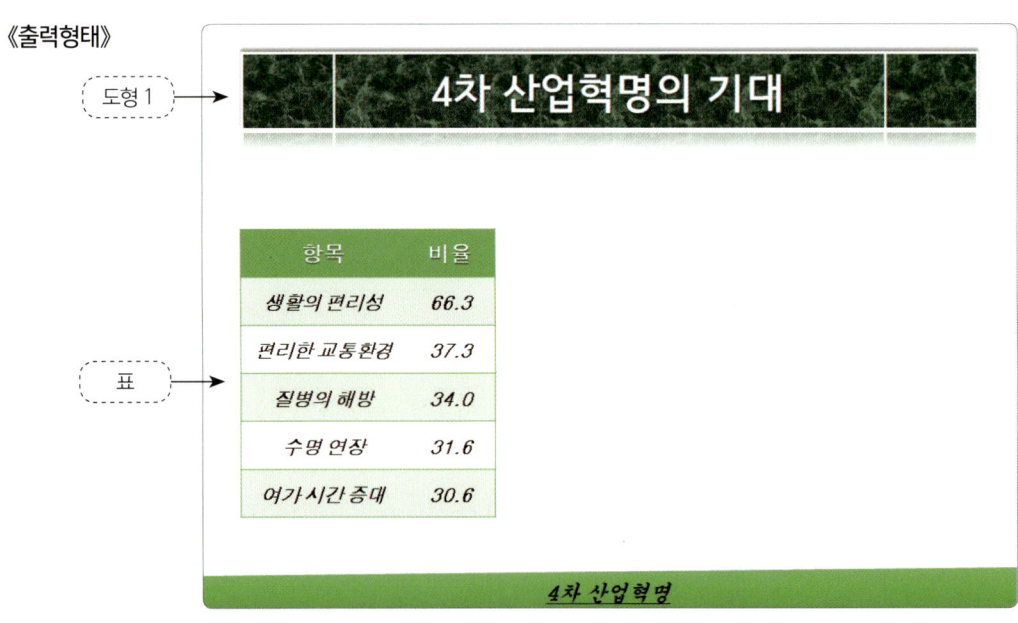

《작성조건》

▶ 도형 1 ⇒ (이전 슬라이드에서 복제하여 텍스트 수정)
▶ 표 ⇒ 표 스타일(보통 스타일 1 – 강조 6), 가장 위의 행 : 글꼴(돋움, 20pt, 굵게, 텍스트 그림자, 가운데 맞춤),
　　나머지 행 : 글꼴(돋움, 18pt, 굵게, 기울임꼴, 가운데 맞춤)

[슬라이드 3] 차트

표는 많은 데이터를 보여 줄 수 있지만 내용을 한눈에 파악하기는 힘듭니다. 하지만 차트는 한눈에 내용을 파악하고, 데이터의 변화를 쉽게 보여 줄 수 있습니다. 차트는 [슬라이드 3]에 1개 출제되며, 작성된 표의 내용으로 삽입한 후 차트 스타일과 글꼴 서식을 지정한 후에 애니메이션을 지정하면 됩니다.

소스파일: 10차시(문제).pptx **완성파일:** 10차시(완성).pptx

문제 미리보기

《출력형태》

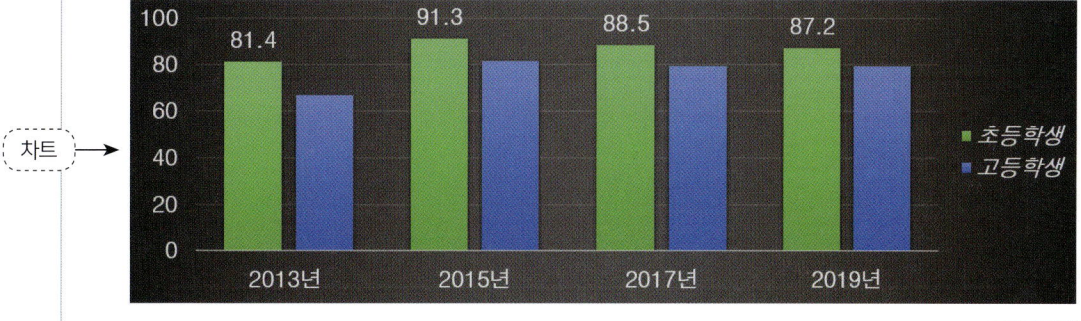

《작성조건》

(2) 본문
- 텍스트 상자 1([단위 : %]) ⇒ 글꼴(바탕, 20pt, 굵게)
- 표 ⇒ 표 스타일(보통 스타일 2 – 강조 2), 가장 위의 행 : 글꼴(굴림, 20pt, 굵게, 텍스트 그림자, 가운데 맞춤), 나머지 행 : 글꼴(굴림, 18pt, 굵게, 기울임꼴, 가운데 맞춤)
- 텍스트 상자 2([출처 : 한국직업능력개발원]) ⇒ 글꼴(바탕, 20pt, 굵게)
- 차트 ⇒ 세로 막대형 : 묶은 세로 막대형, 차트 스타일(색 변경 – '색상형 – 색 4', 스타일 8), 축 서식/데이터 레이블 서식 : 글꼴(돋움, 16pt, 굵게), 범례 서식 : 글꼴(돋움, 16pt, 굵게, 기울임꼴), 데이터는 표 참고
- 배경 ⇒ 배경 서식(채우기 – 그림 또는 질감 채우기)에서 그림 2 삽입(현재 슬라이드만 적용)
- 애니메이션 지정 ⇒ 차트 : 나타내기 – 닦아내기
- 지시사항이 없는 부분은 《출력형태》와 동일하게 작성하시오.

과정 미리보기

차트 삽입 ▶ 데이터 입력 ▶ 스타일 지정 ▶ 요소 변경 ▶ 글꼴 지정

01 차트 작성하기

▶ 차트 ⇒ 세로 막대형 : 묶은 세로 막대형, 차트 스타일(색 변경 – '색상형 – 색 4', 스타일 8)

❶ 파워포인트 2016 프로그램을 실행하여 [10차시] 폴더의 '10차시(문제).pptx' 파일을 열고 축소판 그림 창에서 '**슬라이드 3**'을 클릭합니다.

❷ 차트에 사용될 표 내용을 복사하기 위해 표 안쪽을 드래그하여 전체 내용을 선택한 후 Ctrl + C 를 눌러 복사합니다.

➕ 차트 데이터를 직접 입력해도 되지만 표 내용을 복사하여 붙여 넣으면 빠르고 정확하게 내용을 입력할 수 있습니다.

❸ 차트를 삽입하기 위해 [**삽입**] 탭-[**차트**]를 클릭합니다. [차트 삽입] 대화상자에서 [**세로 막대형**]-[**묶은 세로 막대형**]이 선택된 것을 확인한 후 [확인]을 클릭합니다.

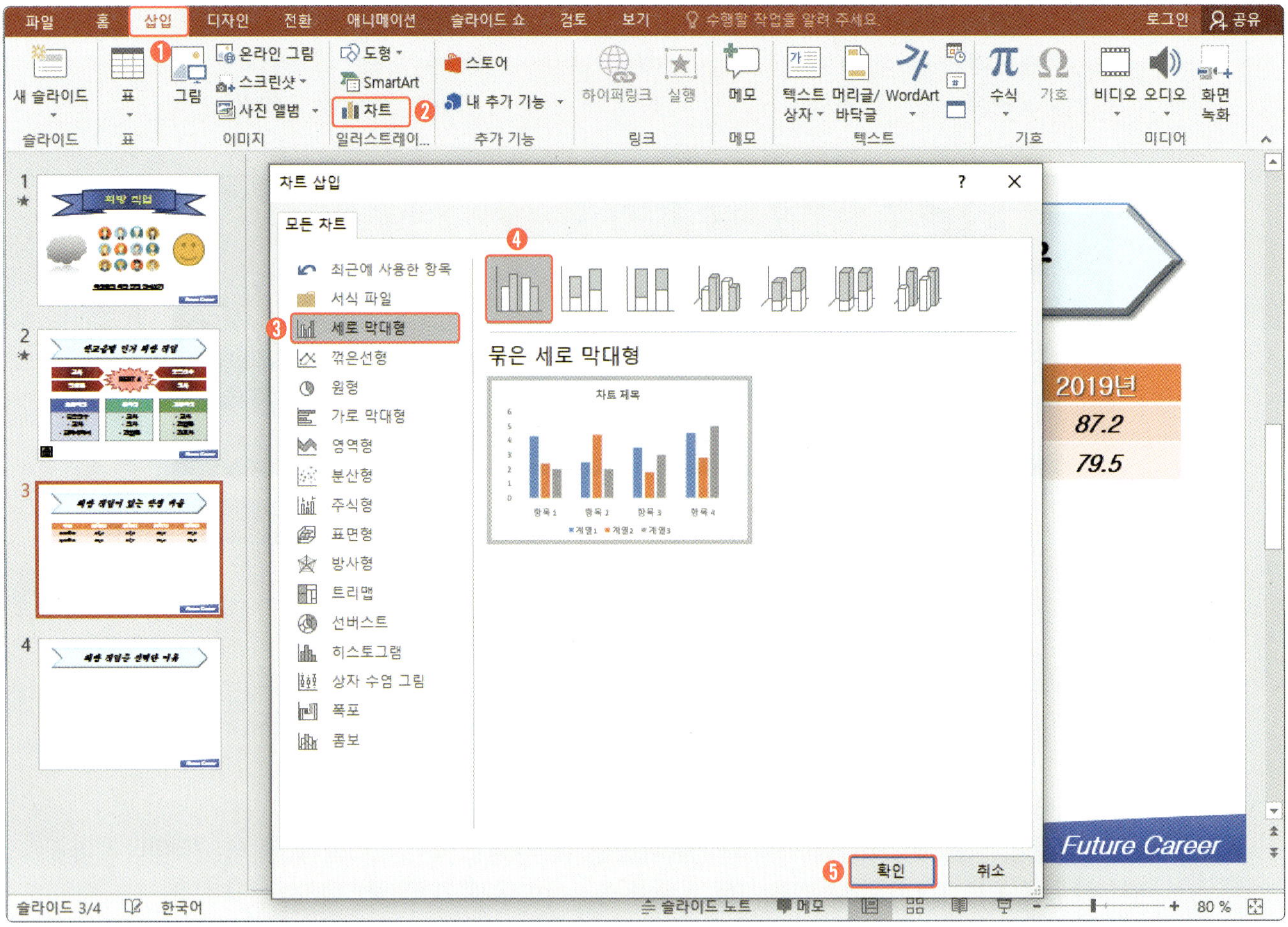

💡 시험꿀팁

- 차트 종류는 '세로 막대형 – 묶은 세로 막대형'이 가장 많이 출제됩니다.
- '세로 막대형 – 묶은 가로 막대형'이나 '꺾은선형 – 표식이 있는 꺾은선형' 등이 가끔씩 출제됩니다.

❹ 차트가 삽입되면서 엑셀 창이 활성화되고 다음과 같은 화면이 보여지면 [A1] 셀을 클릭합니다.

➕ 맨 왼쪽(A열) 맨 위(1행)의 칸이 [A1] 셀입니다.

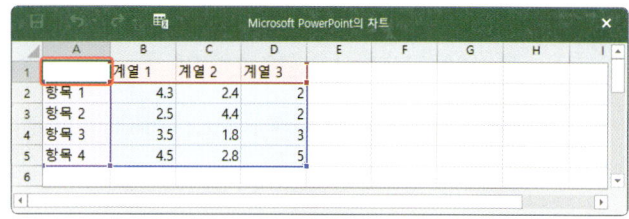

❺ Ctrl+V를 눌러 붙여넣은 후 오른쪽 아래의 [붙여넣기 옵션((Ctrl) ▼)]을 클릭하여 [주변 서식에 맞추기( )]를 선택합니다.

➕ [주변 서식에 맞추기] 옵션을 선택하지 않아도 되지만, 보기에 불편할 수 있으므로 옵션을 선택하는 것이 좋습니다.

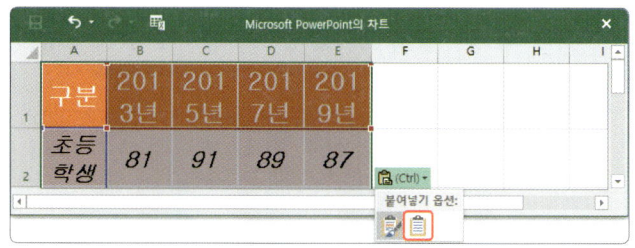 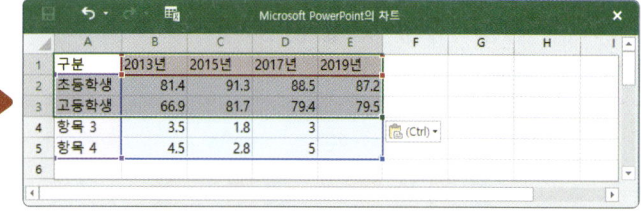

❻ 차트에 사용되지 않을 데이터인 **4행과 5행의 행 머리글**을 드래그하여 범위를 지정한 후 마우스 오른쪽 버튼을 클릭하여 [삭제]를 클릭합니다.

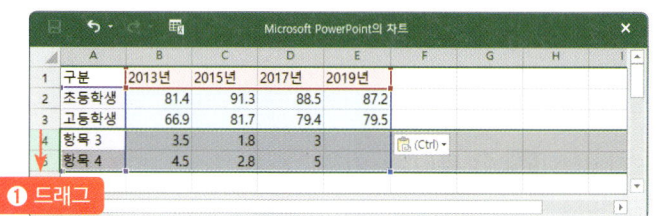 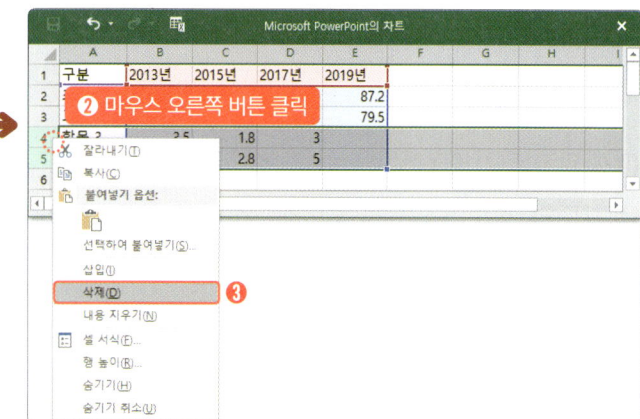

레벨 업 차트 데이터 범위를 지정하는 방법

- 오른쪽 아래의 파란색 사각형 점을 드래그하여 데이터 범위를 지정해도 됩니다.
- 범위에 해당되지 않는 데이터는 삭제하지 않아도 됩니다.

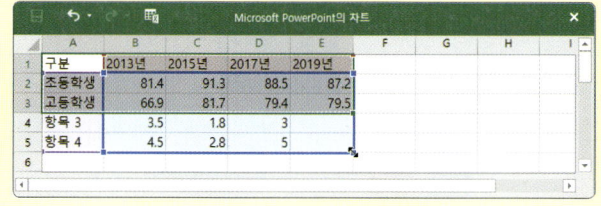 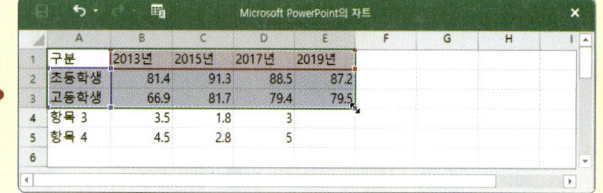

❼ 《출력형태》처럼 연도별로 초등학생과 고등학생 비율이 보여지도록 하기 위해 [차트 도구-디자인] 탭-[데이터] 그룹-[행/열 전환]을 클릭합니다.

- [행/열 전환]은 엑셀(Excel)이 실행된 상태에서만 클릭할 수 있습니다.
- 만약 [행/열 전환] 메뉴가 비활성화되어 클릭할 수 없을 경우 오른쪽의 '데이터 편집' 아이콘( )을 클릭하여 엑셀(Excel)을 실행시킨 후 [행/열 전환]을 클릭하면 됩니다.

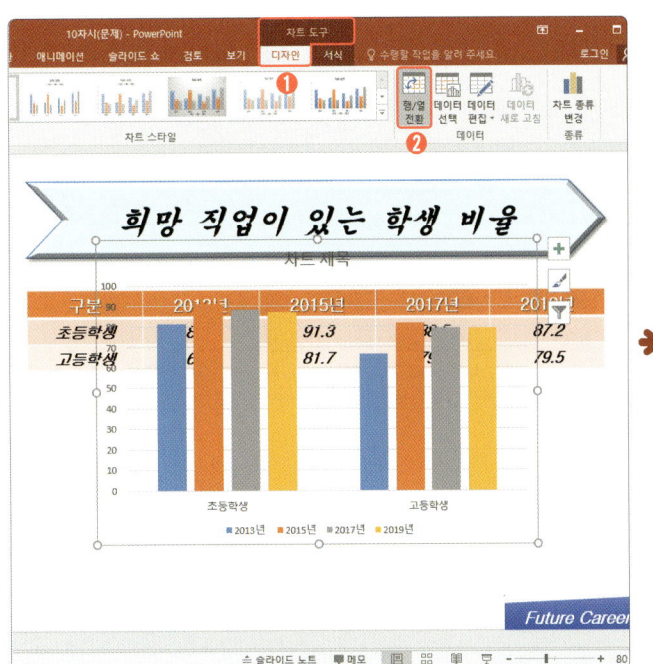
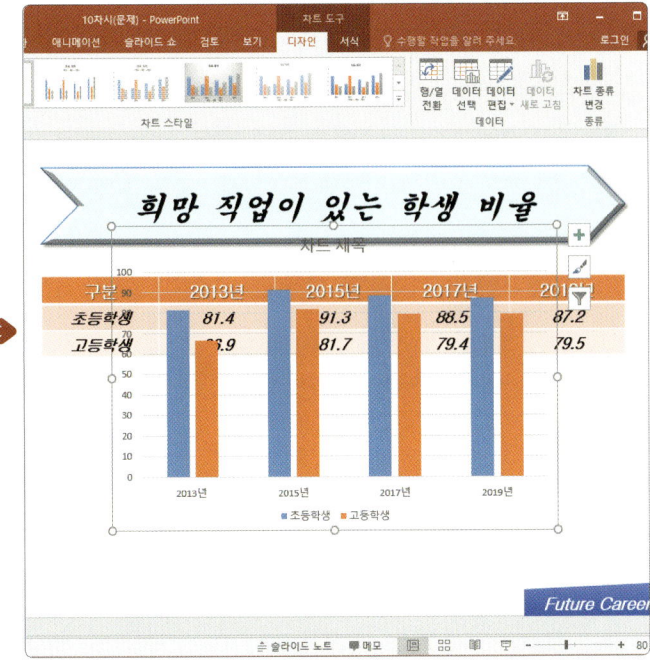

❽ 차트 형태가 《출력형태》와 같은지 확인한 후 엑셀 창의 닫기 버튼( )을 클릭합니다.

❾ 차트의 크기 조정 핸들을 드래그하여 크기를 조정하고, 테두리를 드래그하여 위치를 조정합니다.

- 《출력형태》를 참고하여 크기와 위치를 조정합니다.

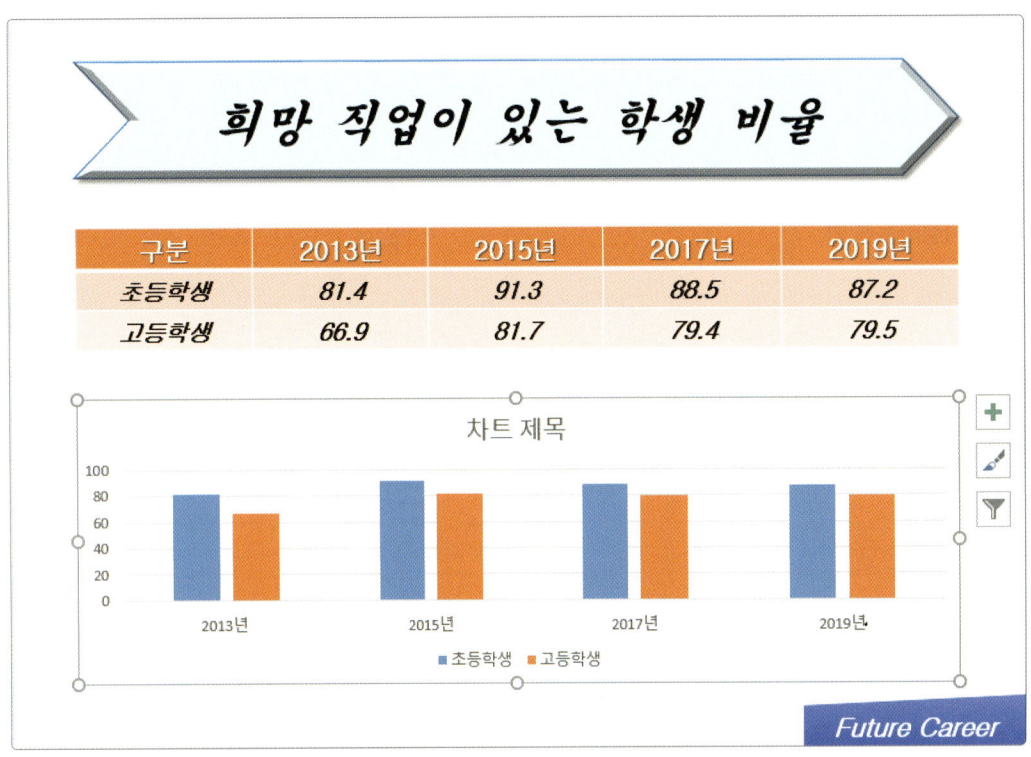

❿ 차트에 적용된 색을 변경하기 위해 **[차트 도구-디자인] 탭-[차트 스타일] 그룹-[색 변경]-[색상형 – 색 4]**를 클릭합니다.

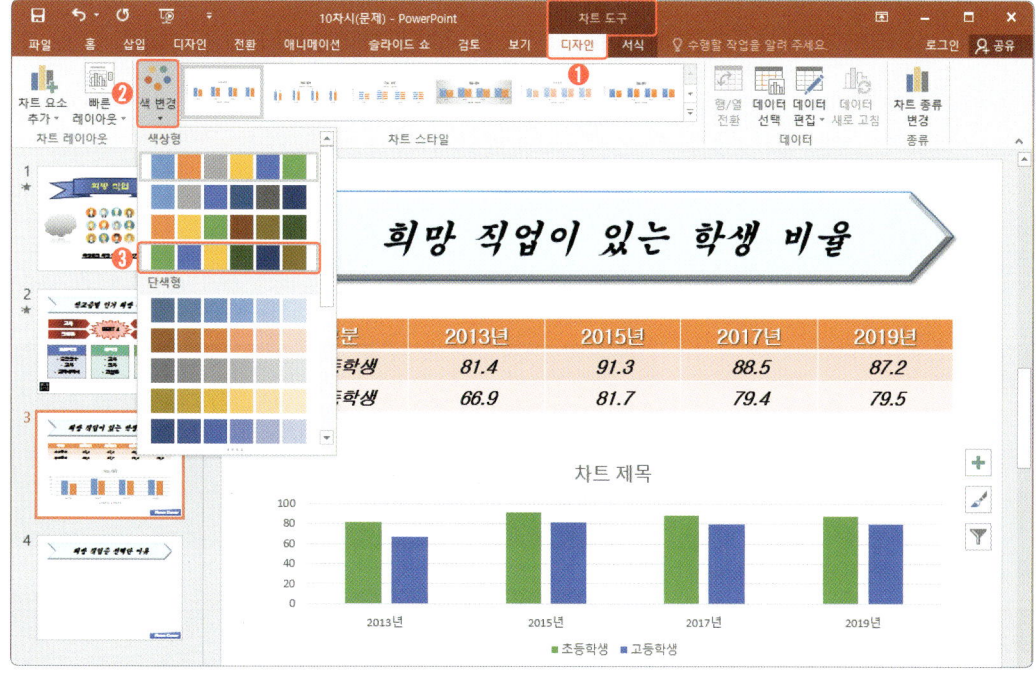

⓫ 차트의 전체 표시 스타일을 변경하기 위해 **[차트 도구-디자인] 탭-[차트 스타일] 그룹**의 자세히 버튼(▼)을 클릭한 후 **[스타일 8]**을 클릭합니다.

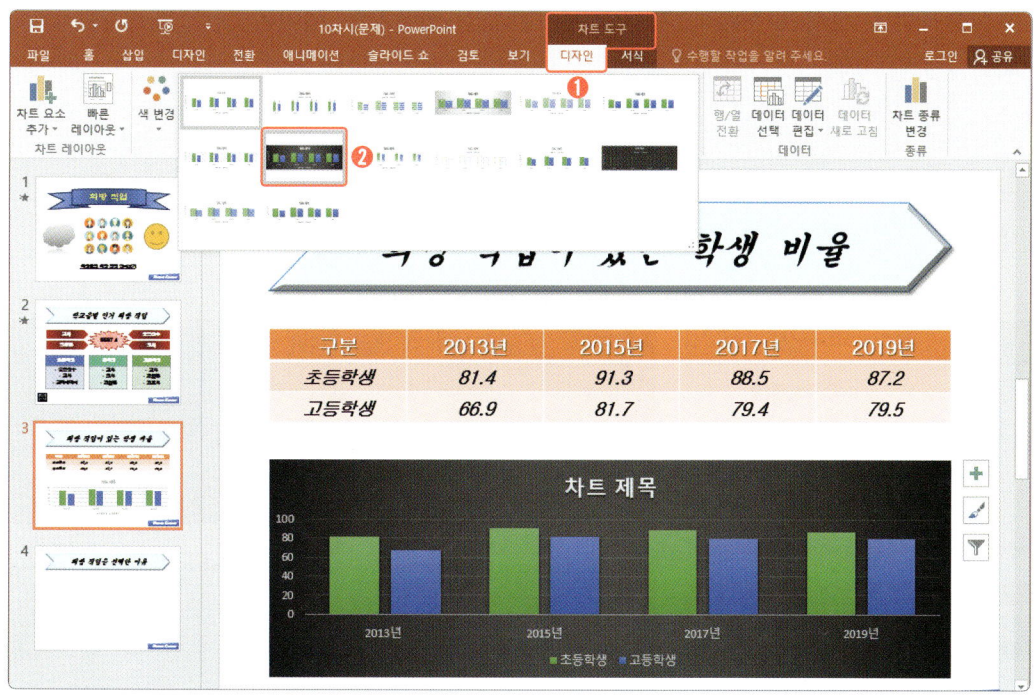

💡 시험꿀팁

- 차트 스타일을 변경하기 이전에 반드시 '행/열 전환' 작업을 먼저 끝내야만 차트 스타일의 종류가 달라지지 않습니다.
- 차트 데이터 항목의 개수에 따라 색 변경을 하고 나면 선택할 수 있는 차트 스타일의 종류가 달라질 수 있기 때문에 반드시 색 변경을 먼저 한 후에 스타일을 지정해야 합니다.

02 차트 요소 변경하기

❶ 《출력형태》대로 차트 제목을 삭제하기 위해 [차트 도구-디자인] 탭-[차트 레이아웃] 그룹-[차트 요소 추가]-[차트 제목]-[없음]을 클릭합니다.

> 💡 **시험꿀팁**
> - 시험에는 차트 제목이 없는 형태로 출제되기 때문에 차트 삽입 시 자동으로 표시되는 차트 제목을 삭제해야 합니다.
> - 차트에서 제목을 클릭하여 선택하고 Delete 를 눌러도 됩니다.

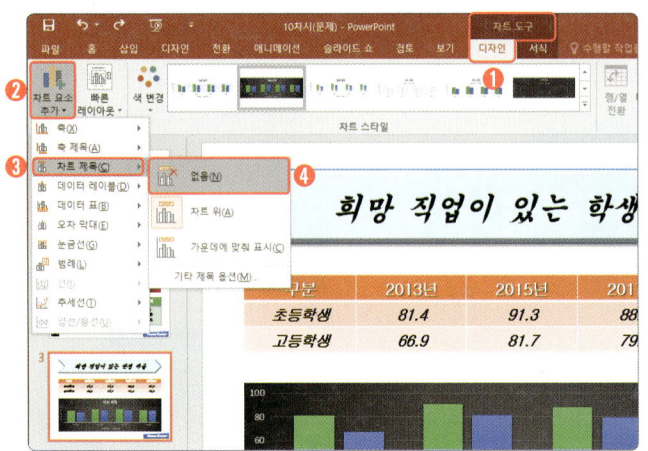

❷ 《출력형태》대로 범례를 오른쪽에 위치시키기 위해 [차트 도구-디자인] 탭-[차트 레이아웃] 그룹-[차트 요소 추가]-[범례]-[오른쪽]을 클릭합니다.

> 💡 **시험꿀팁**
> - '범례'란 차트의 내용을 알기 위해 차트 내의 도형을 본보기로 설명한 것입니다.
> - 시험에는 범례의 위치가 대부분 오른쪽으로 출제되지만, 가끔씩 아래로 출제되는 경우도 있습니다.

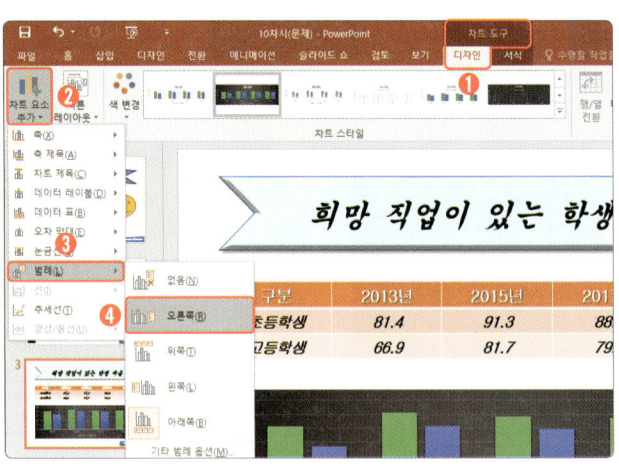

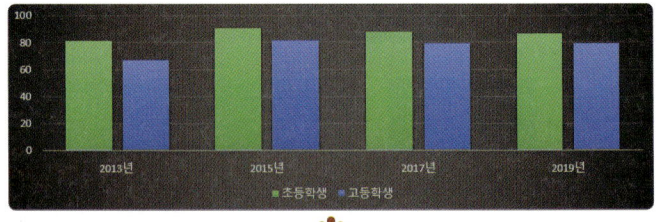

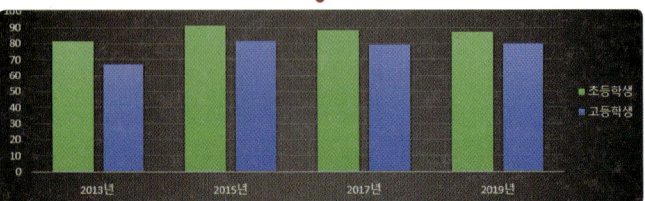

❸ 《출력형태》대로 초등학생 막대그래프 위에 데이터 레이블을 표시하기 위해 **초록색 막대**를 클릭하여 선택하고 [차트 도구-디자인] 탭-[차트 레이아웃] 그룹-[차트 요소 추가]-[데이터 레이블]-[바깥쪽 끝에]를 클릭합니다.

> '데이터 레이블'은 데이터 계열의 값을 빠르게 확인할 수 있도록 표시하는 것입니다.

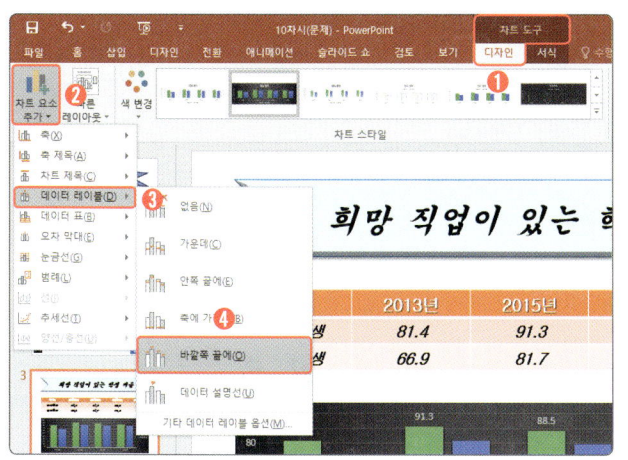
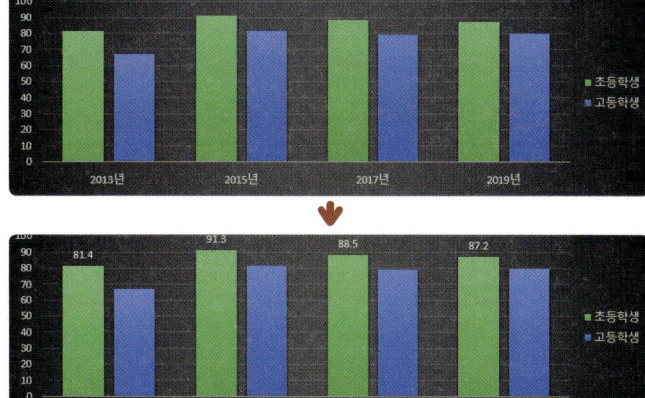

03 차트 글꼴 서식 지정하기

▶ 차트 ⇒ 축 서식/데이터 레이블 서식 : 글꼴(돋움, 16pt, 굵게), 범례 서식 : 글꼴(돋움, 16pt, 굵게, 기울임꼴), 데이터는 표 참고

❶ **차트**의 테두리를 클릭하여 선택한 후 [홈] 탭-[글꼴] 그룹에서 글꼴 '**돋움**', 글꼴 크기 '**16pt**', '**굵게**'를 지정합니다.

 차트의 글꼴 서식은 축(가로/세로), 데이터 레이블, 범례의 서식을 지정하는데, 차트 전체 글꼴 서식을 지정한 후에 범례 서식만 따로 지정하면 편리합니다.

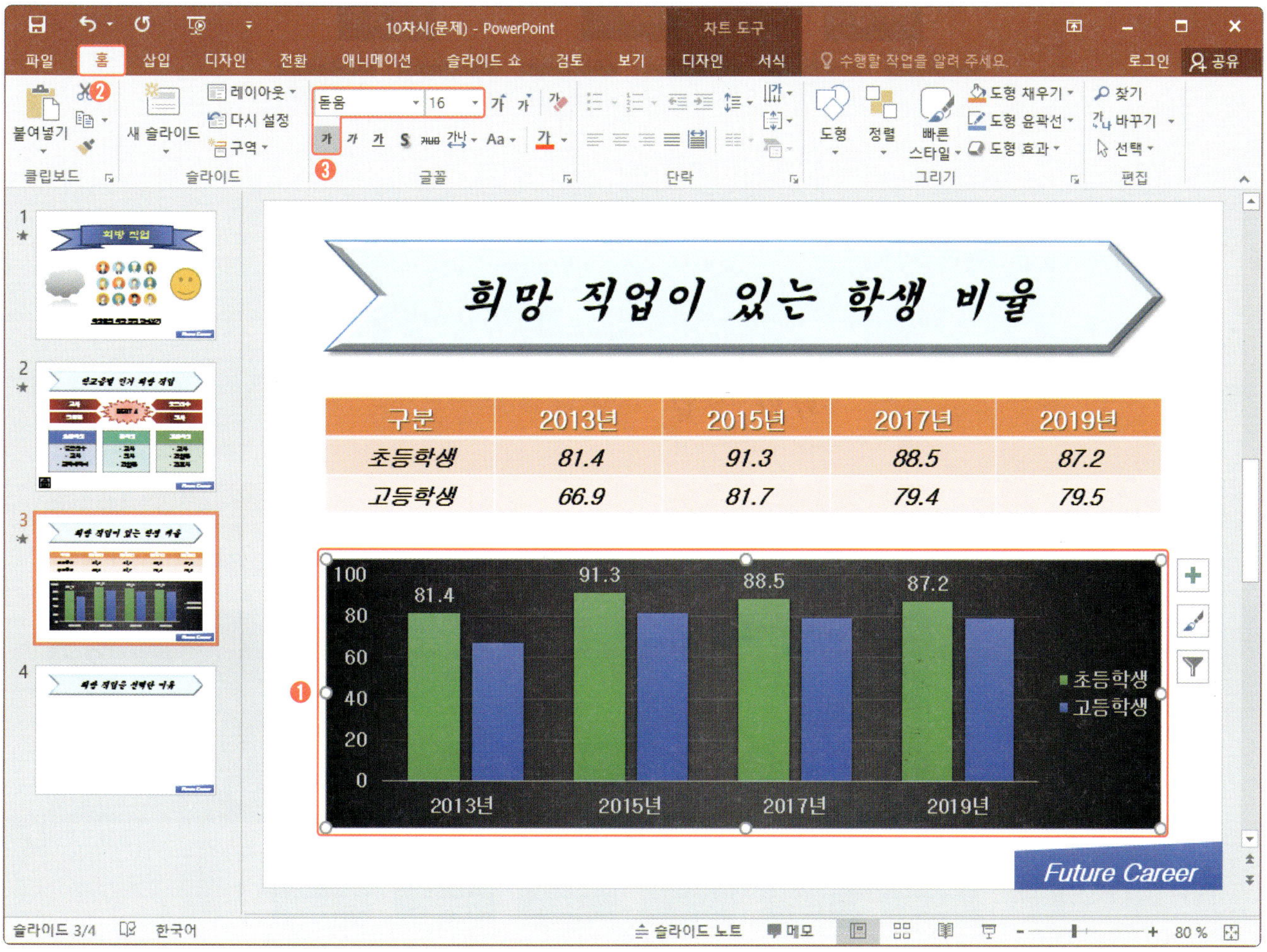

❷ **범례**를 클릭하여 선택한 후 [홈] 탭-[글꼴] 그룹에서 '**기울임꼴**'을 지정합니다.

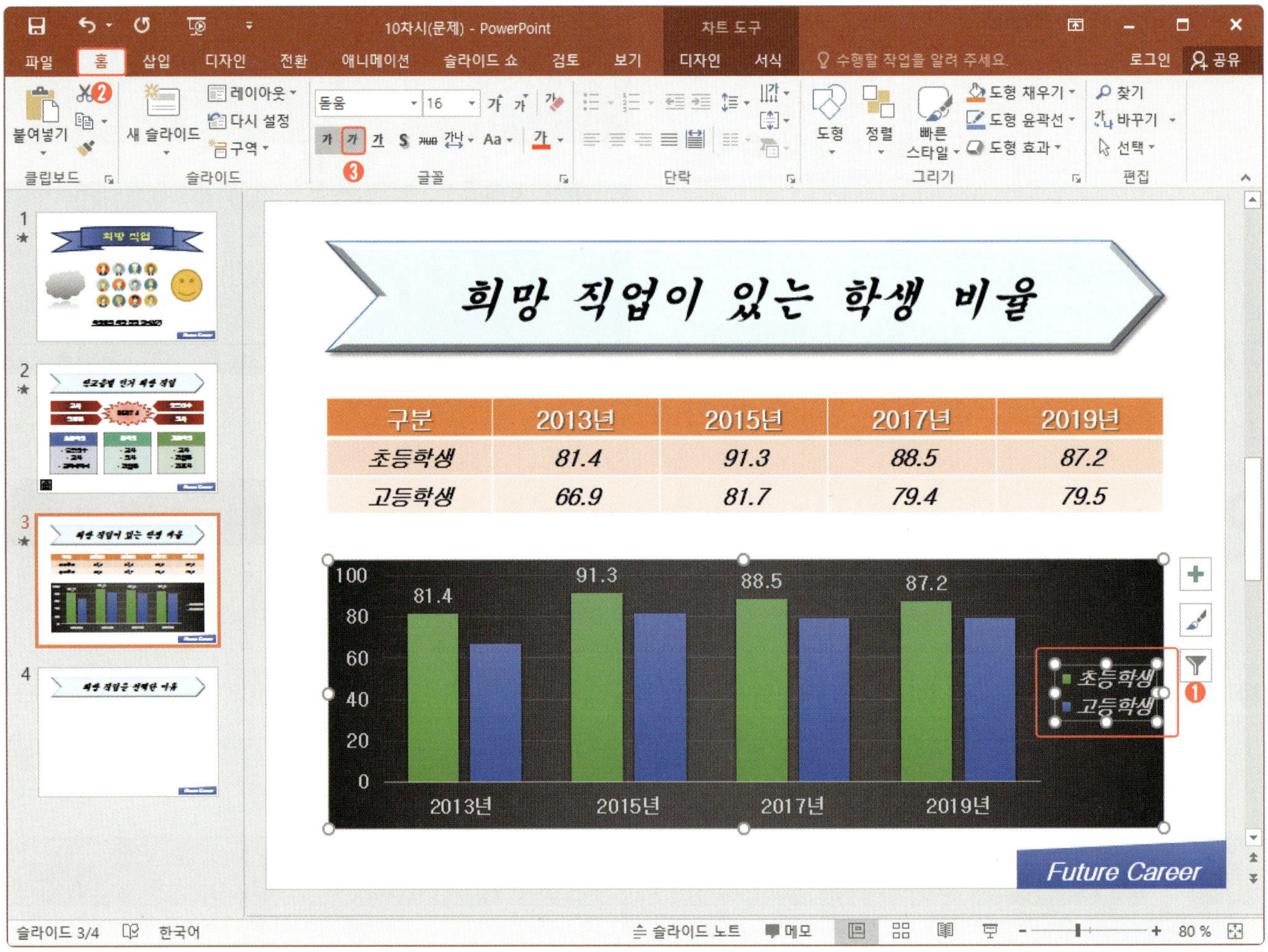

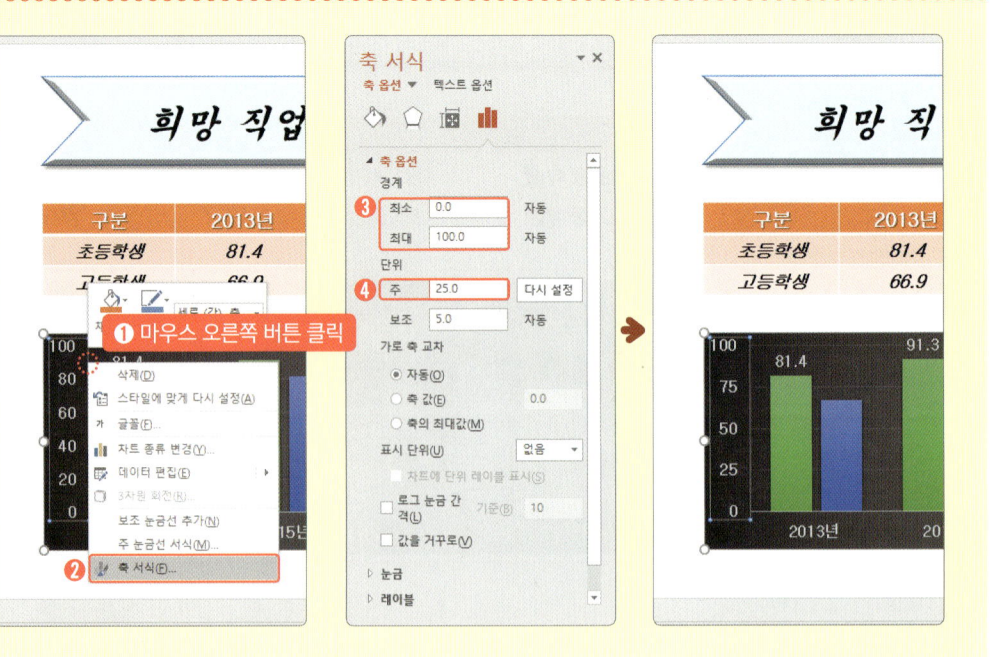

 축 서식 눈금 단위 변경하기

- 차트의 크기나 글꼴 크기를 변경하면 축 서식의 눈금 단위가 자동으로 변경됩니다.

- 차트의 크기와 글꼴 크기를 동일하게 지정했는데도 눈금 단위가 《출력형태》와 다르게 표시되면 축 서식의 눈금 단위를 변경해야 합니다.

- 왼쪽의 기본 세로 축을 선택한 후 마우스 오른쪽 버튼을 눌러 [축 서식]을 클릭합니다. [축 서식] 작업 창에서 '최소값', '최대값', '주 단위'의 값을 변경합니다.

04 애니메이션 지정하기

▶ 애니메이션 지정 ⇒ 차트 : 나타내기 – 닦아내기

❶ 애니메이션을 지정할 '**차트**'가 선택된 상태에서 [**애니메이션**] 탭-[**애니메이션**] 그룹의 자세히 버튼(▼)을 클릭한 후 [**나타내기**]-[**닦아내기**]를 클릭합니다.

　▶ 자세히 버튼을 클릭하면 나타나는 [애니메이션 갤러리]에서 원하는 애니메이션이 없을 경우 [추가 나타내기 효과]를 클릭하여 선택하면 됩니다.

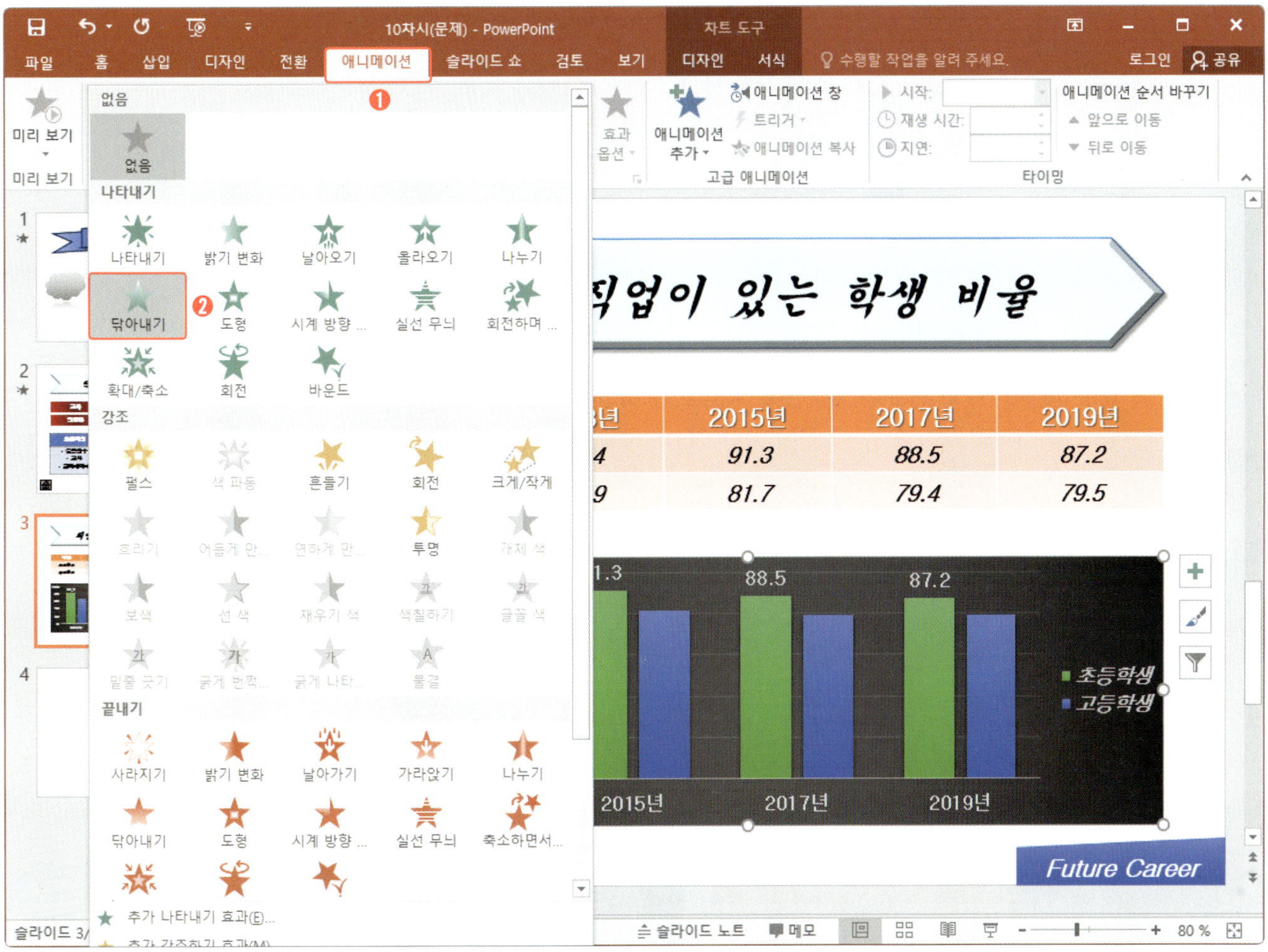

❷ '**차트**'에 애니메이션 순서를 나타내는 '**1**'이 표시된 것과 [애니메이션] 그룹에 표시되는 애니메이션 종류를 확인한 후 [빠른 실행 도구 모음]에서 [**저장(🖫)**]을 클릭하거나 Ctrl + S 를 눌러 파일을 저장합니다.

　▶ 만약 애니메이션을 잘못 지정하였을 경우 애니메이션 지정과 동일한 방법으로 재지정하면 됩니다.

01 아래의 작성조건 및 출력형태에 알맞게 작업하시오.

소스파일: 10-01(문제).pptx
완성파일: 10-01(완성).pptx

《출력형태》

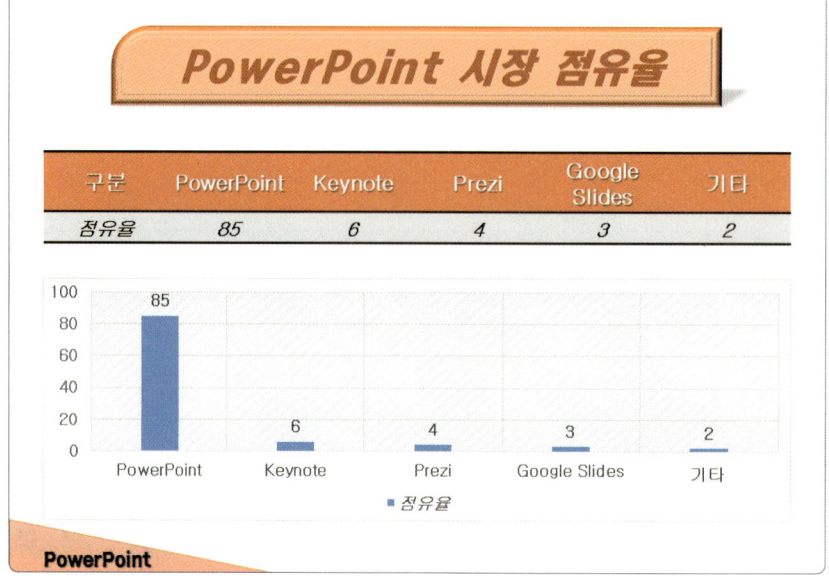

《작성조건》
- ▶ 차트 ⇒ 세로 막대형 : 묶은 세로 막대형, 차트 스타일(색 변경 – '색상형 – 색 2', 스타일 8),
  축 서식/데이터 레이블 서식 : 글꼴(굴림, 16pt, 굵게),
  범례 서식 : 글꼴(굴림, 16pt, 굵게, 기울임꼴), 데이터는 표 참고
- ▶ 애니메이션 지정 ⇒ 차트 : 나타내기 – 시계 방향 회전

02 아래의 작성조건 및 출력형태에 알맞게 작업하시오.

소스파일: 10-02(문제).pptx
완성파일: 10-02(완성).pptx

《출력형태》

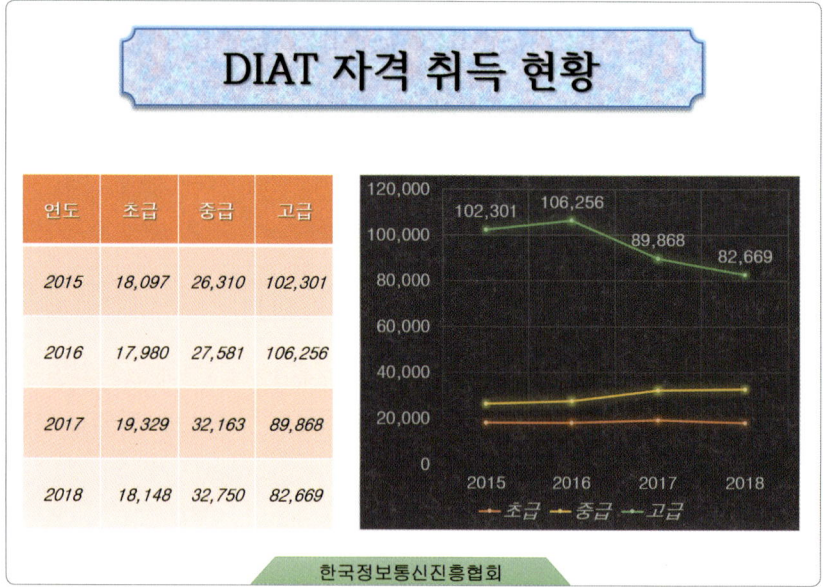

《작성조건》
- ▶ 차트 ⇒ 꺾은선형 : 표식이 있는 꺾은선형, 차트 스타일(색 변경 – '색상형 – 색 3', 스타일 9),
  축 서식/데이터 레이블 서식 : 글꼴(돋움, 16pt, 굵게),
  범례 서식 : 글꼴(돋움, 18pt, 굵게, 기울임꼴), 데이터는 표 참고
- ▶ 애니메이션 지정 ⇒ 차트 : 나타내기 – 닦아내기

03 아래의 작성조건 및 출력형태에 알맞게 작업하시오.

《출력형태》

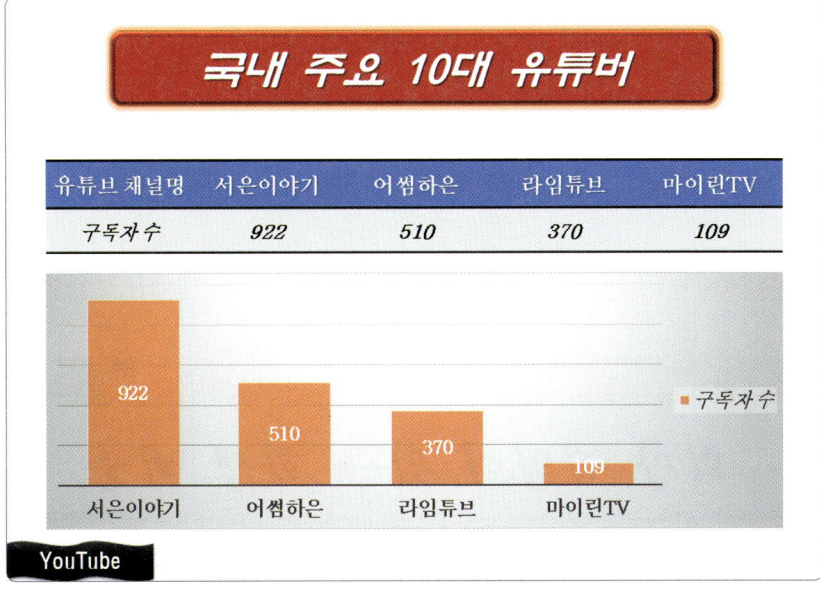

《작성조건》

▶ 차트 ⇒ 세로 막대형 : 묶은 세로 막대형, 차트 스타일(색 변경 – '색상형 – 색 3', 스타일 5),
축 서식/데이터 레이블 서식 : 글꼴(바탕, 18pt, 굵게),
범례 서식 : 글꼴(바탕, 18pt, 굵게, 기울임꼴), 데이터는 표 참고
▶ 애니메이션 지정 ⇒ 차트 : 나타내기 – 올라오기

04 아래의 작성조건 및 출력형태에 알맞게 작업하시오.

《출력형태》

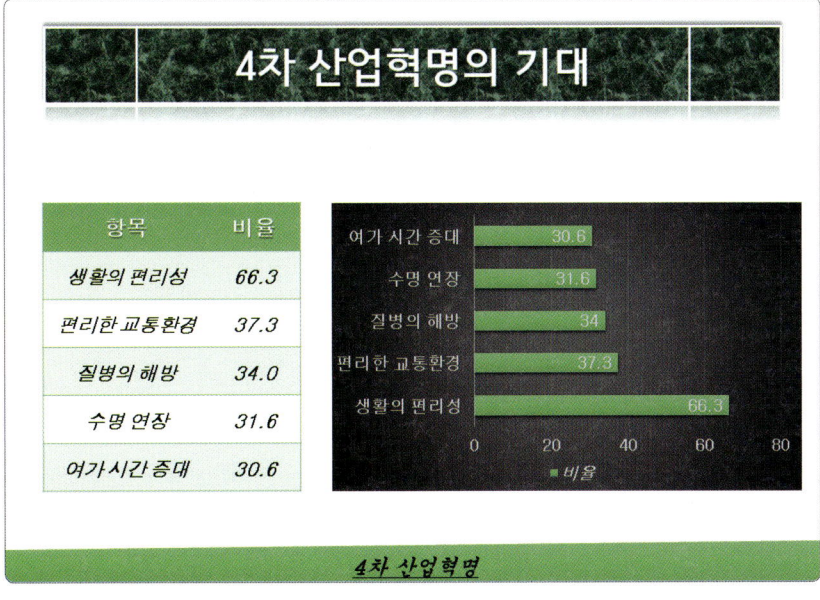

《작성조건》

▶ 차트 ⇒ 가로 막대형 : 묶은 가로 막대형, 차트 스타일(색 변경 – '색상형 – 색 4', 스타일 7),
축 서식/데이터 레이블 서식 : 글꼴(돋움, 16pt, 굵게),
범례 서식 : 글꼴(돋움, 16pt, 굵게, 기울임꼴), 데이터는 표 참고
▶ 애니메이션 지정 ⇒ 차트 : 나타내기 – 올라오기

[슬라이드 3] 텍스트 상자 및 배경

[슬라이드 3]에서는 표와 차트를 설명해 주는 텍스트 상자를 2개 작성해야 합니다. 텍스트 상자의 글꼴 서식이 같고 내용만 다르기 때문에 하나를 만들어서 복제한 후에 내용만 수정하면 됩니다. 그리고 배경을 그림으로 채워야 하는데, [배경 서식] 작업 창에서 '그림 또는 질감 채우기'를 선택하고 '그림 2.jpg' 파일을 지정하면 됩니다.

소스파일: 11차시(문제).pptx, 그림 2.jpg   **완성파일:** 11차시(완성).pptx

문제 미리보기

《출력형태》

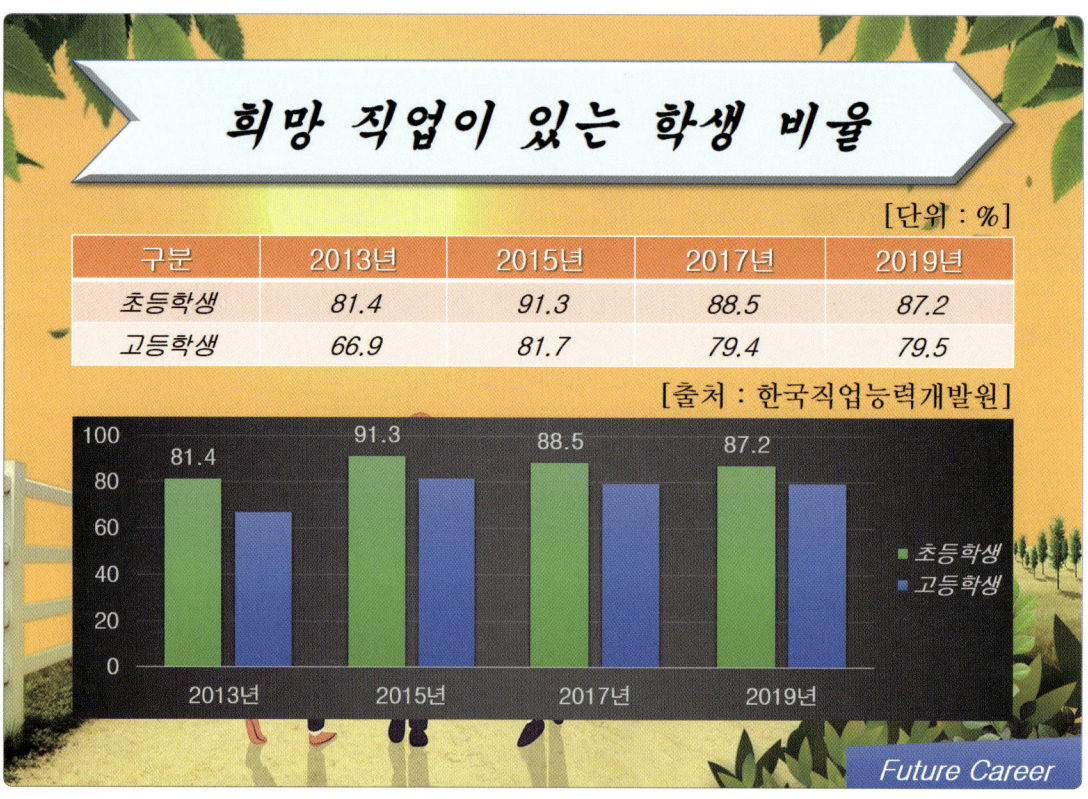

《작성조건》

(2) 본문
- 텍스트 상자 1([단위 : %]) ⇒ 글꼴(바탕, 20pt, 굵게)
- 표 ⇒ 표 스타일(보통 스타일 2 - 강조 2), 가장 위의 행 : 글꼴(굴림, 20pt, 굵게, 텍스트 그림자, 가운데 맞춤), 나머지 행 : 글꼴(굴림, 18pt, 굵게, 기울임꼴, 가운데 맞춤)
- 텍스트 상자 2([출처 : 한국직업능력개발원]) ⇒ 글꼴(바탕, 20pt, 굵게)
- 차트 ⇒ 세로 막대형 : 묶은 세로 막대형, 차트 스타일(색 변경 - '색상형 - 색 4', 스타일 8), 축 서식/데이터 레이블 서식 : 글꼴(돋움, 16pt, 굵게), 범례 서식 : 글꼴(돋움, 16pt, 굵게, 기울임꼴), 데이터는 표 참고
- 배경 ⇒ 배경 서식(채우기 - 그림 또는 질감 채우기)에서 그림 2 삽입(현재 슬라이드만 적용)
- 애니메이션 지정 ⇒ 차트 : 나타내기 - 닦아내기
- 지시사항이 없는 부분은 《출력형태》와 동일하게 작성하시오.

과정 미리보기

텍스트 상자 1 작성 ▶ 텍스트 상자 2 작성 ▶ 배경 그림 채우기

01 텍스트 상자 1 작성하기

▶ 텍스트 상자 1([단위 : %]) ⇒ 글꼴(바탕, 20pt, 굵게)

❶ 파워포인트 2016 프로그램을 실행하여 [11차시] 폴더의 '11차시(문제).pptx' 파일을 열고 축소판 그림 창에서 '**슬라이드 3**'을 클릭합니다.

❷ 텍스트 상자를 삽입하기 위해 [**삽입**] 탭-[**텍스트**] 그룹-[**가로 텍스트 상자 그리기**]를 클릭한 후 텍스트가 시작되는 부분을 클릭하여 "[**단위 : %**]"를 입력하고 Esc를 누릅니다.

❸ [**홈**] 탭-[**글꼴**] 그룹에서 글꼴 '**바탕**', 글꼴 크기 '**20pt**', '**굵게**'를 지정한 후 위치를 조정합니다.

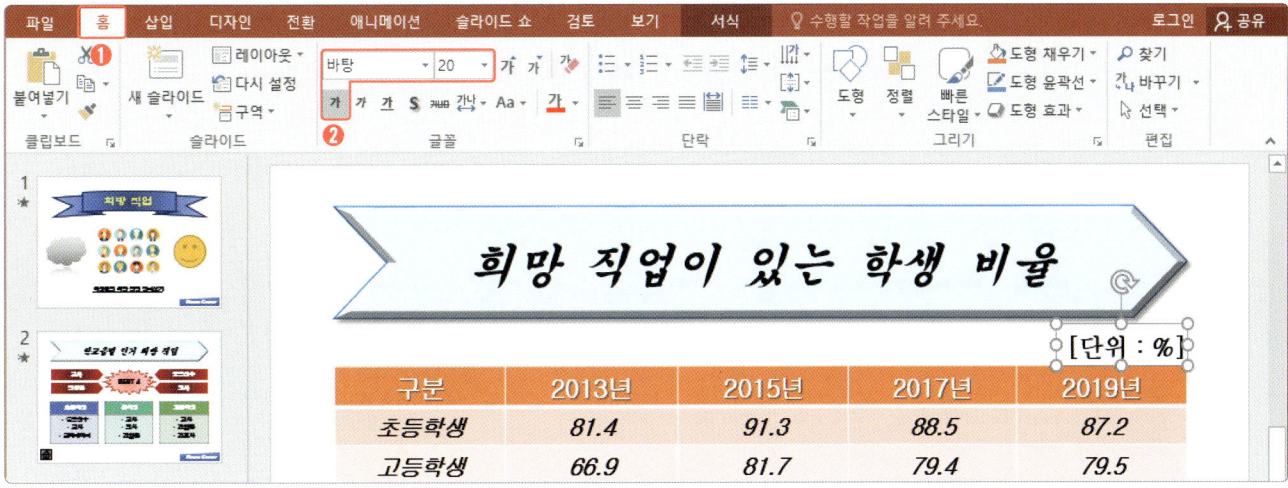

02 텍스트 상자 2 작성하기

▶ 텍스트 상자 2([출처 : 한국직업능력개발원]) ⇒ 글꼴(바탕, 20pt, 굵게)

❶ 텍스트 상자 1의 테두리를 선택하고 Ctrl + Shift 를 누른 채 아래로 드래그하여 텍스트 상자를 복제합니다.

　✚ 텍스트 상자 1의 테두리를 선택하고 Ctrl + C 를 눌러 복사한 후 Ctrl + V 를 눌러 붙여넣어도 됩니다.

❷ 복제된 텍스트 상자에 "[출처 : 한국직업능력개발원]"을 입력하고 텍스트 상자의 크기와 위치를 조정합니다.

💡 **시험꿀팁**
- 텍스트 상자 1과 텍스트 상자 2는 글꼴 서식이 똑같이 출제됩니다.
- 그러므로 텍스트 상자 1을 작성한 후에 복제하여 내용만 수정하면 됩니다.

03 배경에 그림 채우기

▶ 배경 ⇒ 배경 서식(채우기 – 그림 또는 질감 채우기)에서 그림 2 삽입(현재 슬라이드만 적용)

❶ 슬라이드의 빈 곳을 마우스 오른쪽 버튼으로 클릭하여 [배경 서식] 메뉴를 클릭합니다.

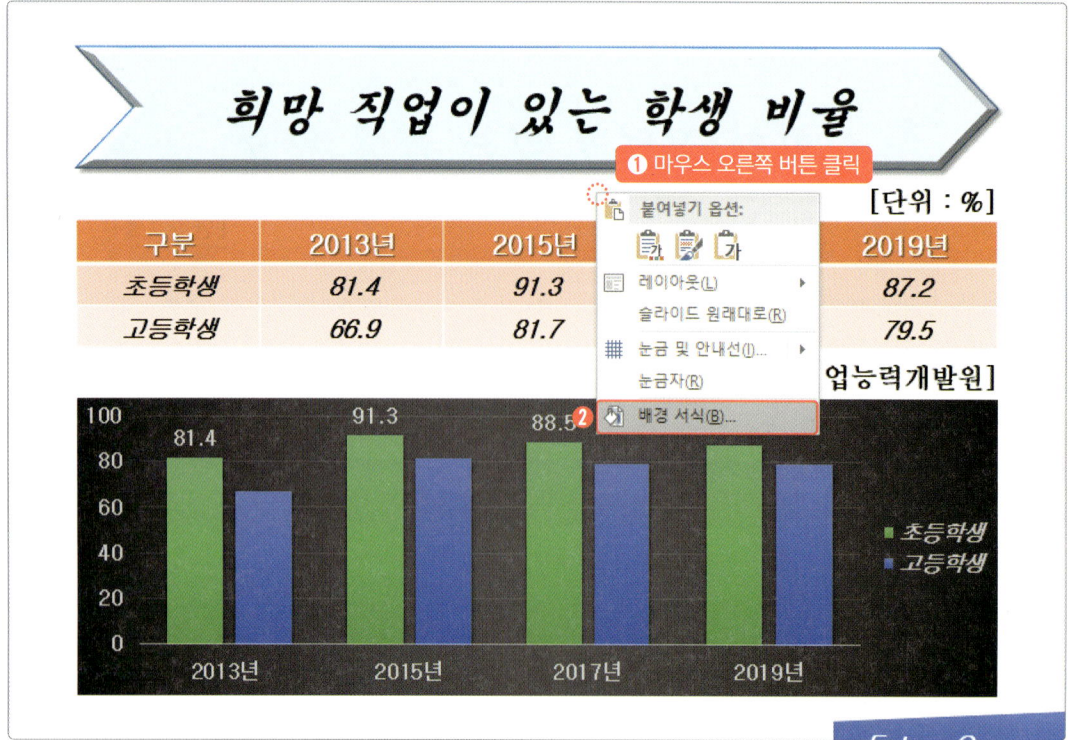

❷ [배경 서식] 작업 창에서 [채우기]-[그림 또는 질감 채우기]를 선택하고 [파일]을 클릭합니다. [그림 삽입] 대화상자에서 [11차시] 폴더의 '그림 2.jpg' 파일을 선택하고 [삽입]을 클릭합니다.

💡 **시험꿀팁**
- 시험장에서는 그림 파일(그림 1~그림 3)이 답안 파일이 저장된 [바탕 화면]-[KAIT]-[제출파일] 폴더에 함께 저장되어 있습니다.

❸ 배경이 그림으로 채워진 것을 확인한 후 [배경 서식] 작업 창의 닫기 버튼을 클릭합니다. 이어서, [빠른 실행 도구 모음]에서 [저장(💾)]을 클릭하거나 Ctrl + S 를 눌러 파일을 저장합니다.

➕ 실제 시험에서는 작업하면서 수시로 저장하는 것이 좋습니다.

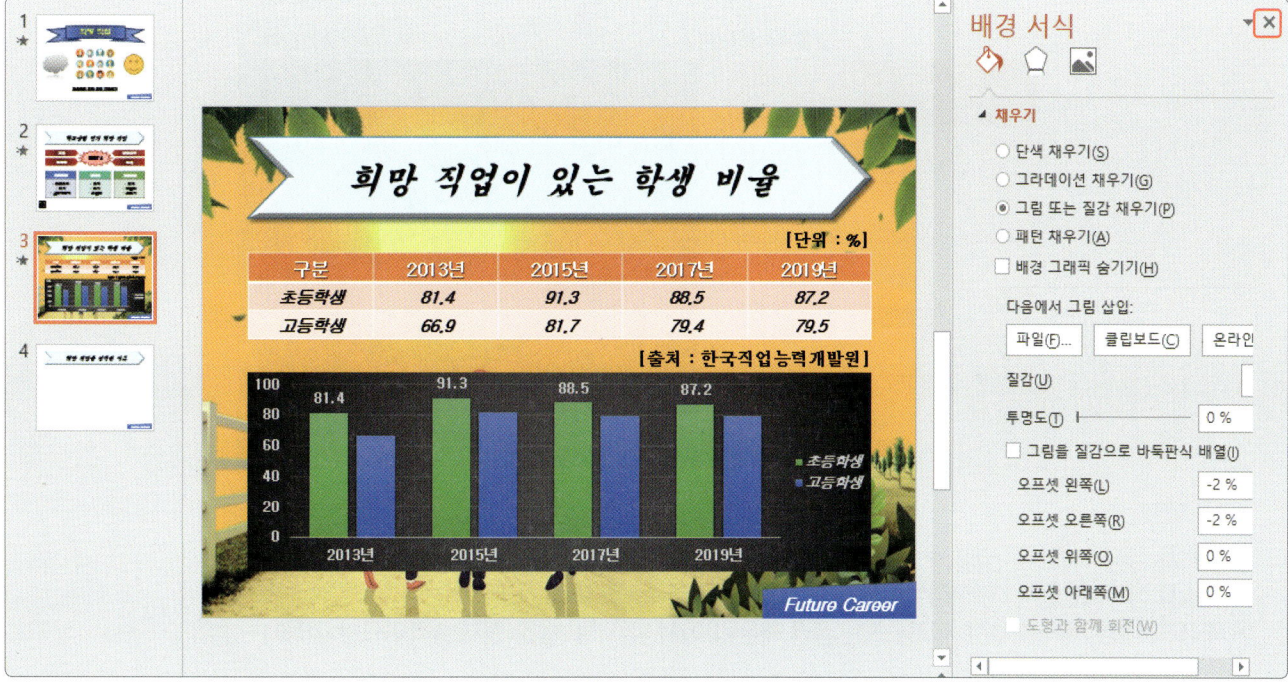

01 아래의 작성조건 및 출력형태에 알맞게 작업하시오.

소스파일: 11-01(문제).pptx, 교실.jpg
완성파일: 11-01(완성).pptx

《출력형태》

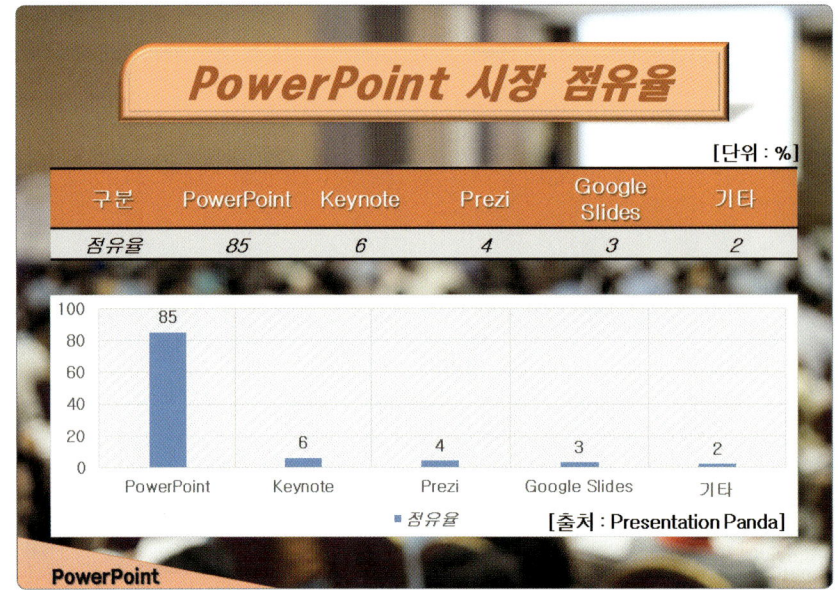

《작성조건》

- 텍스트 상자 1([단위 : %]) ⇒ 글꼴(돋움, 18pt, 굵게)
- 텍스트 상자 2([출처 : Presentation Panda]) ⇒ 글꼴(돋움, 18pt, 굵게)
- 배경 ⇒ 배경 서식(채우기 - 그림 또는 질감 채우기)에서 '교실' 삽입(현재 슬라이드만 적용)

02 아래의 작성조건 및 출력형태에 알맞게 작업하시오.

소스파일: 11-02(문제).pptx, 디지털.jpg
완성파일: 11-02(완성).pptx

《출력형태》

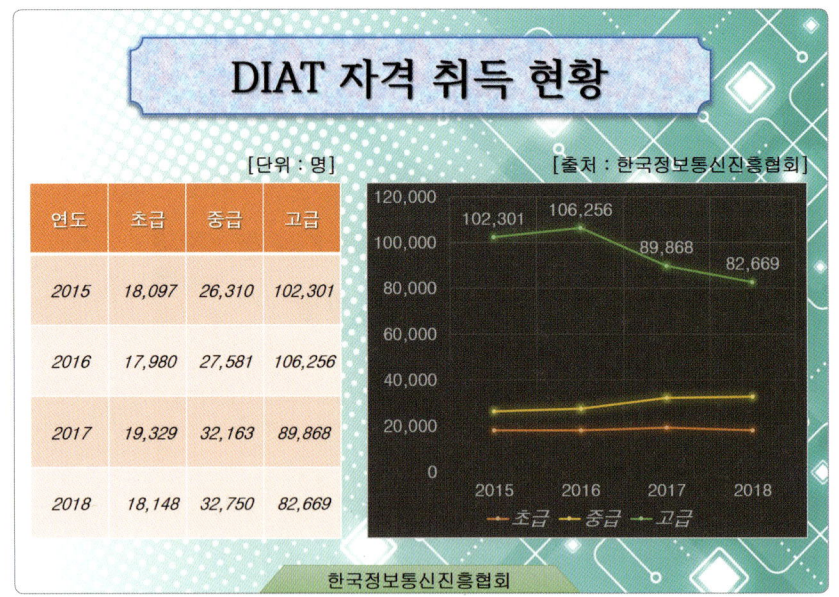

《작성조건》

- 텍스트 상자 1([단위 : 명]) ⇒ 글꼴(굴림, 18pt, 굵게)
- 텍스트 상자 2([출처 : 한국정보통신진흥협회]) ⇒ 글꼴(굴림, 18pt, 굵게)
- 배경 ⇒ 배경 서식(채우기 - 그림 또는 질감 채우기)에서 '디지털' 삽입(현재 슬라이드만 적용)

03 아래의 작성조건 및 출력형태에 알맞게 작업하시오.

소스파일: 11-03(문제).pptx, 유튜브.jpg
완성파일: 11-03(완성).pptx

《출력형태》

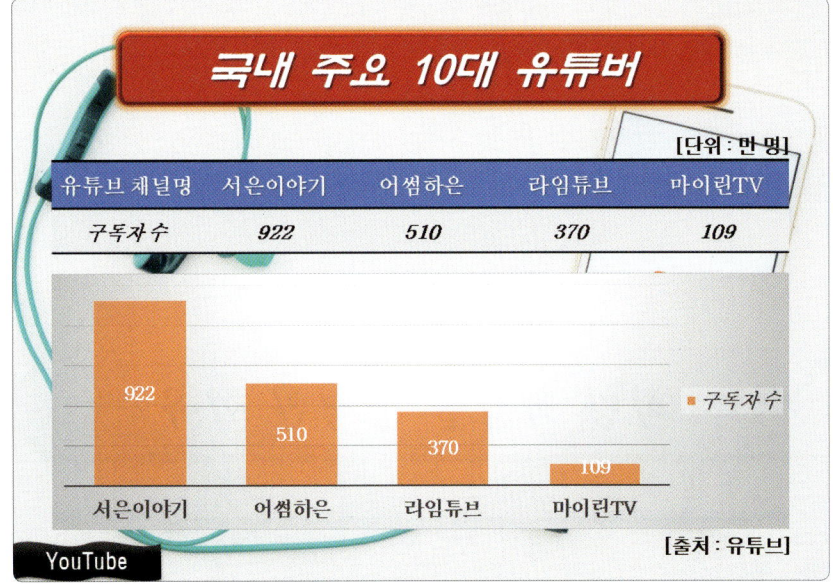

《작성조건》

- ▶ 텍스트 상자 1([단위 : 만 명]) ⇒ 글꼴(돋움, 18pt, 굵게)
- ▶ 텍스트 상자 2([출처 : 유튜브]) ⇒ 글꼴(돋움, 18pt, 굵게)
- ▶ 배경 ⇒ 배경 서식(채우기 - 그림 또는 질감 채우기)에서 '유튜브' 삽입(현재 슬라이드만 적용)

04 아래의 작성조건 및 출력형태에 알맞게 작업하시오.

소스파일: 11-04(문제).pptx, 로봇.jpg
완성파일: 11-04(완성).pptx

《출력형태》

《작성조건》

- ▶ 텍스트 상자 1([단위 : %]) ⇒ 글꼴(굴림, 18pt, 굵게)
- ▶ 텍스트 상자 2([출처 : 엠브레인]) ⇒ 글꼴(굴림, 18pt, 굵게)
- ▶ 배경 ⇒ 배경 서식(채우기 - 그림 또는 질감 채우기)에서 '로봇' 삽입(현재 슬라이드만 적용)

출제유형 마스터하기 12

[슬라이드 4] 본문 도형

슬라이드 4에는 도형이 무려 9개나 삽입됩니다. 도형 1은 이미 작성되었고, 텍스트가 삽입되는 도형 2~4(동일)와 도형 5~7(동일)은 도형을 삽입하고 선 색, 선 스타일, 도형 효과, 글꼴을 지정합니다. 그리고 도형 8은 텍스트 없이 도형만 작성하고, 도형 9는 도형 안에 그림을 삽입하는 형태로 출제됩니다.

소스파일: 12차시(문제).pptx, 그림 3.jpg   **완성파일:** 12차시(완성).pptx

문제 미리보기

《출력형태》

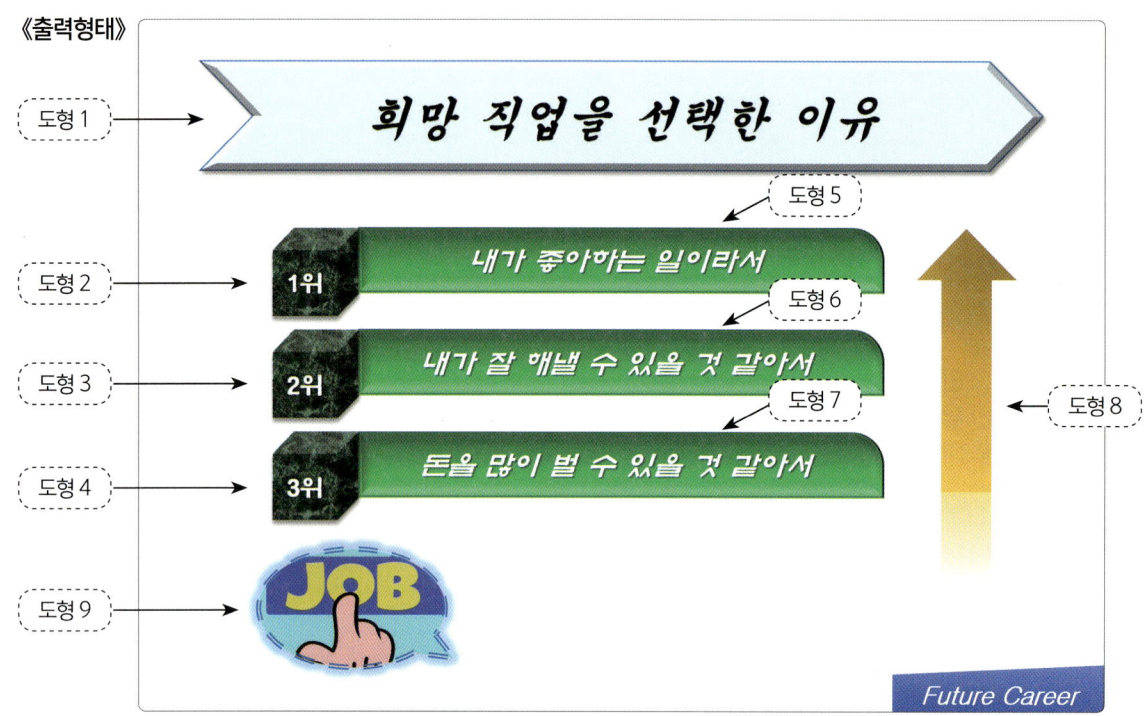

《작성조건》

(2) 본문
- ▶ 도형 2~4 ⇒ 기본 도형 : 정육면체, 도형 채우기(질감 : 녹색 대리석), 선 없음, 도형 효과(그림자 – 바깥쪽 – 오프셋 아래쪽), 글꼴(휴먼옛체, 20pt, 굵게, 텍스트 그림자)
- ▶ 도형 5~7 ⇒ 사각형 : 한쪽 모서리가 둥근 사각형, 도형 채우기(녹색, 그라데이션 – 선형 아래쪽), 선 없음, 도형 효과(입체 효과 – 부드럽게 둥글리기), 글꼴(휴먼옛체, 22pt, 기울임꼴, 텍스트 그림자)
- ▶ 도형 8 ⇒ 블록 화살표 : 위쪽 화살표, 도형 채우기(주황, 그라데이션 – 오른쪽 위 모서리에서), 선 없음, 도형 효과(반사 – '근접 반사, 터치')
- ▶ 도형 9 ⇒ 설명선 : 타원형 설명선, 도형 채우기(그림 또는 질감 채우기) 기능을 사용하여 그림 3 삽입, 도형 윤곽선(실선, 색 : 파랑, 너비 : 4pt, 겹선 종류 : 이중, 대시 종류 : 파선), 도형 효과(네온 – '파랑, 11 pt 네온, 강조색 1')
- ▶ WordArt 삽입(적성과 흥미로 선택하는 진로) ⇒ WordArt 스타일('채우기 – 흰색, 윤곽선 – 강조 2, 진한 그림자 – 강조 2'), 글꼴(궁서, 32pt, 굵게, 텍스트 그림자)
- ▶ 지시사항이 없는 부분은 《출력형태》와 동일하게 작성하시오.

과정 미리보기

도형 2~4 작성 ▶ 도형 5~7 작성 ▶ 도형 8 작성 ▶ 도형 9 작성

도형 2~4 작성하기

▶ 도형 2~4 ⇒ 기본 도형 : 정육면체, 도형 채우기(질감 : 녹색 대리석), 선 없음, 도형 효과(그림자 – 바깥쪽 – 오프셋 아래쪽), 글꼴(휴먼옛체, 20pt, 굵게, 텍스트 그림자)

❶ 파워포인트 2016 프로그램을 실행하여 [12차시] 폴더의 '12차시(문제).pptx' 파일을 열고 축소판 그림 창에서 '슬라이드 4'를 클릭합니다.

❷ 도형을 삽입하기 위해 [삽입] 탭-[일러스트레이션] 그룹-[도형]-[기본 도형]-[정육면체()]를 클릭한 후 Shift를 누른 채 드래그하여 도형을 그립니다.

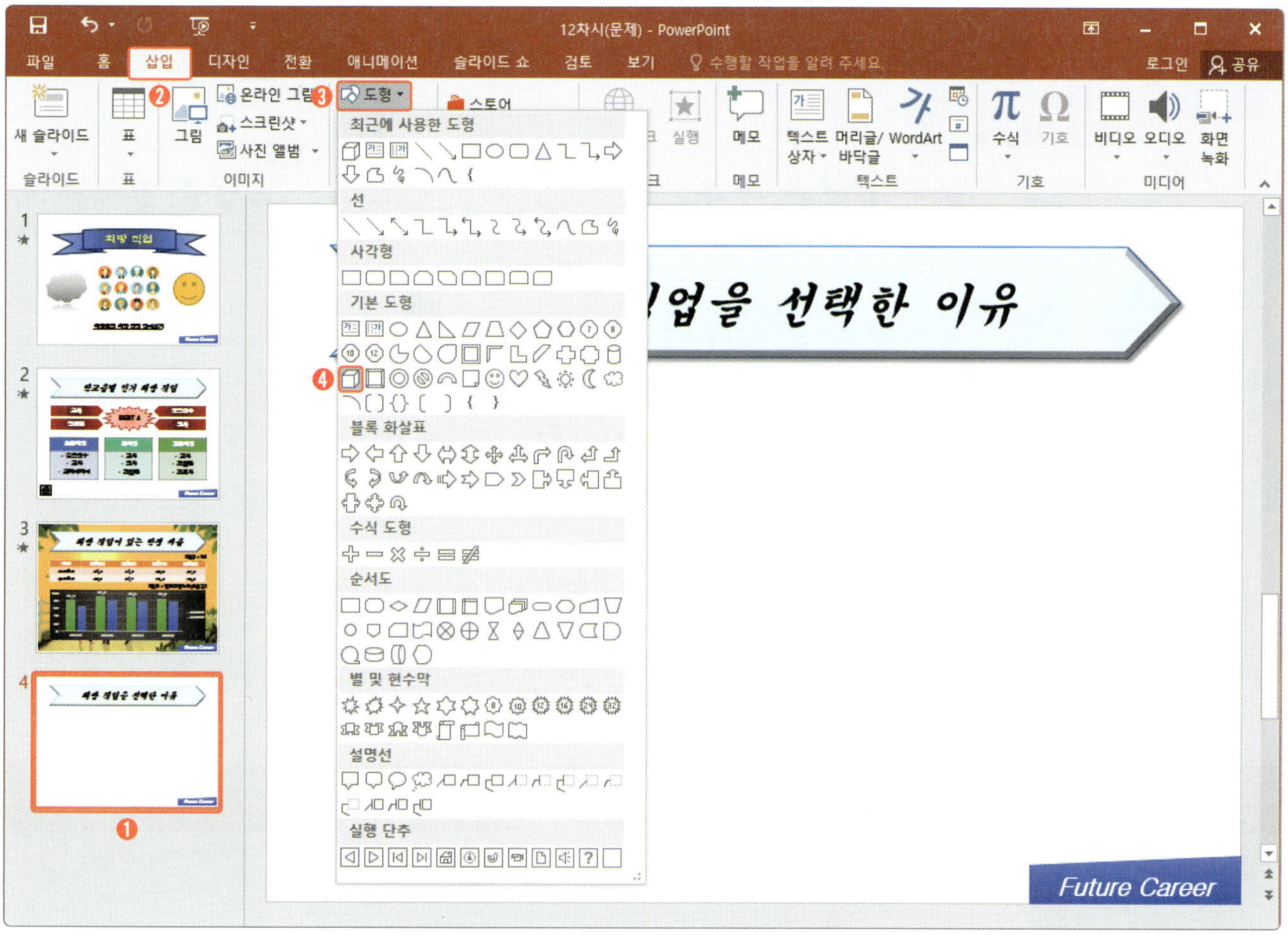

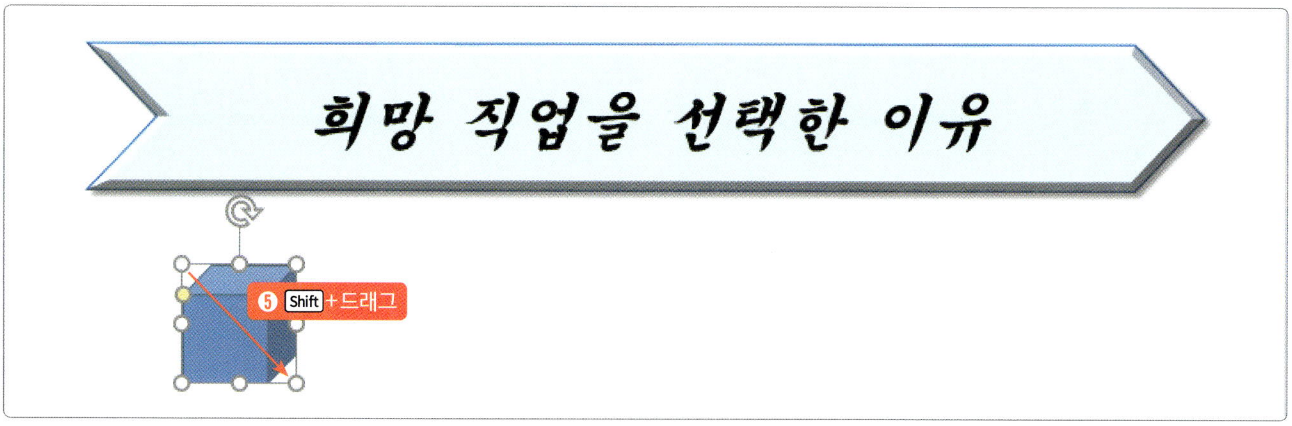

❸ 도형 채우기를 지정하기 위해 [그리기 도구-서식] 탭-[도형 스타일] 그룹-[도형 채우기]를 선택한 후 [질감]-[녹색 대리석]을 클릭합니다.

> 💡 **시험꿀팁**
> · '도형 2~4'는 주로 질감 채우기 형태로 출제됩니다.
> · 질감은 모두 24종류가 있는데, 다양하게 출제되고 있습니다.

❹ 도형 윤곽선을 없애기 위해 [그리기 도구-서식] 탭-[도형 스타일] 그룹-[도형 윤곽선]-[윤곽선 없음]을 클릭합니다.

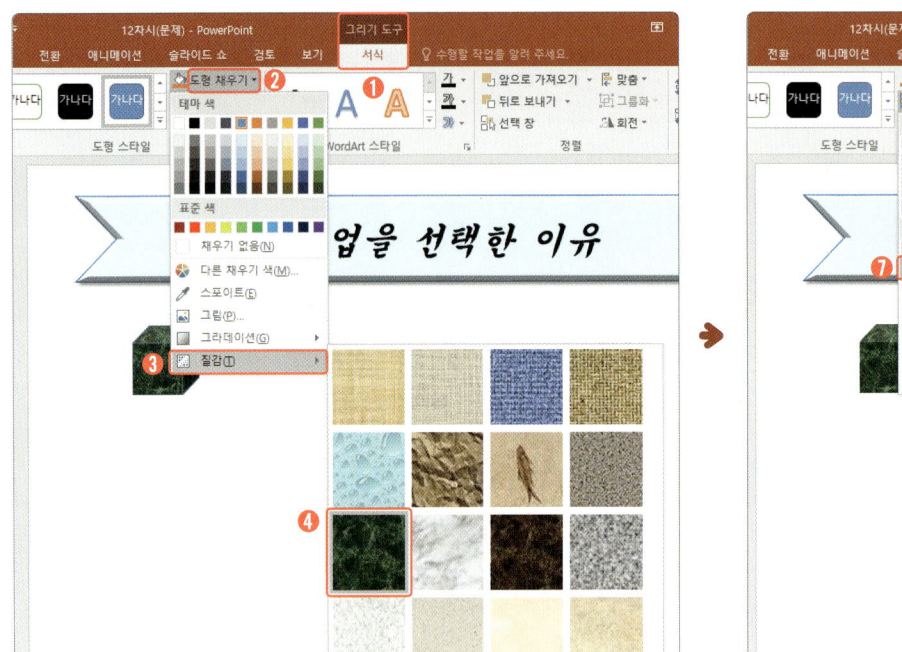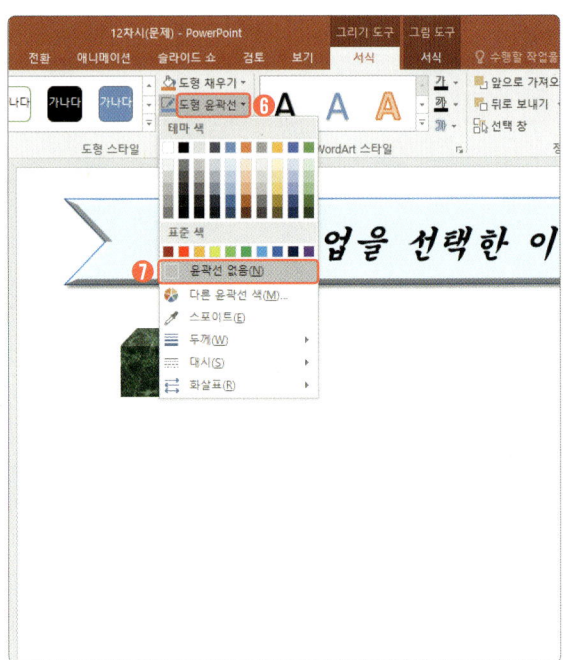

❺ 그림자 효과를 지정하기 위해 [그리기 도구-서식] 탭-[도형 스타일] 그룹-[도형 효과]를 선택한 후 [그림자]-[바깥쪽-오프셋 아래쪽]을 클릭합니다.

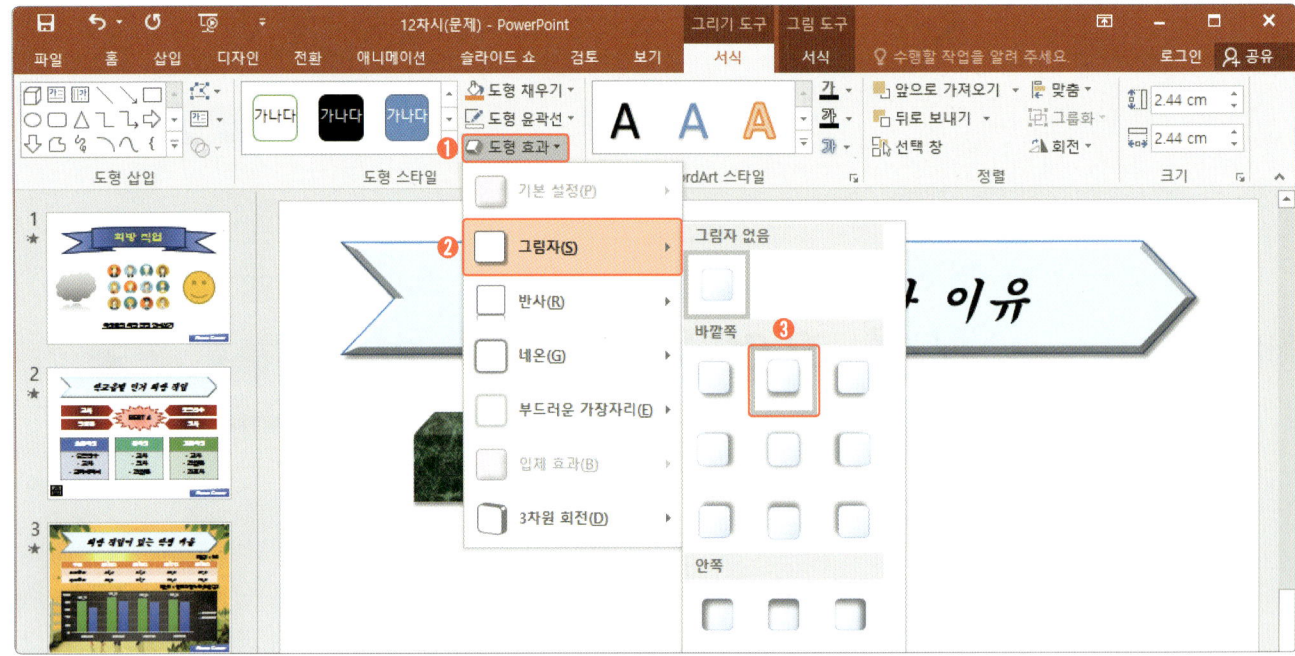

❻ 도형이 선택된 상태에서 "1위"를 입력한 후 [Esc]를 누릅니다.
❼ [홈] 탭-[글꼴] 그룹에서 글꼴 '휴먼옛체', 글꼴 크기 '20pt', '굵게', '텍스트 그림자'를 지정합니다.

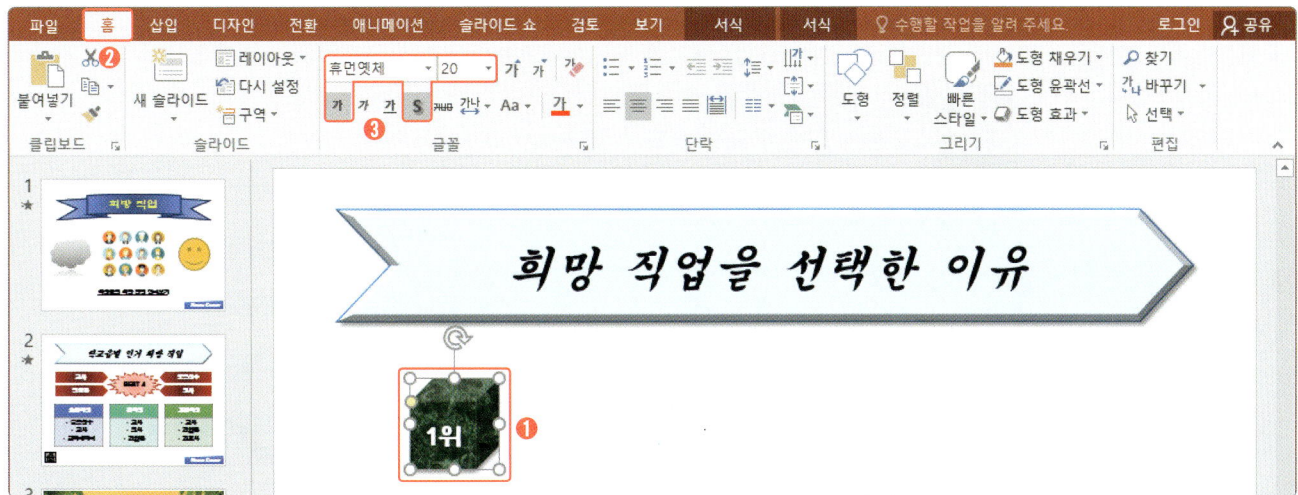

❽ 아래쪽에 도형을 2개 복제하기 위해 [Ctrl]+[Shift]를 누른 채 아래쪽으로 **2번** 드래그한 후 복제된 도형의 텍스트를 "2위"와 "3위"로 수정합니다.

➕ 도형 2~4는 서식이 똑같기 때문에 하나만 작성하여 복제한 후 내용만 수정하면 됩니다.

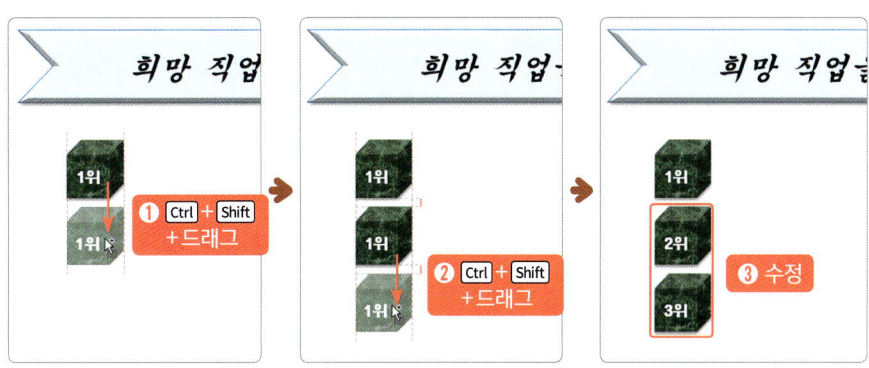

02 도형 5~7 작성하기

▶ 도형 5~7 ⇒ 사각형 : 한쪽 모서리가 둥근 사각형, 도형 채우기(녹색, 그라데이션 – 선형 아래쪽), 선 없음, 도형 효과(입체 효과 – 부드럽게 둥글리기), 글꼴(휴먼옛체, 22pt, 기울임꼴, 텍스트 그림자)

❾ 도형을 삽입하기 위해 [삽입] 탭-[일러스트레이션] 그룹-[도형]-[사각형]-[한쪽 모서리가 둥근 사각형(□)]을 클릭한 후 드래그하여 도형을 그립니다.

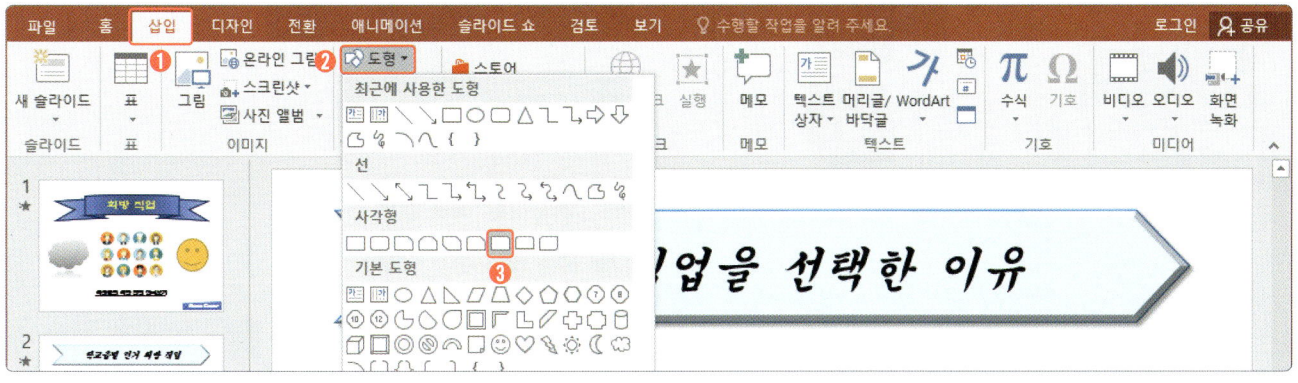

❷ 둥근 모서리를 더 둥글게 하기 위해 노란색 조절점을 왼쪽으로 드래그합니다.

❸ 도형 채우기를 지정하기 위해 [그리기 도구-서식] 탭-[도형 스타일] 그룹-[도형 채우기]-[녹색]을 선택한 후에 [도형 채우기]-[그라데이션]-[선형 아래쪽]을 클릭합니다.

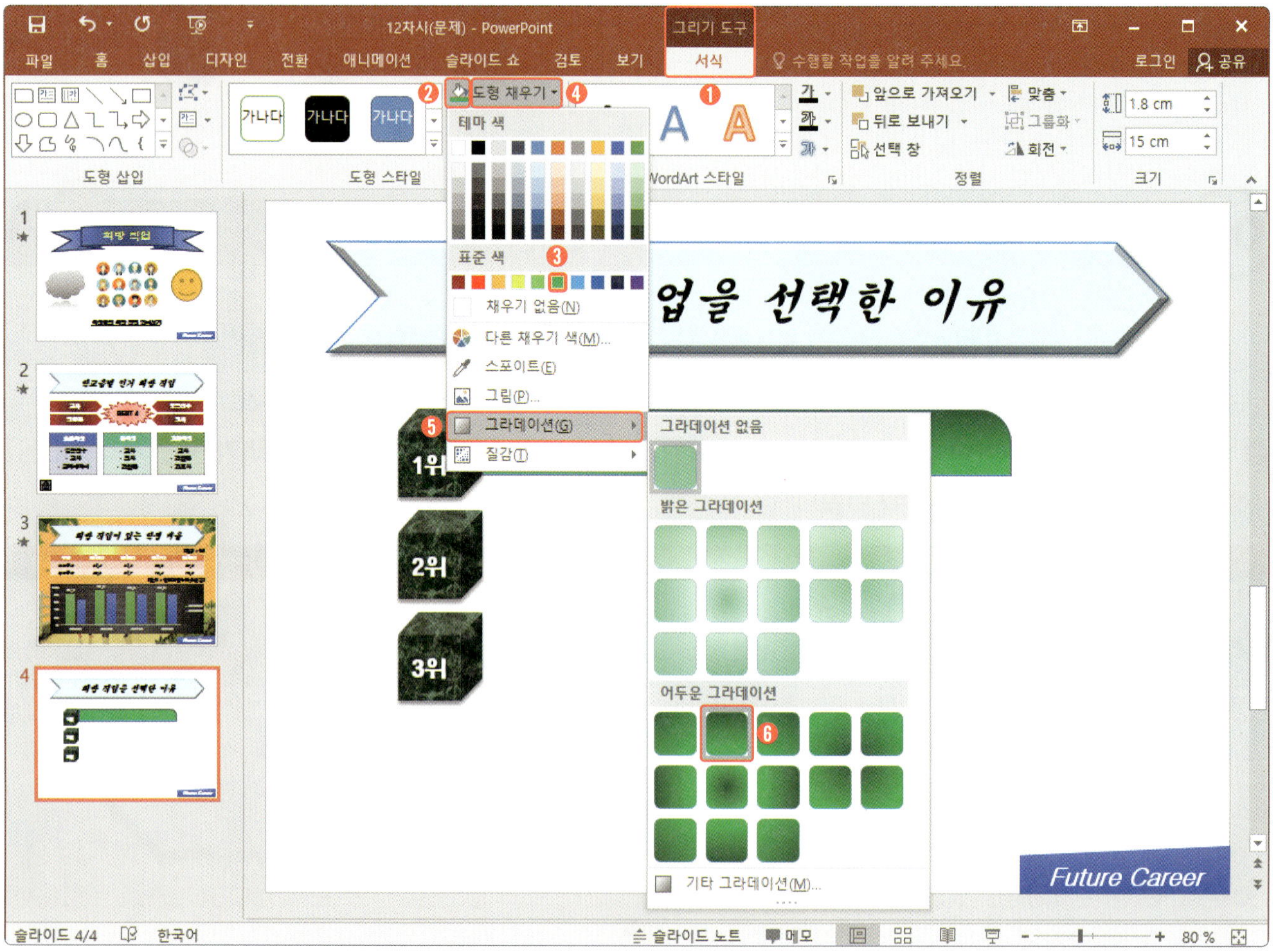

❹ 도형 윤곽선을 없애기 위해 [그리기 도구-서식] 탭-[도형 스타일] 그룹-[도형 윤곽선]-[윤곽선 없음]을 클릭합니다.

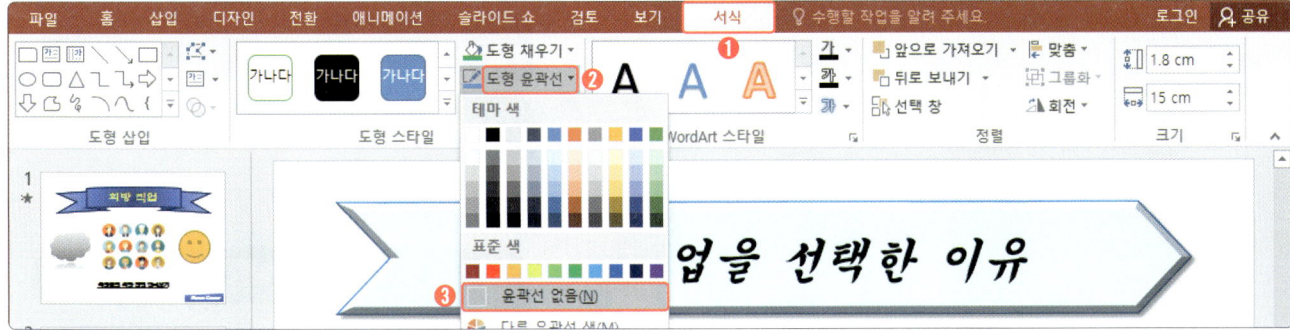

❺ 입체 효과를 지정하기 위해 [그리기 도구-서식] 탭-[도형 스타일] 그룹-[도형 효과]를 선택한 후 [입체 효과]-[부드럽게 둥글리기]를 클릭합니다.

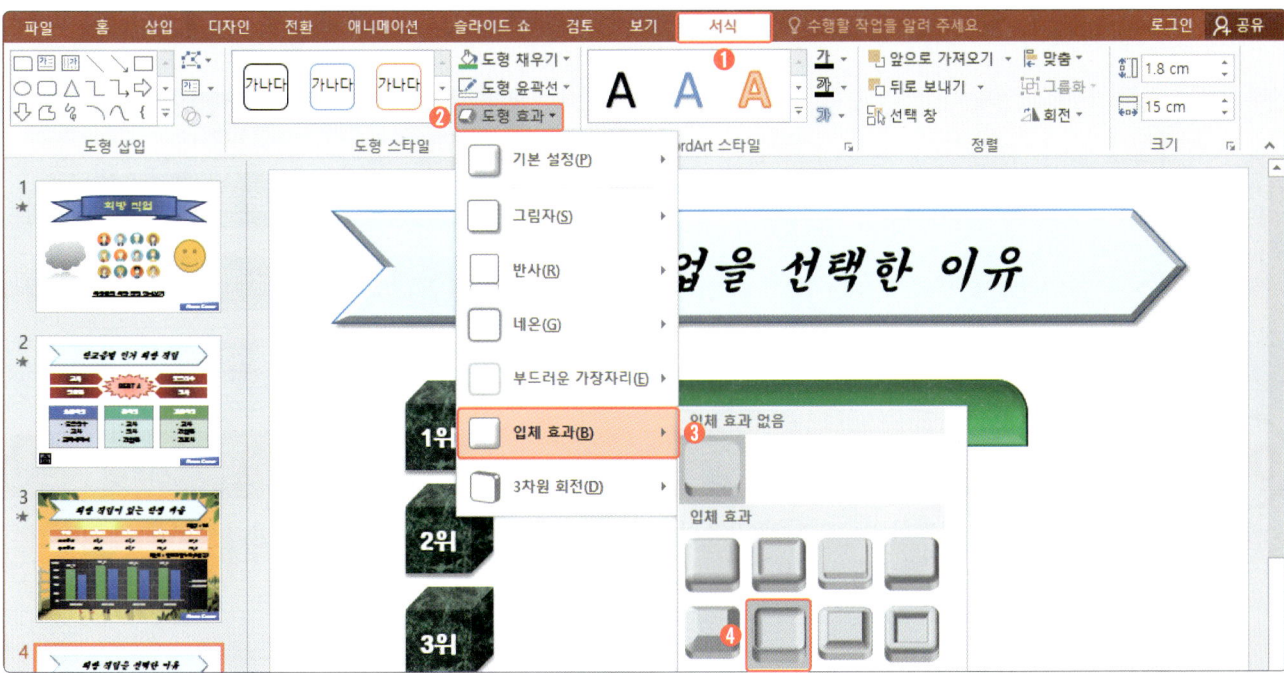

❻ 도형이 선택된 상태에서 "내가 좋아하는 일이라서"를 입력한 후 Esc 를 누릅니다.
❼ [홈] 탭-[글꼴] 그룹에서 글꼴 '휴먼옛체', 글꼴 크기 '22pt', '기울임꼴', '텍스트 그림자'를 지정합니다.

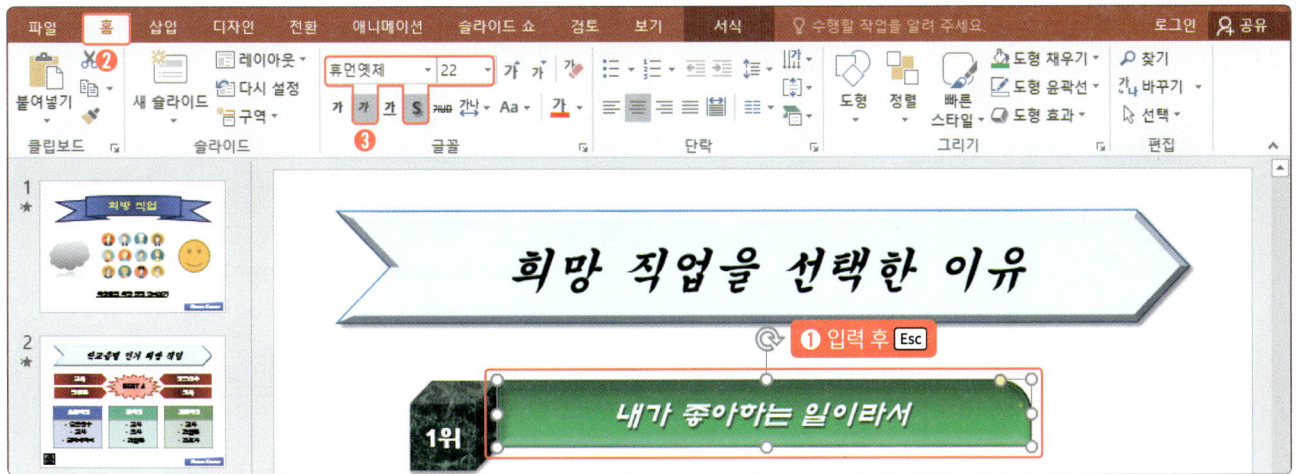

❽ 아래쪽에 도형을 2개 복제하기 위해 Ctrl + Shift 를 누른 채 아래쪽으로 **2번** 드래그한 후 복제된 도형의 텍스트를 수정합니다.

> 도형 5~7은 서식이 똑같기 때문에 하나만 작성하여 복제한 후 내용만 수정하면 됩니다.

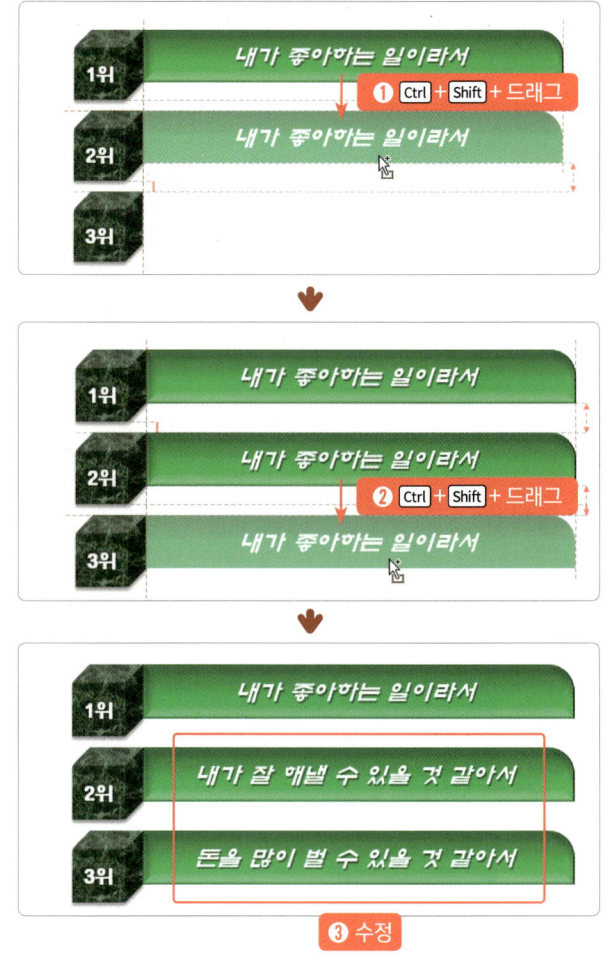

03 도형 8 작성하기

▶ 도형 8 ⇒ 블록 화살표 : 위쪽 화살표, 도형 채우기(주황, 그라데이션 – 오른쪽 위 모서리에서), 선 없음, 도형 효과(반사 – '근접 반사, 터치')

❶ 도형을 삽입하기 위해 [삽입] 탭-[일러스트레이션] 그룹-[도형]-[블록 화살표]-[위쪽 화살표()]를 클릭한 후 드래그하여 도형을 그립니다.

❷ 도형 채우기를 지정하기 위해 [그리기 도구-서식] 탭-[도형 스타일] 그룹-[도형 채우기]-[주황]을 클릭한 후에 [도형 채우기]-[그라데이션]-[오른쪽 위 모서리에서]를 클릭합니다.

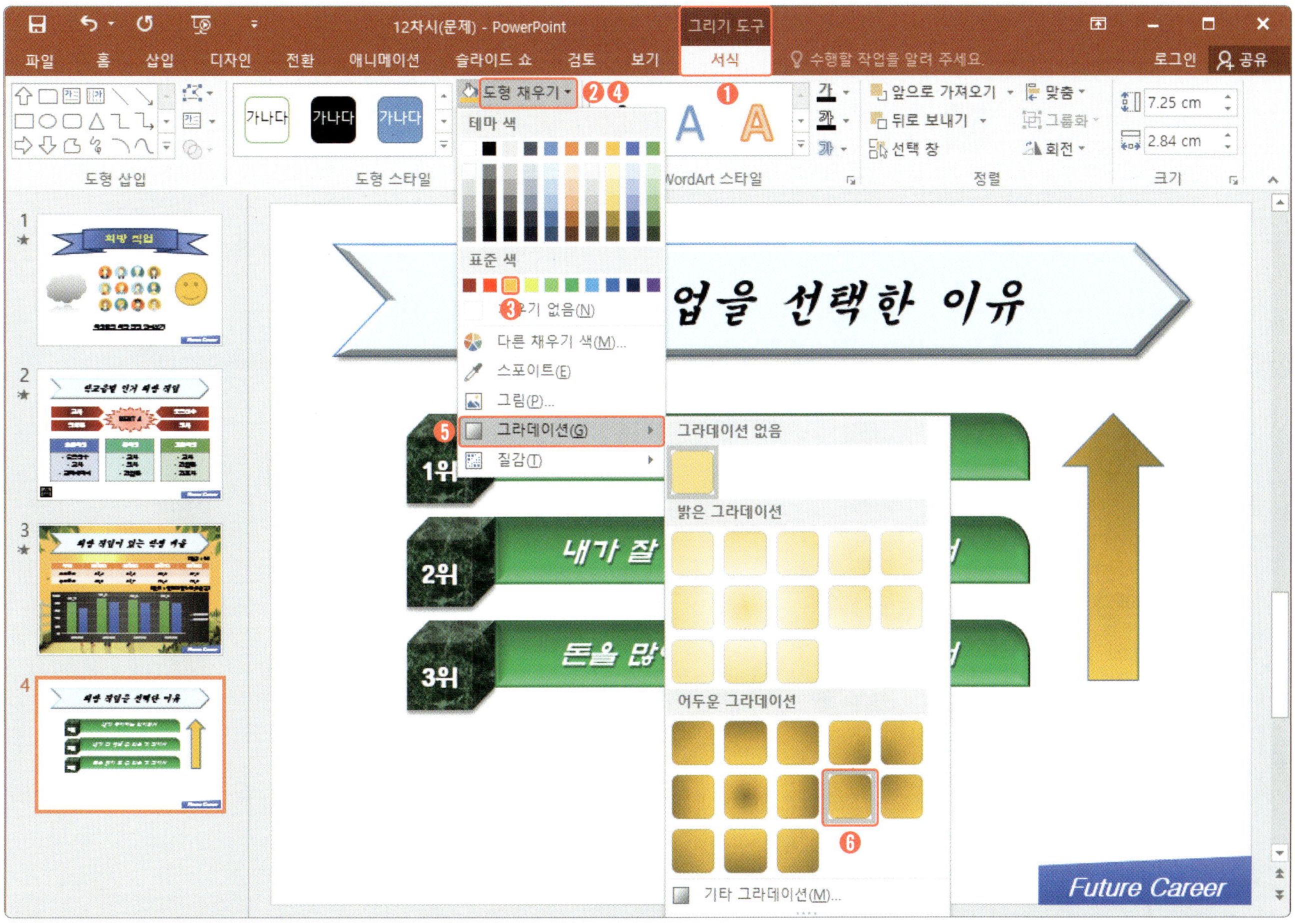

❸ 도형 윤곽선을 없애기 위해 [그리기 도구-서식] 탭-[도형 스타일] 그룹-[도형 윤곽선]-[윤곽선 없음]을 클릭합니다.

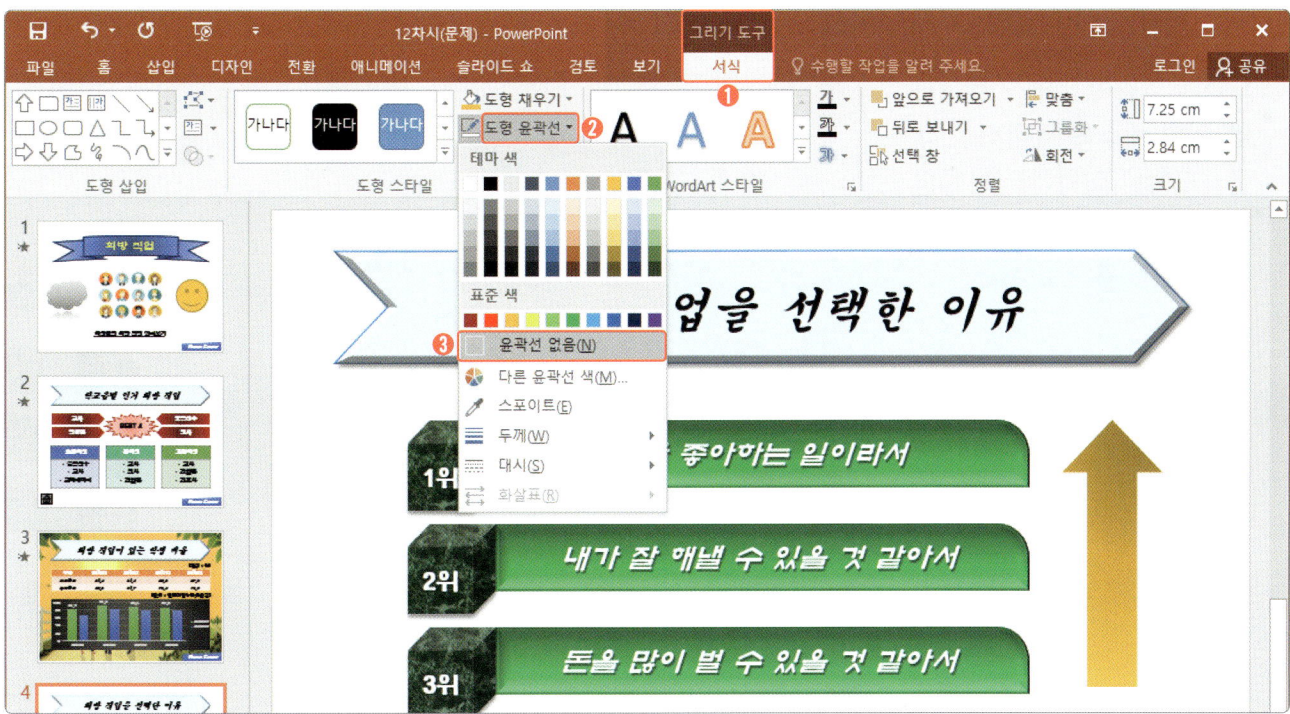

④ 반사 효과를 지정하기 위해 [그리기 도구-서식] 탭-[도형 스타일] 그룹-[도형 효과]-[반사]-[근접 반사, 터치]를 클릭합니다.

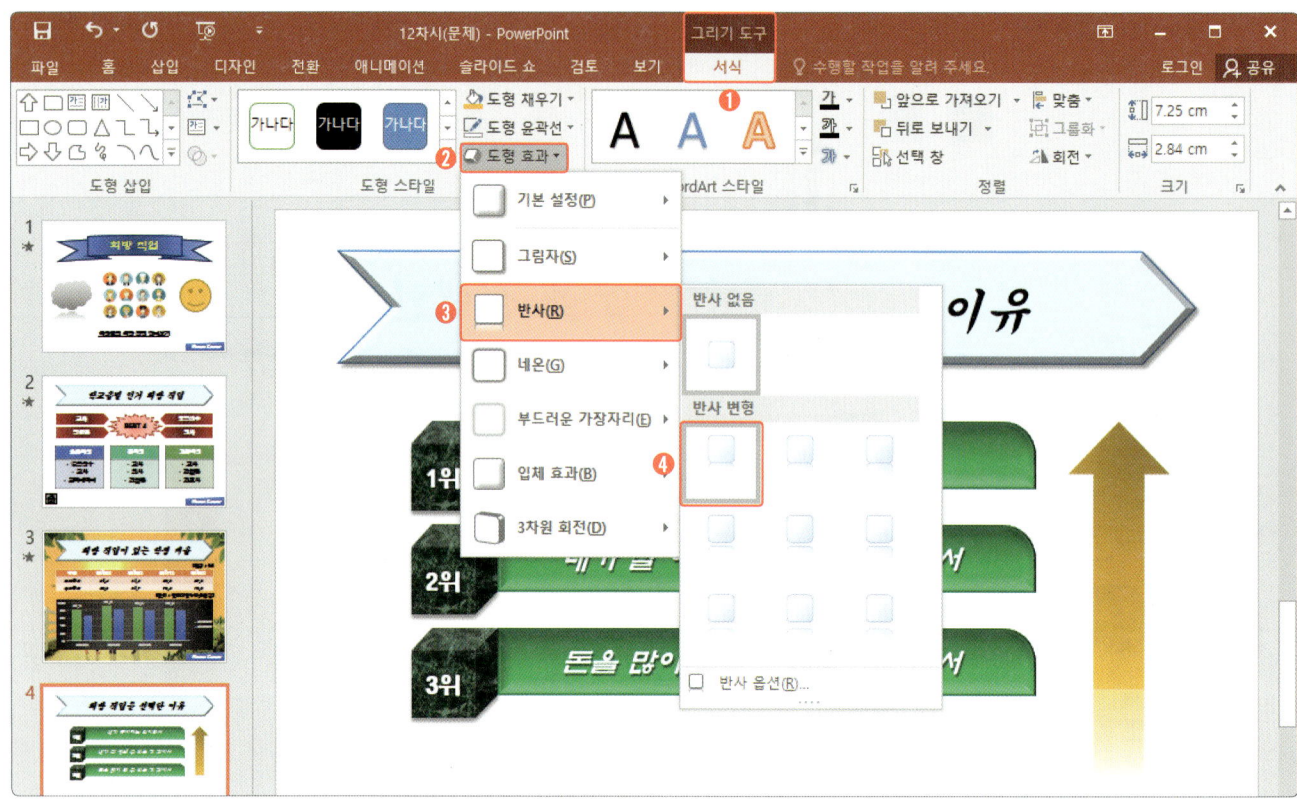

04 도형 9 작성하기

▶ 도형 9 ⇒ 설명선 : 타원형 설명선, 도형 채우기(그림 또는 질감 채우기) 기능을 사용하여 그림 3 삽입, 도형 윤곽선(실선, 색 : 파랑, 너비 : 4pt, 겹선 종류 : 이중, 대시 종류 : 파선), 도형 효과(네온 – '파랑, 11 pt 네온, 강조색 1')

① 도형을 삽입하기 위해 [삽입] 탭-[일러스트레이션] 그룹-[도형]-[설명선]-[타원형 설명선()]을 클릭한 후 드래그하여 도형을 그립니다.

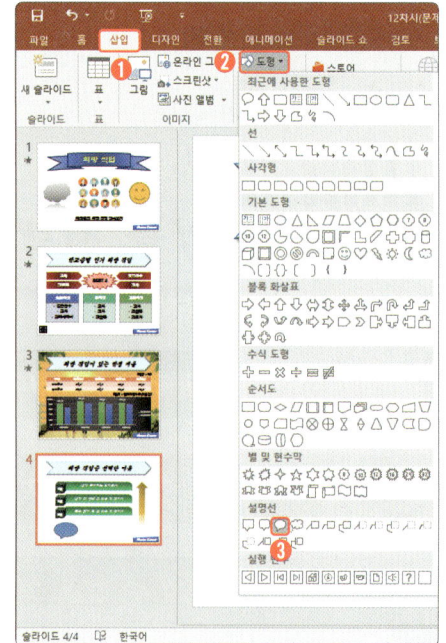
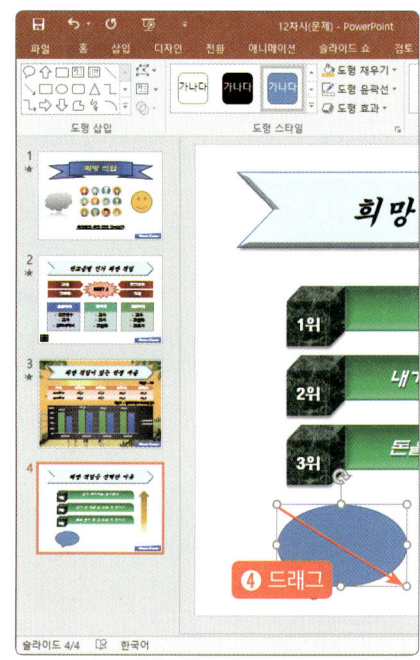

❷ 말풍선의 꼬리를 이동시키기 위해 노란색 조절점을 오른쪽으로 드래그합니다.

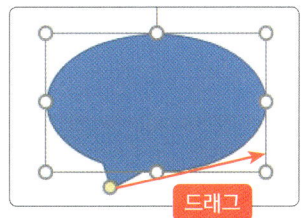
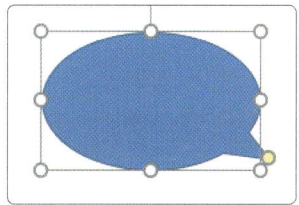

❸ 도형 채우기를 지정하기 위해 도형 위에서 마우스 오른쪽 버튼을 클릭하여 [도형 서식] 메뉴를 클릭합니다.

❹ [도형 서식] 작업 창에서 [채우기]-[그림 또는 질감 채우기]를 선택하고 [파일]을 클릭합니다. [그림 삽입] 대화상자에서 [12차시] 폴더의 '그림 3.jpg' 파일을 선택하고 [삽입]을 클릭합니다.

➕ [도형 서식] 작업 창에서 [그림 또는 질감 채우기]를 선택하는 순간 [그림 서식] 작업 창으로 이름이 바뀝니다.

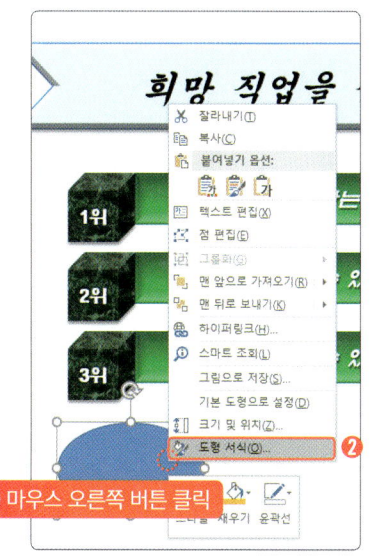
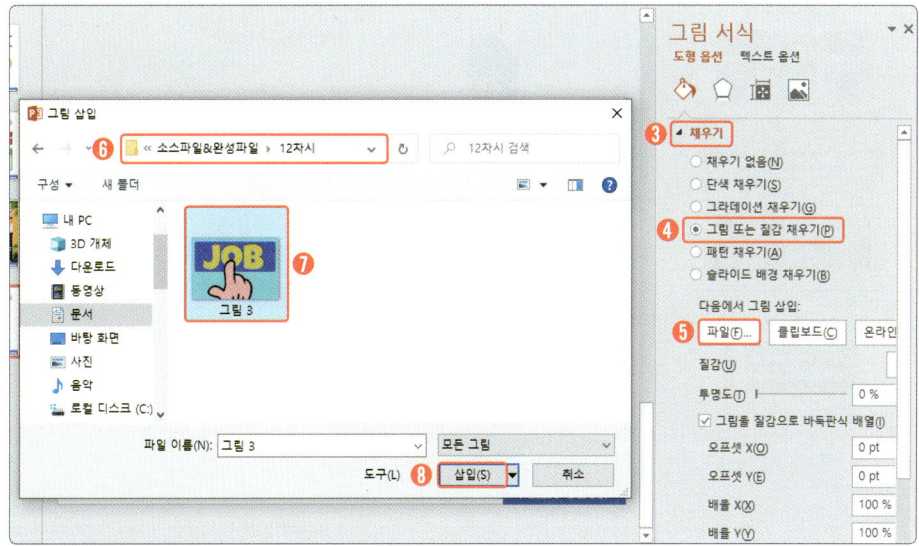

💡 **시험꿀팁**
- 시험장에서는 그림 파일(그림 1~그림 3)이 답안 파일이 저장된 [바탕 화면]-[KAIT]-[제출파일] 폴더에 함께 저장되어 있습니다.

❺ 도형 윤곽선을 지정하기 위해 [그림 서식] 작업 창 아래에서 [선]-[실선]을 선택하고 색은 '파랑', 너비는 '4pt', 겹선 종류는 '이중', 대시 종류는 '파선'을 선택합니다.

❻ 도형 윤곽선 지정이 완료되면 [그림 서식] 작업 창의 닫기 버튼을 클릭합니다.

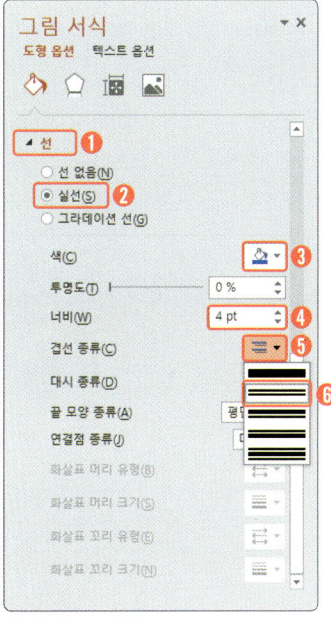
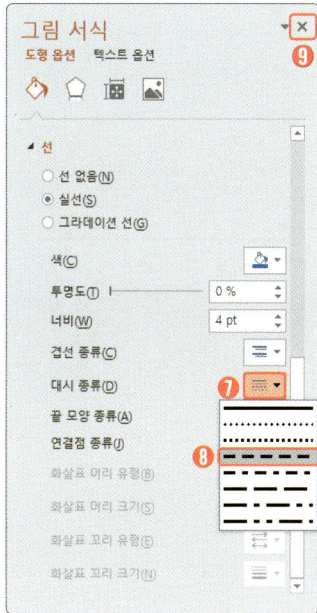

❼ 도형 효과를 지정하기 위해 [그리기 도구-서식] 탭-[도형 스타일] 그룹-[도형 효과]-[네온]-[파랑, 11 pt 네온, 강조색 1]을 클릭합니다.

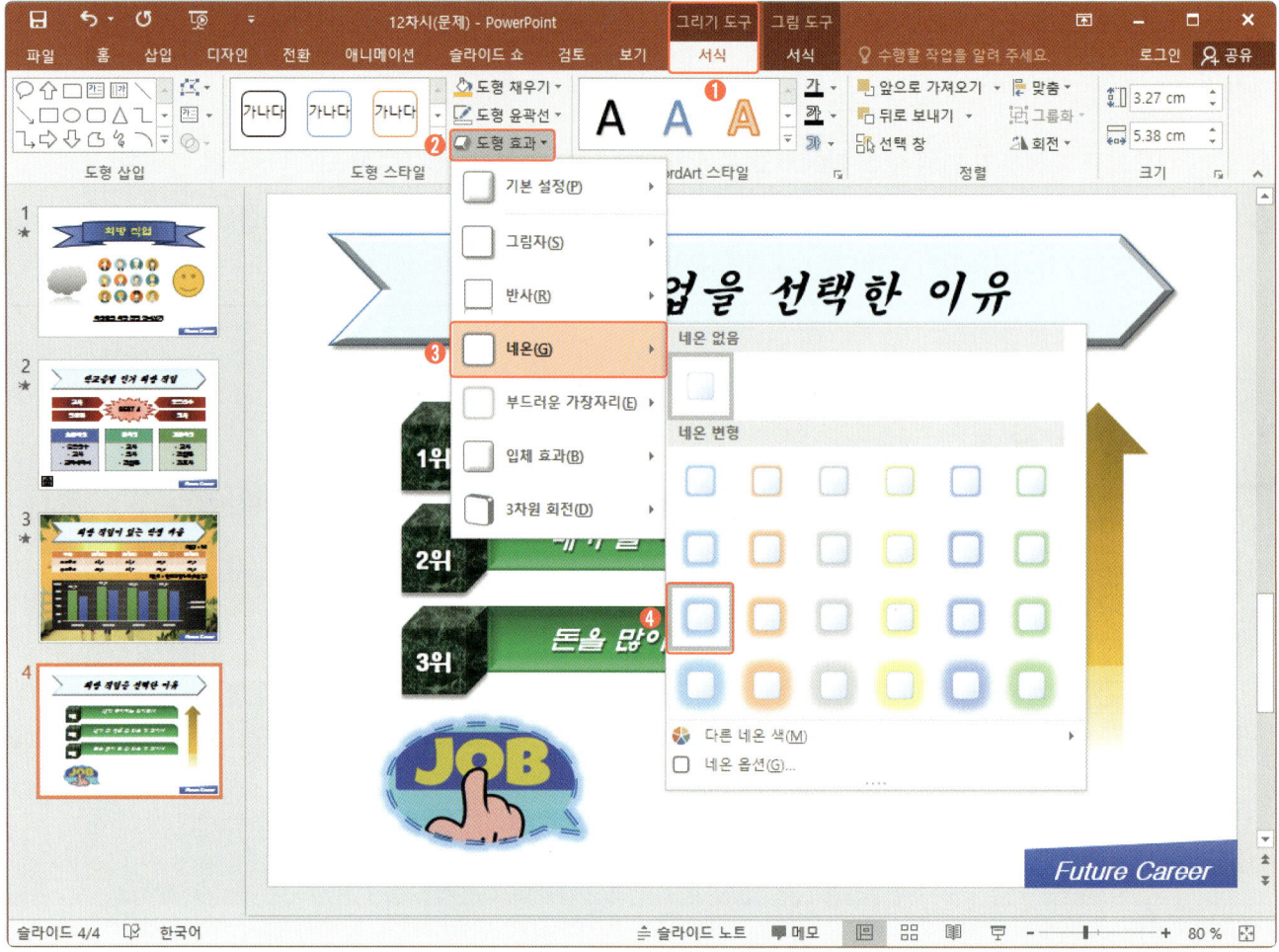

❽ 도형 효과가 적용된 것을 확인한 후 [빠른 실행 도구 모음]에서 [저장(🖫)]을 클릭하거나 Ctrl + S 를 눌러 파일을 저장합니다.

➕ 실제 시험에서는 작업하면서 수시로 저장하는 것이 좋습니다.

01 아래의 작성조건 및 출력형태에 알맞게 작업하시오.

소스파일: 12-01(문제).pptx, 슈퍼맨.jpg
완성파일: 12-01(완성).pptx

《출력형태》

《작성조건》

▶ 도형 1 ⇒ (이전 슬라이드에서 복제하여 텍스트 수정)
▶ 도형 2~4 ⇒ 기본 도형 : 평행 사변형, 도형 채우기(질감 : 월넛), 선 없음,
　　　　　　도형 효과(네온 – '황금색, 8 pt 네온, 강조색 4'),
　　　　　　글꼴(휴먼모음T, 20pt, 기울임꼴, 텍스트 그림자)
▶ 도형 5~7 ⇒ 순서도 : 데이터, 도형 채우기('주황, 강조 2, 50% 더 어둡게', 그라데이션 – 가운데에서),
　　　　　　선 없음, 도형 효과(그림자 – 원근감 – 대각선 오른쪽 위),
　　　　　　글꼴(휴먼모음T, 20pt, 기울임꼴, 텍스트 그림자)
▶ 도형 8 ⇒ 기본 도형 : 번개, 도형 채우기('황금색, 강조 4', 그라데이션 – 선형 위쪽),
　　　　　선 없음, 도형 효과(입체 효과 – 둥글게)
▶ 도형 9 ⇒ 기본 도형 : 눈물 방울, 도형 채우기(그림 또는 질감 채우기) 기능을 사용하여 '슈퍼맨' 삽입,
　　　　　도형 윤곽선(실선, 색 : 파랑, 너비 : 3pt, 겹선 종류 : 이중, 대시 종류 : 파선),
　　　　　도형 효과(네온 – '파랑, 11 pt 네온, 강조색 1')

02 아래의 작성조건 및 출력형태에 알맞게 작업하시오.

소스파일: 12-02(문제).pptx, 선물.jpg
완성파일: 12-02(완성).pptx

《출력형태》

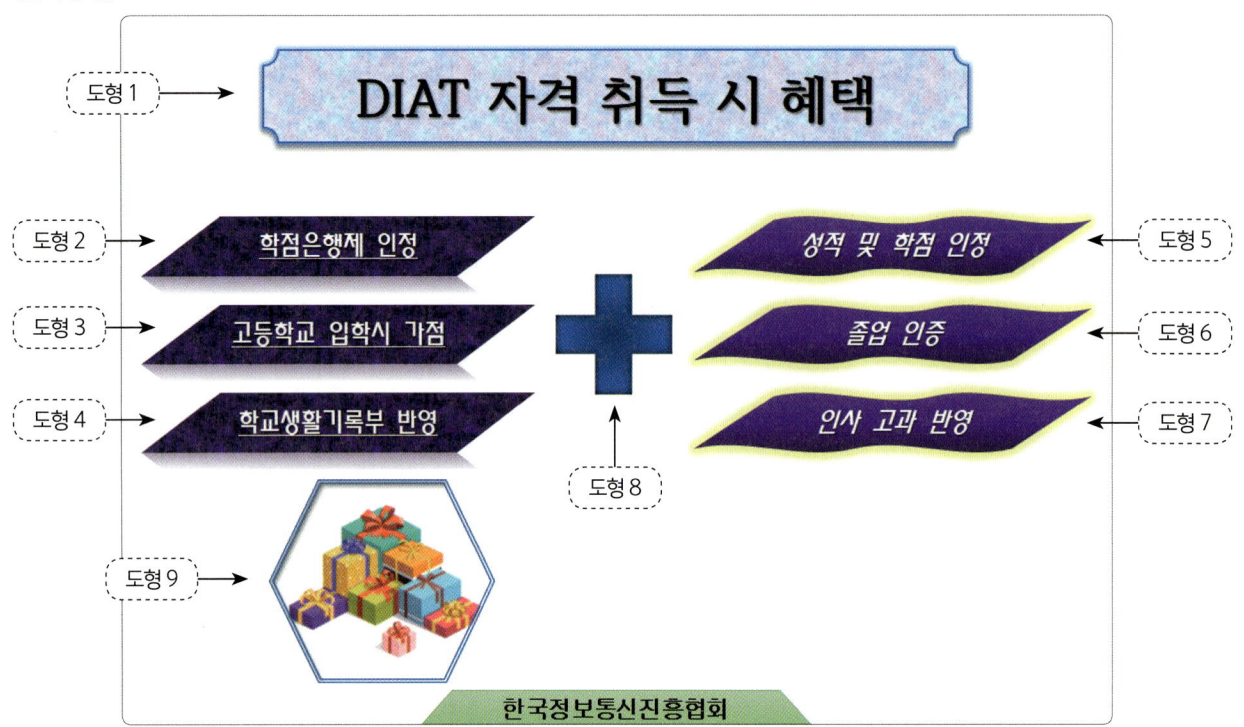

《작성조건》

▶ 도형 1 ⇒ (이전 슬라이드에서 복제하여 텍스트 수정)
▶ 도형 2~4 ⇒ 순서도 : 데이터, 도형 채우기(질감 : 자주 편물), 선 없음,
　　　　　　도형 효과(반사 – '근접 반사, 터치'), 글꼴(휴먼모음T, 20pt, 밑줄, 텍스트 그림자)
▶ 도형 5~7 ⇒ 별 및 현수막 : 이중 물결, 도형 채우기(자주, 그라데이션 – 선형 위쪽), 선 없음,
　　　　　　도형 효과(네온 – '황금색, 11 pt 네온, 강조색 4'),
　　　　　　글꼴(휴먼모음T, 20pt, 기울임꼴, 텍스트 그림자)
▶ 도형 8 ⇒ 수식 도형 : 덧셈 기호, 도형 채우기(파랑, 그라데이션 – 가운데에서), 선 없음,
　　　　　　도형 효과(그림자 – 안쪽 – 가운데)
▶ 도형 9 ⇒ 기본 도형 : 육각형, 도형 채우기(그림 또는 질감 채우기) 기능을 사용하여 '선물' 삽입,
　　　　　　도형 윤곽선(실선, 색 : 파랑, 너비 : 4pt, 겹선 종류 : 이중),
　　　　　　도형 효과(그림자 – 안쪽 – 대각선 왼쪽 위)

03 아래의 작성조건 및 출력형태에 알맞게 작업하시오.

소스파일: 12-03(문제).pptx, 위험.jpg
완성파일: 12-03(완성).pptx

《출력형태》

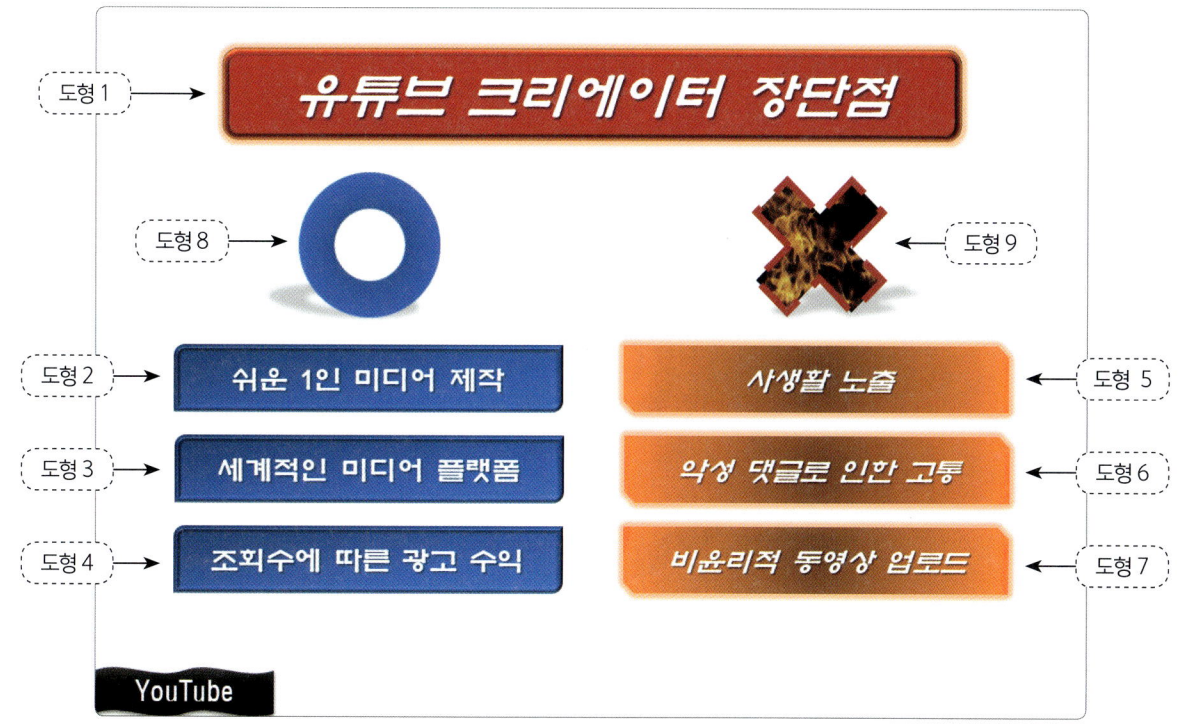

《작성조건》

▶ 도형 1 ⇒ (이전 슬라이드에서 복제하여 텍스트 수정)
▶ 도형 2~4 ⇒ 사각형 : 대각선 방향의 모서리가 둥근 사각형,
　　　　　　　도형 채우기(파랑, 그라데이션 - 선형 대각선 - 왼쪽 위에서 오른쪽 아래로), 선 없음,
　　　　　　　도형 효과(입체 효과 - 낮은 수준의 경사), 글꼴(휴먼옛체, 22pt, 텍스트 그림자)
▶ 도형 5~7 ⇒ 사각형 : 대각선 방향의 모서리가 잘린 사각형,
　　　　　　　도형 채우기('주황, 강조 2', 그라데이션 - 가운데에서),
　　　　　　　선 없음, 도형 효과(네온 - '주황, 8 pt 네온, 강조색 2'),
　　　　　　　글꼴(휴먼옛체, 22pt, 기울임꼴, 텍스트 그림자)
▶ 도형 8 ⇒ 기본 도형 : 도넛, 도형 채우기(파랑, 그라데이션 - 가운데에서), 선 없음,
　　　　　　도형 효과(그림자 - 원근감 - 대각선 왼쪽 위)
▶ 도형 9 ⇒ 수식 도형 : 곱셈 기호, 도형 채우기(그림 또는 질감 채우기) 기능을 사용하여 '위험' 삽입,
　　　　　　도형 윤곽선(실선, 색 : 진한 빨강, 너비 : 5pt, 겹선 종류 : 단순형, 대시 종류 : 긴 파선),
　　　　　　도형 효과(그림자 - 원근감 - 대각선 오른쪽 위)

04 아래의 작성조건 및 출력형태에 알맞게 작업하시오.

소스파일: 12-04(문제).pptx, 로봇.jpg
완성파일: 12-04(완성).pptx

《출력형태》

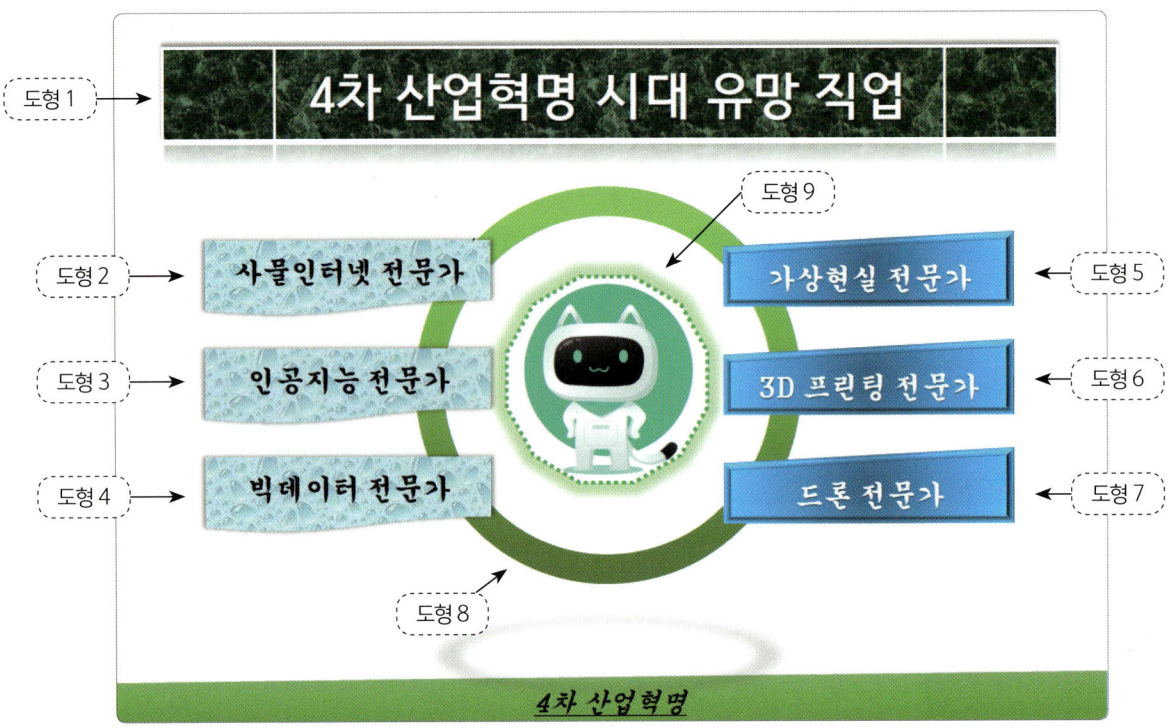

《작성조건》

▶ 도형 1 ⇒ (이전 슬라이드에서 복제하여 텍스트 수정)
▶ 도형 2~4 ⇒ 순서도 : 문서, 도형 채우기(질감 : 작은 물방울), 선 없음,
　　　　　　도형 효과(그림자 - 바깥쪽 - 오프셋 가운데), 글꼴(궁서, 22pt, 굵게, '검정, 텍스트 1')
▶ 도형 5~7 ⇒ 순서도 : 수동 입력, 도형 채우기(연한 파랑, 그라데이션 - 가운데에서), 선 없음,
　　　　　　도형 효과(입체 효과 - 볼록하게), 글꼴(궁서, 22pt, 굵게, 텍스트 그림자)
▶ 도형 8 ⇒ 기본 도형 : 도넛, 도형 채우기(연한 녹색, 그라데이션 - 선형 위쪽), 선 없음,
　　　　　　도형 효과(그림자 - 원근감 - 아래쪽)
▶ 도형 9 ⇒ 기본 도형 : 십이각형, 도형 채우기(그림 또는 질감 채우기) 기능을 사용하여 '로봇' 삽입,
　　　　　　도형 윤곽선(실선, 색 : 녹색, 너비 : 3pt, 겹선 종류 : 단순형, 대시 종류 : 둥근 점선),
　　　　　　도형 효과(네온 - '녹색, 18 pt 네온, 강조색 6')

출제유형 마스터하기 13

[슬라이드 4] WordArt

글꼴 서식만을 이용하여 텍스트를 꾸미면 예쁘게 만들기가 어렵습니다. 하지만 WordArt(워드아트)를 사용하면 클릭 몇 번만으로 마치 전문가가 그래픽 프로그램을 사용하여 꾸민 것처럼 매우 화려하게 만들 수 있습니다. [슬라이드 4]에는 WordArt를 삽입하여 WordArt 스타일과 글꼴을 지정하면 됩니다.

소스파일: 13차시(문제).pptx **완성파일:** 13차시(완성).pptx

문제 미리보기

《출력형태》

《작성조건》

(2) 본문

▶ 도형 2~4 ⇒ 기본 도형 : 정육면체, 도형 채우기(질감 : 녹색 대리석), 선 없음, 도형 효과(그림자 – 바깥쪽 – 오프셋 아래쪽), 글꼴(휴먼옛체, 20pt, 굵게, 텍스트 그림자)

▶ 도형 5~7 ⇒ 사각형 : 한쪽 모서리가 둥근 사각형, 도형 채우기(녹색, 그라데이션 – 선형 아래쪽), 선 없음, 도형 효과(입체 효과 – 부드럽게 둥글리기), 글꼴(휴먼옛체, 22pt, 기울임꼴, 텍스트 그림자)

▶ 도형 8 ⇒ 블록 화살표 : 위쪽 화살표, 도형 채우기(주황, 그라데이션 – 오른쪽 위 모서리에서), 선 없음, 도형 효과(반사 – '근접 반사, 터치')

▶ 도형 9 ⇒ 설명선 : 타원형 설명선, 도형 채우기(그림 또는 질감 채우기) 기능을 사용하여 그림 3 삽입, 도형 윤곽선(실선, 색 : 파랑, 너비 : 4pt, 겹선 종류 : 이중, 대시 종류 : 파선), 도형 효과(네온 – '파랑, 11 pt 네온, 강조색 1')

▶ WordArt 삽입(적성과 흥미로 선택하는 진로) ⇒ WordArt 스타일('채우기 – 흰색, 윤곽선 – 강조 2, 진한 그림자 – 강조 2'), 글꼴(궁서, 32pt, 굵게, 텍스트 그림자)

▶ 지시사항이 없는 부분은 《출력형태》와 동일하게 작성하시오.

과정 미리보기

WordArt 삽입 ➡ 텍스트 입력 ➡ 글꼴 지정 ➡ 위치 조정

01 WordArt 작성하기

▶ WordArt 삽입(적성과 흥미로 선택하는 진로) ⇒ WordArt 스타일('채우기 – 흰색, 윤곽선 – 강조 2, 진한 그림자 – 강조 2'), 글꼴(궁서, 32pt, 굵게, 텍스트 그림자)

❶ 파워포인트 2016 프로그램을 실행하여 [13차시] 폴더의 '13차시(문제).pptx' 파일을 열고 축소판 그림 창에서 '**슬라이드 4**'를 클릭합니다.

❷ WordArt를 삽입하기 위해 [**삽입**] 탭-[**텍스트**] 그룹-[**WordArt**]를 클릭하고 WordArt 갤러리에서 '**채우기 – 흰색, 윤곽선 – 강조 2, 진한 그림자 – 강조 2**'를 선택합니다.

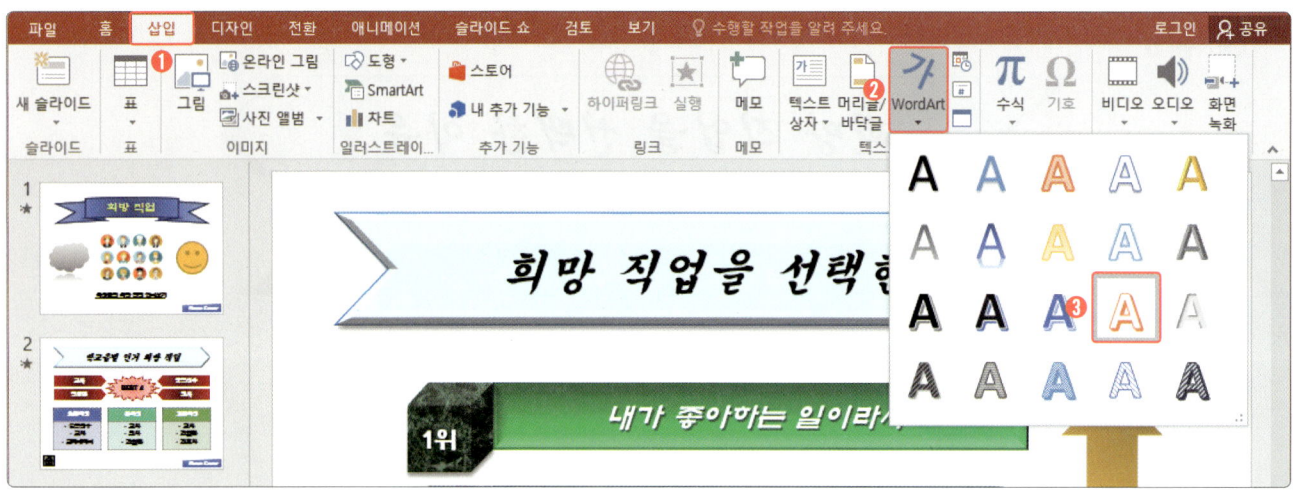

❸ '필요한 내용을 적으십시오'라는 문구가 블록으로 지정된 상태로 WordArt가 삽입되면 "**적성과 흥미로 선택하는 진로**"를 입력한 후 Esc 를 누릅니다.

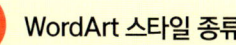
WordArt 스타일 종류

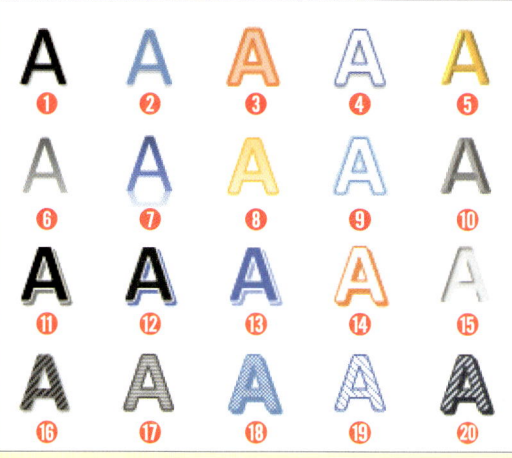

① 채우기 – 검정, 텍스트 1, 그림자
② 채우기 – 파랑, 강조 1, 그림자
③ 채우기 – 주황, 강조 2, 윤곽선 – 강조 2
④ 채우기 – 흰색, 윤곽선 – 강조 1, 그림자
⑤ 채우기 – 황금색, 강조 4, 부드러운 입체
⑥ 그라데이션 채우기 – 회색
⑦ 그라데이션 채우기 – 파랑, 강조 1, 반사
⑧ 그라데이션 채우기 – 황금색, 강조 4, 윤곽선 – 강조 4
⑨ 채우기 – 흰색, 윤곽선 – 강조 1, 네온 – 강조 1
⑩ 채우기 – 회색-50%, 강조 3, 선명한 입체
⑪ 채우기 – 검정, 텍스트 1, 윤곽선 – 배경 1, 진한 그림자 – 배경 1
⑫ 채우기 – 검정, 텍스트 1, 윤곽선 – 배경 1, 진한 그림자 – 강조 1
⑬ 채우기 – 파랑, 강조 1, 윤곽선 – 배경 1, 진한 그림자 – 강조 1
⑭ 채우기 – 흰색, 윤곽선 – 강조 2, 진한 그림자 – 강조 2
⑮ 채우기 – 회색-25%, 배경 2, 안쪽 그림자
⑯ 무늬 채우기 – 흰색, 텍스트 2, 어두운 상향 대각선, 그림자
⑰ 무늬 채우기 – 회색-50%, 강조 3, 좁은 가로선, 안쪽 그림자
⑱ 무늬 채우기 – 파랑, 강조 1, 50%, 진한 그림자 – 강조 1
⑲ 무늬 채우기 – 파랑, 강조 1, 연한 하향 대각선, 윤곽선 – 강조 1
⑳ 무늬 채우기 – 청회색, 텍스트 2, 어두운 상향 대각선, 진한 그림자 – 텍스트 2

❹ WordArt의 테두리를 드래그하여 《출력형태》와 비슷하게 위치를 조정합니다.

글꼴 크기를 조정하면 위쪽 가운데를 중심으로 위치가 변경되기 때문에 적당히 위치를 조정하면 됩니다.

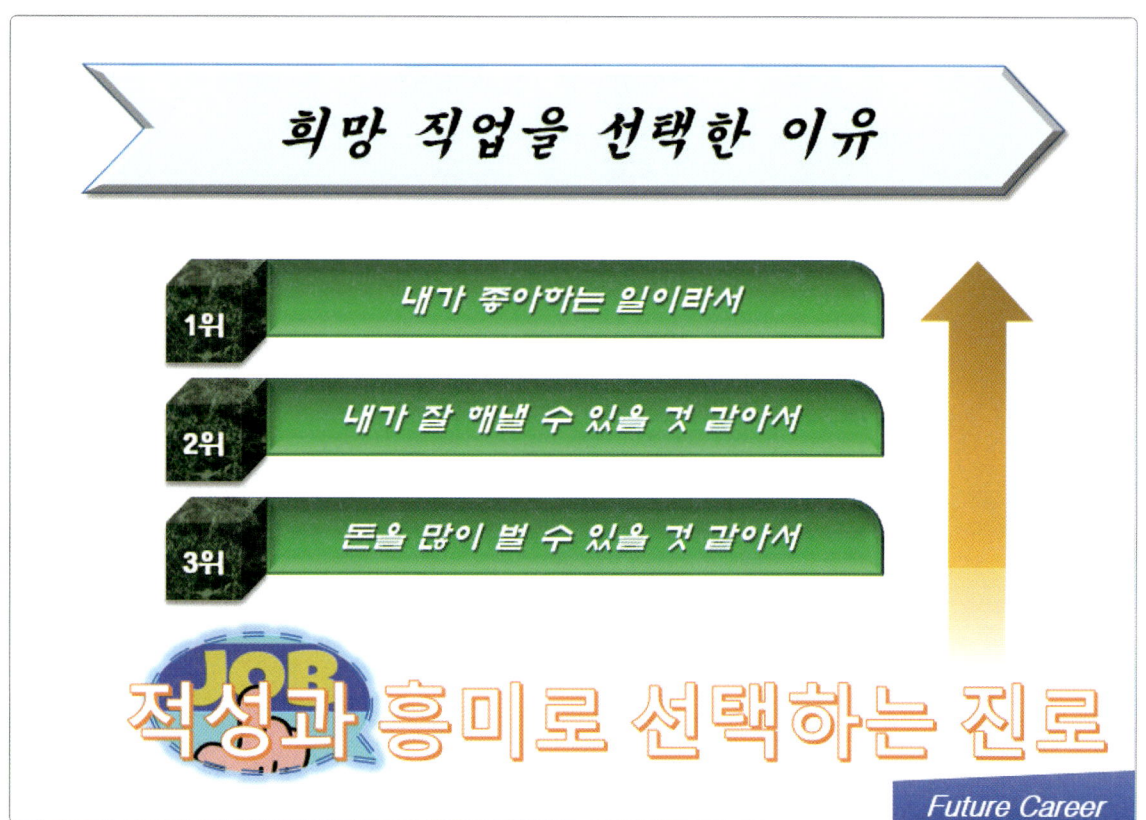

❺ [홈] 탭-[글꼴] 그룹에서 글꼴 '궁서', 글꼴 크기 '32pt', '굵게', '텍스트 그림자'를 지정한 후 《출력형태》와 동일하게 위치를 조정합니다.

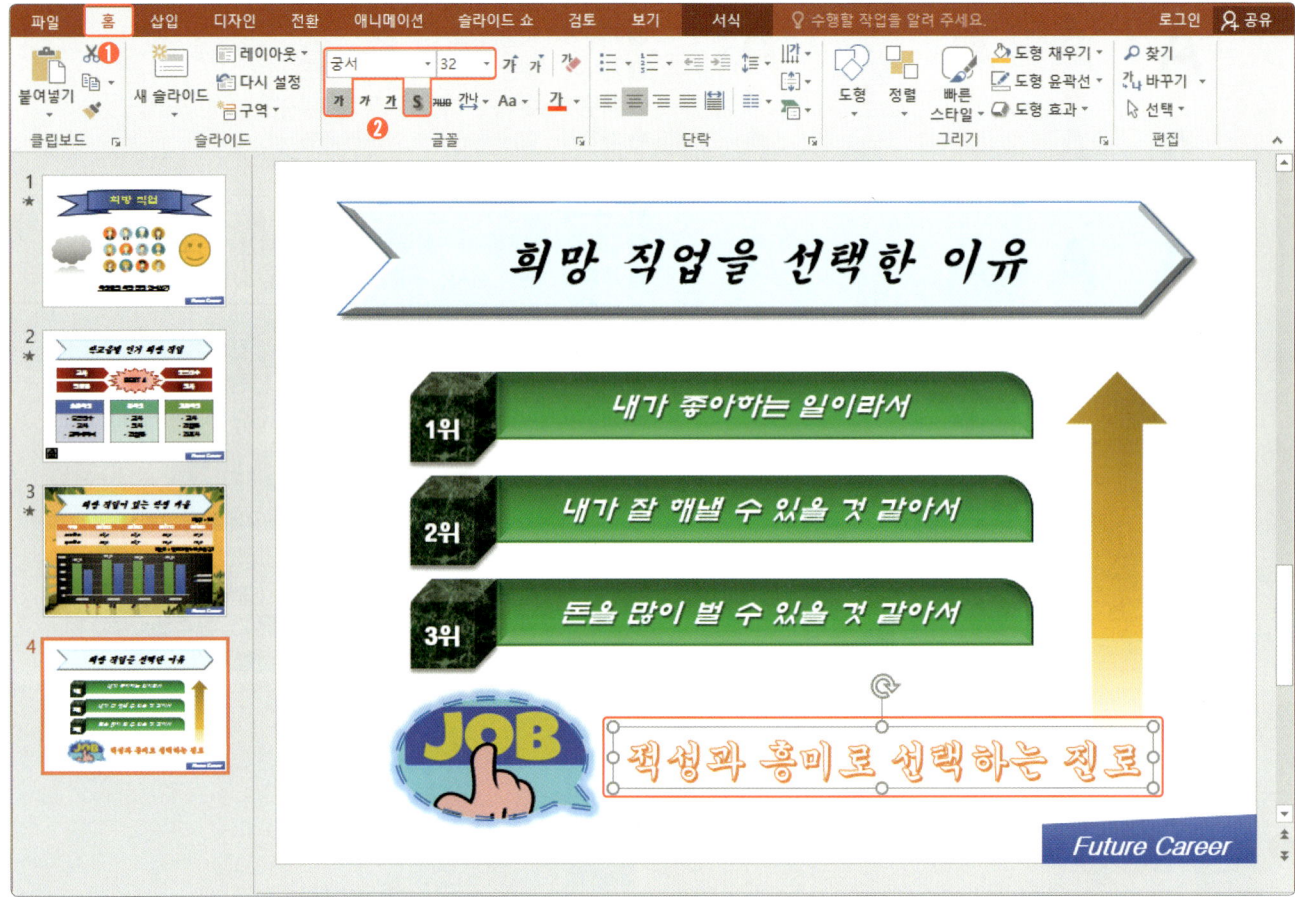

❻ 글꼴 서식이 지정된 것을 확인한 후 [빠른 실행 도구 모음]에서 [저장(🖫)]을 클릭하거나 Ctrl + S 를 눌러 파일을 저장합니다.

➕ 실제 시험에서는 모든 작업이 완료되면 답안파일을 전송하기 전에 최종 저장을 꼭 해야 됩니다.

01 아래의 작성조건 및 출력형태에 알맞게 작업하시오.

소스파일: 13-01(문제).pptx
완성파일: 13-01(완성).pptx

《출력형태》

《작성조건》

▶ WordArt 삽입(꾸준한 업그레이드로 사랑받는 파워포인트!)
　⇒ WordArt 스타일('채우기 - 파랑, 강조 1, 그림자'), 글꼴(휴먼모음T, 40pt, 기울임꼴, 텍스트 그림자)

02 아래의 작성조건 및 출력형태에 알맞게 작업하시오.

소스파일: 13-02(문제).pptx
완성파일: 13-02(완성).pptx

《출력형태》

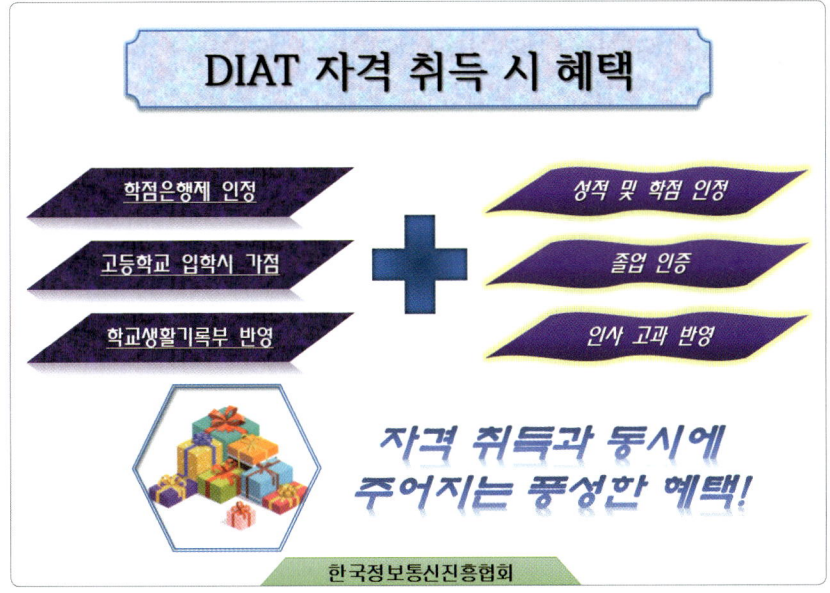

《작성조건》

▶ WordArt 삽입(자격 취득과 동시에 주어지는 풍성한 혜택!)
　⇒ WordArt 스타일('그라데이션 채우기 - 파랑, 강조 1, 반사'), 글꼴(휴먼옛체, 38pt, 굵게, 기울임꼴)

03 아래의 작성조건 및 출력형태에 알맞게 작업하시오.

소스파일: 13-03(문제).pptx
완성파일: 13-03(완성).pptx

《출력형태》

《작성조건》

▶ WordArt 삽입(무한한 가능성과 어두운 면이 공존함)
  ⇒ WordArt 스타일('채우기 – 검정, 텍스트 1, 윤곽선 – 배경 1, 진한 그림자 – 강조 1'),
    글꼴(휴먼모음T, 36pt, 굵게, 기울임꼴, 텍스트 그림자)

04 아래의 작성조건 및 출력형태에 알맞게 작업하시오.

소스파일: 13-04(문제).pptx
완성파일: 13-04(완성).pptx

《출력형태》

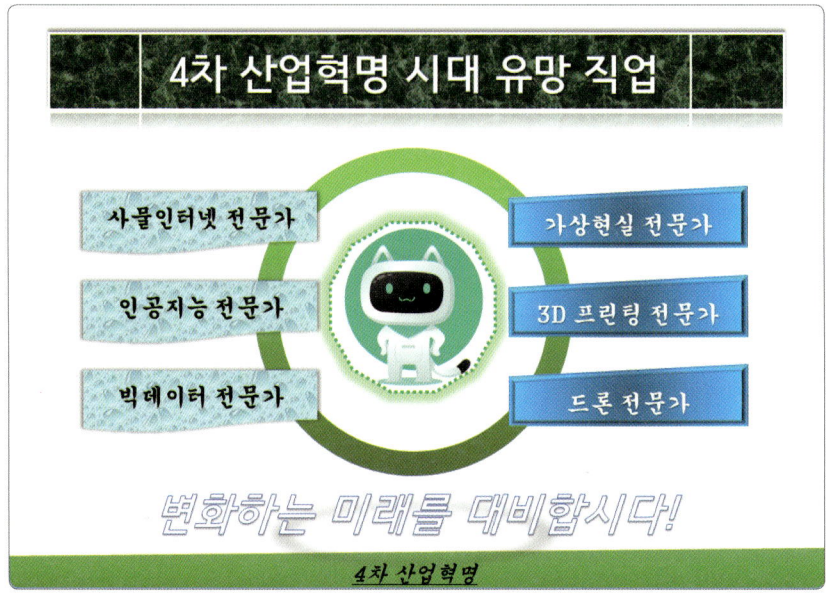

《작성조건》

▶ WordArt 삽입(변화하는 미래를 대비합시다!)
  ⇒ WordArt 스타일('채우기 – 흰색, 윤곽선 – 강조 1, 그림자'),
    글꼴(함초롬돋움, 40pt, 굵게, 기울임꼴, 텍스트 그림자)

MS Office 2016 버전용

제01회 KAIT 공개 샘플 문제

▸ 시험과목 : 프리젠테이션(파워포인트)
▸ 시험일자 : 20XX. XX. XX.(X)
▸ 응시자 기재사항 및 감독위원 확인

수 검 번 호	DIP - 2100 -	감독위원확인
성 명		

응시자 유의사항

1. 응시자는 신분증을 지참하여야 시험에 응시할 수 있으며, 시험이 종료될 때까지 신분증을 제시하지 못할 경우 해당 시험은 0점 처리됩니다.
2. 시스템(PC 작동 여부, 네트워크 상태 등)의 이상 여부를 반드시 확인하여야 하며, 시스템 이상이 있을시 감독위원에게 조치를 받으셔야 합니다.
3. 시험 중 부주의 또는 고의로 시스템을 파손한 경우는 응시자 부담으로 합니다.
4. 답안 전송 프로그램을 통해 다운로드 받은 파일을 이용하여 답안 파일을 작성하시기 바랍니다.
5. 작성한 답안 파일은 답안 전송 프로그램을 통하여 전송됩니다. 감독위원의 지시에 따라 주시기 바랍니다.
6. 다음 사항의 경우 실격(0점) 혹은 부정행위 처리됩니다.
   ❶ 답안 파일을 저장하지 않았거나, 저장한 파일이 손상되었을 경우
   ❷ 답안 파일을 지정된 폴더(바탕화면 "KAIT" 폴더)에 저장하지 않았을 경우
      ※ 답안 전송 프로그램 로그인 시 바탕화면에 자동 생성됨
   ❸ 답안 파일을 다른 보조기억장치(USB) 혹은 네트워크(메신저, 게시판 등)로 전송할 경우
   ❹ 휴대용 전화기 등 통신기기를 사용할 경우
7. 슬라이드는 반드시 순서대로 작성해야 하며, 순서가 다를 경우 "0"점 처리됩니다.
8. 시험지에 제시된 글꼴이 응시 프로그램에 없는 경우, 반드시 감독위원에게 해당 내용을 통보한 뒤 조치를 받아야 합니다.
9. 슬라이드 작성 시 도형의 그룹 설정을 사용하는 경우, 채점에서 감점 처리됩니다.
10. 시험의 완료는 작성이 완료된 답안을 저장하고, 답안 전송이 완료된 상태를 확인한 것으로 합니다. 답안 전송 확인 후 문제지는 감독위원에게 제출한 후 퇴실하여야 합니다.
11. 답안 전송이 완료된 경우에는 수정 또는 정정이 불가능합니다.
12. 시험 시행 후 합격자 발표는 홈페이지(www.ihd.or.kr)에서 확인하시기 바랍니다.
    ❶ 문제 및 모범답안 공개 : 20XX. XX. XX.(X)
    ❷ 합격자 발표 : 20XX. XX. XX.(X)

디지털정보활용능력 : 프리젠테이션(파워포인트)   [시험시간: 40분]

<유의사항>
- 《작성조건》을 준수하여 반드시 프리젠테이션 슬라이드로 작업합니다.
- 글꼴 및 기타 사항에 대해 별도의 지시사항이 없는 경우, 슬라이드 크기와 전체적인 균형을 고려하여 임의로 작성하되, 도형은 그룹으로 설정하지 않습니다.
- 모든 슬라이드 크기(A4), 방향(가로), 디자인 테마(Office 테마)로 지정합니다.
  ▶ 슬라이드 크기, 방향 조정 시 '맞춤 확인'으로 지정하여야 합니다.
- 공통적용사항(슬라이드 마스터)
  ▶ 도형 ⇒ 기본 도형 : 십자형, 도형 스타일('미세 효과 – 파랑, 강조 5'), 글꼴(돋움, 18pt, 굵게, 기울임꼴)
- 그림 삽입 시 다운로드 한 그림 파일을 반드시 사용하여야 합니다.
- ┊┈┈┊→ 은 지시사항이므로 작성하지 않습니다.
- 슬라이드에 제시된 글자 및 숫자 오타는 감점 처리됩니다.

【슬라이드 1】 아래의 작성조건 및 출력형태에 알맞게 첫 번째 슬라이드에 작업하시오. (30점)

《출력형태》

《작성조건》
▶ 도형 1 ⇒ 순서도 : 천공 테이프, 도형 채우기(그라데이션 : 미리 설정 – '가운데 그라데이션 – 강조 1', 종류 – 선형, 방향 – 선형 왼쪽), 도형 윤곽선(실선, 색 : 노랑, 너비 : 1pt, 겹선 종류 : 단순형), 도형 효과(입체 효과 – 비스듬하게), 글꼴(굴림, 40pt, 굵게, 텍스트 그림자, 노랑)
▶ 도형 2 ⇒ 블록 화살표 : 갈매기형 수장, 도형 채우기(연한 파랑, 그라데이션 – 가운데에서), 선 없음, 도형 효과(그림자 – 안쪽 아래쪽, 반사 – '1/2 반사, 8 pt 오프셋')
▶ 도형 3 ⇒ 기본 도형 : 이등변 삼각형, 도형 스타일('색 채우기 – 주황, 강조 2')
▶ 그림 삽입 ⇒ 그림 1 삽입, 크기(높이 : 7cm, 너비 : 11cm)
▶ 텍스트 상자(주도하는 차세대 산업혁명) ⇒ 글꼴(돋움, 24pt, 굵게, 기울임꼴, 밑줄)
▶ 애니메이션 지정 ⇒ 도형 1 : 나타내기 – 올라오기
▶ 지시사항이 없는 부분은 《출력형태》와 동일하게 작성하시오.

디지털정보활용능력 : 프리젠테이션(파워포인트)

[시험시간: 40분]

【슬라이드 2】 아래의 작성조건 및 출력형태에 알맞게 두 번째 슬라이드에 작업하시오. (50점)

《출력형태》

《작성조건》

(1) 제목
▶ 도형 1 ⇒ 기본 도형 : 배지, 도형 채우기('주황, 강조 2, 80% 더 밝게'), 도형 윤곽선(실선, 색 : 주황, 너비 : 3pt, 겹선 종류 : 단순형), 도형 효과(입체 효과 – 아트 데코), 글꼴(궁서, 36pt, 굵게, 기울임꼴, '검정, 텍스트 1')

(2) 본문
▶ 도형 2 ⇒ 기본 도형 : 다이아몬드, 도형 채우기(주황, 그라데이션 – 가운데에서), 도형 윤곽선(실선, 색 : '주황, 강조 2', 너비 : 4pt, 겹선 종류 : 이중), 글꼴(굴림, 18pt, 굵게, '검정, 텍스트 1')
▶ 도형 3~6 ⇒ 블록 화살표 : 오각형, 도형 채우기(주황, 그라데이션 – 선형 위쪽), 선 없음, 도형 효과(반사 – '근접 반사, 터치', 입체 효과 – 둥글게), 글꼴(굴림, 18pt, 굵게, '검정, 텍스트 1')
▶ 실행 단추 ⇒ 실행 단추 : 홈, 하이퍼링크 : 첫째 슬라이드, 도형 스타일('미세 효과 – 주황, 강조 2')
▶ SmartArt 삽입 ⇒ 프로세스형 : 기본 갈매기형 수장 프로세스형, 글꼴(궁서, 18pt, 굵게, 가운데 맞춤), SmartArt 스타일(색 변경 – '색상형 – 강조색', 3차원 – 광택 처리), (반드시 SmartArt 기능을 이용하여 작성할 것)
▶ 애니메이션 지정 ⇒ SmartArt : 나타내기 – 실선 무늬
▶ 지시사항이 없는 부분은 《출력형태》와 동일하게 작성하시오.

디지털정보활용능력 : 프리젠테이션(파워포인트) [시험시간: 40분] 3/4

【슬라이드 3】 아래의 작성조건 및 출력형태에 알맞게 세 번째 슬라이드에 작업하시오. (60점)

《출력형태》

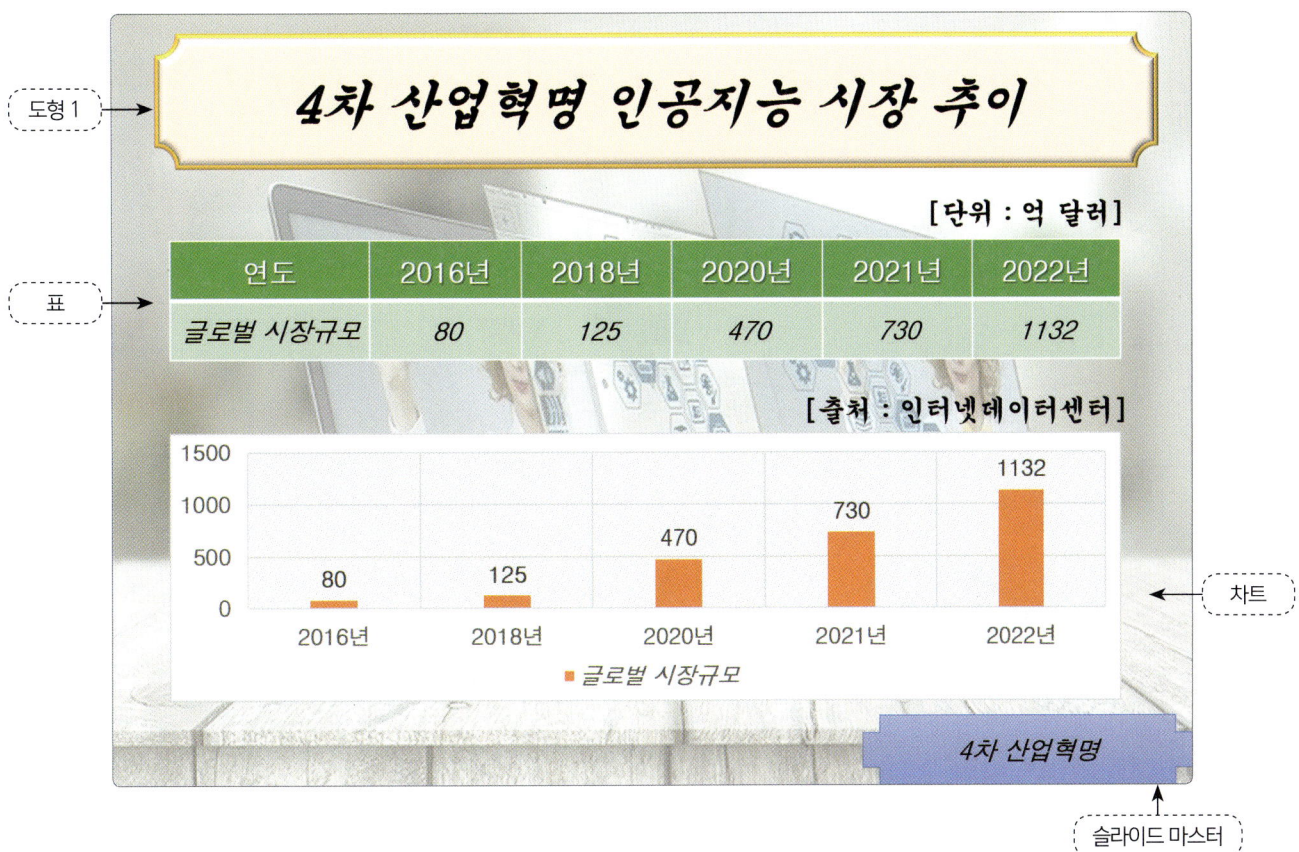

《작성조건》

(1) 제목
- 도형 1 ⇒ 기본 도형 : 배지, 도형 채우기('주황, 강조 2, 80% 더 밝게'), 도형 윤곽선(실선, 색 : 주황, 너비 : 3pt, 겹선 종류 : 단순형), 도형 효과(입체 효과 – 아트 데코), 글꼴(궁서, 36pt, 굵게, 기울임꼴, '검정, 텍스트 1')

(2) 본문
- 텍스트 상자 1([단위 : 억 달러]) ⇒ 글꼴(궁서, 20pt, 굵게)
- 표 ⇒ 표 스타일(보통 스타일 2 – 강조 6), 가장 위의 행 : 글꼴(돋움, 20pt, 굵게, 텍스트 그림자, 가운데 맞춤), 나머지 행 : 글꼴(돋움, 18pt, 굵게, 기울임꼴, 가운데 맞춤)
- 텍스트 상자 2([출처 : 인터넷데이터센터]) ⇒ 글꼴(궁서, 20pt, 굵게)
- 차트 ⇒ 세로 막대형 : 묶은 세로 막대형, 차트 스타일(색 변경 – '색상형 – 색 3', 스타일 8), 축 서식/데이터 레이블 서식 : 글꼴(돋움, 16pt, 굵게), 범례 서식 : 글꼴(돋움, 16pt, 굵게, 기울임꼴), 데이터는 표 참고
- 배경 ⇒ 배경 서식(채우기 – 그림 또는 질감 채우기)에서 그림 2 삽입(현재 슬라이드만 적용)
- 애니메이션 지정 ⇒ 차트 : 나타내기 – 나누기
- 지시사항이 없는 부분은 《출력형태》와 동일하게 작성하시오.

디지털정보활용능력 : 프리젠테이션(파워포인트) [시험시간: 40분] 4/4

【슬라이드 4】 아래의 작성조건 및 출력형태에 알맞게 네 번째 슬라이드에 작업하시오. (60점)

《출력형태》

《작성조건》

(1) 제목
▶ 도형 1 ⇒ 기본 도형 : 배지, 도형 채우기('주황, 강조 2, 80% 더 밝게'), 도형 윤곽선(실선, 색 : 주황, 너비 : 3pt, 겹선 종류 : 단순형), 도형 효과(입체 효과 – 아트 데코), 글꼴(궁서, 36pt, 굵게, 기울임꼴, '검정, 텍스트 1')

(2) 본문
▶ 도형 2~4 ⇒ 순서도 : 다른 페이지 연결선, 도형 채우기(질감 : 재생지), 선 없음, 도형 효과(입체 효과 – 둥글게), 글꼴(굴림체, 18pt, 굵게, '검정, 텍스트 1')
▶ 도형 5~7 ⇒ 기본 도형 : 모서리가 접힌 도형, 도형 채우기(녹색, 그라데이션 – 선형 아래쪽), 선 없음, 도형 효과(그림자 – 원근감 대각선 오른쪽 위), 글꼴(궁서, 18pt, 굵게, 기울임꼴, 진한 빨강)
▶ 도형 8 ⇒ 수식 도형 : 부등호, 도형 채우기(파랑, 강조 1, 그라데이션 – 선형 아래쪽), 선 없음, 도형 효과(반사 – '1/2 반사, 8 pt 오프셋')
▶ 도형 9 ⇒ 기본 도형 : 칠각형, 도형 채우기(그림 또는 질감 채우기) 기능을 사용하여 그림 3 삽입, 도형 윤곽선(실선, 색 : 주황, 너비 : 2pt, 겹선 종류 : 단순형, 대시 종류 : 사각 점선), 도형 효과(그림자 – 원근감 대각선 오른쪽 위)
▶ WordArt 삽입(존재하지 않는 현실을 인지할 수 있게 하는 기술) ⇒ WordArt 스타일('채우기 – 흰색, 윤곽선 – 강조 1, 그림자'), 글꼴(궁서, 28pt, 텍스트 그림자)
▶ 지시사항이 없는 부분은《출력형태》와 동일하게 작성하시오.

MS Office 2016 버전용

제02회 KAIT 공개 샘플 문제

▷ 시험과목 : 프리젠테이션(파워포인트)
▷ 시험일자 : 20XX. XX. XX.(X)
▷ 응시자 기재사항 및 감독위원 확인

수 검 번 호	DIP - 2100 -	감독위원확인
성 명		

응시자 유의사항

1. 응시자는 신분증을 지참하여야 시험에 응시할 수 있으며, 시험이 종료될 때까지 신분증을 제시하지 못할 경우 해당 시험은 0점 처리됩니다.
2. 시스템(PC 작동 여부, 네트워크 상태 등)의 이상 여부를 반드시 확인하여야 하며, 시스템 이상이 있을시 감독위원에게 조치를 받으셔야 합니다.
3. 시험 중 부주의 또는 고의로 시스템을 파손한 경우는 응시자 부담으로 합니다.
4. 답안 전송 프로그램을 통해 다운로드 받은 파일을 이용하여 답안 파일을 작성하시기 바랍니다.
5. 작성한 답안 파일은 답안 전송 프로그램을 통하여 전송됩니다. 감독위원의 지시에 따라 주시기 바랍니다.
6. 다음 사항의 경우 실격(0점) 혹은 부정행위 처리됩니다.
   ① 답안 파일을 저장하지 않았거나, 저장한 파일이 손상되었을 경우
   ② 답안 파일을 지정된 폴더(바탕화면 "KAIT" 폴더)에 저장하지 않았을 경우
      ※ 답안 전송 프로그램 로그인 시 바탕화면에 자동 생성됨
   ③ 답안 파일을 다른 보조기억장치(USB) 혹은 네트워크(메신저, 게시판 등)로 전송할 경우
   ④ 휴대용 전화기 등 통신기기를 사용할 경우
7. 슬라이드는 반드시 순서대로 작성해야 하며, 순서가 다를 경우 "0"점 처리됩니다.
8. 시험지에 제시된 글꼴이 응시 프로그램에 없는 경우, 반드시 감독위원에게 해당 내용을 통보한 뒤 조치를 받아야 합니다.
9. 슬라이드 작성 시 도형의 그룹 설정을 사용하는 경우, 채점에서 감점 처리됩니다.
10. 시험의 완료는 작성이 완료된 답안을 저장하고, 답안 전송이 완료된 상태를 확인한 것으로 합니다. 답안 전송 확인 후 문제지는 감독위원에게 제출한 후 퇴실하여야 합니다.
11. 답안 전송이 완료된 경우에는 수정 또는 정정이 불가능합니다.
12. 시험 시행 후 합격자 발표는 홈페이지(www.ihd.or.kr)에서 확인하시기 바랍니다.
    ① 문제 및 모범답안 공개 : 20XX. XX. XX.(X)
    ② 합격자 발표 : 20XX. XX. XX.(X)

디지털정보활용능력 : 프리젠테이션(파워포인트) [시험시간: 40분]

<유의사항>
- 《작성조건》을 준수하여 반드시 프리젠테이션 슬라이드로 작업합니다.
- 글꼴 및 기타 사항에 대해 별도의 지시사항이 없는 경우, 슬라이드 크기와 전체적인 균형을 고려하여 임의로 작성하되, 도형은 그룹으로 설정하지 않습니다.
- 모든 슬라이드 크기(A4), 방향(가로), 디자인 테마(Office 테마)로 지정합니다.
  ▶ 슬라이드 크기, 방향 조정 시 '맞춤 확인'으로 지정하여야 합니다.
- 공통적용사항(슬라이드 마스터)
  ▶ 도형 ⇒ 사각형 : 양쪽 모서리가 잘린 사각형, 도형 스타일('미세 효과 – 주황, 강조 2'), 글꼴(돋움, 18pt, 굵게)
- 그림 삽입 시 다운로드 한 그림 파일을 반드시 사용하여야 합니다.
- ┆┈┈┆→ 은 지시사항이므로 작성하지 않습니다.
- 슬라이드에 제시된 글자 및 숫자 오타는 감점 처리됩니다.

【슬라이드 1】 아래의 작성조건 및 출력형태에 알맞게 첫 번째 슬라이드에 작업하시오. (30점)

《출력형태》

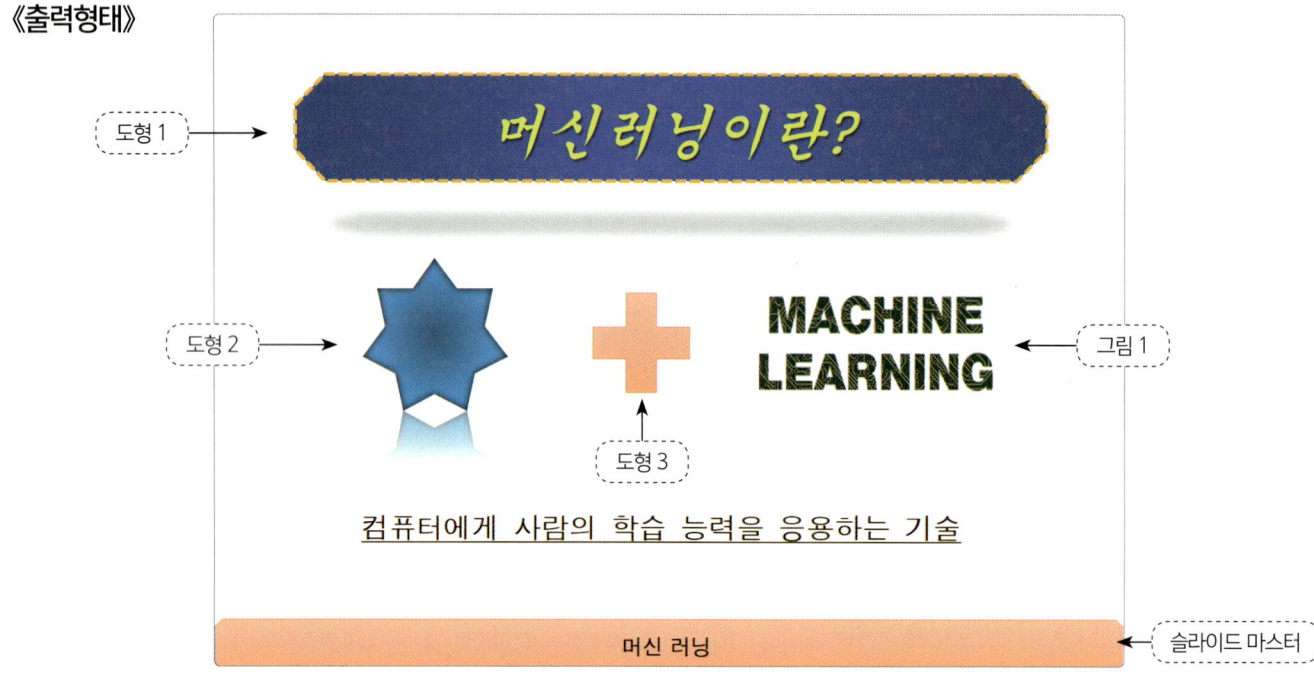

《작성조건》
▶ 도형 1 ⇒ 기본 도형 : 팔각형, 도형 채우기(그라데이션 : 미리 설정 – '방사형 그라데이션 – 강조 5', 종류 : 방사형, 방향 – 가운데에서), 도형 윤곽선(실선, 색 : 주황, 너비 : 3pt, 겹선 종류 : 단순형, 대시 종류 : 사각 점선), 도형 효과(그림자 – 원근감 – 아래쪽), 글꼴(궁서체, 48pt, 기울임, 텍스트 그림자, 노랑)
▶ 도형 2 ⇒ 별 및 현수막 : 포인트가 7개인 별, 도형 채우기(연한 파랑, 그라데이션 – 가운데에서), 선 없음, 도형 효과(그림자 – 안쪽 가운데, 반사 – '근접 반사, 터치')
▶ 도형 3 ⇒ 수식 도형 : 덧셈 기호, 도형 스타일('미세 효과 – 주황, 강조 2')
▶ 그림 삽입 ⇒ 그림 1삽입, 크기(높이 : 4cm, 너비 : 7cm)
▶ 텍스트 상자(컴퓨터에게 사람의 학습 능력을 응용하는 기술) ⇒ 글꼴(돋움체, 24pt, 굵게, 밑줄)
▶ 애니메이션 지정 ⇒ 그림 1 : 나타내기 – 도형
▶ 지시사항이 없는 부분은 《출력형태》와 동일하게 작성하시오.

디지털정보활용능력 : 프리젠테이션(파워포인트) [시험시간: 40분] 2/4

【슬라이드 2】 아래의 작성조건 및 출력형태에 알맞게 두 번째 슬라이드에 작업하시오. (50점)

《출력형태》

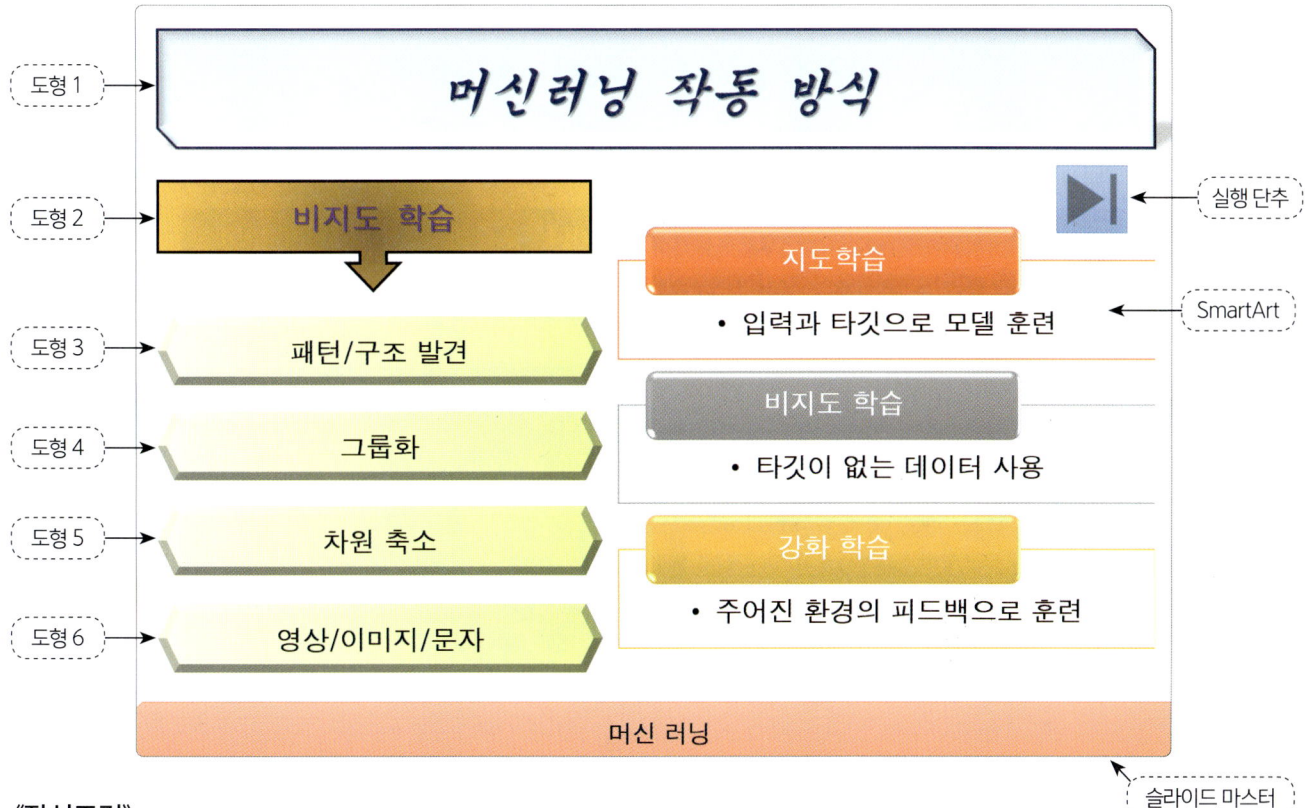

《작성조건》

(1) 제목
▶ 도형 1 ⇒ 사각형 : 대각선 방향의 모서리가 잘린 사각형, 도형 채우기('파랑, 강조 1, 80% 더 밝게'), 도형 윤곽선(실선, 색 : 진한 파랑, 너비 : 2pt, 겹선 종류 : 단순형), 도형 효과(그림자 - 원근감 대각선 오른쪽 위, 입체 효과 - 부드럽게 둥글리기), 글꼴(궁서체, 36pt, 기울임꼴, 텍스트 그림자, 진한 파랑)

(2) 본문
▶ 도형 2 ⇒ 블록 화살표 : 아래쪽 화살표 설명선, 도형 채우기('황금색, 강조 4', 그라데이션 - 가운데에서), 도형 윤곽선(실선, 색 : '검정, 텍스트 1', 너비 : 2pt, 겹선 종류 : 단순형), 글꼴(돋움체, 22pt, 굵게, 텍스트 그림자, 자주)
▶ 도형 3~6 ⇒ 기본 도형 : 육각형, 도형 채우기(노랑, 그라데이션 - 선형 왼쪽), 선 없음, 도형 효과(입체 효과 - 각지게), 글꼴(돋움, 20pt, 굵게, '검정, 텍스트 1')
▶ 실행 단추 ⇒ 실행 단추 : 끝, 하이퍼링크 : 마지막 슬라이드, 도형 스타일('미세 효과 - 파랑, 강조 1')
▶ SmartArt 삽입 ⇒ 목록형 : 세로 상자 목록형, 글꼴(돋움, 20pt, 굵게, 가운데 맞춤), SmartArt 스타일(색 변경 - '색상형 - 강조색', 3차원 - 광택 처리), (반드시 SmartArt 기능을 이용하여 작성할 것)
▶ 애니메이션 지정 ⇒ SmartArt : 나타내기 - 나누기
▶ 지시사항이 없는 부분은《출력형태》와 동일하게 작성하시오.

디지털정보활용능력 : 프리젠테이션(파워포인트)

[시험시간: 40분] 3/4

【슬라이드 3】 아래의 작성조건 및 출력형태에 알맞게 세 번째 슬라이드에 작업하시오. (60점)

《출력형태》

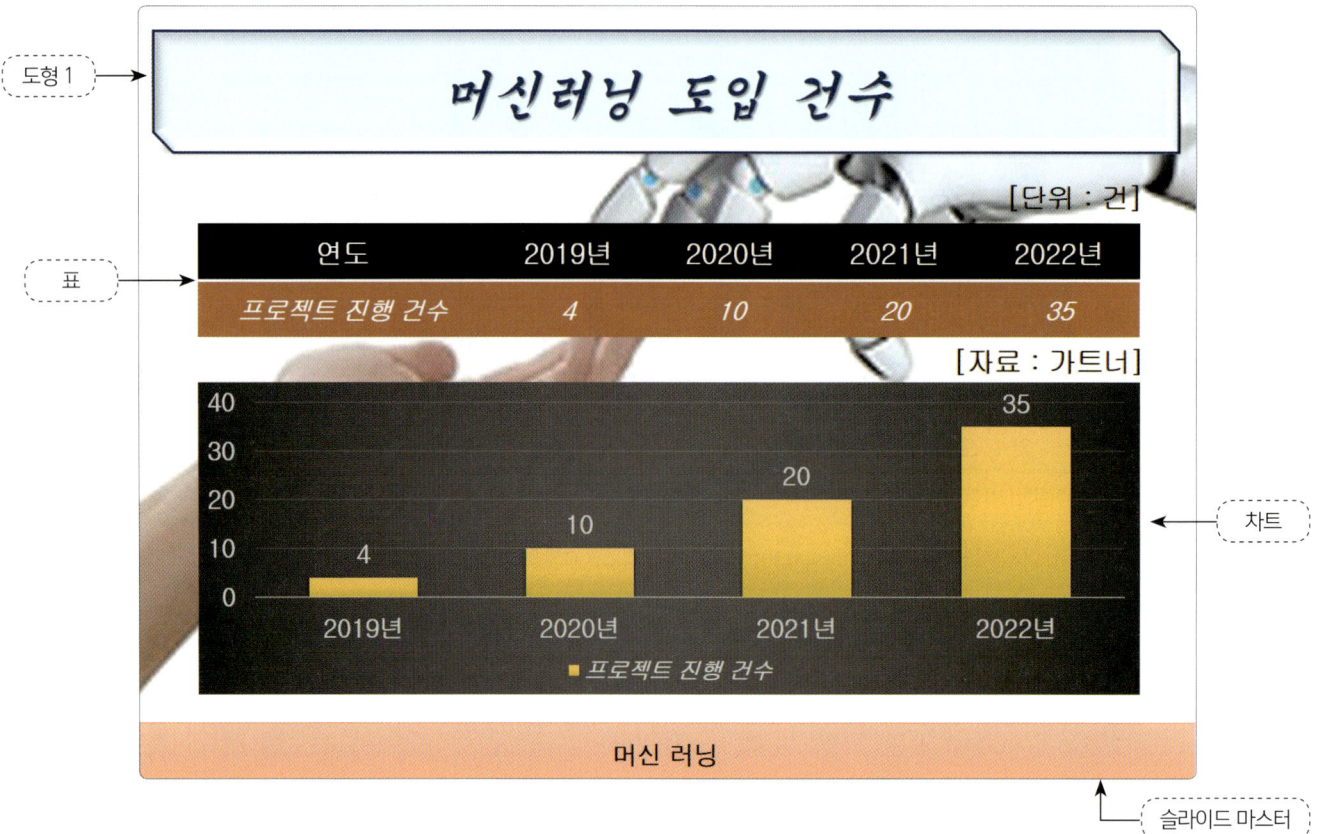

《작성조건》

(1) 제목
▶ 도형 1 ⇒ 사각형 : 대각선 방향의 모서리가 잘린 사각형, 도형 채우기('파랑, 강조 1, 80% 더 밝게'), 도형 윤곽선(실선, 색 : 진한 파랑, 너비 : 2pt, 겹선 종류 : 단순형), 도형 효과(그림자 – 원근감 대각선 오른쪽 위, 입체 효과 – 부드럽게 둥글리기), 글꼴(궁서체, 36pt, 기울임꼴, 텍스트 그림자, 진한 파랑)

(2) 본문
▶ 텍스트 상자 1([단위 : 건]) ⇒ 글꼴(굴림, 20pt, 굵게)
▶ 표 ⇒ 표 스타일(어두운 스타일 1 – 강조 2), 가장 위의 행 : 글꼴(굴림, 20pt, 굵게, 텍스트 그림자, 가운데 맞춤), 나머지 행 : 글꼴(굴림, 18pt, 굵게, 기울임꼴, 가운데 맞춤)
▶ 텍스트 상자 2([자료 : 가트너]) ⇒ 글꼴(굴림, 20pt, 굵게)
▶ 차트 ⇒ 세로 막대형 : 묶은 세로 막대형, 차트 스타일(색 변경 – '단색형 – 색 8', 스타일 9), 축 서식/데이터 레이블 서식 : 글꼴(굴림, 18pt, 굵게), 범례 서식 : 글꼴(굴림, 16pt, 굵게, 기울임꼴), 데이터는 표 참고
▶ 배경 ⇒ 배경 서식(채우기 – 그림 또는 질감 채우기)에서 그림 2 삽입(현재 슬라이드만 적용)
▶ 애니메이션 지정 ⇒ 차트 : 나타내기 – 실선 무늬
▶ 지시사항이 없는 부분은 《출력형태》와 동일하게 작성하시오.

디지털정보활용능력 : 프리젠테이션(파워포인트) [시험시간: 40분] 4/4

【슬라이드 4】 아래의 작성조건 및 출력형태에 알맞게 네 번째 슬라이드에 작업하시오. (60점)

《출력형태》

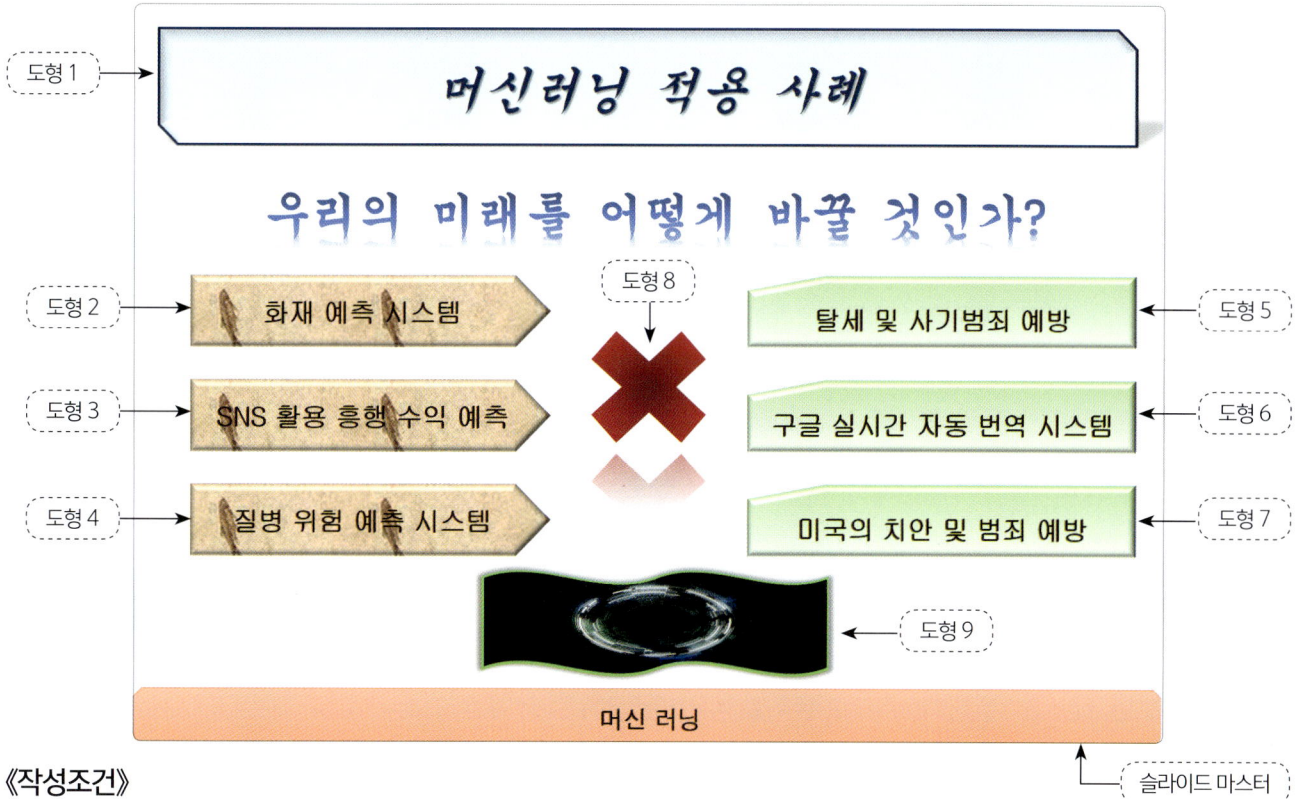

《작성조건》

(1) 제목
▶ 도형 1 ⇒ 사각형 : 대각선 방향의 모서리가 잘린 사각형, 도형 채우기('파랑, 강조 1, 80% 더 밝게'), 도형 윤곽선(실선, 색 : 진한 파랑, 너비 : 2pt, 겹선 종류 : 단순형), 도형 효과(그림자 – 원근감 대각선 오른쪽 위, 입체 효과 – 부드럽게 둥글리기), 글꼴(궁서체, 36pt, 기울임꼴, 텍스트 그림자, 진한 파랑)

(2) 본문
▶ 도형 2~4 ⇒ 블록 화살표 : 오각형, 도형 채우기(질감 : 물고기 화석), 선 없음, 도형 효과(입체 효과 – 둥글게), 글꼴(굴림, 20pt, 굵게, '검정, 텍스트 1')
▶ 도형 5~7 ⇒ 순서도 : 카드, 도형 채우기(연한 녹색, 그라데이션 – 선형 아래쪽), 선 없음, 도형 효과(입체 효과 – 둥글게), 글꼴(굴림, 20pt, 굵게, '검정, 텍스트 1')
▶ 도형 8 ⇒ 수식 도형 : 곱셈 기호, 도형 채우기(진한 빨강, 그라데이션 – 가운데에서), 선 없음, 도형 효과(반사 – '1/2 반사, 8 pt 오프셋')
▶ 도형 9 ⇒ 별 및 현수막 : 이중 물결, 도형 채우기(그림 또는 질감 채우기) 기능을 사용하여 그림 3 삽입, 도형 윤곽선(실선, 색 : 연한 녹색, 너비 : 2pt, 겹선 종류 : 단순형), 도형 효과(그림자 – 바깥쪽 – 오프셋 가운데)
▶ WordArt 삽입(우리의 미래를 어떻게 바꿀 것인가?) ⇒ WordArt 스타일('그라데이션 채우기 – 파랑, 강조 1, 반사'), 글꼴(궁서체, 36pt, 굵게)
▶ 지시사항이 없는 부분은《출력형태》와 동일하게 작성하시오.

MS Office 2016 버전용

제01회 실전모의고사

▸ 시험과목 : 프리젠테이션(파워포인트)
▸ 시험일자 : 20XX. XX. XX.(X)
▸ 응시자 기재사항 및 감독위원 확인

수 검 번 호	DIP – XXXX –	감독위원 확인
성 명		

응시자 유의사항

1. 응시자는 신분증을 지참하여야 시험에 응시할 수 있으며, 시험이 종료될 때까지 신분증을 제시하지 못할 경우 해당 시험은 0점 처리됩니다.
2. 시스템(PC 작동 여부, 네트워크 상태 등)의 이상 여부를 반드시 확인하여야 하며, 시스템 이상이 있을시 감독위원에게 조치를 받으셔야 합니다.
3. 시험 중 부주의 또는 고의로 시스템을 파손한 경우는 응시자 부담으로 합니다.
4. 답안 전송 프로그램을 통해 다운로드 받은 파일을 이용하여 답안 파일을 작성하시기 바랍니다.
5. 작성한 답안 파일은 답안 전송 프로그램을 통하여 전송됩니다. 감독위원의 지시에 따라 주시기 바랍니다.
6. 다음 사항의 경우 실격(0점) 혹은 부정행위 처리됩니다.
   ① 답안 파일을 저장하지 않았거나, 저장한 파일이 손상되었을 경우
   ② 답안 파일을 지정된 폴더(바탕화면 "KAIT" 폴더)에 저장하지 않았을 경우
      ※ 답안 전송 프로그램 로그인 시 바탕화면에 자동 생성됨
   ③ 답안 파일을 다른 보조기억장치(USB) 혹은 네트워크(메신저, 게시판 등)로 전송할 경우
   ④ 휴대용 전화기 등 통신기기를 사용할 경우
7. 슬라이드는 반드시 순서대로 작성해야 하며, 순서가 다를 경우 "0"점 처리됩니다.
8. 시험지에 제시된 글꼴이 응시 프로그램에 없는 경우, 반드시 감독위원에게 해당 내용을 통보한 뒤 조치를 받아야 합니다.
9. 슬라이드 작성 시 도형의 그룹 설정을 사용하는 경우, 채점에서 감점 처리됩니다.
10. 시험의 완료는 작성이 완료된 답안을 저장하고, 답안 전송이 완료된 상태를 확인한 것으로 합니다. 답안 전송 확인 후 문제지는 감독위원에게 제출한 후 퇴실하여야 합니다.
11. 답안 전송이 완료된 경우에는 수정 또는 정정이 불가능합니다.
12. 시험 시행 후 합격자 발표는 홈페이지(www.ihd.or.kr)에서 확인하시기 바랍니다.
    ① 문제 및 모범답안 공개 : 20XX. XX. XX.(X)
    ② 합격자 발표 : 20XX. XX. XX.(X)

디지털정보활용능력 : 프리젠테이션(파워포인트) [시험시간: 40분]

<유의사항>
- 《작성조건》을 준수하여 반드시 프리젠테이션 슬라이드로 작업합니다.
- 글꼴 및 기타 사항에 대해 별도의 지시사항이 없는 경우, 슬라이드 크기와 전체적인 균형을 고려하여 임의로 작성하되, 도형은 그룹으로 설정하지 않습니다.
- 모든 슬라이드 크기(A4), 방향(가로), 디자인 테마(Office 테마)로 지정합니다.
  ▶ 슬라이드 크기, 방향 조정 시 '맞춤 확인'으로 지정하여야 합니다.
- 공통적용사항(슬라이드 마스터)
  ▶ 도형 ⇒ 기본 도형 : 사다리꼴, 도형 스타일('보통 효과 – 녹색, 강조 6'), 글꼴(돋움, 18pt, 굵게, 텍스트 그림자)
- 그림 삽입 시 다운로드 한 그림 파일을 반드시 사용하여야 합니다.
- ⇢ 은 지시사항이므로 작성하지 않습니다.
- 슬라이드에 제시된 글자 및 숫자 오타는 감점 처리됩니다.

【슬라이드 1】 아래의 작성조건 및 출력형태에 알맞게 첫 번째 슬라이드에 작업하시오. (30점)

《출력형태》

《작성조건》
▶ 도형 1 ⇒ 기본 도형 : 십각형, 도형 채우기('그라데이션 : 미리설정 – 밝은 그라데이션 – 강조 6', 종류 – 선형, 방향 : 선형 아래쪽), 도형 윤곽선(실선, 색 : 진한 파랑, 너비 : 3pt, 겹선 종류 : 단순형), 도형 효과(그림자 – 원근감 – 대각선 오른쪽 위), 글꼴(돋움, 50pt, 텍스트 그림자, 진한 파랑)
▶ 도형 2 ⇒ 블록 화살표 : 굽은 화살표, 도형 채우기(녹색), 선 없음, 도형 효과(그림자 – 바깥쪽 – 오프셋 가운데, 반사 – '근접 반사, 터치')
▶ 도형 3 ⇒ 블록 화살표 : 굽은 화살표, 도형 스타일('보통 효과 – 주황, 강조 2')
▶ 그림 삽입 ⇒ 그림 1삽입, 크기(높이 : 8cm, 너비 : 7cm)
▶ 텍스트 상자(올바른 분리 배출로 쓰레기 줄이기) ⇒ 글꼴(궁서, 28pt, 굵게)
▶ 애니메이션 지정 ⇒ 도형 1 : 나타내기 – 바둑판 무늬
▶ 지시사항이 없는 부분은《출력형태》와 동일하게 작성하시오.

디지털정보활용능력 : 프리젠테이션(파워포인트)   [시험시간: 40분]

【슬라이드 2】 아래의 작성조건 및 출력형태에 알맞게 두 번째 슬라이드에 작업하시오. (50점)

《출력형태》

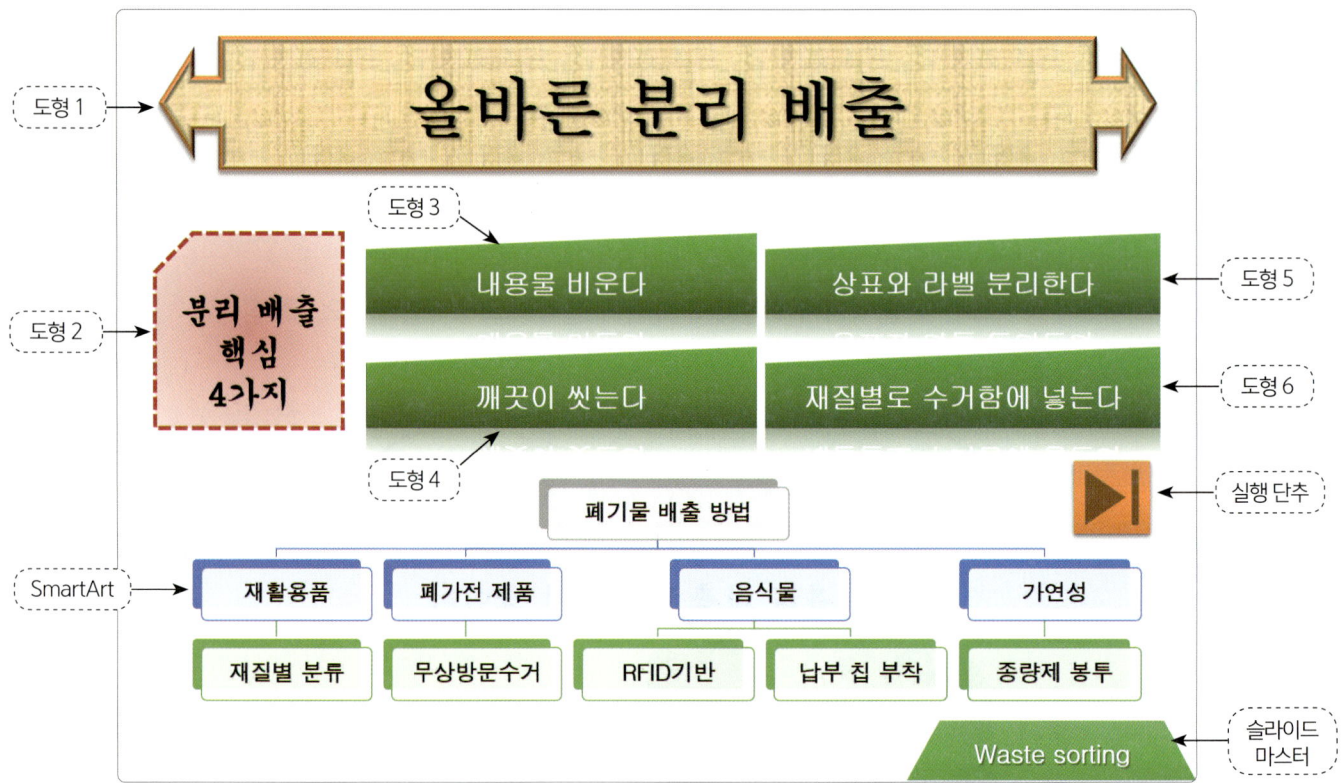

《작성조건》

(1) 제목
▶ 도형 1 ⇒ 블록 화살표 : 왼쪽/오른쪽 화살표 설명선, 도형 채우기(질감 : 파피루스), 도형 윤곽선(실선, 색 : '주황, 강조 2', 너비 : 3pt, 겹선 종류 : 단순형), 도형 효과(그림자 – 바깥쪽 – 오프셋 아래쪽, 입체 효과 – 낮은 수준의 경사), 글꼴(바탕, 48pt, 굵게, 텍스트 그림자, '검정, 텍스트 1')

(2) 본문
▶ 도형 2 ⇒ 순서도 : 카드, 도형 채우기(진한 빨강, 그라데이션 – 가운데에서), 도형 윤곽선(실선, 색 : 진한 빨강, 너비 : 3pt, 겹선 종류 : 단순형, 대시 종류 : 사각 점선), 글꼴(궁서, 24pt, 굵게, '검정, 텍스트 1')
▶ 도형 3~6 ⇒ 순서도 : 수동 입력, 도형 채우기('녹색, 강조 6', 그라데이션 – 선형 위쪽), 선 없음, 도형 효과(반사 – '근접 반사, 터치'), 글꼴(굴림, 20pt, 굵게)
▶ 실행 단추 ⇒ 실행 단추 : 끝, 하이퍼링크 : 마지막 슬라이드, 도형 스타일('강한 효과 – 주황, 강조 2')
▶ SmartArt 삽입 ⇒ 계층 구조형 : 계층 구조형, 글꼴(돋움, 16pt, 굵게, 가운데 맞춤), SmartArt 스타일(색 변경 – '색상형 범위 – 강조색 4 또는 5', 흰색 윤곽선), (반드시 SmartArt 기능을 이용하여 작성할 것)
▶ 애니메이션 지정 ⇒ SmartArt : 나타내기 – 날아오기
▶ 지시사항이 없는 부분은《출력형태》와 동일하게 작성하시오.

【슬라이드 3】 아래의 작성조건 및 출력형태에 알맞게 세 번째 슬라이드에 작업하시오. (60점)

《출력형태》

《작성조건》

(1) 제목
▶ 도형 1 ⇒ 블록 화살표 : 왼쪽/오른쪽 화살표 설명선, 도형 채우기(질감 : 파피루스), 도형 윤곽선(실선, 색 : '주황, 강조 2', 너비 : 3pt, 겹선 종류 : 단순형), 도형 효과(그림자 - 바깥쪽 - 오프셋 아래쪽, 입체 효과 - 낮은 수준의 경사), 글꼴(바탕, 48pt, 굵게, 텍스트 그림자, '검정, 텍스트 1')

(2) 본문
▶ 텍스트 상자 1([단위 : 개수]) ⇒ 글꼴(돋움, 18pt, 굵게)
▶ 표 ⇒ 표 스타일(보통 스타일 3 - 강조 5), 가장 위의 행 : 글꼴(돋움, 18pt, 굵게, 텍스트 그림자, 가운데 맞춤), 나머지 행 : 글꼴(돋움, 16pt, 굵게, 기울임꼴, 가운데 맞춤)
▶ 텍스트 상자 2([출처 : 환경부]) ⇒ 글꼴(돋움, 18pt, 굵게)
▶ 차트 ⇒ 세로 막대형 : 묶은 세로 막대형, 차트 스타일(색 변경 - '색상형 - 색 3', 스타일 7), 축 서식/데이터 레이블 서식 : 글꼴(굴림, 14pt, 굵게), 범례 서식 : 글꼴(굴림, 16pt, 굵게, 기울임꼴), 데이터는 표 참고
▶ 배경 ⇒ 배경 서식(채우기 - 그림 또는 질감 채우기)에서 그림 2 삽입(현재 슬라이드만 적용)
▶ 애니메이션 지정 ⇒ 차트 : 나타내기 - 블라인드
▶ 지시사항이 없는 부분은《출력형태》와 동일하게 작성하시오.

디지털정보활용능력 : 프리젠테이션(파워포인트)

[시험시간: 40분]

【슬라이드 4】 아래의 작성조건 및 출력형태에 알맞게 네 번째 슬라이드에 작업하시오. (60점)

《출력형태》

《작성조건》

(1) 제목
▶ 도형 1 ⇒ 블록 화살표 : 왼쪽/오른쪽 화살표 설명선, 도형 채우기(질감 : 파피루스), 도형 윤곽선(실선, 색 : '주황, 강조 2', 너비 : 3pt, 겹선 종류 : 단순형), 도형 효과(그림자 - 바깥쪽 - 오프셋 아래쪽, 입체 효과 - 낮은 수준의 경사), 글꼴(바탕, 48pt, 굵게, 텍스트 그림자, '검정, 텍스트 1')

(2) 본문
▶ 도형 2~4 ⇒ 기본 도형 : 평행 사변형, 도형 채우기(질감 : 월넛), 선 없음, 도형 효과(네온 - '파랑, 8 pt 네온, 강조색 5'), 글꼴(굴림, 20pt, 굵게, '흰색, 배경 1')
▶ 도형 5~7 ⇒ 순서도 : 문서, 도형 채우기(주황, 그라데이션 - 선형 위쪽), 선 없음, 도형 효과(반사 - '근접 반사, 터치'), 글꼴(굴림, 20pt, 굵게, 진한 파랑)
▶ 도형 8 ⇒ 기본 도형 : 막힌 원호, 도형 채우기('주황, 강조 2', 그라데이션 - 선형 아래쪽), 선 없음, 도형 효과(그림자 - 안쪽 - 가운데)
▶ 도형 9 ⇒ 기본 도형 : 타원, 도형 채우기(그림 또는 질감 채우기) 기능을 사용하여 그림 3 삽입, 도형 윤곽선(실선, 색 : 녹색, 너비 : 3pt, 겹선 종류 : 단순형, 대시 종류 : 둥근 점선), 도형 효과(그림자 - 바깥쪽 - 오프셋 가운데)
▶ WordArt 삽입(재활용 하고 환경보호도 하고!) ⇒ WordArt 스타일('그라데이션 채우기 - 파랑, 강조 1, 반사'), 글꼴(궁서, 36pt, 굵게)
▶ 지시사항이 없는 부분은 《출력형태》와 동일하게 작성하시오.

제02회 실전모의고사

▷ 시험과목 : 프리젠테이션(파워포인트)
▷ 시험일자 : 20XX. XX. XX.(X)
▷ 응시자 기재사항 및 감독위원 확인

| 수검번호 | DIP – XXXX – | 감독위원확인 |
| 성 명 | | |

응시자 유의사항

1. 응시자는 신분증을 지참하여야 시험에 응시할 수 있으며, 시험이 종료될 때까지 신분증을 제시하지 못할 경우 해당 시험은 0점 처리됩니다.
2. 시스템(PC 작동 여부, 네트워크 상태 등)의 이상 여부를 반드시 확인하여야 하며, 시스템 이상이 있을시 감독위원에게 조치를 받으셔야 합니다.
3. 시험 중 부주의 또는 고의로 시스템을 파손한 경우는 응시자 부담으로 합니다.
4. 답안 전송 프로그램을 통해 다운로드 받은 파일을 이용하여 답안 파일을 작성하시기 바랍니다.
5. 작성한 답안 파일은 답안 전송 프로그램을 통하여 전송됩니다. 감독위원의 지시에 따라 주시기 바랍니다.
6. 다음 사항의 경우 실격(0점) 혹은 부정행위 처리됩니다.
   ❶ 답안 파일을 저장하지 않았거나, 저장한 파일이 손상되었을 경우
   ❷ 답안 파일을 지정된 폴더(바탕화면 "KAIT" 폴더)에 저장하지 않았을 경우
     ※ 답안 전송 프로그램 로그인 시 바탕화면에 자동 생성됨
   ❸ 답안 파일을 다른 보조기억장치(USB) 혹은 네트워크(메신저, 게시판 등)로 전송할 경우
   ❹ 휴대용 전화기 등 통신기기를 사용할 경우
7. 슬라이드는 반드시 순서대로 작성해야 하며, 순서가 다를 경우 "0"점 처리됩니다.
8. 시험지에 제시된 글꼴이 응시 프로그램에 없는 경우, 반드시 감독위원에게 해당 내용을 통보한 뒤 조치를 받아야 합니다.
9. 슬라이드 작성 시 도형의 그룹 설정을 사용하는 경우, 채점에서 감점 처리됩니다.
10. 시험의 완료는 작성이 완료된 답안을 저장하고, 답안 전송이 완료된 상태를 확인한 것으로 합니다. 답안 전송 확인 후 문제지는 감독위원에게 제출한 후 퇴실하여야 합니다.
11. 답안 전송이 완료된 경우에는 수정 또는 정정이 불가능합니다.
12. 시험 시행 후 합격자 발표는 홈페이지(www.ihd.or.kr)에서 확인하시기 바랍니다.
    ❶ 문제 및 모범답안 공개 : 20XX. XX. XX.(X)
    ❷ 합격자 발표 : 20XX. XX. XX.(X)

디지털정보활용능력 : 프리젠테이션(파워포인트) [시험시간: 40분] 1/4

<유의사항>
- 《작성조건》을 준수하여 반드시 프리젠테이션 슬라이드로 작업합니다.
- 글꼴 및 기타 사항에 대해 별도의 지시사항이 없는 경우, 슬라이드 크기와 전체적인 균형을 고려하여 임의로 작성하되, 도형은 그룹으로 설정하지 않습니다.
- 모든 슬라이드 크기(A4), 방향(가로), 디자인 테마(Office 테마)로 지정합니다.
  ▶ 슬라이드 크기, 방향 조정 시 '맞춤 확인'으로 지정하여야 합니다.
- 공통적용사항(슬라이드 마스터)
  ▶ 도형 ⇒ 순서도 : 천공 테이프, 도형 스타일('미세 효과 – 파랑, 강조 1'), 글꼴(휴먼옛체, 18pt, 굵게)
- 그림 삽입 시 다운로드 한 그림 파일을 반드시 사용하여야 합니다.
- ┌┈┈┐→은 지시사항이므로 작성하지 않습니다.
- 슬라이드에 제시된 글자 및 숫자 오타는 감점 처리됩니다.

【슬라이드 1】 아래의 작성조건 및 출력형태에 알맞게 첫 번째 슬라이드에 작업하시오. (30점)

《출력형태》

《작성조건》
▶ 도형 1 ⇒ 별 및 현수막 : 물결, 도형 채우기(그라데이션 : 미리 설정 – '위쪽 스포트라이트 강조 6', 종류 – 방사형, 방향 – 가운데에서), 도형 윤곽선(실선, 색 : 연한 녹색, 너비 : 3pt, 겹선 종류 : 단순형), 도형 효과(그림자 – 바깥쪽 – 오프셋 위쪽), 글꼴(휴먼옛체, 44pt, 기울임꼴, '검정, 텍스트 1')
▶ 도형 2 ⇒ 기본 도형 : 해, 도형 채우기(질감 : 화강암), 선 없음, 도형 효과(반사 – '근접 반사, 터치', 입체 효과 – 리블렛)
▶ 도형 3 ⇒ 기본 도형 : 이등변 삼각형, 도형 스타일('미세 효과 – 녹색, 강조 6')
▶ 그림 삽입 ⇒ 그림 1삽입, 크기(높이 : 6cm, 너비 : 10cm)
▶ 텍스트 상자(안전한 산행을 위해 안전수칙 확인하기!) ⇒ 글꼴(돋움, 24pt, 굵게, 파랑)
▶ 애니메이션 지정 ⇒ 도형 1 : 나타내기 – 실선 무늬
▶ 지시사항이 없는 부분은 《출력형태》와 동일하게 작성하시오.

디지털정보활용능력 : 프리젠테이션(파워포인트)

【슬라이드 2】 아래의 작성조건 및 출력형태에 알맞게 두 번째 슬라이드에 작업하시오. (50점)

《출력형태》

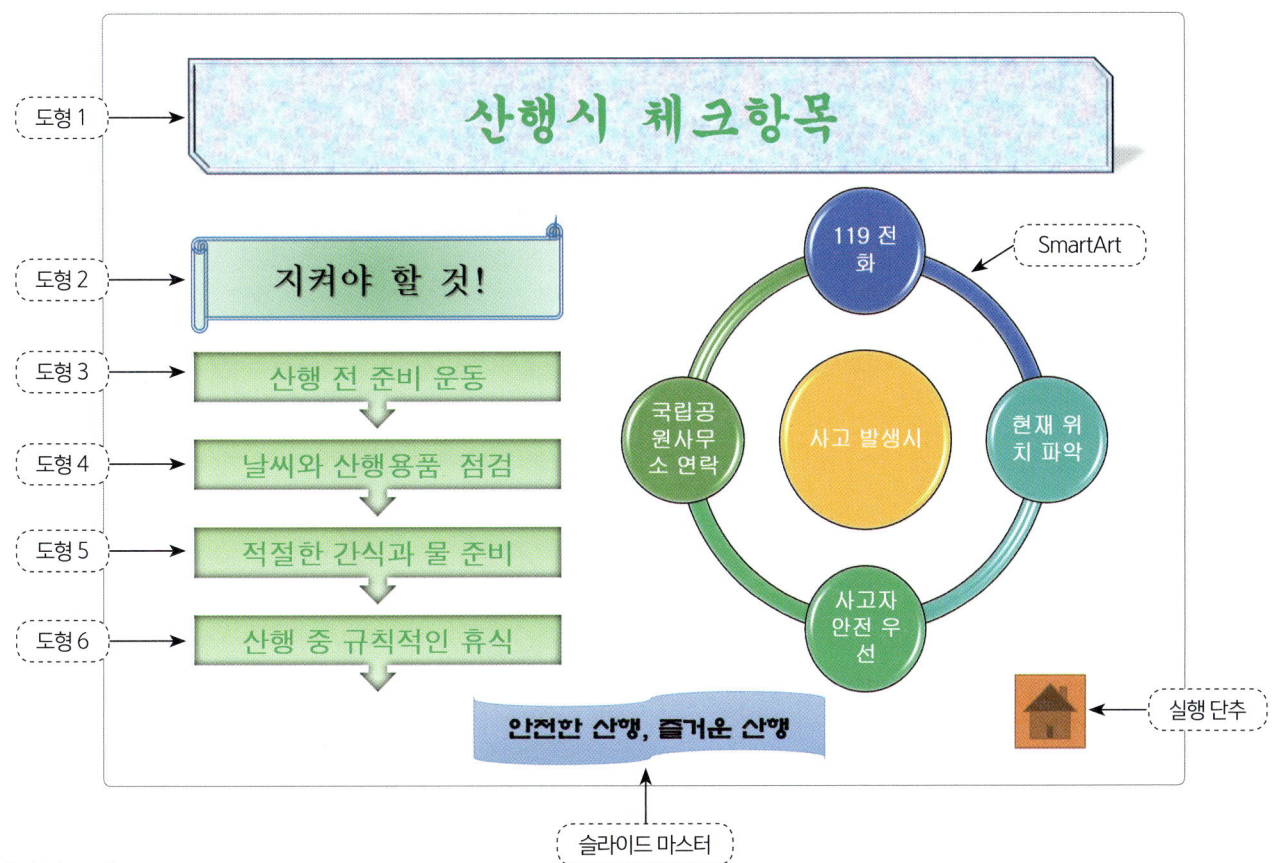

《작성조건》

(1) 제목
▶ 도형 1 ⇒ 사각형 : 대각선 방향의 모서리가 잘린 사각형, 도형 채우기(질감 : 꽃다발), 도형 윤곽선(실선, 색 : 진한 파랑, 너비 : 1pt, 겹선 종류 : 단순형), 도형 효과(그림자 - 원근감 - 대각선 오른쪽 위, 입체 효과 - 급경사), 글꼴(궁서체, 36pt, 굵게, 녹색)

(2) 본문
▶ 도형 2 ⇒ 별 및 현수막 : 가로로 말린 두루마리 모양, 도형 채우기(녹색, 그라데이션 - 가운데에서), 도형 윤곽선(실선, 색 : 파랑, 너비 : 3pt, 겹선 종류 : 이중), 글꼴(바탕체, 24pt, 굵게, 텍스트 그림자, '검정, 텍스트 1')
▶ 도형 3~6 ⇒ 블록 화살표 : 아래쪽 화살표 설명선, 도형 채우기(연한 녹색, 그라데이션 - 선형 아래쪽), 선 없음, 도형 효과(그림자 - 안쪽 - 가운데), 글꼴(돋움, 20pt, 굵게, 녹색)
▶ 실행 단추 ⇒ 실행 단추 : 홈, 하이퍼링크 : 첫째 슬라이드, 도형 스타일('색 채우기 - 주황, 강조 2')
▶ SmartArt 삽입 ⇒ 주기형 : 방사 주기형, 글꼴(굴림, 16pt, 굵게, 가운데 맞춤), SmartArt 스타일(색 변경 - '색상형 범위 - 강조색 5 또는 6', 3차원 - 만화), (반드시 SmartArt 기능을 이용하여 작성할 것)
▶ 애니메이션 지정 ⇒ SmartArt : 나타내기 - 올라오기
▶ 지시사항이 없는 부분은 《출력형태》와 동일하게 작성하시오.

디지털정보활용능력 : 프리젠테이션(파워포인트) [시험시간: 40분] 3/4

【슬라이드 3】 아래의 작성조건 및 출력형태에 알맞게 세 번째 슬라이드에 작업하시오. (60점)

《출력형태》

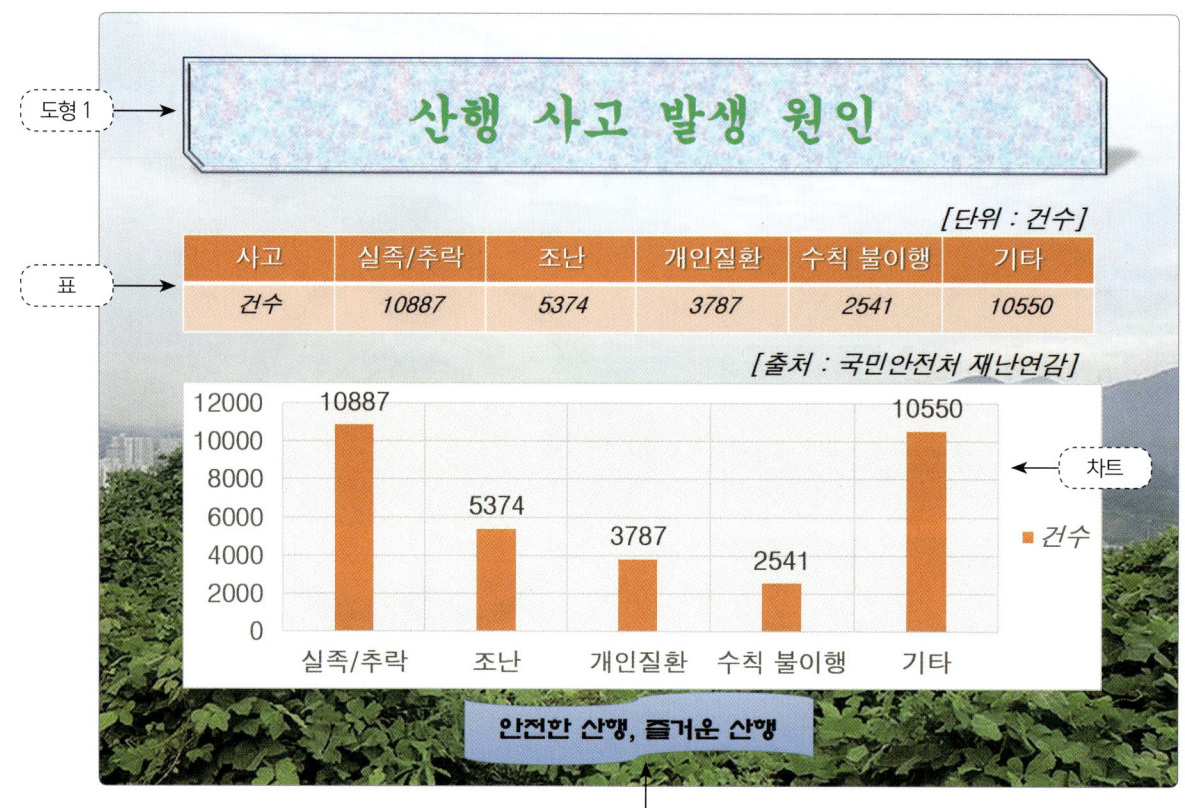

《작성조건》

(1) 제목
- ▶ 도형 1 ⇒ 사각형 : 대각선 방향의 모서리가 잘린 사각형, 도형 채우기(질감 : 꽃다발), 도형 윤곽선(실선, 색 : 진한 파랑, 너비 : 1pt, 겹선 종류 : 단순형), 도형 효과(그림자 – 원근감 – 대각선 오른쪽 위, 입체 효과 – 급경사), 글꼴(궁서체, 36pt, 굵게, 녹색)

(2) 본문
- ▶ 텍스트 상자 1([단위 : 건수]) ⇒ 글꼴(돋움, 18pt, 굵게, 기울임꼴)
- ▶ 표 ⇒ 표 스타일(보통 스타일 2 – 강조 2), 가장 위의 행 : 글꼴(돋움, 18pt, 굵게, 텍스트 그림자, 가운데 맞춤), 나머지 행 : 글꼴(돋움, 16pt, 굵게, 기울임꼴, 가운데 맞춤)
- ▶ 텍스트 상자 2([출처 : 국민안전처 재난연감]) ⇒ 글꼴(돋움, 18pt, 굵게, 기울임꼴)
- ▶ 차트 ⇒ 세로 막대형 : 묶은 세로 막대형, 차트 스타일(색 변경 – '색상형 – 색 3', 스타일 8), 축 서식/데이터 레이블 서식 : 글꼴(돋움, 18pt, 굵게), 범례 서식 : 글꼴(돋움, 18pt, 굵게, 기울임꼴), 데이터는 표 참고
- ▶ 배경 ⇒ 배경 서식(채우기 – 그림 또는 질감 채우기)에서 그림 2 삽입(현재 슬라이드만 적용)
- ▶ 애니메이션 지정 ⇒ 차트 : 나타내기 – 확대/축소
- ▶ 지시사항이 없는 부분은《출력형태》와 동일하게 작성하시오.

디지털정보활용능력 : 프리젠테이션(파워포인트) [시험시간: 40분] 4/4

【슬라이드 4】 아래의 작성조건 및 출력형태에 알맞게 네 번째 슬라이드에 작업하시오. (60점)

《출력형태》

《작성조건》

(1) 제목
- 도형 1 ⇒ 사각형 : 대각선 방향의 모서리가 잘린 사각형, 도형 채우기(질감 : 꽃다발), 도형 윤곽선(실선, 색 : 진한 파랑, 너비 : 1pt, 겹선 종류 : 단순형), 도형 효과(그림자 - 원근감 - 대각선 오른쪽 위, 입체 효과 - 급경사), 글꼴(궁서체, 36pt, 굵게, 녹색)

(2) 본문
- 도형 2~4 ⇒ 블록 화살표 : 오각형, 도형 채우기(질감 : 녹색 대리석), 선 없음, 도형 효과(반사 - '근접 반사, 터치', 입체 효과 - 아트 데코), 글꼴(휴먼옛체, 22pt, 굵게, 노랑)
- 도형 5~7 ⇒ 블록 화살표 : 왼쪽 화살표 설명선, 도형 채우기(자주, 그라데이션 - 가운데에서), 선 없음, 도형 효과(네온 - '황금색, 8 pt 네온, 강조색 4'), 글꼴(휴먼명조, 20pt, 굵게, 기울임꼴, 진한 파랑)
- 도형 8 ⇒ 블록 화살표 : 위로 굽은 화살표, 도형 채우기(그라데이션 : 미리 설정 - '가운데 그라데이션 - 강조 6', 종류 - 선형, 방향 - 선형 왼쪽), 선 없음, 도형 효과(입체 효과 - 급경사)
- 도형 9 ⇒ 설명선 : 구름 모양 설명선, 도형 채우기(그림 또는 질감 채우기) 기능을 사용하여 그림 3 삽입, 도형 윤곽선(실선, 색 : 빨강, 너비 : 3pt, 겹선 종류 : 단순형, 대시 종류 : 둥근 점선), 도형 효과(그림자 - 바깥쪽 - 오프셋 위쪽)
- WordArt 삽입(산행 지도와 표지판 확인하기!) ⇒ WordArt 스타일('무늬 채우기 - 파랑, 강조 1, 연한 하향 대각선, 윤곽선 - 강조 1'), 글꼴(궁서체, 32pt, 굵게)
- 지시사항이 없는 부분은《출력형태》와 동일하게 작성하시오.

MS Office 2016 버전용

제03회 실전모의고사

▸ 시험과목 : 프리젠테이션(파워포인트)
▸ 시험일자 : 20XX. XX. XX.(X)
▸ 응시자 기재사항 및 감독위원 확인

| 수검번호 | DIP - XXXX - | 감독위원 확인 |
| 성 명 | | |

응시자 유의사항

1. 응시자는 신분증을 지참하여야 시험에 응시할 수 있으며, 시험이 종료될 때까지 신분증을 제시하지 못할 경우 해당 시험은 0점 처리됩니다.
2. 시스템(PC 작동 여부, 네트워크 상태 등)의 이상 여부를 반드시 확인하여야 하며, 시스템 이상이 있을시 감독위원에게 조치를 받으셔야 합니다.
3. 시험 중 부주의 또는 고의로 시스템을 파손한 경우는 응시자 부담으로 합니다.
4. 답안 전송 프로그램을 통해 다운로드 받은 파일을 이용하여 답안 파일을 작성하시기 바랍니다.
5. 작성한 답안 파일은 답안 전송 프로그램을 통하여 전송됩니다. 감독위원의 지시에 따라 주시기 바랍니다.
6. 다음 사항의 경우 실격(0점) 혹은 부정행위 처리됩니다.
    ❶ 답안 파일을 저장하지 않았거나, 저장한 파일이 손상되었을 경우
    ❷ 답안 파일을 지정된 폴더(바탕화면 "KAIT" 폴더)에 저장하지 않았을 경우
      ※ 답안 전송 프로그램 로그인 시 바탕화면에 자동 생성됨
    ❸ 답안 파일을 다른 보조기억장치(USB) 혹은 네트워크(메신저, 게시판 등)로 전송할 경우
    ❹ 휴대용 전화기 등 통신기기를 사용할 경우
7. 슬라이드는 반드시 순서대로 작성해야 하며, 순서가 다를 경우 "0"점 처리됩니다.
8. 시험지에 제시된 글꼴이 응시 프로그램에 없는 경우, 반드시 감독위원에게 해당 내용을 통보한 뒤 조치를 받아야 합니다.
9. 슬라이드 작성 시 도형의 그룹 설정을 사용하는 경우, 채점에서 감점 처리됩니다.
10. 시험의 완료는 작성이 완료된 답안을 저장하고, 답안 전송이 완료된 상태를 확인한 것으로 합니다. 답안 전송 확인 후 문제지는 감독위원에게 제출한 후 퇴실하여야 합니다.
11. 답안 전송이 완료된 경우에는 수정 또는 정정이 불가능합니다.
12. 시험 시행 후 합격자 발표는 홈페이지(www.ihd.or.kr)에서 확인하시기 바랍니다.
    ❶ 문제 및 모범답안 공개 : 20XX. XX. XX.(X)
    ❷ 합격자 발표 : 20XX. XX. XX.(X)

디지털정보활용능력 : 프리젠테이션(파워포인트)

[시험시간: 40분]

<유의사항>
- 《작성조건》을 준수하여 반드시 프리젠테이션 슬라이드로 작업합니다.
- 글꼴 및 기타 사항에 대해 별도의 지시사항이 없는 경우, 슬라이드 크기와 전체적인 균형을 고려하여 임의로 작성하되, 도형은 그룹으로 설정하지 않습니다.
- 모든 슬라이드 크기(A4), 방향(가로), 디자인 테마(Office 테마)로 지정합니다.
  ▶ 슬라이드 크기, 방향 조정 시 '맞춤 확인'으로 지정하여야 합니다.
- 공통적용사항(슬라이드 마스터)
  ▶ 도형 ⇒ 순서도 : 종속 처리, 도형 스타일('미세 효과 – 주황, 강조 2'), 글꼴(휴먼옛체, 18pt, 기울임꼴, 진한 빨강)
- 그림 삽입 시 다운로드 한 그림 파일을 반드시 사용하여야 합니다.
- ⟦┄┄⟧→ 은 지시사항이므로 작성하지 않습니다.
- 슬라이드에 제시된 글자 및 숫자 오타는 감점 처리됩니다.

【슬라이드 1】 아래의 작성조건 및 출력형태에 알맞게 첫 번째 슬라이드에 작업하시오. (30점)

《출력형태》

《작성조건》
▶ 도형 1 ⇒ 순서도 : 다중 문서, 도형 채우기(그라데이션 : 미리 설정 – '아래쪽 스포트라이트 – 강조 4', 종류 – 방사형, 방향 – 가운데에서), 도형 윤곽선(실선, 색 : '흰색, 배경 1', 너비 : 1pt, 겹선 종류 : 단순형), 도형 효과(그림자 – 안쪽 – 가운데), 글꼴(휴먼옛체, 44pt, 기울임꼴, '청회색, 텍스트 2')
▶ 도형 2 ⇒ 기본 도형 : "없음" 기호, 도형 스타일('밝은 색 1 윤곽선, 색 채우기 – 주황, 강조 2')
▶ 도형 3 ⇒ 수식 도형 : 등호, 도형 채우기(질감 : 오크), 선 없음, 도형 효과(반사 – '전체 반사, 터치', 입체 효과 – 부드럽게 둥글리기)
▶ 그림 삽입 ⇒ 그림 1 삽입, 크기(높이 : 10cm, 너비 : 10cm)
▶ 텍스트 상자(차량을 조작하지 않아도 스스로 움직이는 자동차) ⇒ 글꼴(휴먼명조, 24pt, 굵게, 자주)
▶ 애니메이션 지정 ⇒ 도형 1 : 나타내기 – 시계 방향 회전
▶ 지시사항이 없는 부분은 《출력형태》와 동일하게 작성하시오.

디지털정보활용능력 : 프리젠테이션(파워포인트)

[슬라이드 2] 아래의 작성조건 및 출력형태에 알맞게 두 번째 슬라이드에 작업하시오. (50점)

《출력형태》

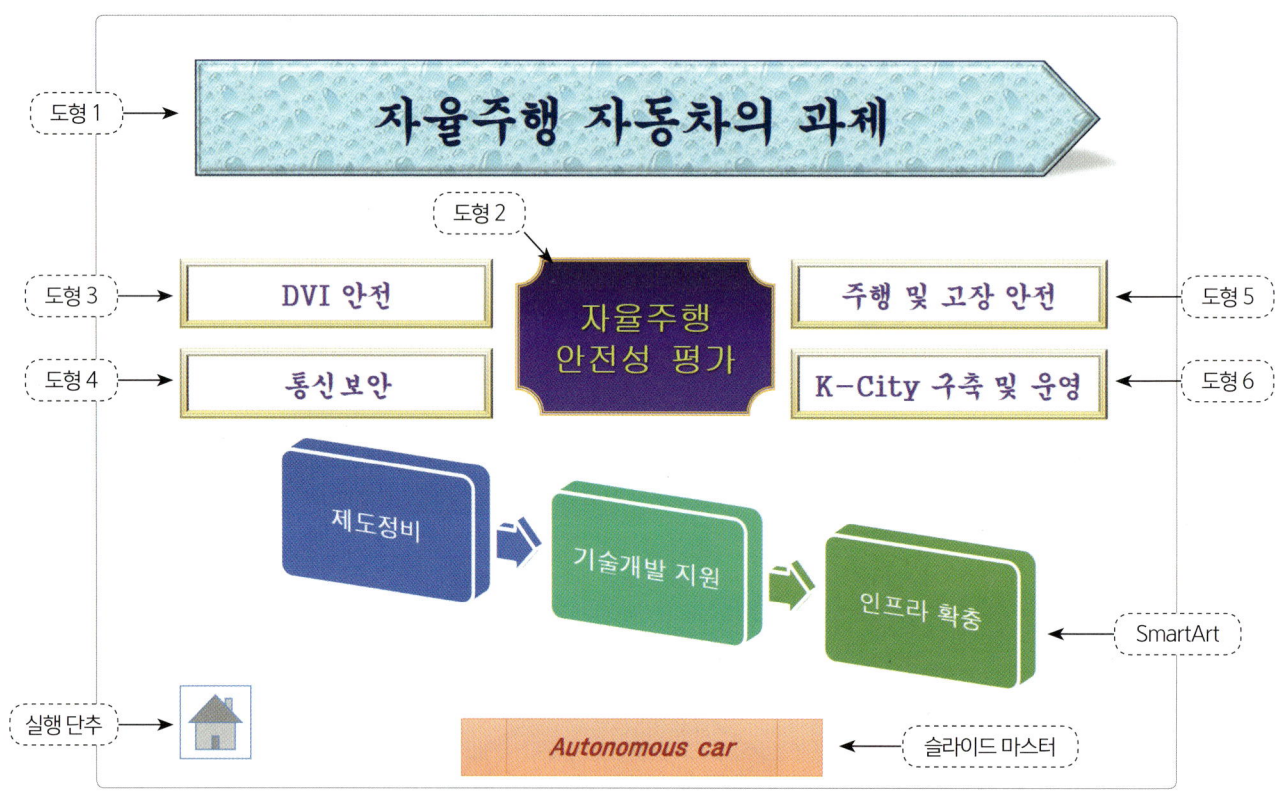

《작성조건》

(1) 제목
▶ 도형 1 ⇒ 블록 화살표 : 오각형, 도형 채우기(질감 : 작은 물방울), 도형 윤곽선(실선, 색 : 진한 파랑, 너비 : 1pt, 겹선 종류 : 단순형), 도형 효과(그림자 - 원근감 - 대각선 오른쪽 위, 입체 효과 - 아트 데코), 글꼴(궁서, 36pt, 굵게, 진한 파랑)

(2) 본문
▶ 도형 2 ⇒ 기본 도형 : 배지, 도형 채우기(자주, 그라데이션 - 선형 아래쪽), 도형 윤곽선(실선, 색 : 주황, 너비 : 3pt, 겹선 종류 : 이중), 글꼴(굴림체, 24pt, 굵게, 텍스트 그림자, 노랑)
▶ 도형 3~6 ⇒ 기본 도형 : 액자, 도형 채우기(주황, 그라데이션 - 선형 위쪽), 선 없음, 도형 효과(입체 효과 - 부드럽게 둥글리기), 글꼴(궁서, 20pt, 굵게, 자주)
▶ 실행 단추 ⇒ 실행 단추 : 홈, 하이퍼링크 : 첫째 슬라이드, 도형 스타일('색 윤곽선 - 파랑, 강조 1')
▶ SmartArt 삽입 ⇒ 프로세스형 : 기본 프로세스형, 글꼴(돋움, 20pt, 굵게, 가운데 맞춤), SmartArt 스타일(색 변경 - '색상형 범위 - 강조색 5 또는 6', 3차원 - 벽돌), (반드시 SmartArt 기능을 이용하여 작성할 것)
▶ 애니메이션 지정 ⇒ SmartArt : 나타내기 - 닦아내기
▶ 지시사항이 없는 부분은 《출력형태》와 동일하게 작성하시오.

디지털정보활용능력 : 프리젠테이션(파워포인트) [시험시간: 40분] 3/4

【슬라이드 3】 아래의 작성조건 및 출력형태에 알맞게 세 번째 슬라이드에 작업하시오. (60점)

《출력형태》

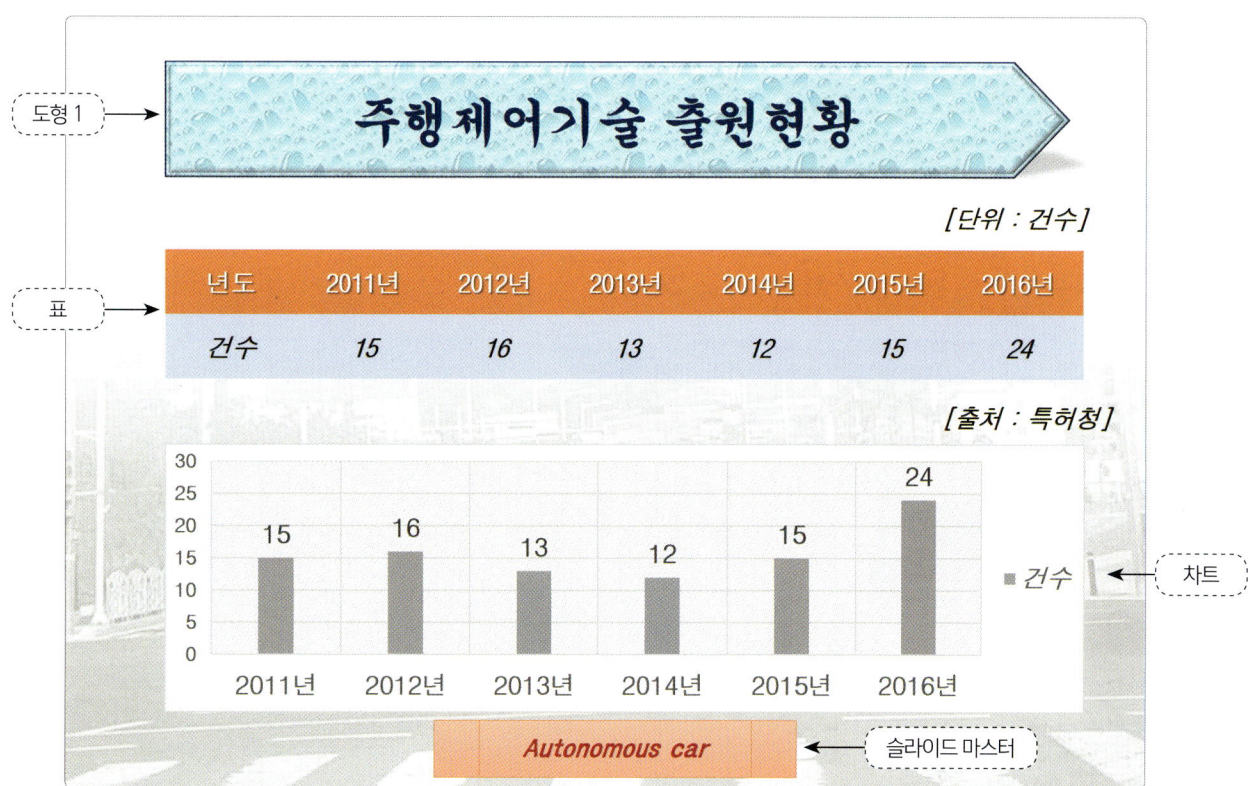

《작성조건》

(1) 제목
▶ 도형 1 ⇒ 블록 화살표 : 오각형, 도형 채우기(질감 : 작은 물방울), 도형 윤곽선(실선, 색 : 진한 파랑, 너비 : 1pt, 겹선 종류 : 단순형), 도형 효과(그림자 - 원근감 - 대각선 오른쪽 위, 입체 효과 - 아트 데코), 글꼴(궁서, 36pt, 굵게, 진한 파랑)

(2) 본문
▶ 텍스트 상자 1([단위 : 건수]) ⇒ 글꼴(돋움, 18pt, 굵게, 기울임꼴)
▶ 표 ⇒ 표 스타일(어두운 스타일 2 - 강조 1/강조 2), 가장 위의 행 : 글꼴(돋움체, 18pt, 굵게, 텍스트 그림자, 가운데 맞춤), 나머지 행 : 글꼴(돋움체, 18pt, 굵게, 기울임꼴, 가운데 맞춤)
▶ 텍스트 상자 2([출처 : 특허청]) ⇒ 글꼴(돋움, 18pt, 굵게, 기울임꼴)
▶ 차트 ⇒ 세로 막대형 : 묶은 세로 막대형, 차트 스타일(색 변경 - '단색형 - 색 7', 스타일 8), 축 서식/데이터 레이블 서식 : 글꼴(돋움, 14pt, 굵게), 범례 서식 : 글꼴(돋움, 18pt, 굵게, 기울임꼴), 데이터는 표 참고
▶ 배경 ⇒ 배경 서식(채우기 - 그림 또는 질감 채우기)에서 그림 2 삽입(현재 슬라이드만 적용)
▶ 애니메이션 지정 ⇒ 차트 : 나타내기 - 바운드
▶ 지시사항이 없는 부분은 《출력형태》와 동일하게 작성하시오.

디지털정보활용능력 : 프리젠테이션(파워포인트)

[시험시간: 40분] 4/4

【슬라이드 4】 아래의 작성조건 및 출력형태에 알맞게 네 번째 슬라이드에 작업하시오. (60점)

《출력형태》

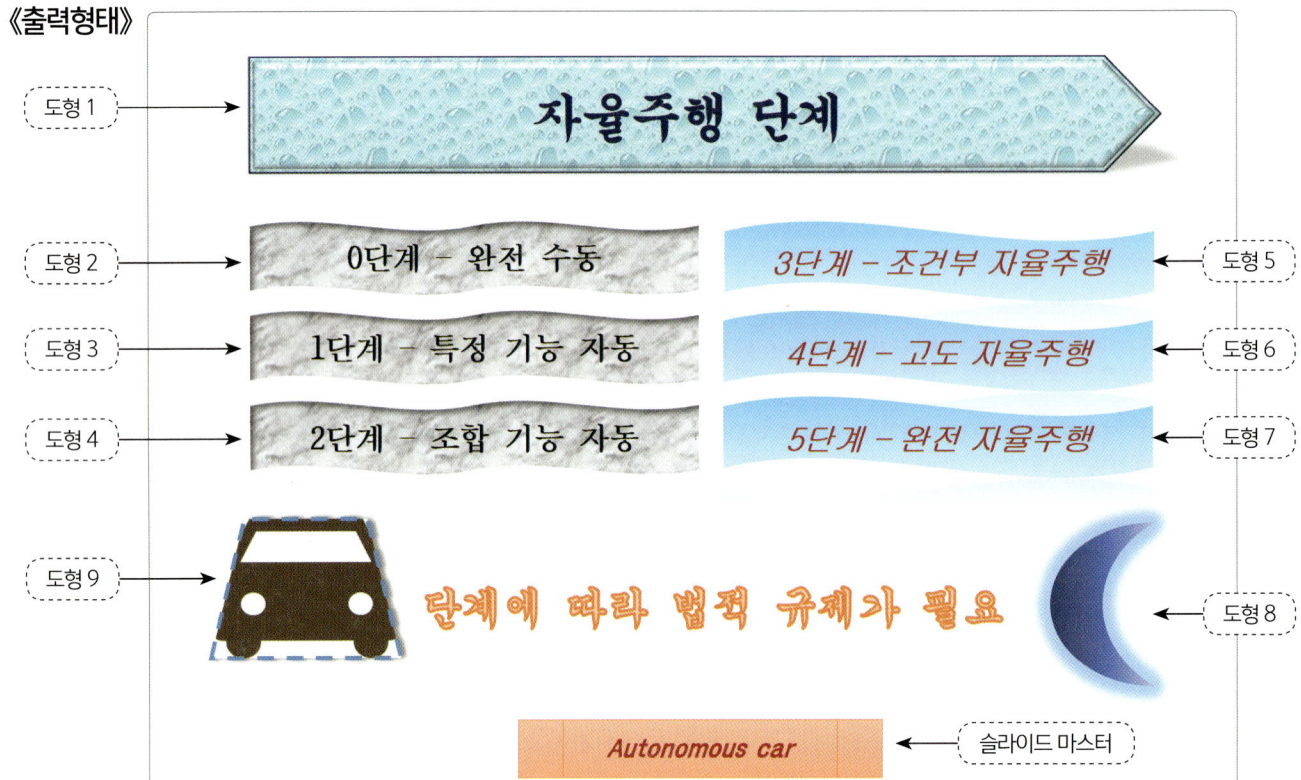

《작성조건》

(1) 제목
▶ 도형 1 ⇒ 블록 화살표 : 오각형, 도형 채우기(질감 : 작은 물방울), 도형 윤곽선(실선, 색 : 진한 파랑, 너비 : 1pt, 겹선 종류 : 단순형), 도형 효과(그림자 - 원근감 - 대각선 오른쪽 위, 입체 효과 - 아트 데코), 글꼴(궁서, 36pt, 굵게, 진한 파랑)

(2) 본문
▶ 도형 2~4 ⇒ 별 및 현수막 : 이중 물결, 도형 채우기(질감 : 흰색 대리석), 선 없음, 도형 효과(그림자 - 안쪽 - 대각선 왼쪽 위), 글꼴(휴먼명조, 22pt, 굵게, '검정, 텍스트 1')
▶ 도형 5~7 ⇒ 별 및 현수막 : 물결, 도형 채우기(연한 파랑, 그라데이션 - 선형 아래쪽), 선 없음, 도형 효과(반사 - '근접 반사, 터치'), 글꼴(굴림, 22pt, 굵게, 기울임꼴, 진한 빨강)
▶ 도형 8 ⇒ 기본 도형 : 달, 도형 채우기(그라데이션 : 미리 설정 - '아래쪽 스포트라이트 - 강조 5', 종류 - 선형, 방향 - 선형 왼쪽), 선 없음, 도형 효과(네온 - '파랑, 18 pt 네온, 강조색 1')
▶ 도형 9 ⇒ 기본 도형 : 사다리꼴, 도형 채우기(그림 또는 질감 채우기) 기능을 사용하여 그림 3 삽입, 도형 윤곽선(실선, 색 : '파랑, 강조 1', 너비 : 3pt, 겹선 종류 : 단순형, 대시 종류 : 파선), 도형 효과(그림자 - 바깥쪽 - 오프셋 오른쪽)
▶ WordArt 삽입(단계에 따라 법적 규제가 필요) ⇒ WordArt 스타일('채우기 - 주황, 강조 2, 윤곽선 - 강조 2'), 글꼴 (궁서체, 30pt, 굵게)
▶ 지시사항이 없는 부분은《출력형태》와 동일하게 작성하시오.

제04회 실전모의고사

MS Office 2016 버전용

▶ 시험과목 : 프리젠테이션(파워포인트)
▶ 시험일자 : 20XX. XX. XX.(X)
▶ 응시자 기재사항 및 감독위원 확인

| 수 검 번 호 | DIP - XXXX - | 감독위원 확인 |
| 성 명 | | |

응시자 유의사항

1. 응시자는 신분증을 지참하여야 시험에 응시할 수 있으며, 시험이 종료될 때까지 신분증을 제시하지 못할 경우 해당 시험은 0점 처리됩니다.
2. 시스템(PC 작동 여부, 네트워크 상태 등)의 이상 여부를 반드시 확인하여야 하며, 시스템 이상이 있을시 감독위원에게 조치를 받으셔야 합니다.
3. 시험 중 부주의 또는 고의로 시스템을 파손한 경우는 응시자 부담으로 합니다.
4. 답안 전송 프로그램을 통해 다운로드 받은 파일을 이용하여 답안 파일을 작성하시기 바랍니다.
5. 작성한 답안 파일은 답안 전송 프로그램을 통하여 전송됩니다. 감독위원의 지시에 따라 주시기 바랍니다.
6. 다음 사항의 경우 실격(0점) 혹은 부정행위 처리됩니다.
   ① 답안 파일을 저장하지 않았거나, 저장한 파일이 손상되었을 경우
   ② 답안 파일을 지정된 폴더(바탕화면 "KAIT" 폴더)에 저장하지 않았을 경우
      ※ 답안 전송 프로그램 로그인 시 바탕화면에 자동 생성됨
   ③ 답안 파일을 다른 보조기억장치(USB) 혹은 네트워크(메신저, 게시판 등)로 전송할 경우
   ④ 휴대용 전화기 등 통신기기를 사용할 경우
7. 슬라이드는 반드시 순서대로 작성해야 하며, 순서가 다를 경우 "0"점 처리됩니다.
8. 시험지에 제시된 글꼴이 응시 프로그램에 없는 경우, 반드시 감독위원에게 해당 내용을 통보한 뒤 조치를 받아야 합니다.
9. 슬라이드 작성 시 도형의 그룹 설정을 사용하는 경우, 채점에서 감점 처리됩니다.
10. 시험의 완료는 작성이 완료된 답안을 저장하고, 답안 전송이 완료된 상태를 확인한 것으로 합니다. 답안 전송 확인 후 문제지는 감독위원에게 제출한 후 퇴실하여야 합니다.
11. 답안 전송이 완료된 경우에는 수정 또는 정정이 불가능합니다.
12. 시험 시행 후 합격자 발표는 홈페이지(www.ihd.or.kr)에서 확인하시기 바랍니다.
    ① 문제 및 모범답안 공개 : 20XX. XX. XX.(X)
    ② 합격자 발표 : 20XX. XX. XX.(X)

디지털정보활용능력 : 프리젠테이션(파워포인트) [시험시간: 40분]

<유의사항>
- 《작성조건》을 준수하여 반드시 프리젠테이션 슬라이드로 작업합니다.
- 글꼴 및 기타 사항에 대해 별도의 지시사항이 없는 경우, 슬라이드 크기와 전체적인 균형을 고려하여 임의로 작성하되, 도형은 그룹으로 설정하지 않습니다.
- 모든 슬라이드 크기(A4), 방향(가로), 디자인 테마(Office 테마)로 지정합니다.
  ▶ 슬라이드 크기, 방향 조정 시 '맞춤 확인'으로 지정하여야 합니다.
- 공통적용사항(슬라이드 마스터)
  ▶ 도형 ⇒ 순서도 : 수동 입력, 도형 스타일('색 채우기 – 파랑, 강조 5'), 글꼴(바탕체, 18pt, 굵게, 텍스트 그림자)
- 그림 삽입 시 다운로드 한 그림 파일을 반드시 사용하여야 합니다.
- ┌┄┄┐→은 지시사항이므로 작성하지 않습니다.
- 슬라이드에 제시된 글자 및 숫자 오타는 감점 처리됩니다.

【슬라이드 1】 아래의 작성조건 및 출력형태에 알맞게 첫 번째 슬라이드에 작업하시오. (30점)

《출력형태》

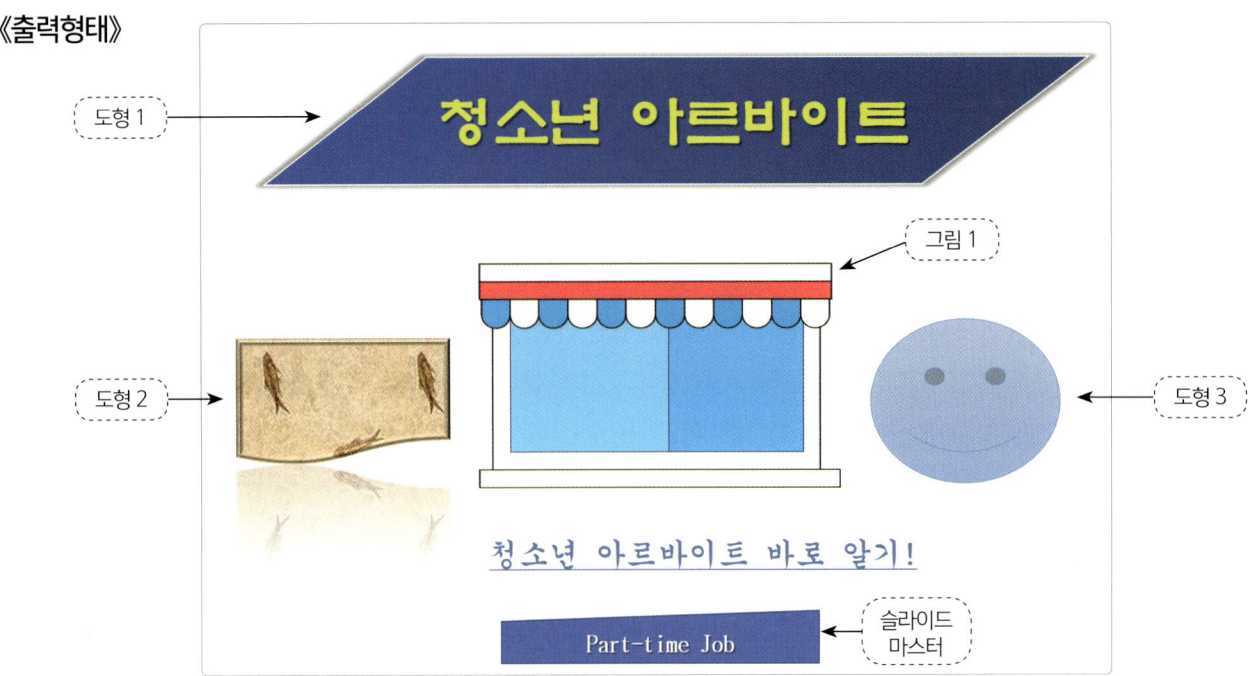

《작성조건》
▶ 도형1 ⇒ 순서도 : 데이터, 도형 채우기(그라데이션 : 미리 설정 – '방사형 그라데이션 – 강조 5', 종류 – 방사형, 방향 – 왼쪽 위 모서리에서), 도형 윤곽선(실선, 색 : '흰색, 배경 1', 너비 : 1pt, 겹선 종류 : 단순형), 도형 효과(그림자 – 바깥쪽 – 오프셋 가운데), 글꼴(휴먼옛체, 44pt, 텍스트 그림자, 노랑)
▶ 도형2 ⇒ 순서도 : 문서, 도형 채우기(질감 : 물고기 화석), 선 없음, 도형 효과(반사 – '전체 반사, 터치', 입체 효과 – 낮은 수준의 경사)
▶ 도형3 ⇒ 기본 도형 : 웃는 얼굴, 도형 스타일('미세효과 – 파랑, 강조 1')
▶ 그림 삽입 ⇒ 그림 1삽입, 크기(높이 : 6cm, 너비 : 10cm)
▶ 텍스트 상자(청소년 아르바이트 바로 알기!) ⇒ 글꼴(궁서체, 24pt, 밑줄, '파랑, 강조 5')
▶ 애니메이션 지정 ⇒ 도형 1 : 나타내기 – 밝기 변화
▶ 지시사항이 없는 부분은《출력형태》와 동일하게 작성하시오.

디지털정보활용능력 : 프리젠테이션(파워포인트)

[시험시간: 40분]

【슬라이드 2】 아래의 작성조건 및 출력형태에 알맞게 두 번째 슬라이드에 작업하시오. (50점)

《출력형태》

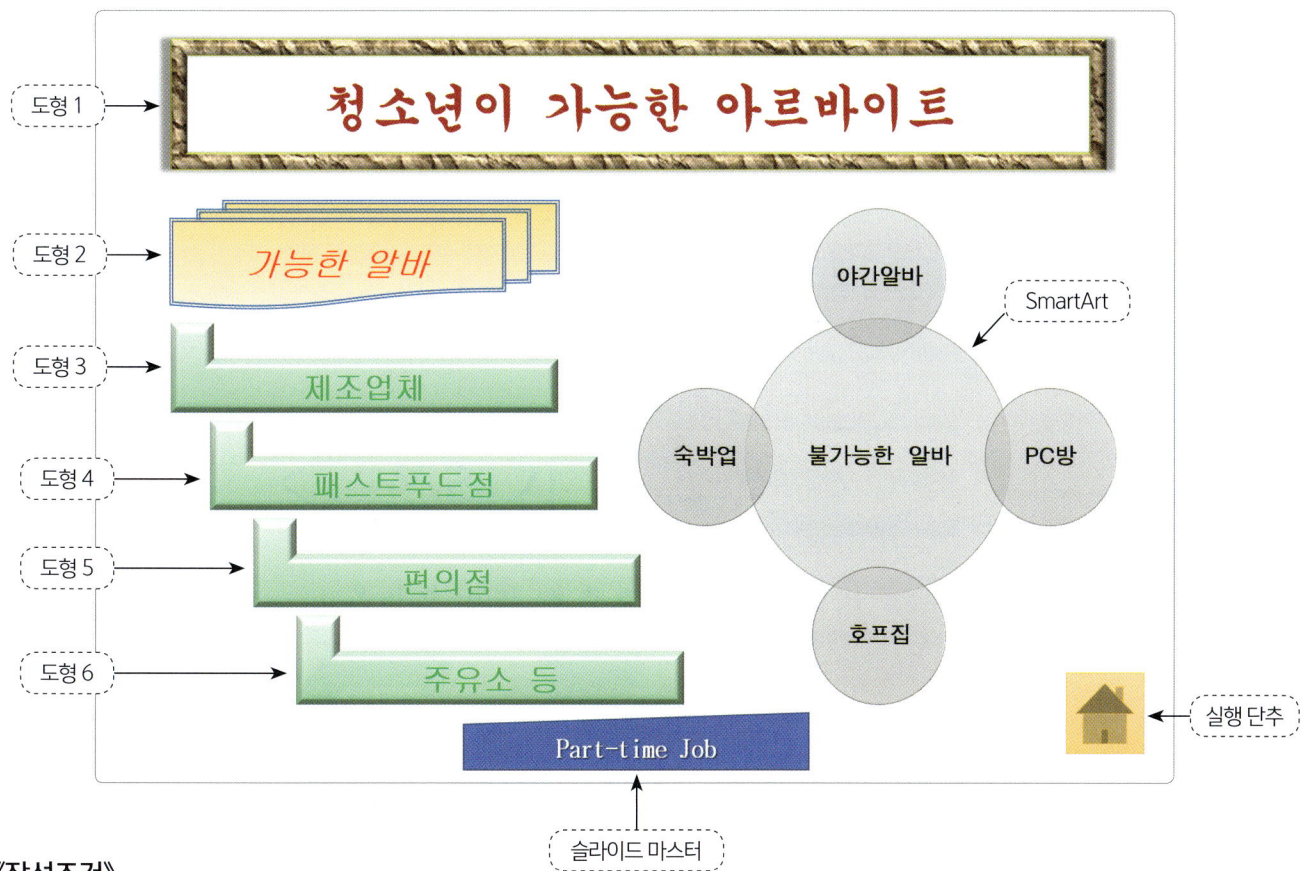

《작성조건》

(1) 제목
▶ 도형 1 ⇒ 기본 도형 : 액자, 도형 채우기(질감 : 종이 가방), 도형 윤곽선(실선, 색 : 노랑, 너비 : 1pt, 겹선 종류 : 단순형), 도형 효과(그림자 - 바깥쪽 - 오프셋 가운데, 입체 효과 - 리블렛), 글꼴(궁서체, 35pt, 굵게, 진한 빨강)

(2) 본문
▶ 도형 2 ⇒ 순서도 : 다중 문서, 도형 채우기(주황, 그라데이션 - 선형 아래쪽), 도형 윤곽선(실선, 색 : 파랑, 너비 : 3pt, 겹선 종류 : 이중), 글꼴(굴림체, 24pt, 굵게, 기울임꼴, 빨강)
▶ 도형 3~6 ⇒ 기본 도형 : L 도형, 도형 채우기(녹색, 그라데이션 - 선형 위쪽), 선 없음, 도형 효과(입체 효과 - 비스듬하게), 글꼴(굴림체, 22pt, 굵게, 녹색)
▶ 실행 단추 ⇒ 실행 단추 : 홈, 하이퍼링크 : 첫째 슬라이드, 도형 스타일('미세효과 - 황금색, 강조 4')
▶ SmartArt 삽입 ⇒ 주기형 : 방사형 벤형, 글꼴(돋움, 16pt, 굵게, 가운데 맞춤), SmartArt 스타일(색 변경 - '투명 그라데이션 범위 - 강조 3', 미세 효과), (반드시 SmartArt 기능을 이용하여 작성할 것)
▶ 애니메이션 지정 ⇒ SmartArt : 나타내기 - 나누기
▶ 지시사항이 없는 부분은 《출력형태》와 동일하게 작성하시오.

【슬라이드 3】 아래의 작성조건 및 출력형태에 알맞게 세 번째 슬라이드에 작업하시오. (60점)

《출력형태》

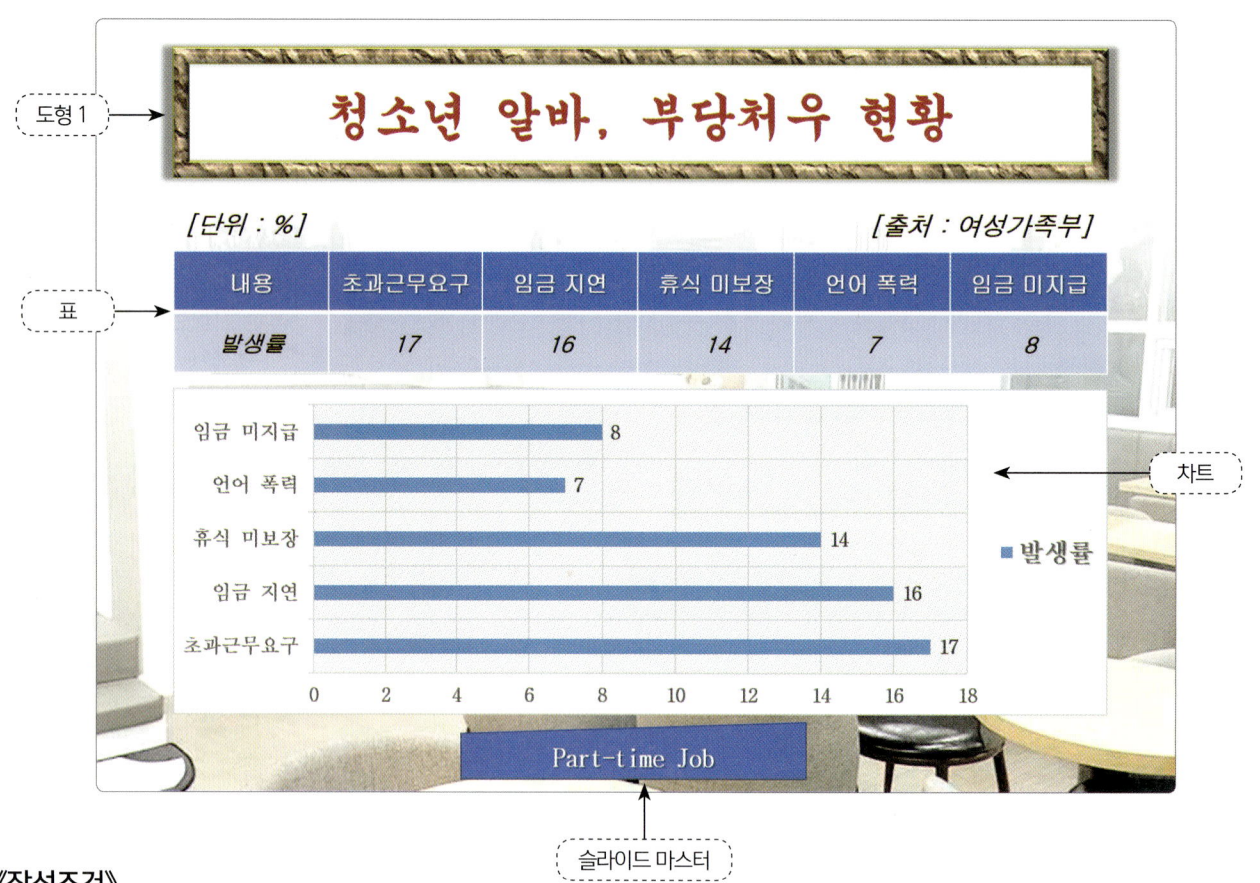

《작성조건》

(1) 제목
▶ 도형 1 ⇒ 기본 도형 : 액자, 도형 채우기(질감 : 종이 가방), 도형 윤곽선(실선, 색 : 노랑, 너비 : 1pt, 겹선 종류 : 단순형), 도형 효과(그림자 - 바깥쪽 - 오프셋 가운데, 입체 효과 - 리블렛), 글꼴(궁서체, 35pt, 굵게, 진한 빨강)

(2) 본문
▶ 텍스트 상자 1([단위 : %]) ⇒ 글꼴(돋움, 18pt, 굵게, 기울임꼴)
▶ 표 ⇒ 표 스타일(보통 스타일 2 - 강조 5), 가장 위의 행 : 글꼴(굴림, 16pt, 굵게, 텍스트 그림자, 가운데 맞춤), 나머지 행 : 글꼴(굴림, 16pt, 굵게, 기울임꼴, 가운데 맞춤)
▶ 텍스트 상자 2([출처 : 여성가족부]) ⇒ 글꼴(돋움, 18pt, 굵게, 기울임꼴)
▶ 차트 ⇒ 가로 막대형 : 묶은 가로 막대형, 차트 스타일(색 변경 - '색상형 - 색 2', 스타일 6), 축 서식/데이터 레이블 서식 : 글꼴(바탕체, 14pt, 굵게), 범례 서식 : 글꼴(바탕체, 18pt, 굵게, 텍스트 그림자), 데이터는 표 참고
▶ 배경 ⇒ 배경 서식(채우기 - 그림 또는 질감 채우기)에서 그림 2 삽입(현재 슬라이드만 적용)
▶ 애니메이션 지정 ⇒ 차트 : 나타내기 - 확대/축소
▶ 지시사항이 없는 부분은 《출력형태》와 동일하게 작성하시오.

디지털정보활용능력 : 프리젠테이션(파워포인트) [시험시간: 40분] 4/4

【슬라이드 4】 아래의 작성조건 및 출력형태에 알맞게 네 번째 슬라이드에 작업하시오. (60점)

《출력형태》

《작성조건》

(1) 제목
- 도형 1 ⇒ 기본 도형 : 액자, 도형 채우기(질감 : 종이 가방), 도형 윤곽선(실선, 색 : 노랑, 너비 : 1pt, 겹선 종류 : 단순형), 도형 효과(그림자 – 바깥쪽 – 오프셋 가운데, 입체 효과 – 리블렛), 글꼴(궁서체, 35pt, 굵게, 진한 빨강)

(2) 본문
- 도형 2~4 ⇒ 블록 화살표 : 갈매기형 수장, 도형 채우기(질감 : 분홍 박엽지), 선 없음, 도형 효과(그림자 – 안쪽 – 가운데), 글꼴(휴먼명조, 20pt, 굵게)
- 도형 5~7 ⇒ 블록 화살표 : 오각형, 도형 채우기(주황, 그라데이션 – 선형 아래쪽), 선 없음, 도형 효과(네온 – '주황, 8 pt 네온, 강조색 2'), 글꼴(휴먼명조, 20pt, 굵게, 기울임꼴, 진한 빨강)
- 도형 8 ⇒ 별 및 현수막 : 가로로 말린 두루마리 모양, 도형 채우기(그라데이션 : 미리 설정 – '아래쪽 스포트라이트 – 강조 2', 종류 – 선형, 방향 – 선형 아래쪽), 선 없음, 도형 효과(반사 – '근접 반사, 터치')
- 도형 9 ⇒ 설명선 : 타원형 설명선, 도형 채우기(그림 또는 질감 채우기) 기능을 사용하여 그림 3 삽입, 도형 윤곽선(실선, 색 : 연한 파랑, 너비 : 3pt, 겹선 종류 : 단순형, 대시 종류 : 둥근 점선), 도형 효과(그림자 – 바깥쪽 – 오프셋 오른쪽)
- WordArt 삽입(근로계약서 필히 작성!) ⇒ WordArt 스타일('무늬 채우기 – 흰색, 텍스트 2, 어두운 상향 대각선, 그림자'), 글꼴(궁서체, 30pt, 굵게, 텍스트 그림자)
- 지시사항이 없는 부분은 《출력형태》와 동일하게 작성하시오.

MS Office 2016 버전용

제05회 실전모의고사

▸ 시험과목 : 프리젠테이션(파워포인트)
▸ 시험일자 : 20XX. XX. XX.(X)
▸ 응시자 기재사항 및 감독위원 확인

수 검 번 호	DIP - XXXX -	감독위원 확인
성 명		

응시자 유의사항

1. 응시자는 신분증을 지참하여야 시험에 응시할 수 있으며, 시험이 종료될 때까지 신분증을 제시하지 못할 경우 해당 시험은 0점 처리됩니다.
2. 시스템(PC 작동 여부, 네트워크 상태 등)의 이상 여부를 반드시 확인하여야 하며, 시스템 이상이 있을시 감독위원에게 조치를 받으셔야 합니다.
3. 시험 중 부주의 또는 고의로 시스템을 파손한 경우는 응시자 부담으로 합니다.
4. 답안 전송 프로그램을 통해 다운로드 받은 파일을 이용하여 답안 파일을 작성하시기 바랍니다.
5. 작성한 답안 파일은 답안 전송 프로그램을 통하여 전송됩니다. 감독위원의 지시에 따라 주시기 바랍니다.
6. 다음 사항의 경우 실격(0점) 혹은 부정행위 처리됩니다.
   ❶ 답안 파일을 저장하지 않았거나, 저장한 파일이 손상되었을 경우
   ❷ 답안 파일을 지정된 폴더(바탕화면 "KAIT" 폴더)에 저장하지 않았을 경우
      ※ 답안 전송 프로그램 로그인 시 바탕화면에 자동 생성됨
   ❸ 답안 파일을 다른 보조기억장치(USB) 혹은 네트워크(메신저, 게시판 등)로 전송할 경우
   ❹ 휴대용 전화기 등 통신기기를 사용할 경우
7. 슬라이드는 반드시 순서대로 작성해야 하며, 순서가 다를 경우 "0"점 처리됩니다.
8. 시험지에 제시된 글꼴이 응시 프로그램에 없는 경우, 반드시 감독위원에게 해당 내용을 통보한 뒤 조치를 받아야 합니다.
9. 슬라이드 작성 시 도형의 그룹 설정을 사용하는 경우, 채점에서 감점 처리됩니다.
10. 시험의 완료는 작성이 완료된 답안을 저장하고, 답안 전송이 완료된 상태를 확인한 것으로 합니다. 답안 전송 확인 후 문제지는 감독위원에게 제출한 후 퇴실하여야 합니다.
11. 답안 전송이 완료된 경우에는 수정 또는 정정이 불가능합니다.
12. 시험 시행 후 합격자 발표는 홈페이지(www.ihd.or.kr)에서 확인하시기 바랍니다.
    ❶ 문제 및 모범답안 공개 : 20XX. XX. XX.(X)
    ❷ 합격자 발표 : 20XX. XX. XX.(X)

디지털정보활용능력 : 프리젠테이션(파워포인트) [시험시간: 40분] 1/4

<유의사항>
- 《작성조건》을 준수하여 반드시 프리젠테이션 슬라이드로 작업합니다.
- 글꼴 및 기타 사항에 대해 별도의 지시사항이 없는 경우, 슬라이드 크기와 전체적인 균형을 고려하여 임의로 작성하되, 도형은 그룹으로 설정하지 않습니다.
- 모든 슬라이드 크기(A4), 방향(가로), 디자인 테마(Office 테마)로 지정합니다.
  ▶ 슬라이드 크기, 방향 조정 시 '맞춤 확인'으로 지정하여야 합니다.
- 공통적용사항(슬라이드 마스터)
  ▶ 도형 ⇒ 기본 도형 : 구름, 도형 스타일('밝은 색 1 윤곽선, 색 채우기 – 파랑, 강조 1'), 글꼴(돋움체, 18pt, 굵게)
- 그림 삽입 시 다운로드 한 그림 파일을 반드시 사용하여야 합니다.
- ⌐ ⌐→은 지시사항이므로 작성하지 않습니다.
- 슬라이드에 제시된 글자 및 숫자 오타는 감점 처리됩니다.

【슬라이드 1】 아래의 작성조건 및 출력형태에 알맞게 첫 번째 슬라이드에 작업하시오. (30점)

《출력형태》

《작성조건》
▶ 도형 1 ⇒ 기본 도형 : 액자, 도형 채우기(질감 : 일반 목재), 도형 윤곽선(실선, 색 : 진한 파랑, 너비 : 1.5pt, 겹선 종류 : 단순형), 도형 효과(그림자 – 원근감 대각선 오른쪽 위), 글꼴(휴먼옛체, 44pt, 기울임꼴, '청회색, 텍스트 2')
▶ 도형 2 ⇒ 블록 화살표 : 줄무늬가 있는 오른쪽 화살표, 도형 채우기(질감 : 편지지), 선 없음, 도형 효과(반사 – '근접 반사, 터치', 입체 효과 – 각지게)
▶ 도형 3 ⇒ 블록 화살표 : 왼쪽 화살표 설명선, 도형 스타일('미세 효과 – 파랑, 강조 1')
▶ 그림 삽입 ⇒ 그림 1 삽입, 크기(높이 : 4cm, 너비 : 8cm)
▶ 텍스트 상자(SNS, 인터넷, TV 등 1인 미디어의 영향력이 커짐) ⇒ 글꼴(휴먼옛체, 24pt, 밑줄, '주황, 강조 2')
▶ 애니메이션 지정 ⇒ 도형 1 : 나타내기 – 나누기
▶ 지시사항이 없는 부분은 《출력형태》와 동일하게 작성하시오.

디지털정보활용능력 : 프리젠테이션(파워포인트)

[시험시간: 40분] 2/4

【슬라이드 2】 아래의 작성조건 및 출력형태에 알맞게 두 번째 슬라이드에 작업하시오. (50점)

《출력형태》

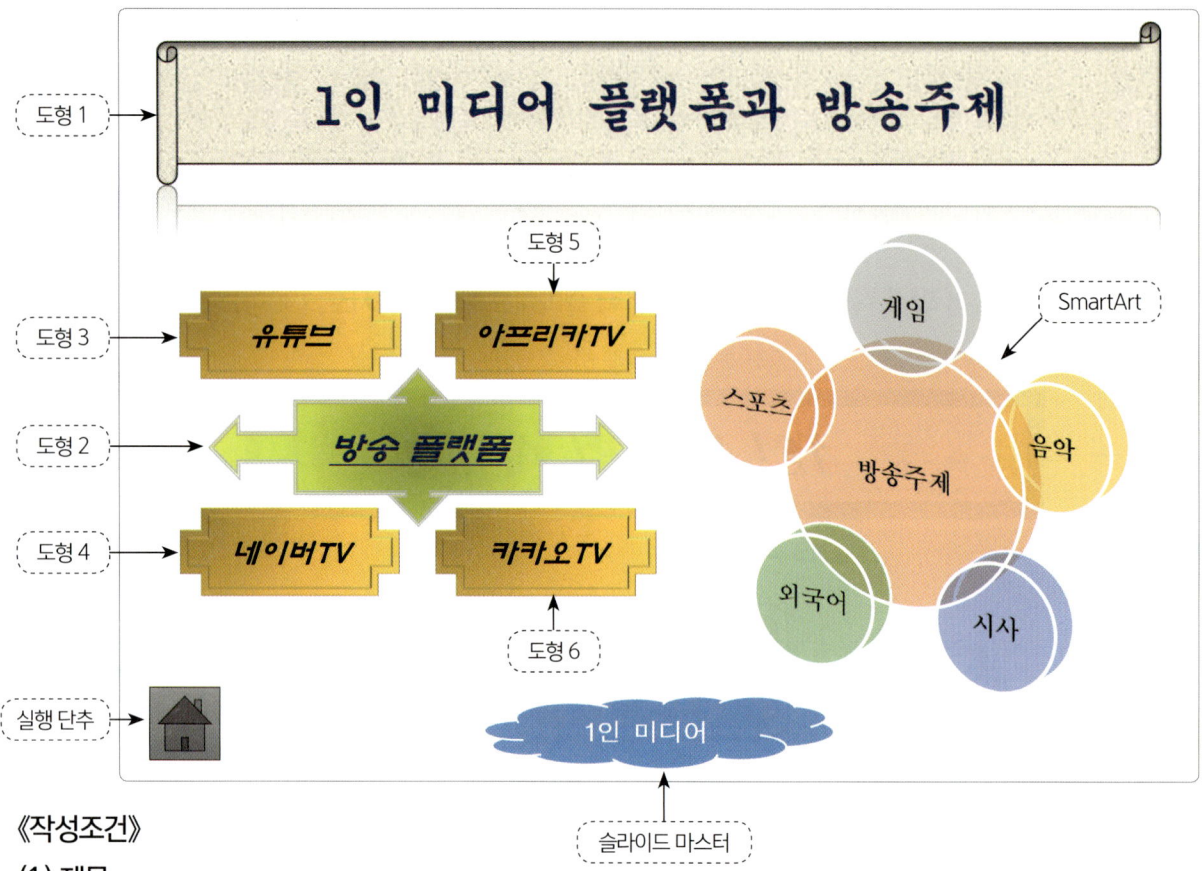

《작성조건》

(1) 제목
▶ 도형 1 ⇒ 별 및 현수막 : 가로로 말린 두루마리 모양, 도형 채우기(질감 : 재생지), 도형 윤곽선(실선, 색 : '검정, 텍스트 1', 너비 : 1pt, 겹선 종류 : 단순형), 도형 효과(그림자 - 안쪽 위쪽, 반사 - '근접 반사, 터치'), 글꼴(궁서체, 36pt, 굵게, 진한 파랑)

(2) 본문
▶ 도형 2 ⇒ 블록 화살표 : 왼쪽/오른쪽/위쪽/아래쪽 설명선, 도형 채우기(노랑, 그라데이션 - 가운데에서), 도형 윤곽선(실선, 색 : '흰색, 배경 1, 25% 더 어둡게', 너비 : 3pt, 겹선 종류 : 이중), 글꼴(휴먼옛체, 24pt, 기울임꼴, 밑줄, 진한 파랑)
▶ 도형 3~6 ⇒ 기본 도형 : 십자형, 도형 채우기(주황, 그라데이션 - 왼쪽 위 모서리에서), 선 없음, 도형 효과(입체 효과 - 십자형으로), 글꼴(휴먼옛체, 20pt, 기울임꼴, '검정, 텍스트 1')
▶ 실행 단추 ⇒ 실행 단추 : 홈, 하이퍼링크 : 첫째 슬라이드, 도형 스타일('미세 효과 - 검정, 어둡게 1')
▶ SmartArt 삽입 ⇒ 주기형 : 방사형 벤형, 글꼴(바탕체, 20pt, 굵게, 가운데 맞춤), SmartArt 스타일(색 변경 - '색상형 - 강조색', 3차원 - 벽돌), (반드시 SmartArt 기능을 이용하여 작성할 것)
▶ 애니메이션 지정 ⇒ SmartArt : 나타내기 - 회전하며 밝기 변화
▶ 지시사항이 없는 부분은 《출력형태》와 동일하게 작성하시오.

디지털정보활용능력 : 프리젠테이션(파워포인트)

[시험시간: 40분] 3/4

【슬라이드 3】 아래의 작성조건 및 출력형태에 알맞게 세 번째 슬라이드에 작업하시오. (60점)

《출력형태》

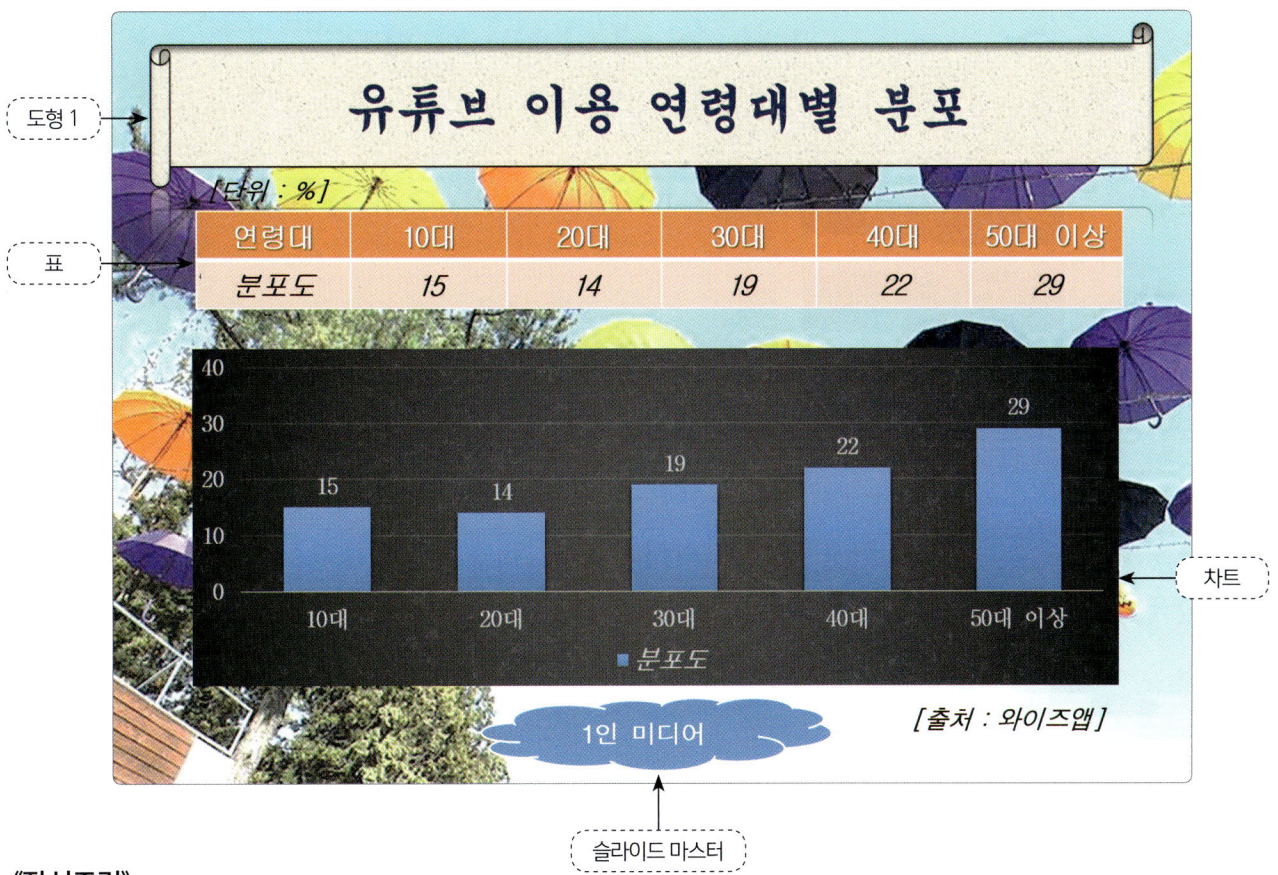

《작성조건》

(1) 제목
▶ 도형 1 ⇒ 별 및 현수막 : 가로로 말린 두루마리 모양, 도형 채우기(질감 : 재생지), 도형 윤곽선(실선, 색 : '검정, 텍스트 1', 너비 : 1pt, 겹선 종류 : 단순형), 도형 효과(그림자 - 안쪽 위쪽, 반사 - '근접 반사, 터치'), 글꼴(궁서체, 36pt, 굵게, 진한 파랑)

(2) 본문
▶ 텍스트 상자 1([단위 : %]) ⇒ 글꼴(돋움, 18pt, 굵게, 기울임꼴)
▶ 표 ⇒ 표 스타일(보통 스타일 2 - 강조 2), 가장 위의 행 : 글꼴(굴림체, 20pt, 굵게, 텍스트 그림자, 가운데 맞춤), 나머지 행 : 글꼴(굴림체, 20pt, 굵게, 기울임꼴, 가운데 맞춤)
▶ 텍스트 상자 2([출처 : 와이즈앱]) ⇒ 글꼴(돋움, 18pt, 굵게, 기울임꼴)
▶ 차트 ⇒ 세로 막대형 : 묶은 세로 막대형, 차트 스타일(색 변경 - '색상형 - 색 1', 스타일 9), 축 서식/데이터 레이블 서식 : 글꼴(바탕체, 16pt, 굵게), 범례 서식 : 글꼴(돋움, 18pt, 굵게, 기울임꼴), 데이터는 표 참고
▶ 배경 ⇒ 배경 서식(채우기 - 그림 또는 질감 채우기)에서 그림 2 삽입(현재 슬라이드만 적용)
▶ 애니메이션 지정 ⇒ 차트 : 나타내기 - 나누기
▶ 지시사항이 없는 부분은《출력형태》와 동일하게 작성하시오.

디지털정보활용능력 : 프리젠테이션(파워포인트) [시험시간: 40분] 4/4

【슬라이드 4】 아래의 작성조건 및 출력형태에 알맞게 네 번째 슬라이드에 작업하시오. (60점)

《출력형태》

《작성조건》

(1) 제목
▶ 도형 1 ⇒ 별 및 현수막 : 가로로 말린 두루마리 모양, 도형 채우기(질감 : 재생지), 도형 윤곽선(실선, 색 : '검정, 텍스트 1', 너비 : 1pt, 겹선 종류 : 단순형), 도형 효과(그림자 - 안쪽 위쪽, 반사 - '근접 반사, 터치'), 글꼴(궁서체, 36pt, 굵게, 진한 파랑)

(2) 본문
▶ 도형 2~4 ⇒ 순서도 : 문서, 도형 채우기(질감 : 녹색 대리석), 선 없음, 도형 효과(반사 - '근접 반사, 4 pt 오프셋'), 글꼴(굴림체, 22pt, 굵게, '회색-25%, 배경 2')
▶ 도형 5~7 ⇒ 사각형 : 대각선 방향의 모서리가 잘린 사각형, 도형 채우기(연한 녹색, 그라데이션 - 선형 위쪽), 선 없음, 도형 효과(그림자 - 안쪽 대각선 오른쪽 위), 글꼴(굴림체, 20pt, 굵게, 기울임꼴, 진한 파랑)
▶ 도형 8 ⇒ 기본 도형 : 하트, 도형 채우기(빨강, 그라데이션 - 가운데에서), 선 없음, 도형 효과(입체 효과 - 딱딱한 가장자리)
▶ 도형 9 ⇒ 기본 도형 : 정육면체, 도형 채우기(그림 또는 질감 채우기) 기능을 사용하여 그림 3 삽입, 도형 윤곽선(실선, 색 : 빨강, 너비 : 3pt, 겹선 종류 : 단순형, 대시 종류 : 둥근 점선), 도형 효과(그림자 - 원근감 대각선 오른쪽 위)
▶ WordArt 삽입(1인 미디어는 누구나 주인공!) ⇒ WordArt 스타일('채우기 - 주황, 강조 2, 윤곽선 - 강조 2'), 글꼴(휴먼옛체, 30pt, 밑줄)
▶ 지시사항이 없는 부분은《출력형태》와 동일하게 작성하시오.

제06회 실전모의고사

MS Office 2016 버전용

▸ 시험과목 : 프리젠테이션(파워포인트)
▸ 시험일자 : 20XX. XX. XX.(X)
▸ 응시자 기재사항 및 감독위원 확인

B

수 검 번 호	DIP – XXXX –	감독위원확인
성 명		

응시자 유의사항

1. 응시자는 신분증을 지참하여야 시험에 응시할 수 있으며, 시험이 종료될 때까지 신분증을 제시하지 못할 경우 해당 시험은 0점 처리됩니다.
2. 시스템(PC 작동 여부, 네트워크 상태 등)의 이상 여부를 반드시 확인하여야 하며, 시스템 이상이 있을시 감독위원에게 조치를 받으셔야 합니다.
3. 시험 중 부주의 또는 고의로 시스템을 파손한 경우는 응시자 부담으로 합니다.
4. 답안 전송 프로그램을 통해 다운로드 받은 파일을 이용하여 답안 파일을 작성하시기 바랍니다.
5. 작성한 답안 파일은 답안 전송 프로그램을 통하여 전송됩니다. 감독위원의 지시에 따라 주시기 바랍니다.
6. 다음 사항의 경우 실격(0점) 혹은 부정행위 처리됩니다.
   ❶ 답안 파일을 저장하지 않았거나, 저장한 파일이 손상되었을 경우
   ❷ 답안 파일을 지정된 폴더(바탕화면 "KAIT" 폴더)에 저장하지 않았을 경우
      ※ 답안 전송 프로그램 로그인 시 바탕화면에 자동 생성됨
   ❸ 답안 파일을 다른 보조기억장치(USB) 혹은 네트워크(메신저, 게시판 등)로 전송할 경우
   ❹ 휴대용 전화기 등 통신기기를 사용할 경우
7. 슬라이드는 반드시 순서대로 작성해야 하며, 순서가 다를 경우 "0"점 처리됩니다.
8. 시험지에 제시된 글꼴이 응시 프로그램에 없는 경우, 반드시 감독위원에게 해당 내용을 통보한 뒤 조치를 받아야 합니다.
9. 슬라이드 작성 시 도형의 그룹 설정을 사용하는 경우, 채점에서 감점 처리됩니다.
10. 시험의 완료는 작성이 완료된 답안을 저장하고, 답안 전송이 완료된 상태를 확인한 것으로 합니다. 답안 전송 확인 후 문제지는 감독위원에게 제출한 후 퇴실하여야 합니다.
11. 답안 전송이 완료된 경우에는 수정 또는 정정이 불가능합니다.
12. 시험 시행 후 합격자 발표는 홈페이지(www.ihd.or.kr)에서 확인하시기 바랍니다.
    ❶ 문제 및 모범답안 공개 : 20XX. XX. XX.(X)
    ❷ 합격자 발표 : 20XX. XX. XX.(X)

디지털정보활용능력 : 프리젠테이션(파워포인트)   [시험시간: 40분] 1/4

<유의사항>
- 《작성조건》을 준수하여 반드시 프리젠테이션 슬라이드로 작업합니다.
- 글꼴 및 기타 사항에 대해 별도의 지시사항이 없는 경우, 슬라이드 크기와 전체적인 균형을 고려하여 임의로 작성하되, 도형은 그룹으로 설정하지 않습니다.
- 모든 슬라이드 크기(A4), 방향(가로), 디자인 테마(Office 테마)로 지정합니다.
  ▶ 슬라이드 크기, 방향 조정 시 '맞춤 확인'으로 지정하여야 합니다.
- 공통적용사항(슬라이드 마스터)
  ▶ 도형 ⇒ 기본 도형 : 배지, 도형 스타일('미세 효과 – 주황, 강조 2'), 글꼴(바탕, 18pt, 굵게)
- 그림 삽입 시 다운로드 한 그림 파일을 반드시 사용하여야 합니다.
- ⌐ ⌐ ⌐ ⌐ → 은 지시사항이므로 작성하지 않습니다.
- 슬라이드에 제시된 글자 및 숫자 오타는 감점 처리됩니다.

【슬라이드 1】 아래의 작성조건 및 출력형태에 알맞게 첫 번째 슬라이드에 작업하시오. (30점)

《출력형태》

《작성조건》
▶ 도형1 ⇒ 순서도 : 천공 테이프, 도형 채우기(그라데이션 : 미리 설정 – '방사형 그라데이션 – 강조 2', 종류 – 방사형, 방향 – 왼쪽 아래 모서리에서), 도형 윤곽선(실선, 색 : 노랑, 너비 : 3pt, 겹선 종류 : 단순형), 도형 효과(그림자 – 바깥쪽 – 오프셋 아래쪽), 글꼴(휴먼옛체, 40pt, 기울임꼴, 텍스트 그림자)
▶ 도형2 ⇒ 블록 화살표 : 위쪽/아래쪽 화살표, 도형 채우기(질감 : 작은 물방울), 선 없음, 도형 효과(반사 – '전체 반사, 터치', 입체 효과 – 급경사)
▶ 도형3 ⇒ 블록 화살표 : 아래로 구부러진 화살표, 도형 스타일('미세 효과 – 주황, 강조 2')
▶ 그림 삽입 ⇒ 그림1 삽입, 크기(높이 : 7cm, 너비 : 6cm)
▶ 텍스트 상자(손 씻고, 끓여먹고, 익혀먹기) ⇒ 글꼴(궁서, 24pt, 밑줄, '파랑, 강조 5')
▶ 애니메이션 지정 ⇒ 도형1 : 나타내기 – 실선 무늬
▶ 지시사항이 없는 부분은 《출력형태》와 동일하게 작성하시오.

디지털정보활용능력 : 프리젠테이션(파워포인트) [시험시간: 40분] 2/4

【슬라이드 2】 아래의 작성조건 및 출력형태에 알맞게 두 번째 슬라이드에 작업하시오. (50점)

《출력형태》

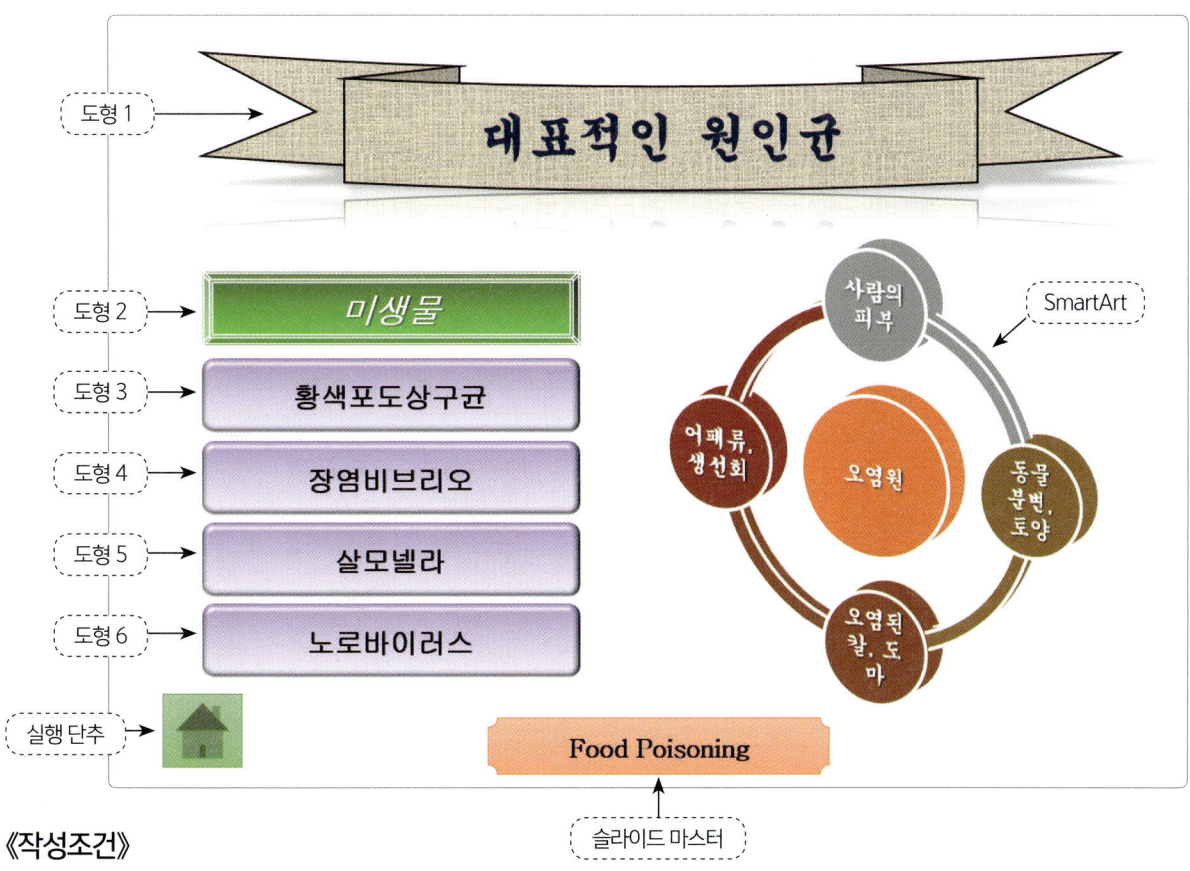

《작성조건》

(1) 제목
▶ 도형 1 ⇒ 별 및 현수막 : 아래로 구부러진 리본, 도형 채우기(질감 : 캔버스), 도형 윤곽선(실선, 색 : '검정, 텍스트 1', 너비 : 1pt, 겹선 종류 : 단순형), 도형 효과(그림자 - 원근감 대각선 오른쪽 위, 반사 - '근접 반사, 터치'), 글꼴(궁서체, 35pt, 굵게, 진한 파랑)

(2) 본문
▶ 도형 2 ⇒ 기본 도형 : 빗면, 도형 채우기(연한 녹색, 그라데이션 - 선형 아래쪽), 도형 윤곽선(실선, 색 : '흰색, 배경 1', 너비 : 3pt, 겹선 종류 : 이중), 글꼴(돋움, 24pt, 굵게, 기울임꼴, 텍스트 그림자)
▶ 도형 3~6 ⇒ 사각형 : 모서리가 둥근 직사각형, 도형 채우기(자주, 그라데이션 - 선형 아래쪽), 선 없음, 도형 효과(입체 효과 - 둥글게), 글꼴(굴림체, 20pt, 굵게, '검정, 텍스트 1')
▶ 실행 단추 ⇒ 실행 단추 : 홈, 하이퍼링크 : 첫째 슬라이드, 도형 스타일('미세 효과 - 녹색, 강조 6')
▶ SmartArt 삽입 ⇒ 주기형 : 방사 주기형, 글꼴(궁서, 18pt, 굵게, 텍스트 그림자, 가운데 맞춤), SmartArt 스타일(색 변경 - '색상형 범위 - 강조색 3 또는 4', 3차원 - 벽돌), (반드시 SmartArt 기능을 이용하여 작성할 것)
▶ 애니메이션 지정 ⇒ SmartArt : 나타내기 - 회전하며 밝기 변화
▶ 지시사항이 없는 부분은《출력형태》와 동일하게 작성하시오.

디지털정보활용능력 : 프리젠테이션(파워포인트)

【슬라이드 3】 아래의 작성조건 및 출력형태에 알맞게 세 번째 슬라이드에 작업하시오. (60점)

《출력형태》

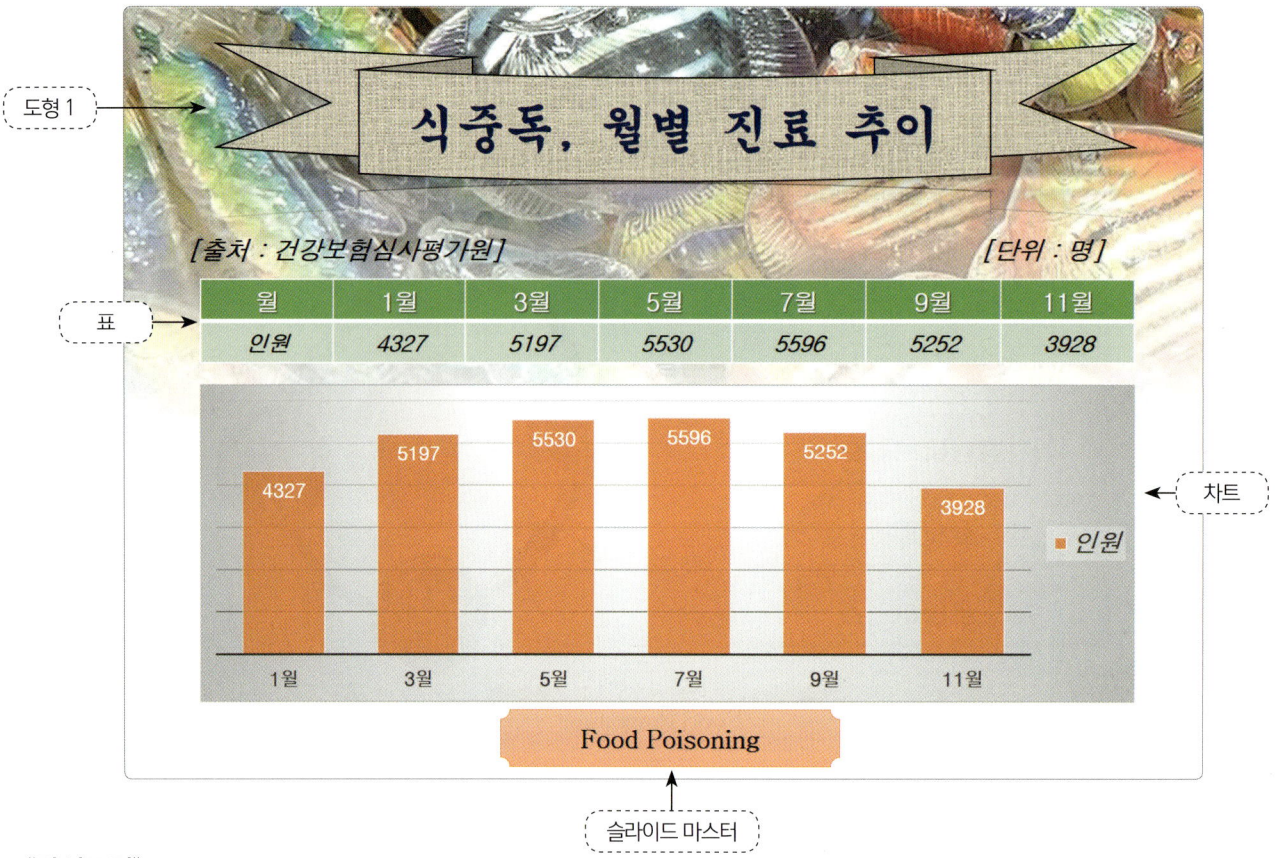

《작성조건》

(1) 제목
▶ 도형 1 ⇒ 별 및 현수막 : 아래로 구부러진 리본, 도형 채우기(질감 : 캔버스), 도형 윤곽선(실선, 색 : '검정, 텍스트 1', 너비 : 1pt, 겹선 종류 : 단순형), 도형 효과(그림자 – 원근감 대각선 오른쪽 위, 반사 – '근접 반사, 터치'), 글꼴(궁서체, 35pt, 굵게, 진한 파랑)

(2) 본문
▶ 텍스트 상자 1([출처 : 건강보험심사평가원]) ⇒ 글꼴(돋움, 18pt, 굵게, 기울임꼴)
▶ 표 ⇒ 표 스타일(보통 스타일 2 – 강조 6), 가장 위의 행 : 글꼴(굴림, 18pt, 굵게, 텍스트 그림자, 가운데 맞춤), 나머지 행 : 글꼴(굴림, 16pt, 굵게, 기울임꼴, 가운데 맞춤)
▶ 텍스트 상자 2([단위 : 명]) ⇒ 글꼴(돋움, 18pt, 굵게, 기울임꼴)
▶ 차트 ⇒ 세로 막대형 : 묶은 세로 막대형, 차트 스타일(색 변경 – '색상형 – 색 3', 스타일 5), 축 서식/데이터 레이블 서식 : 글꼴(돋움, 14pt, 굵게), 범례 서식 : 글꼴(돋움, 18pt, 굵게, 기울임꼴), 데이터는 표 참고
▶ 배경 ⇒ 배경 서식(채우기 – 그림 또는 질감 채우기)에서 그림 2 삽입(현재 슬라이드만 적용)
▶ 애니메이션 지정 ⇒ 차트 : 나타내기 – 밝기 변화
▶ 지시사항이 없는 부분은 《출력형태》와 동일하게 작성하시오.

디지털정보활용능력 : 프리젠테이션(파워포인트)   [시험시간: 40분]   4/4

【슬라이드 4】 아래의 작성조건 및 출력형태에 알맞게 네 번째 슬라이드에 작업하시오. (60점)

《출력형태》

《작성조건》

(1) 제목
- 도형 1 ⇒ 별 및 현수막 : 아래로 구부러진 리본, 도형 채우기(질감 : 캔버스), 도형 윤곽선(실선, 색 : '검정, 텍스트 1', 너비 : 1pt, 겹선 종류 : 단순형), 도형 효과(그림자 – 원근감 대각선 오른쪽 위, 반사 – '근접 반사, 터치'), 글꼴(궁서체, 35pt, 굵게, 진한 파랑)

(2) 본문
- 도형 2~4 ⇒ 순서도 : 저장 데이터, 도형 채우기(질감 : 녹색 대리석), 선 없음, 도형 효과(반사 – '근접 반사, 4 pt 오프셋'), 글꼴(굴림, 20pt, 굵게)
- 도형 5~7 ⇒ 기본 도형 : 정육면체, 도형 채우기(노랑, 그라데이션 – 선형 왼쪽), 선 없음, 도형 효과(그림자 – 안쪽 가운데), 글꼴(굴림, 20pt, 굵게, 기울임꼴, 자주)
- 도형 8 ⇒ 수식 도형 : 부등호, 도형 채우기(그라데이션 : 미리 설정 – '가운데 그라데이션 – 강조 2', 종류 – 경로형), 선 없음, 도형 효과(입체 효과 – 둥글게)
- 도형 9 ⇒ 설명선 : 구름 모양 설명선, 도형 채우기(그림 또는 질감 채우기) 기능을 사용하여 그림 3 삽입, 도형 윤곽선(실선, 색 : 빨강, 너비 : 3pt, 겹선 종류 : 단순형, 대시 종류 : 둥근 점선), 도형 효과(그림자 – 안쪽 가운데)
- WordArt 삽입(식중독을 예방하자.) ⇒ WordArt 스타일('채우기 – 흰색, 윤곽선 – 강조 2, 진한 그림자 – 강조 2'), 글꼴(궁서체, 30pt, 굵게, 텍스트 그림자)
- 지시사항이 없는 부분은《출력형태》와 동일하게 작성하시오.

MS Office 2016 버전용

제07회 실전모의고사

▸ 시험과목 : 프리젠테이션(파워포인트)
▸ 시험일자 : 20XX. XX. XX.(X)
▸ 응시자 기재사항 및 감독위원 확인

수 검 번 호	DIP - XXXX -	감독위원 확인
성 명		

응시자 유의사항

1. 응시자는 신분증을 지참하여야 시험에 응시할 수 있으며, 시험이 종료될 때까지 신분증을 제시하지 못할 경우 해당 시험은 0점 처리됩니다.
2. 시스템(PC 작동 여부, 네트워크 상태 등)의 이상 여부를 반드시 확인하여야 하며, 시스템 이상이 있을시 감독위원에게 조치를 받으셔야 합니다.
3. 시험 중 부주의 또는 고의로 시스템을 파손한 경우는 응시자 부담으로 합니다.
4. 답안 전송 프로그램을 통해 다운로드 받은 파일을 이용하여 답안 파일을 작성하시기 바랍니다.
5. 작성한 답안 파일은 답안 전송 프로그램을 통하여 전송됩니다. 감독위원의 지시에 따라 주시기 바랍니다.
6. 다음 사항의 경우 실격(0점) 혹은 부정행위 처리됩니다.
   ① 답안 파일을 저장하지 않았거나, 저장한 파일이 손상되었을 경우
   ② 답안 파일을 지정된 폴더(바탕화면 "KAIT" 폴더)에 저장하지 않았을 경우
      ※ 답안 전송 프로그램 로그인 시 바탕화면에 자동 생성됨
   ③ 답안 파일을 다른 보조기억장치(USB) 혹은 네트워크(메신저, 게시판 등)로 전송할 경우
   ④ 휴대용 전화기 등 통신기기를 사용할 경우
7. 슬라이드는 반드시 순서대로 작성해야 하며, 순서가 다를 경우 "0"점 처리됩니다.
8. 시험지에 제시된 글꼴이 응시 프로그램에 없는 경우, 반드시 감독위원에게 해당 내용을 통보한 뒤 조치를 받아야 합니다.
9. 슬라이드 작성 시 도형의 그룹 설정을 사용하는 경우, 채점에서 감점 처리됩니다.
10. 시험의 완료는 작성이 완료된 답안을 저장하고, 답안 전송이 완료된 상태를 확인한 것으로 합니다. 답안 전송 확인 후 문제지는 감독위원에게 제출한 후 퇴실하여야 합니다.
11. 답안 전송이 완료된 경우에는 수정 또는 정정이 불가능합니다.
12. 시험 시행 후 합격자 발표는 홈페이지(www.ihd.or.kr)에서 확인하시기 바랍니다.
    ① 문제 및 모범답안 공개 : 20XX. XX. XX.(X)
    ② 합격자 발표 : 20XX. XX. XX.(X)

디지털정보활용능력 : 프리젠테이션(파워포인트)

[시험시간: 40분]

<유의사항>
- 《작성조건》을 준수하여 반드시 프리젠테이션 슬라이드로 작업합니다.
- 글꼴 및 기타 사항에 대해 별도의 지시사항이 없는 경우, 슬라이드 크기와 전체적인 균형을 고려하여 임의로 작성하되, 도형은 그룹으로 설정하지 않습니다.
- 모든 슬라이드 크기(A4), 방향(가로), 디자인 테마(Office 테마)로 지정합니다.
  ▶ 슬라이드 크기, 방향 조정 시 '맞춤 확인'으로 지정하여야 합니다.
- 공통적용사항(슬라이드 마스터)
  ▶ 도형 ⇒ 기본 도형 : 빗면, 도형 스타일('미세 효과 – 회색-50%, 강조 3'), 글꼴(궁서체, 18pt, 밑줄)
- 그림 삽입 시 다운로드 한 그림 파일을 반드시 사용하여야 합니다.
- ⌐ ┐→ 은 지시사항이므로 작성하지 않습니다.
- 슬라이드에 제시된 글자 및 숫자 오타는 감점 처리됩니다.

【슬라이드 1】 아래의 작성조건 및 출력형태에 알맞게 첫 번째 슬라이드에 작업하시오. (30점)

《출력형태》

《작성조건》
▶ 도형 1 ⇒ 별 및 현수막 : 아래로 구부러진 리본, 도형 채우기(그라데이션 : 미리 설정 – '방사형 그라데이션 – 강조 4', 종류 – 방사형, 방향 – 가운데에서), 도형 윤곽선(실선, 색 : '검정, 텍스트 1', 너비 : 1pt, 겹선 종류 : 단순형), 도형 효과(그림자 – 안쪽 아래쪽), 글꼴(휴먼옛체, 44pt, 기울임꼴, 텍스트 그림자)
▶ 도형 2 ⇒ 설명선 : 구름 모양 설명선, 도형 채우기(질감 : 작은 물방울), 선 없음, 도형 효과(네온 – '파랑, 11 pt 네온, 강조색 1', 입체 효과 – 둥글게)
▶ 도형 3 ⇒ 기본 도형 : 해, 도형 스타일('강한 효과 – 녹색, 강조 6')
▶ 그림 삽입 ⇒ 그림 1삽입, 크기(높이 : 7cm, 너비 : 12cm)
▶ 텍스트 상자(생산자와 노동자를 보호하는 공정무역) ⇒ 글꼴(궁서체, 30pt, 밑줄)
▶ 애니메이션 지정 ⇒ 도형 1 : 나타내기 – 올라오기
▶ 지시사항이 없는 부분은 《출력형태》와 동일하게 작성하시오.

디지털정보활용능력 : 프리젠테이션(파워포인트)

[시험시간: 40분]

【슬라이드 2】 아래의 작성조건 및 출력형태에 알맞게 두 번째 슬라이드에 작업하시오. (50점)

《출력형태》

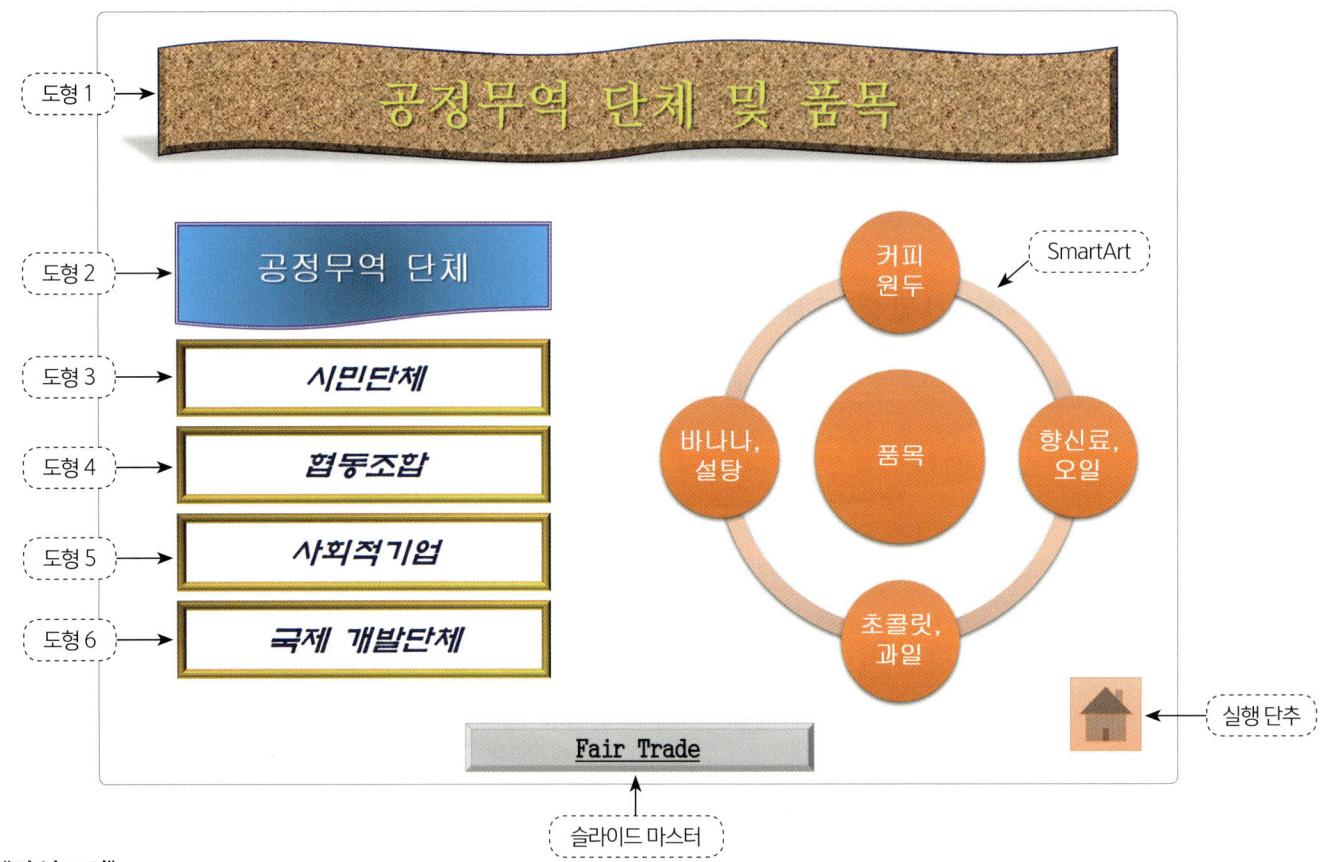

《작성조건》

(1) 제목
▶ 도형 1 ⇒ 별 및 현수막 : 이중 물결, 도형 채우기(질감 : 코르크), 도형 윤곽선(실선, 색 : 진한 파랑, 너비 : 1pt, 겹선 종류 : 단순형), 도형 효과(그림자 - 원근감 대각선 왼쪽 위, 입체 효과 - 각지게), 글꼴(바탕체, 36pt, 굵게, 텍스트 그림자, 노랑)

(2) 본문
▶ 도형 2 ⇒ 순서도 : 문서, 도형 채우기(연한 파랑, 그라데이션 - 가운데에서), 도형 윤곽선(실선, 색 : 자주, 너비 : 3pt, 겹선 종류 : 이중), 글꼴(굴림체, 24pt, 굵게, 텍스트 그림자)
▶ 도형 3~6 ⇒ 기본 도형 : 액자, 도형 채우기(주황, 그라데이션 - 선형 대각선 왼쪽 위에서 오른쪽 아래로), 선 없음, 도형 효과(입체 효과 - 낮은 수준의 경사), 글꼴(휴먼옛체, 22pt, 기울임꼴, 진한 파랑)
▶ 실행 단추 ⇒ 실행 단추 : 홈, 하이퍼링크 : 첫째 슬라이드, 도형 스타일('미세 효과 - 주황, 강조 2')
▶ SmartArt 삽입 ⇒ 주기형 : 방사 주기형, 글꼴(굴림, 18pt, 굵게, 가운데 맞춤), SmartArt 스타일(색 변경 - '색 채우기 - 강조 2', 강한 효과), (반드시 SmartArt 기능을 이용하여 작성할 것)
▶ 애니메이션 지정 ⇒ SmartArt : 나타내기 - 바운드
▶ 지시사항이 없는 부분은《출력형태》와 동일하게 작성하시오.

디지털정보활용능력 : 프리젠테이션(파워포인트) [시험시간: 40분] 3/4

【슬라이드 3】 아래의 작성조건 및 출력형태에 알맞게 세 번째 슬라이드에 작업하시오. (60점)

《출력형태》

《작성조건》

(1) 제목
▶ 도형 1 ⇒ 별 및 현수막 : 이중 물결, 도형 채우기(질감 : 코르크), 도형 윤곽선(실선, 색 : 진한 파랑, 너비 : 1pt, 겹선 종류 : 단순형), 도형 효과(그림자 – 원근감 대각선 왼쪽 위, 입체 효과 – 각지게), 글꼴(바탕체, 36pt, 굵게, 텍스트 그림자, 노랑)

(2) 본문
▶ 텍스트 상자 1([단위 : 억원]) ⇒ 글꼴(돋움, 18pt, 굵게, 기울임꼴)
▶ 표 ⇒ 표 스타일(보통 스타일 4 – 강조 2), 가장 위의 행 : 글꼴(궁서체, 20pt, 굵게, 텍스트 그림자, 가운데 맞춤), 나머지 행 : 글꼴(바탕체, 18pt, 굵게, 기울임꼴, 가운데 맞춤)
▶ 텍스트 상자 2([출처 : 한국공정무역단체 협의회]) ⇒ 글꼴(돋움, 18pt, 굵게, 기울임꼴)
▶ 차트 ⇒ 세로 막대형 : 묶은 세로 막대형, 차트 스타일(색 변경 – '색상형 – 색 3', 스타일 9), 축 서식/데이터 레이블 서식 : 글꼴(돋움, 16pt, 굵게), 범례 서식 : 글꼴(바탕체, 18pt, 굵게, 기울임꼴), 데이터는 표 참고
▶ 배경 ⇒ 배경 서식(채우기 – 그림 또는 질감 채우기)에서 그림 2 삽입(현재 슬라이드만 적용)
▶ 애니메이션 지정 ⇒ 차트 : 나타내기 – 도형
▶ 지시사항이 없는 부분은 《출력형태》와 동일하게 작성하시오.

디지털정보활용능력 : 프리젠테이션(파워포인트)

[시험시간: 40분] 4/4

【슬라이드 4】 아래의 작성조건 및 출력형태에 알맞게 네 번째 슬라이드에 작업하시오. (60점)

《출력형태》

《작성조건》

(1) 제목
- 도형 1 ⇒ 별 및 현수막 : 이중 물결, 도형 채우기(질감 : 코르크), 도형 윤곽선(실선, 색 : 진한 파랑, 너비 : 1pt, 겹선 종류 : 단순형), 도형 효과(그림자 - 원근감 대각선 왼쪽 위, 입체 효과 - 각지게), 글꼴(바탕체, 36pt, 굵게, 텍스트 그림자, 노랑)

(2) 본문
- 도형 2~4 ⇒ 블록 화살표 : 오각형, 도형 채우기(질감 : 자주 편물), 선 없음, 도형 효과(반사 - '근접 반사, 터치'), 글꼴(궁서체, 24pt, 텍스트 그림자, 주황)
- 도형 5~7 ⇒ 기본 도형 : 모서리가 접힌 도형, 도형 채우기(연한 파랑, 그라데이션 - 선형 오른쪽), 선 없음, 도형 효과(그림자 - 안쪽 대각선 왼쪽 위), 글꼴(궁서체, 22pt, 굵게, 기울임꼴, '검정, 텍스트 1')
- 도형 8 ⇒ 수식 도형 : 나눗셈 기호, 도형 채우기(그라데이션 : 미리 설정 - '가운데 그라데이션 - 강조 2', 종류 - 선형, 방향 - 선형 왼쪽), 선 없음, 도형 효과(입체 효과 - 둥글게)
- 도형 9 ⇒ 설명선 : 구름 모양 설명선, 도형 채우기(그림 또는 질감 채우기) 기능을 사용하여 그림 3 삽입, 도형 윤곽선(실선, 색 : 빨강, 너비 : 3pt, 겹선 종류 : 단순형, 대시 종류 : 사각 점선), 도형 효과(그림자 - 바깥쪽 - 오프셋 대각선 왼쪽 위)
- WordArt 삽입(정당한 대가 = 공정무역) ⇒ WordArt 스타일('채우기 - 흰색, 윤곽선 - 강조 1, 그림자'), 글꼴(휴먼옛체, 30pt, 굵게, 텍스트 그림자)
- 지시사항이 없는 부분은《출력형태》와 동일하게 작성하시오.

MS Office 2016 버전용

제08회 실전모의고사

▷ 시험과목 : 프리젠테이션(파워포인트)
▷ 시험일자 : 20XX. XX. XX.(X)
▷ 응시자 기재사항 및 감독위원 확인

수검번호	DIP - XXXX -	감독위원 확인
성 명		

응시자 유의사항

1. 응시자는 신분증을 지참하여야 시험에 응시할 수 있으며, 시험이 종료될 때까지 신분증을 제시하지 못할 경우 해당 시험은 0점 처리됩니다.
2. 시스템(PC 작동 여부, 네트워크 상태 등)의 이상 여부를 반드시 확인하여야 하며, 시스템 이상이 있을시 감독위원에게 조치를 받으셔야 합니다.
3. 시험 중 부주의 또는 고의로 시스템을 파손한 경우는 응시자 부담으로 합니다.
4. 답안 전송 프로그램을 통해 다운로드 받은 파일을 이용하여 답안 파일을 작성하시기 바랍니다.
5. 작성한 답안 파일은 답안 전송 프로그램을 통하여 전송됩니다. 감독위원의 지시에 따라 주시기 바랍니다.
6. 다음 사항의 경우 실격(0점) 혹은 부정행위 처리됩니다.
   ① 답안 파일을 저장하지 않았거나, 저장한 파일이 손상되었을 경우
   ② 답안 파일을 지정된 폴더(바탕화면 "KAIT" 폴더)에 저장하지 않았을 경우
      ※ 답안 전송 프로그램 로그인 시 바탕화면에 자동 생성됨
   ③ 답안 파일을 다른 보조기억장치(USB) 혹은 네트워크(메신저, 게시판 등)로 전송할 경우
   ④ 휴대용 전화기 등 통신기기를 사용할 경우
7. 슬라이드는 반드시 순서대로 작성해야 하며, 순서가 다를 경우 "0"점 처리됩니다.
8. 시험지에 제시된 글꼴이 응시 프로그램에 없는 경우, 반드시 감독위원에게 해당 내용을 통보한 뒤 조치를 받아야 합니다.
9. 슬라이드 작성 시 도형의 그룹 설정을 사용하는 경우, 채점에서 감점 처리됩니다.
10. 시험의 완료는 작성이 완료된 답안을 저장하고, 답안 전송이 완료된 상태를 확인한 것으로 합니다. 답안 전송 확인 후 문제지는 감독위원에게 제출한 후 퇴실하여야 합니다.
11. 답안 전송이 완료된 경우에는 수정 또는 정정이 불가능합니다.
12. 시험 시행 후 합격자 발표는 홈페이지(www.ihd.or.kr)에서 확인하시기 바랍니다.
    ① 문제 및 모범답안 공개 : 20XX. XX. XX.(X)
    ② 합격자 발표 : 20XX. XX. XX.(X)

디지털정보활용능력 : 프리젠테이션(파워포인트)

[시험시간: 40분]

<유의사항>
- 《작성조건》을 준수하여 반드시 프리젠테이션 슬라이드로 작업합니다.
- 글꼴 및 기타 사항에 대해 별도의 지시사항이 없는 경우, 슬라이드 크기와 전체적인 균형을 고려하여 임의로 작성하되, 도형은 그룹으로 설정하지 않습니다.
- 모든 슬라이드 크기(A4), 방향(가로), 디자인 테마(Office 테마)로 지정합니다.
  ▶ 슬라이드 크기, 방향 조정 시 '맞춤 확인'으로 지정하여야 합니다.
- 공통적용사항(슬라이드 마스터)
  ▶ 도형 ⇒ 기본 도형 : 십자형, 도형 스타일('밝은 색 1 윤곽선, 색 채우기 – 녹색, 강조 6'), 글꼴(바탕, 18pt, 굵게)
- 그림 삽입 시 다운로드 한 그림 파일을 반드시 사용하여야 합니다.
- ┆┈┈┆ ➜ 은 지시사항이므로 작성하지 않습니다.
- 슬라이드에 제시된 글자 및 숫자 오타는 감점 처리됩니다.

【슬라이드 1】 아래의 작성조건 및 출력형태에 알맞게 첫 번째 슬라이드에 작업하시오. (30점)

《출력형태》

《작성조건》
▶ 도형 1 ⇒ 기본 도형 : 양쪽 중괄호, 도형 채우기(그라데이션 : 미리 설정 – '밝은 그라데이션 – 강조 2', 종류 – 선형, 방향 – 선형 위쪽), 도형 윤곽선(실선, 색 : 진한 빨강, 너비 : 3pt, 겹선 종류 : 단순형), 도형 효과(그림자 – 바깥쪽 – 오프셋 아래쪽), 글꼴(휴먼옛체, 44pt, 기울임꼴, 진한 파랑)
▶ 도형 2 ⇒ 별 및 현수막 : 이중 물결, 도형 채우기(질감 : 흰색 대리석), 선 없음, 도형 효과(반사 – '1/2 반사, 터치', 입체 효과 – 아트 데코)
▶ 도형 3 ⇒ 순서도 : 논리합, 도형 스타일('밝은 색 1 윤곽선, 색 채우기 – 주황, 강조 2')
▶ 그림 삽입 ⇒ 그림 1 삽입, 크기(높이 : 6cm, 너비 : 7cm)
▶ 텍스트 상자(자전거, 안전하게 이용합시다.) ⇒ 글꼴(궁서, 32pt, 굵게, 밑줄, 자주)
▶ 애니메이션 지정 ⇒ 도형 1 : 나타내기 – 확대/축소
▶ 지시사항이 없는 부분은 《출력형태》와 동일하게 작성하시오.

| 디지털정보활용능력 : 프리젠테이션(파워포인트) | [시험시간: 40분] | 2/4 |

【슬라이드 2】 아래의 작성조건 및 출력형태에 알맞게 세 번째 슬라이드에 작업하시오. (60점)

《출력형태》

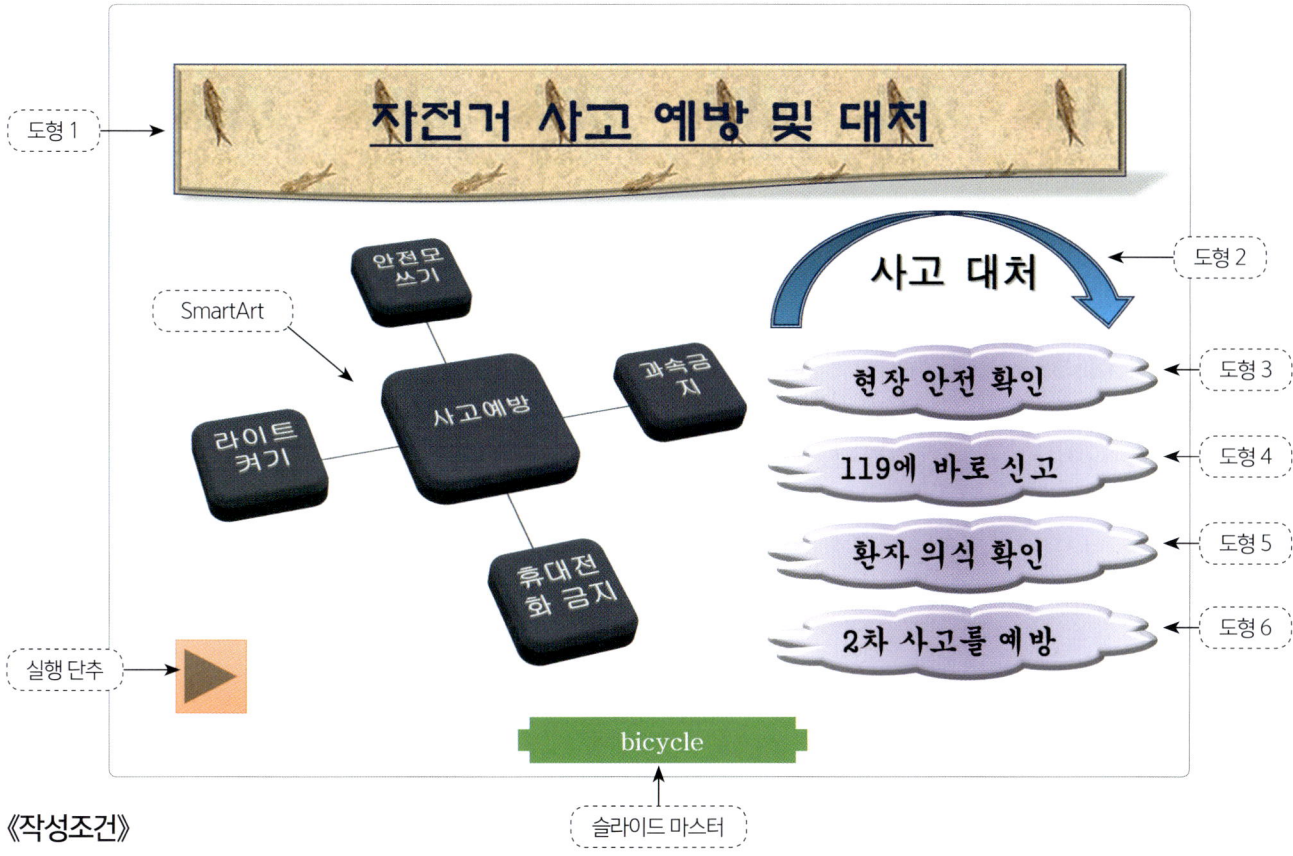

《작성조건》

(1) 제목
▶ 도형 1 ⇒ 순서도 : 문서, 도형 채우기(질감 : 물고기 화석), 도형 윤곽선(실선, 색 : 진한 파랑, 너비 : 1pt, 겹선 종류 : 단순형), 도형 효과(그림자 - 원근감 대각선 오른쪽 위, 입체 효과 - 볼록하게), 글꼴(휴먼옛체, 35pt, 밑줄, 진한 파랑)

(2) 본문
▶ 도형 2 ⇒ 블록 화살표 : 아래로 구부러진 화살표, 도형 채우기(연한 파랑, 그라데이션 - 선형 아래쪽), 도형 윤곽선(실선, 색 : 진한 파랑, 너비 : 3pt, 겹선 종류 : 이중), 글꼴(돋움체, 28pt, 굵게, 텍스트 그림자)
▶ 도형 3~6 ⇒ 기본 도형 : 구름, 도형 채우기(자주, 그라데이션 - 가운데에서), 선 없음, 도형 효과(입체 효과 - 비스듬하게), 글꼴(궁서, 22pt, 굵게, '검정, 텍스트 1')
▶ 실행 단추 ⇒ 실행 단추 : 앞으로 또는 다음, 하이퍼링크 : 다음 슬라이드, 도형 스타일('미세 효과 - 주황, 강조 2')
▶ SmartArt 삽입 ⇒ 주기형 : 방사형 클러스터형, 글꼴(굴림, 20pt, 굵게, 가운데 맞춤), SmartArt 스타일(색 변경 - '기본 테마 색 - 어두운 색 2 채우기', 3차원 - 조감도), (반드시 SmartArt 기능을 이용하여 작성할 것)
▶ 애니메이션 지정 ⇒ SmartArt : 나타내기 - 실선 무늬
▶ 지시사항이 없는 부분은《출력형태》와 동일하게 작성하시오.

디지털정보활용능력 : 프리젠테이션(파워포인트)

[시험시간: 40분] 3/4

【슬라이드 3】 아래의 작성조건 및 출력형태에 알맞게 세 번째 슬라이드에 작업하시오. (60점)

《출력형태》

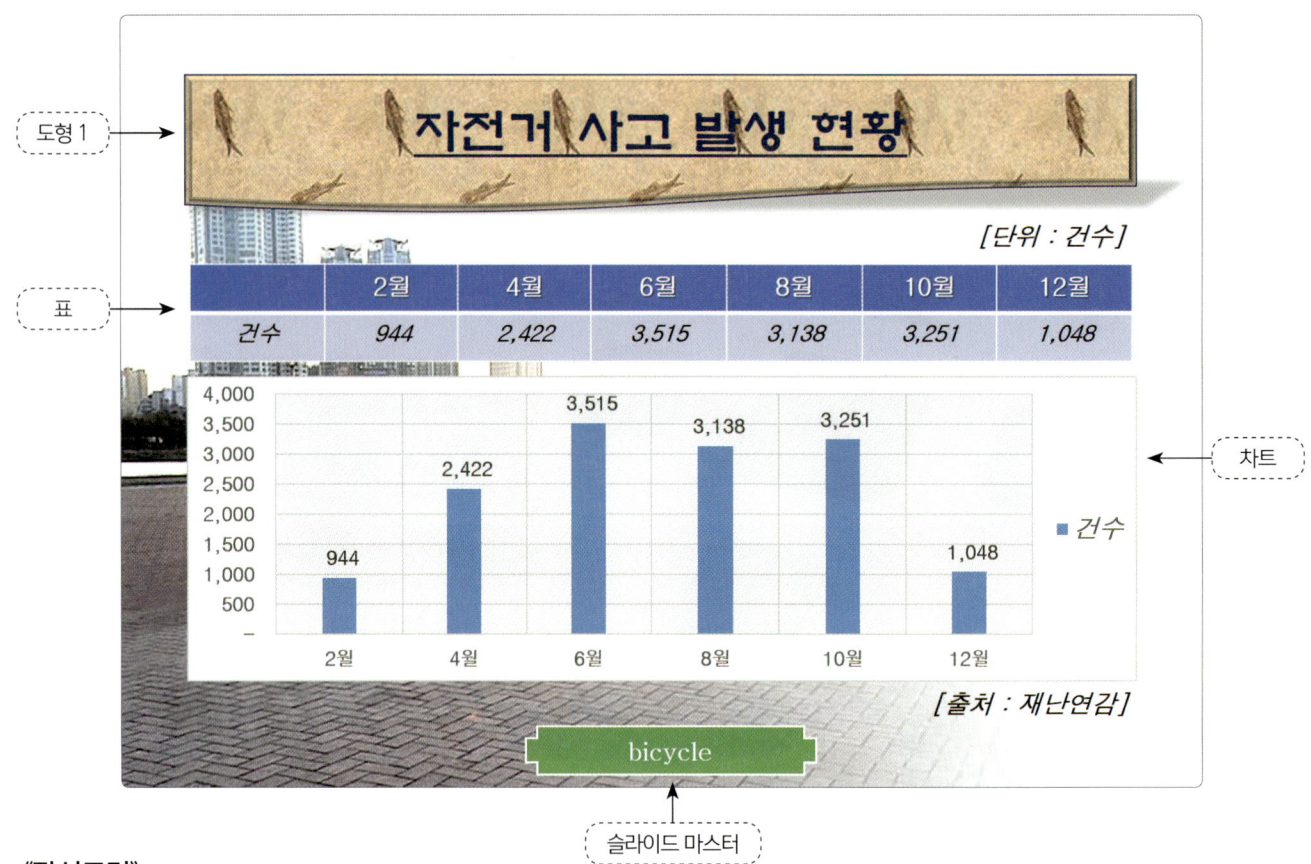

《작성조건》

(1) 제목
▶ 도형 1 ⇒ 순서도 : 문서, 도형 채우기(질감 : 물고기 화석), 도형 윤곽선(실선, 색 : 진한 파랑, 너비 : 1pt, 겹선 종류 : 단순형), 도형 효과(그림자 - 원근감 대각선 오른쪽 위, 입체 효과 - 볼록하게), 글꼴(휴먼옛체, 35pt, 밑줄, 진한 파랑)

(2) 본문
▶ 텍스트 상자 1([단위 : 건수]) ⇒ 글꼴(돋움, 18pt, 굵게, 기울임꼴)
▶ 표 ⇒ 표 스타일(보통 스타일 2 - 강조 5), 가장 위의 행 : 글꼴(굴림, 18pt, 굵게, 텍스트 그림자, 가운데 맞춤), 나머지 행 : 글꼴(굴림, 16pt, 굵게, 기울임꼴, 가운데 맞춤)
▶ 텍스트 상자 2([출처 : 재난연감]) ⇒ 글꼴(돋움, 18pt, 굵게, 기울임꼴)
▶ 차트 ⇒ 세로 막대형 : 묶은 세로 막대형, 차트 스타일(색 변경 - '색상형 - 색 2', 스타일 8), 축 서식/데이터 레이블 서식 : 글꼴(돋움, 14pt, 굵게), 범례 서식 : 글꼴(돋움, 18pt, 굵게, 기울임꼴), 데이터는 표 참고
▶ 배경 ⇒ 배경 서식(채우기 - 그림 또는 질감 채우기)에서 그림 2 삽입(현재 슬라이드만 적용)
▶ 애니메이션 지정 ⇒ 차트 : 나타내기 - 회전
▶ 지시사항이 없는 부분은 《출력형태》와 동일하게 작성하시오.

디지털정보활용능력 : 프리젠테이션(파워포인트)   [시험시간: 40분] 4/4

【슬라이드 4】 아래의 작성조건 및 출력형태에 알맞게 네 번째 슬라이드에 작업하시오. (60점)

《출력형태》

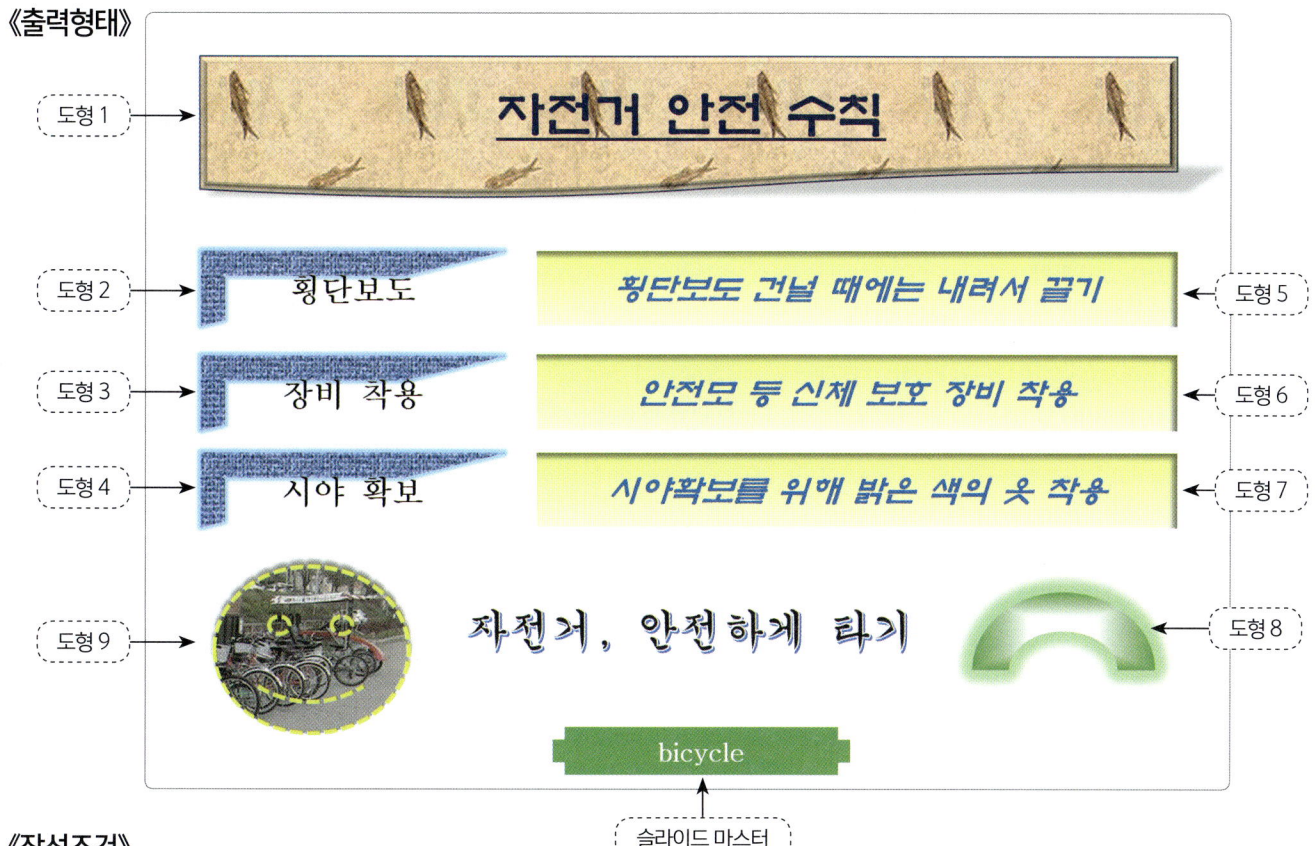

《작성조건》

(1) 제목
▶ 도형 1 ⇒ 순서도 : 문서, 도형 채우기(질감 : 물고기 화석), 도형 윤곽선(실선, 색 : 진한 파랑, 너비 : 1pt, 겹선 종류 : 단순형), 도형 효과(그림자 – 원근감 대각선 오른쪽 위, 입체 효과 – 볼록하게), 글꼴(휴먼옛체, 35pt, 밑줄, 진한 파랑)

(2) 본문
▶ 도형 2~4 ⇒ 기본 도형 : 1/2 액자, 도형 채우기(질감 : 데님), 선 없음, 도형 효과(네온 – '파랑, 5pt 네온, 강조색 1'), 글꼴(바탕체, 22pt, 굵게)
▶ 도형 5~7 ⇒ 사각형 : 직사각형, 도형 채우기(노랑, 그라데이션 – 선형 아래쪽), 선 없음, 도형 효과(그림자 – 안쪽 대각선 오른쪽 위), 글꼴(휴먼옛체, 22pt, 기울임꼴, 파랑)
▶ 도형 8 ⇒ 기본 도형 : 막힌 원호, 도형 채우기(그라데이션 : 미리 설정 – '위쪽 스포트라이트 강조 6', 종류 – 사각형, 방향 – 가운데에서), 선 없음, 도형 효과(네온 – '녹색, 18 pt 네온, 강조색 6')
▶ 도형 9 ⇒ 기본 도형 : 웃는 얼굴, 도형 채우기(그림 또는 질감 채우기) 기능을 사용하여 그림 3 삽입, 도형 윤곽선(실선, 색 : 노랑, 너비 : 3pt, 겹선 종류 : 단순형, 대시 종류 : 사각 점선), 도형 효과(그림자 – 바깥쪽 – 오프셋 위쪽)
▶ WordArt 삽입(자전거, 안전하게 타기) ⇒ WordArt 스타일('채우기 – 검정, 텍스트 1, 윤곽선 – 배경 1, 진한 그림자 – 강조 1'), 글꼴(궁서체, 30pt, 굵게, 텍스트 그림자)
▶ 지시사항이 없는 부분은《출력형태》와 동일하게 작성하시오.

MS Office 2016 버전용

제09회 실전모의고사

▸ 시험과목 : 프리젠테이션(파워포인트)
▸ 시험일자 : 20XX. XX. XX.(X)
▸ 응시자 기재사항 및 감독위원 확인

수 검 번 호	DIP – XXXX –	감독위원 확인
성 명		

응시자 유의사항

1. 응시자는 신분증을 지참하여야 시험에 응시할 수 있으며, 시험이 종료될 때까지 신분증을 제시하지 못할 경우 해당 시험은 0점 처리됩니다.
2. 시스템(PC 작동 여부, 네트워크 상태 등)의 이상 여부를 반드시 확인하여야 하며, 시스템 이상이 있을시 감독위원에게 조치를 받으셔야 합니다.
3. 시험 중 부주의 또는 고의로 시스템을 파손한 경우는 응시자 부담으로 합니다.
4. 답안 전송 프로그램을 통해 다운로드 받은 파일을 이용하여 답안 파일을 작성하시기 바랍니다.
5. 작성한 답안 파일은 답안 전송 프로그램을 통하여 전송됩니다. 감독위원의 지시에 따라 주시기 바랍니다.
6. 다음 사항의 경우 실격(0점) 혹은 부정행위 처리됩니다.
    ❶ 답안 파일을 저장하지 않았거나, 저장한 파일이 손상되었을 경우
    ❷ 답안 파일을 지정된 폴더(바탕화면 "KAIT" 폴더)에 저장하지 않았을 경우
       ※ 답안 전송 프로그램 로그인 시 바탕화면에 자동 생성됨
    ❸ 답안 파일을 다른 보조기억장치(USB) 혹은 네트워크(메신저, 게시판 등)로 전송할 경우
    ❹ 휴대용 전화기 등 통신기기를 사용할 경우
7. 슬라이드는 반드시 순서대로 작성해야 하며, 순서가 다를 경우 "0"점 처리됩니다.
8. 시험지에 제시된 글꼴이 응시 프로그램에 없는 경우, 반드시 감독위원에게 해당 내용을 통보한 뒤 조치를 받아야 합니다.
9. 슬라이드 작성 시 도형의 그룹 설정을 사용하는 경우, 채점에서 감점 처리됩니다.
10. 시험의 완료는 작성이 완료된 답안을 저장하고, 답안 전송이 완료된 상태를 확인한 것으로 합니다. 답안 전송 확인 후 문제지는 감독위원에게 제출한 후 퇴실하여야 합니다.
11. 답안 전송이 완료된 경우에는 수정 또는 정정이 불가능합니다.
12. 시험 시행 후 합격자 발표는 홈페이지(www.ihd.or.kr)에서 확인하시기 바랍니다.
    ❶ 문제 및 모범답안 공개 : 20XX. XX. XX.(X)
    ❷ 합격자 발표 : 20XX. XX. XX.(X)

디지털정보활용능력 : 프리젠테이션(파워포인트)

[시험시간: 40분]

<유의사항>
- 《작성조건》을 준수하여 반드시 프리젠테이션 슬라이드로 작업합니다.
- 글꼴 및 기타 사항에 대해 별도의 지시사항이 없는 경우, 슬라이드 크기와 전체적인 균형을 고려하여 임의로 작성하되, 도형은 그룹으로 설정하지 않습니다.
- 모든 슬라이드 크기(A4), 방향(가로), 디자인 테마(Office 테마)로 지정합니다.
  ▶ 슬라이드 크기, 방향 조정 시 '맞춤 확인'으로 지정하여야 합니다.
- 공통적용사항(슬라이드 마스터)
  ▶ 도형 ⇒ 순서도 : 수동 입력, 도형 스타일('강한 효과 – 주황, 강조 2'), 글꼴(돋움, 20pt, 굵게)
- 그림 삽입 시 다운로드 한 그림 파일을 반드시 사용하여야 합니다.
- ⇢은 지시사항이므로 작성하지 않습니다.
- 슬라이드에 제시된 글자 및 숫자 오타는 감점 처리됩니다.

【슬라이드 1】 아래의 작성조건 및 출력형태에 알맞게 첫 번째 슬라이드에 작업하시오. (30점)

《출력형태》

《작성조건》
▶ 도형 1 ⇒ 기본 도형 : 구름, 도형 채우기(그라데이션 : 미리 설정 – '밝은 그라데이션 – 강조 3', 종류 – 선형, 방향 – 선형 위쪽), 도형 윤곽선(실선, 색 : '흰색, 배경 1, 50% 더 어둡게', 너비 : 3pt, 겹선 종류 : 단순형), 도형 효과(그림자 – 바깥쪽 – 오프셋 대각선 오른쪽 아래), 글꼴(궁서체, 40pt, 굵게, 빨강)
▶ 도형 2 ⇒ 기본 도형 : 번개, 도형 채우기(질감 : 작은 물방울), 선 없음, 도형 효과(반사 – '1/2 반사, 터치', 입체 효과 – 각지게)
▶ 도형 3 ⇒ 기본 도형 : 해, 도형 스타일('미세 효과 – 주황, 강조 2')
▶ 그림 삽입 ⇒ 그림 1 삽입, 크기(높이 : 5cm, 너비 : 8cm)
▶ 텍스트 상자(장기간의 평균적인 날씨 패턴의 변화) ⇒ 글꼴(굴림, 24pt, 굵게, 기울임꼴)
▶ 애니메이션 지정 ⇒ 도형 1 : 나타내기 – 날아오기
▶ 지시사항이 없는 부분은 《출력형태》와 동일하게 작성하시오.

디지털정보활용능력 : 프리젠테이션(파워포인트) [시험시간: 40분] 2/4

【슬라이드 2】 아래의 작성조건 및 출력형태에 알맞게 두 번째 슬라이드에 작업하시오. (50점)

《출력형태》

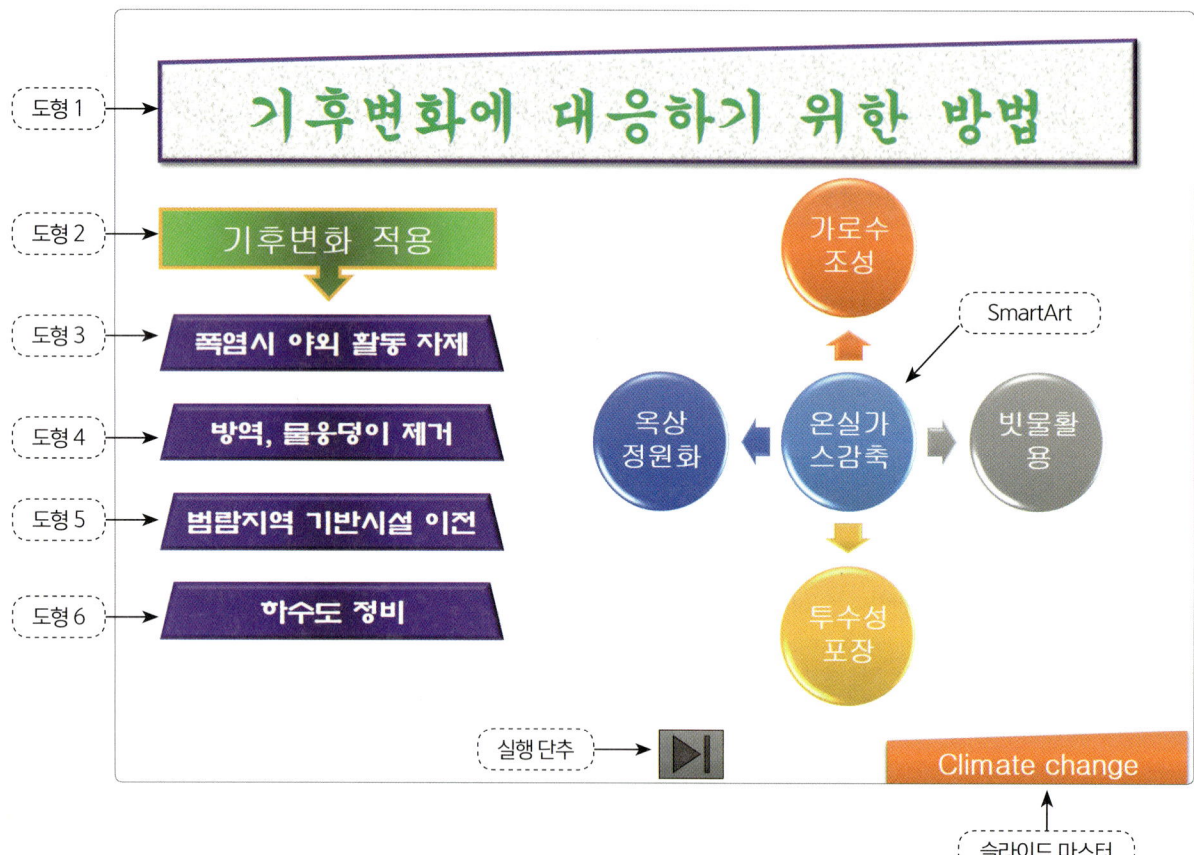

《작성조건》

(1) 제목
▶ 도형 1 ⇒ 순서도 : 수동 입력, 도형 채우기(질감 : 신문 용지), 도형 윤곽선(실선, 색 : 자주, 너비 : 3pt, 겹선 종류 : 단순형), 도형 효과(그림자 - 바깥쪽 - 오프셋 대각선 오른쪽 아래, 입체 효과 - 둥글게), 글꼴(궁서체, 40pt, 굵게, 녹색)

(2) 본문
▶ 도형 2 ⇒ 블록 화살표 : 아래쪽 화살표 설명선, 도형 채우기(연한 녹색, 그라데이션 - 가운데에서), 도형 윤곽선(실선, 색 : 주황, 너비 : 2.5pt, 겹선 종류 : 단순형), 글꼴(굴림체, 24pt, 굵게)

▶ 도형 3~6 ⇒ 기본 도형 : 사다리꼴, 도형 채우기(자주, 그라데이션 - 가운데에서), 선 없음, 도형 효과(입체 효과 - 둥글게), 글꼴(휴먼옛체, 20pt, 굵게)

▶ 실행 단추 ⇒ 실행 단추 : 끝, 하이퍼링크 : 마지막 슬라이드, 도형 스타일('미세 효과 - 검정, 어둡게 1')

▶ SmartArt 삽입 ⇒ 주기형 : 분기 방사형, 글꼴(굴림, 20pt, 굵게, 가운데 맞춤), SmartArt 스타일(색 변경 - '색상형 - 강조색', 3차원 - 광택 처리), (반드시 SmartArt 기능을 이용하여 작성할 것)

▶ 애니메이션 지정 ⇒ SmartArt : 나타내기 - 올라오기

▶ 지시사항이 없는 부분은《출력형태》와 동일하게 작성하시오.

| 디지털정보활용능력 : 프리젠테이션(파워포인트) | [시험시간: 40분] | 3/4 |

【슬라이드 3】 아래의 작성조건 및 출력형태에 알맞게 세 번째 슬라이드에 작업하시오. (60점)

《출력형태》

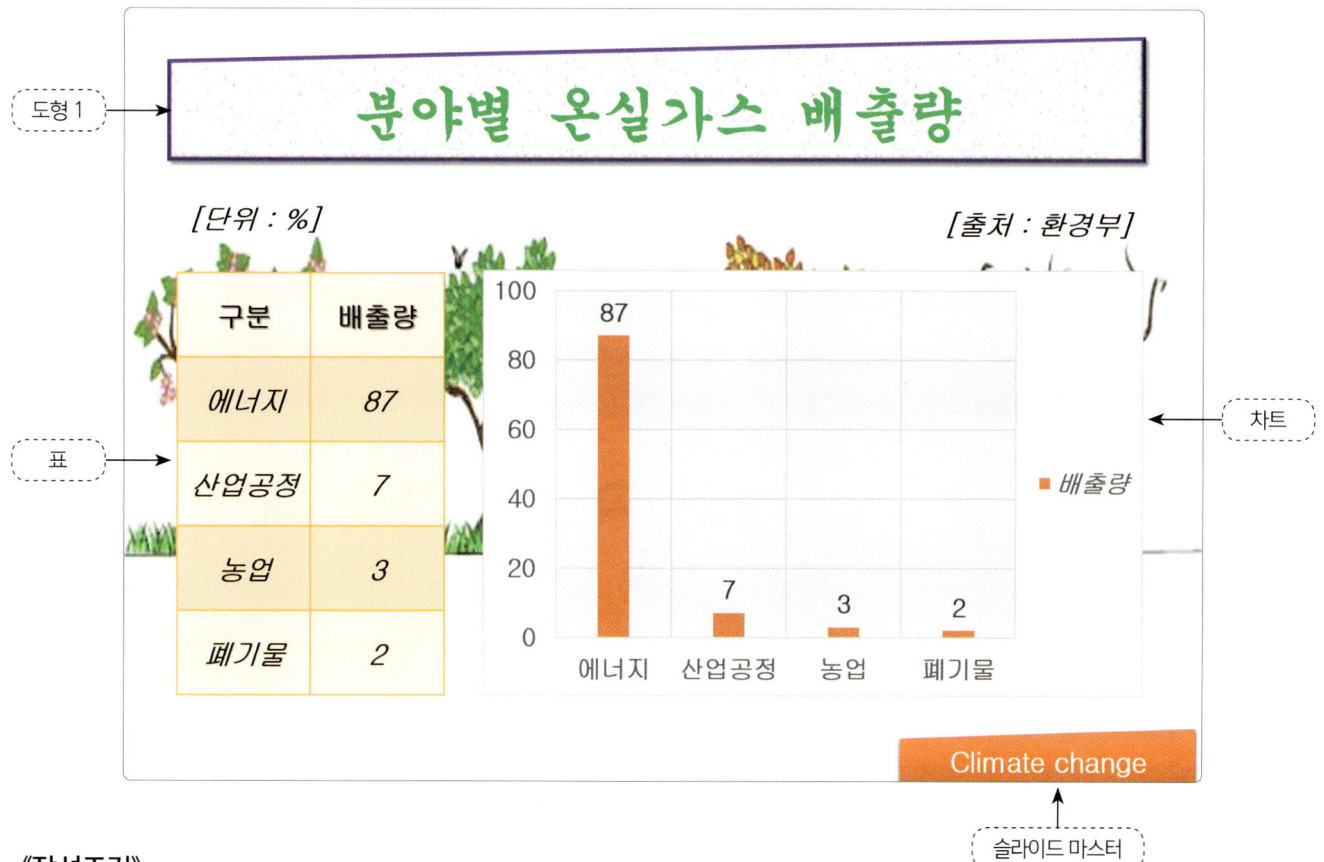

《작성조건》

(1) 제목
▶ 도형 1 ⇒ 순서도 : 수동 입력, 도형 채우기(질감 : 신문 용지), 도형 윤곽선(실선, 색 : 자주, 너비 : 3pt, 겹선 종류 : 단순형), 도형 효과(그림자 - 바깥쪽 - 오프셋 대각선 오른쪽 아래, 입체 효과 - 둥글게), 글꼴(궁서체, 40pt, 굵게, 녹색)

(2) 본문
▶ 텍스트 상자 1([단위 : %]) ⇒ 글꼴(굴림, 20pt, 굵게, 기울임꼴)
▶ 표 ⇒ 표 스타일(보통 스타일 4 - 강조 4), 가장 위의 행 : 글꼴(굴림, 20pt, 굵게, 텍스트 그림자, 가운데 맞춤), 나머지 행 : 글꼴(굴림, 20pt, 굵게, 기울임꼴, 가운데 맞춤)
▶ 텍스트 상자 2([출처 : 환경부]) ⇒ 글꼴(굴림, 20pt, 굵게, 기울임꼴)
▶ 차트 ⇒ 세로 막대형 : 묶은 세로 막대형, 차트 스타일(색 변경 - '색상형 - 색 3', 스타일 8), 축 서식/데이터 레이블 서식 : 글꼴(굴림, 18pt, 굵게), 범례 서식 : 글꼴(굴림, 18pt, 굵게, 기울임꼴), 데이터는 표 참고
▶ 배경 ⇒ 배경 서식(채우기 - 그림 또는 질감 채우기)에서 그림 2 삽입(현재 슬라이드만 적용)
▶ 애니메이션 지정 ⇒ 차트 : 나타내기 - 날아오기
▶ 지시사항이 없는 부분은 《출력형태》와 동일하게 작성하시오.

디지털정보활용능력 : 프리젠테이션(파워포인트)

[시험시간: 40분] 4/4

【슬라이드 4】 아래의 작성조건 및 출력형태에 알맞게 네 번째 슬라이드에 작업하시오. (60점)

《출력형태》

《작성조건》

(1) 제목
▶ 도형 1 ⇒ 순서도 : 수동 입력, 도형 채우기(질감 : 신문 용지), 도형 윤곽선(실선, 색 : 자주, 너비 : 3pt, 겹선 종류 : 단순형), 도형 효과(그림자 - 바깥쪽 - 오프셋 대각선 오른쪽 아래, 입체 효과 - 둥글게), 글꼴(궁서체, 40pt, 굵게, 녹색)

(2) 본문
▶ 도형 2~4 ⇒ 기본 도형 : 평행 사변형, 도형 채우기('청회색, 텍스트 2'), 선 없음, 도형 효과(입체 효과 - 둥글게), 글꼴(돋움, 20pt, 굵게, 노랑)
▶ 도형 5~7 ⇒ 순서도 : 문서, 도형 채우기(파랑, 그라데이션 - 가운데에서), 선 없음, 도형 효과(그림자 - 바깥쪽 - 오프셋 아래쪽), 글꼴(굴림, 22pt, 굵게, 기울임꼴)
▶ 도형 8 ⇒ 기본 도형 : 원형, 도형 채우기(노랑), 선 없음, 도형 효과(네온 - '주황, 8 pt 네온, 강조색 2')
▶ 도형 9 ⇒ 설명선 : 구름 모양 설명선, 도형 채우기(그림 또는 질감 채우기) 기능을 사용하여 그림 3 삽입, 도형 윤곽선(실선, 색 : 빨강, 너비 : 1pt, 겹선 종류 : 단순형, 대시 종류 : 파선), 도형 효과(그림자 - 바깥쪽 - 오프셋 오른쪽)
▶ WordArt 삽입(생활 속 온실가스 줄이기) ⇒ WordArt 스타일('채우기 - 검정, 텍스트 1, 윤곽선 - 배경 1, 진한 그림자 - 강조 1'), 글꼴(휴먼옛체, 44pt, 굵게, 텍스트 그림자)
▶ 지시사항이 없는 부분은 《출력형태》와 동일하게 작성하시오.

MS Office 2016 버전용

제10회 실전모의고사

▷ 시험과목 : 프리젠테이션(파워포인트)
▷ 시험일자 : 20XX. XX. XX.(X)
▷ 응시자 기재사항 및 감독위원 확인

수 검 번 호	DIP – XXXX –	감독위원 확인
성 명		

응시자 유의사항

1. 응시자는 신분증을 지참하여야 시험에 응시할 수 있으며, 시험이 종료될 때까지 신분증을 제시하지 못할 경우 해당 시험은 0점 처리됩니다.
2. 시스템(PC 작동 여부, 네트워크 상태 등)의 이상 여부를 반드시 확인하여야 하며, 시스템 이상이 있을시 감독위원에게 조치를 받으셔야 합니다.
3. 시험 중 부주의 또는 고의로 시스템을 파손한 경우는 응시자 부담으로 합니다.
4. 답안 전송 프로그램을 통해 다운로드 받은 파일을 이용하여 답안 파일을 작성하시기 바랍니다.
5. 작성한 답안 파일은 답안 전송 프로그램을 통하여 전송됩니다. 감독위원의 지시에 따라 주시기 바랍니다.
6. 다음 사항의 경우 실격(0점) 혹은 부정행위 처리됩니다.
    ❶ 답안 파일을 저장하지 않았거나, 저장한 파일이 손상되었을 경우
    ❷ 답안 파일을 지정된 폴더(바탕화면 "KAIT" 폴더)에 저장하지 않았을 경우
        ※ 답안 전송 프로그램 로그인 시 바탕화면에 자동 생성됨
    ❸ 답안 파일을 다른 보조기억장치(USB) 혹은 네트워크(메신저, 게시판 등)로 전송할 경우
    ❹ 휴대용 전화기 등 통신기기를 사용할 경우
7. 슬라이드는 반드시 순서대로 작성해야 하며, 순서가 다를 경우 "0"점 처리됩니다.
8. 시험지에 제시된 글꼴이 응시 프로그램에 없는 경우, 반드시 감독위원에게 해당 내용을 통보한 뒤 조치를 받아야 합니다.
9. 슬라이드 작성 시 도형의 그룹 설정을 사용하는 경우, 채점에서 감점 처리됩니다.
10. 시험의 완료는 작성이 완료된 답안을 저장하고, 답안 전송이 완료된 상태를 확인한 것으로 합니다. 답안 전송 확인 후 문제지는 감독위원에게 제출한 후 퇴실하여야 합니다.
11. 답안 전송이 완료된 경우에는 수정 또는 정정이 불가능합니다.
12. 시험 시행 후 합격자 발표는 홈페이지(www.ihd.or.kr)에서 확인하시기 바랍니다.
    ❶ 문제 및 모범답안 공개 : 20XX. XX. XX.(X)
    ❷ 합격자 발표 : 20XX. XX. XX.(X)

디지털정보활용능력 : 프리젠테이션(파워포인트) [시험시간: 40분]

<유의사항>
- 《작성조건》을 준수하여 반드시 프리젠테이션 슬라이드로 작업합니다.
- 글꼴 및 기타 사항에 대해 별도의 지시사항이 없는 경우, 슬라이드 크기와 전체적인 균형을 고려하여 임의로 작성하되, 도형은 그룹으로 설정하지 않습니다.
- 모든 슬라이드 크기(A4), 방향(가로), 디자인 테마(Office 테마)로 지정합니다.
  ▶ 슬라이드 크기, 방향 조정 시 '맞춤 확인'으로 지정하여야 합니다.
- 공통적용사항(슬라이드 마스터)
  ▶ 도형 ⇒ 기본 도형 : 직각 삼각형, 도형 스타일('보통 효과 - 파랑, 강조 5'), 글꼴(굴림, 20pt, 굵게)
- 그림 삽입 시 다운로드 한 그림 파일을 반드시 사용하여야 합니다.
- ┆┄┄┆→ 은 지시사항이므로 작성하지 않습니다.
- 슬라이드에 제시된 글자 및 숫자 오타는 감점 처리됩니다.

【슬라이드 1】 아래의 작성조건 및 출력형태에 알맞게 첫 번째 슬라이드에 작업하시오. (30점)

《출력형태》

《작성조건》
▶ 도형 1 ⇒ 블록 화살표 : 아래쪽 화살표 설명선, 도형 채우기(그라데이션 : 미리 설정 - '위쪽 스포트라이트 강조 2', 종류 - 방사형, 방향 - 가운데에서), 도형 윤곽선(실선, 색 : 빨강, 너비 : 3pt, 겹선 종류 : 단순형, 대시 종류 : 둥근 점선), 도형 효과(그림자 - 바깥쪽 - 오프셋 대각선 오른쪽 아래), 글꼴(휴먼옛체, 40pt, 굵게, '검정, 텍스트 1')
▶ 도형 2 ⇒ 기본 도형 : 원통, 도형 채우기(녹색), 선 없음, 도형 효과(그림자 - 바깥쪽 - 오프셋 대각선 오른쪽 아래, 부드러운 가장자리 - 5 포인트)
▶ 도형 3 ⇒ 기본 도형 : 도넛, 도형 스타일('강한 효과 - 주황, 강조 2')
▶ 그림 삽입 ⇒ 그림 1 삽입, 크기(높이 : 6cm, 너비 : 7cm)
▶ 텍스트 상자(영양소를 많이 함유하고 있는 웰빙식품) ⇒ 글꼴(궁서, 24pt, 굵게, 기울임꼴, 파랑)
▶ 애니메이션 지정 ⇒ 도형 1: 나타내기 - 나누기
▶ 지시사항이 없는 부분은 《출력형태》와 동일하게 작성하시오.

디지털정보활용능력 : 프리젠테이션(파워포인트) [시험시간: 40분] 2/4

【슬라이드 2】 아래의 작성조건 및 출력형태에 알맞게 두 번째 슬라이드에 작업하시오. (50점)

《출력형태》

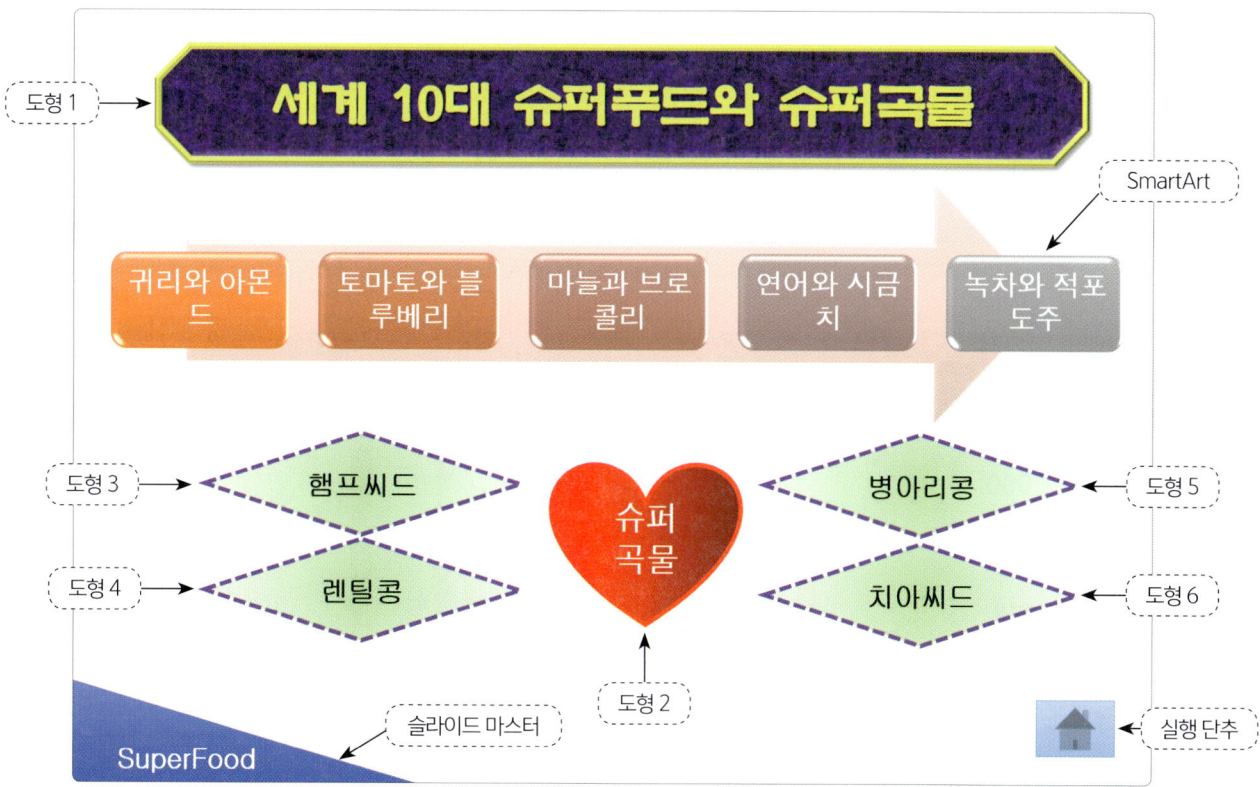

《작성조건》

(1) 제목
▶ 도형 1 ⇒ 기본 도형 : 팔각형, 도형 채우기(질감 : 자주 편물), 도형 윤곽선(실선, 색 : 노랑, 너비 : 5pt, 겹선 종류 : 단순형), 도형 효과(그림자 - 바깥쪽 - 오프셋 대각선 오른쪽 아래, 입체 효과 - 부드럽게 둥글리기), 글꼴(휴먼옛체, 36pt, 굵게, 텍스트 그림자, 노랑)

(2) 본문
▶ 도형 2 ⇒ 기본 도형 : 하트, 도형 채우기(빨강, 그라데이션 - 선형 왼쪽), 도형 윤곽선(실선, 색 : 빨강, 너비 : 3pt, 겹선 종류 : 단순형), 글꼴(돋움, 24pt, 굵게)
▶ 도형 3~6 ⇒ 기본 도형 : 다이아몬드, 도형 채우기(연한 녹색, 그라데이션 - 가운데에서), 도형 윤곽선(실선, 색 : 자주, 너비 : 3pt, 겹선 종류 : 단순형, 대시 종류 : 사각 점선), 글꼴(굴림, 20pt, 굵게, '검정, 텍스트 1')
▶ 실행 단추 ⇒ 실행 단추 : 홈, 하이퍼링크 : 첫째 슬라이드, 도형 스타일('미세 효과 - 파랑, 강조 1')
▶ SmartArt 삽입 ⇒ 프로세스형 : 연속 블록 프로세스형, 글꼴(돋움, 20pt, 굵게, 가운데 맞춤), SmartArt 스타일(색 변경 - '색상형 범위 - 강조색 2 또는 3', 3차원 - 광택 처리), (반드시 SmartArt 기능을 이용하여 작성할 것)
▶ 애니메이션 지정 ⇒ SmartArt : 나타내기 - 올라오기
▶ 지시사항이 없는 부분은 《출력형태》와 동일하게 작성하시오.

디지털정보활용능력 : 프리젠테이션(파워포인트) [시험시간: 40분] 3/4

【슬라이드 3】 아래의 작성조건 및 출력형태에 알맞게 세 번째 슬라이드에 작업하시오. (60점)

《출력형태》

《작성조건》

(1) 제목
▶ 도형 1 ⇒ 기본 도형 : 팔각형, 도형 채우기(질감 : 자주 편물), 도형 윤곽선(실선, 색 : 노랑, 너비 : 5pt, 겹선 종류 : 단순형), 도형 효과(그림자 - 바깥쪽 - 오프셋 대각선 오른쪽 아래, 입체 효과 - 부드럽게 둥글리기), 글꼴 (휴먼옛체, 36pt, 굵게, 텍스트 그림자, 노랑)

(2) 본문
▶ 텍스트 상자 1([단위 : 원]) ⇒ 글꼴(굴림, 16pt, 굵게, 기울임꼴)
▶ 표 ⇒ 표 스타일(보통 스타일 1 - 강조 6), 가장 위의 행 : 글꼴(굴림, 16pt, 굵게, 텍스트 그림자, 가운데 맞춤), 나머지 행 : 글꼴(굴림, 16pt, 굵게, 기울임꼴, 가운데 맞춤)
▶ 텍스트 상자 2([출처 : 식품저널뉴스]) ⇒ 글꼴(굴림, 16pt, 굵게, 기울임꼴)
▶ 차트 ⇒ 세로 막대형 : 묶은 세로 막대형, 차트 스타일(색 변경 - '색상형 - 색 3', 스타일 7), 축 서식/데이터 레이블 서식 : 글꼴(굴림, 20pt, 굵게), 범례 서식 : 글꼴(굴림, 18pt, 굵게, 기울임꼴), 데이터는 표 참고
▶ 배경 ⇒ 배경 서식(채우기 - 그림 또는 질감 채우기)에서 그림 2 삽입(현재 슬라이드만 적용)
▶ 애니메이션 지정 ⇒ 차트 : 나타내기 - 닦아내기
▶ 지시사항이 없는 부분은 《출력형태》와 동일하게 작성하시오.

디지털정보활용능력 : 프리젠테이션(파워포인트)

[시험시간: 40분] 4/4

【슬라이드 4】 아래의 작성조건 및 출력형태에 알맞게 네 번째 슬라이드에 작업하시오. (60점)

《출력형태》

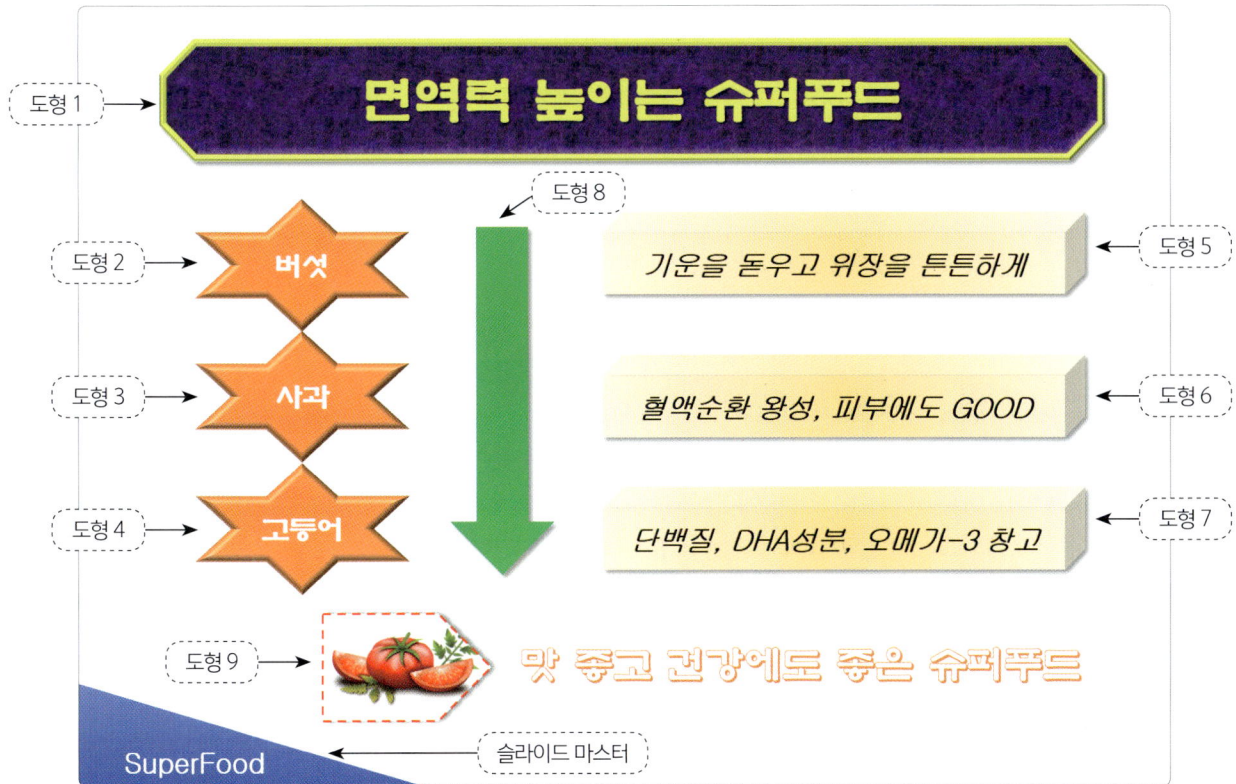

《작성조건》

(1) 제목
▶ 도형 1 ⇒ 기본 도형 : 팔각형, 도형 채우기(질감 : 자주 편물), 도형 윤곽선(실선, 색 : 노랑, 너비 : 5pt, 겹선 종류 : 단순형), 도형 효과(그림자 - 바깥쪽 - 오프셋 대각선 오른쪽 아래, 입체 효과 - 부드럽게 둥글리기), 글꼴(휴먼옛체, 36pt, 굵게, 텍스트 그림자, 노랑)

(2) 본문
▶ 도형 2~4 ⇒ 별 및 현수막 : 포인트가 6개인 별, 도형 채우기('주황, 강조 2'), 선 없음, 도형 효과(입체 효과 - 둥글게), 글꼴(휴먼옛체, 20pt, 굵게)
▶ 도형 5~7 ⇒ 기본 도형 : 정육면체, 도형 채우기('황금색, 강조 4', 그라데이션 - 가운데에서), 선 없음, 도형 효과(그림자 - 바깥쪽 - 오프셋 대각선 오른쪽 아래), 글꼴(굴림, 20pt, 굵게, 기울임꼴, '검정, 텍스트 1')
▶ 도형 8 ⇒ 블록 화살표 : 아래쪽 화살표, 도형 채우기(녹색), 선 없음, 도형 효과(그림자 - 바깥쪽 - 오프셋 대각선 오른쪽 아래)
▶ 도형 9 ⇒ 블록 화살표 : 오각형, 도형 채우기(그림 또는 질감 채우기) 기능을 사용하여 그림 3 삽입, 도형 윤곽선(실선, 색 : 빨강, 너비 : 1.5pt, 겹선 종류 : 단순형, 대시 종류 : 파선), 도형 효과(그림자 - 바깥쪽 - 오프셋 오른쪽)
▶ WordArt 삽입(맛 좋고 건강에도 좋은 슈퍼푸드) ⇒ WordArt 스타일('채우기 - 흰색, 윤곽선 - 강조 2, 진한 그림자 - 강조 2'), 글꼴(휴먼옛체, 28pt, 굵게, 텍스트 그림자)
▶ 지시사항이 없는 부분은 《출력형태》와 동일하게 작성하시오.

MS Office 2016 버전용

제11회 실전모의고사

▷ 시험과목 : 프리젠테이션(파워포인트)
▷ 시험일자 : 20XX. XX. XX.(X)
▷ 응시자 기재사항 및 감독위원 확인

| 수 검 번 호 | DIP – XXXX – | 감독위원 확인 |
| 성   명 | | |

응시자 유의사항

1. 응시자는 신분증을 지참하여야 시험에 응시할 수 있으며, 시험이 종료될 때까지 신분증을 제시하지 못할 경우 해당 시험은 0점 처리됩니다.
2. 시스템(PC 작동 여부, 네트워크 상태 등)의 이상 여부를 반드시 확인하여야 하며, 시스템 이상이 있을시 감독위원에게 조치를 받으셔야 합니다.
3. 시험 중 부주의 또는 고의로 시스템을 파손한 경우는 응시자 부담으로 합니다.
4. 답안 전송 프로그램을 통해 다운로드 받은 파일을 이용하여 답안 파일을 작성하시기 바랍니다.
5. 작성한 답안 파일은 답안 전송 프로그램을 통하여 전송됩니다. 감독위원의 지시에 따라 주시기 바랍니다.
6. 다음 사항의 경우 실격(0점) 혹은 부정행위 처리됩니다.
   ① 답안 파일을 저장하지 않았거나, 저장한 파일이 손상되었을 경우
   ② 답안 파일을 지정된 폴더(바탕화면 "KAIT" 폴더)에 저장하지 않았을 경우
     ※ 답안 전송 프로그램 로그인 시 바탕화면에 자동 생성됨
   ③ 답안 파일을 다른 보조기억장치(USB) 혹은 네트워크(메신저, 게시판 등)로 전송할 경우
   ④ 휴대용 전화기 등 통신기기를 사용할 경우
7. 슬라이드는 반드시 순서대로 작성해야 하며, 순서가 다를 경우 "0"점 처리됩니다.
8. 시험지에 제시된 글꼴이 응시 프로그램에 없는 경우, 반드시 감독위원에게 해당 내용을 통보한 뒤 조치를 받아야 합니다.
9. 슬라이드 작성 시 도형의 그룹 설정을 사용하는 경우, 채점에서 감점 처리됩니다.
10. 시험의 완료는 작성이 완료된 답안을 저장하고, 답안 전송이 완료된 상태를 확인한 것으로 합니다. 답안 전송 확인 후 문제지는 감독위원에게 제출한 후 퇴실하여야 합니다.
11. 답안 전송이 완료된 경우에는 수정 또는 정정이 불가능합니다.
12. 시험 시행 후 합격자 발표는 홈페이지(www.ihd.or.kr)에서 확인하시기 바랍니다.
    ① 문제 및 모범답안 공개 : 20XX. XX. XX.(X)
    ② 합격자 발표 : 20XX. XX. XX.(X)

디지털정보활용능력 : 프리젠테이션(파워포인트)

[시험시간: 40분]

<유의사항>
- 《작성조건》을 준수하여 반드시 프리젠테이션 슬라이드로 작업합니다.
- 글꼴 및 기타 사항에 대해 별도의 지시사항이 없는 경우, 슬라이드 크기와 전체적인 균형을 고려하여 임의로 작성하되, 도형은 그룹으로 설정하지 않습니다.
- 모든 슬라이드 크기(A4), 방향(가로), 디자인 테마(Office 테마)로 지정합니다.
  ▶ 슬라이드 크기, 방향 조정 시 '맞춤 확인'으로 지정하여야 합니다.
- 공통적용사항(슬라이드 마스터)
  ▶ 도형 ⇒ 순서도 : 데이터, 도형 스타일('강한 효과 – 주황, 강조 2'), 글꼴(굴림, 20pt, 굵게, 텍스트 그림자)
- 그림 삽입 시 다운로드 한 그림 파일을 반드시 사용하여야 합니다.
- ┊┈┈┊→ 은 지시사항이므로 작성하지 않습니다.
- 슬라이드에 제시된 글자 및 숫자 오타는 감점 처리됩니다.

【슬라이드 1】 아래의 작성조건 및 출력형태에 알맞게 첫 번째 슬라이드에 작업하시오. (30점)

《출력형태》

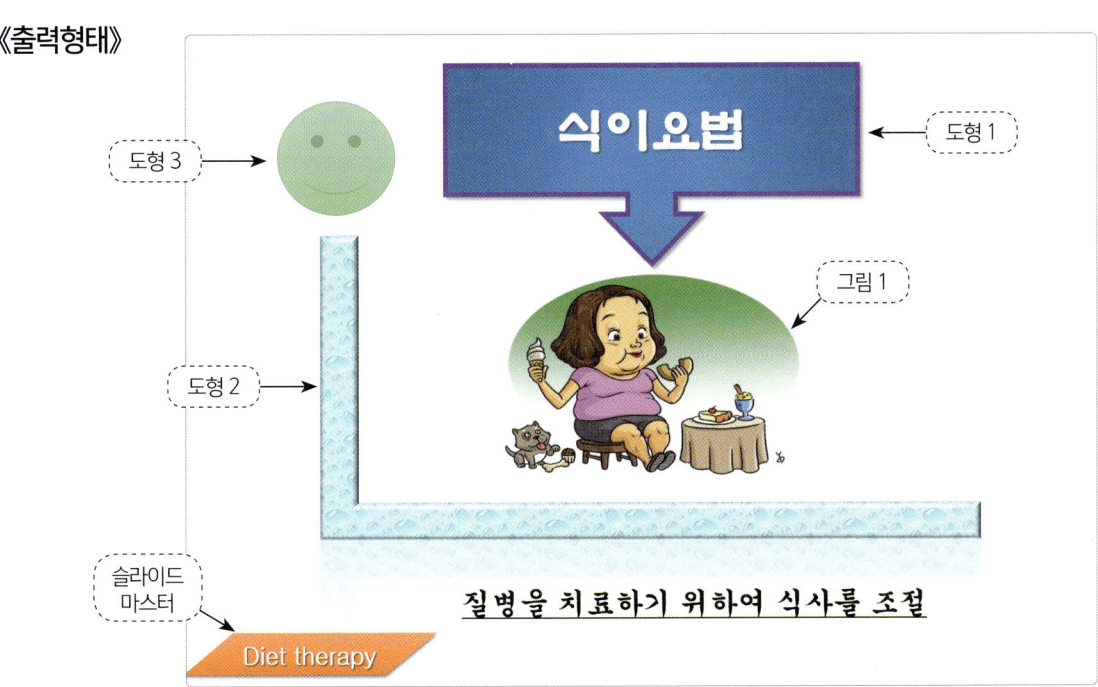

《작성조건》
▶ 도형 1 ⇒ 블록 화살표 : 아래쪽 화살표 설명선, 도형 채우기(그라데이션 : 미리 설정 – '방사형 그라데이션 – 강조 1', 종류 – 방사형, 방향 – 가운데에서), 도형 윤곽선(실선, 색 : 자주, 너비 : 4pt, 겹선 종류 : 단순형), 도형 효과(그림자 – 바깥쪽 – 오프셋 대각선 오른쪽 아래), 글꼴(휴먼옛체, 40pt, 굵게, 텍스트 그림자)
▶ 도형 2 ⇒ 기본 도형 : L 도형, 도형 채우기(질감 : 작은 물방울), 선 없음, 도형 효과(반사 – '근접 반사, 터치', 입체 효과 – 둥글게)
▶ 도형 3 ⇒ 기본 도형 : 웃는 얼굴, 도형 스타일('미세 효과 – 녹색, 강조 6')
▶ 그림 삽입 ⇒ 그림 1삽입, 크기(높이 : 6cm, 너비 : 10cm)
▶ 텍스트 상자(질병을 치료하기 위하여 식사를 조절) ⇒ 글꼴(궁서, 24pt, 굵게, 밑줄)
▶ 애니메이션 지정 ⇒ 도형 1 : 나타내기 – 확대/축소
▶ 지시사항이 없는 부분은 《출력형태》와 동일하게 작성하시오.

【슬라이드 2】 아래의 작성조건 및 출력형태에 알맞게 두 번째 슬라이드에 작업하시오. (50점)

《출력형태》

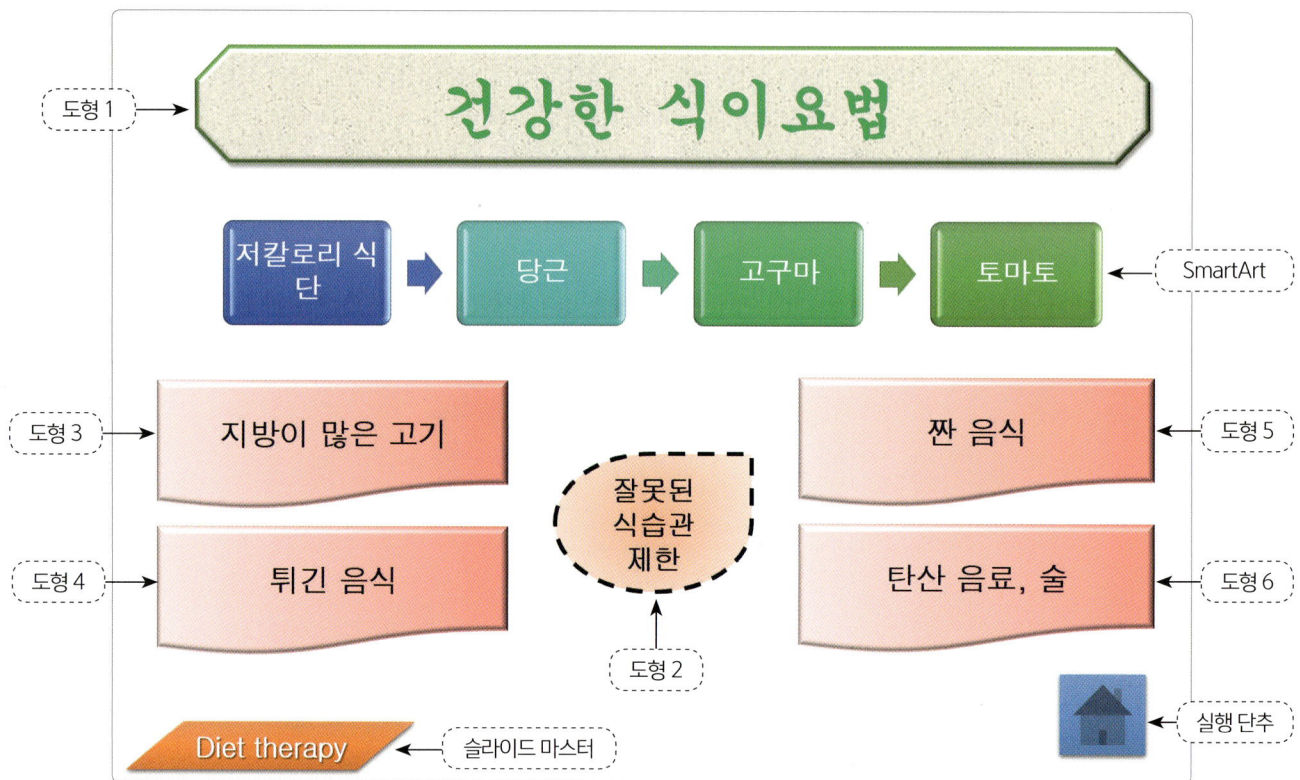

《작성조건》

(1) 제목
▶ 도형 1 ⇒ 기본 도형 : 팔각형, 도형 채우기(질감 : 재생지), 도형 윤곽선(실선, 색 : '녹색, 강조 6', 너비 : 3pt, 겹선 종류 : 단순형), 도형 효과(그림자 – 바깥쪽 – 오프셋 대각선 오른쪽 아래, 입체 효과 – 둥글게), 글꼴(궁서체, 44pt, 굵게, 녹색)

(2) 본문
▶ 도형 2 ⇒ 기본 도형 : 눈물 방울, 도형 채우기('주황, 강조 2', 그라데이션 – 가운데에서), 도형 윤곽선(실선, 색 : '검정, 텍스트 1', 너비 : 3pt, 겹선 종류 : 단순형, 대시 종류 : 파선), 글꼴(굴림체, 20pt, 굵게, '검정, 텍스트 1')
▶ 도형 3~6 ⇒ 순서도 : 문서, 도형 채우기(빨강, 그라데이션 – 선형 왼쪽), 선 없음, 도형 효과(입체 효과 – 둥글게), 글꼴(돋움, 22pt, 굵게, '검정, 텍스트 1')
▶ 실행 단추 ⇒ 실행 단추 : 홈, 하이퍼링크 : 첫째 슬라이드, 도형 스타일('강한 효과 – 파랑, 강조 1')
▶ SmartArt 삽입 ⇒ 프로세스형 : 기본 프로세스형, 글꼴(돋움, 20pt, 굵게, 가운데 맞춤), SmartArt 스타일(색 변경 – '색상형 범위 – 강조색 5 또는 6', 3차원 – 경사), (반드시 SmartArt 기능을 이용하여 작성할 것)
▶ 애니메이션 지정 ⇒ SmartArt : 나타내기 – 올라오기
▶ 지시사항이 없는 부분은《출력형태》와 동일하게 작성하시오.

【슬라이드 3】 아래의 작성조건 및 출력형태에 알맞게 세 번째 슬라이드에 작업하시오. (60점)

《출력형태》

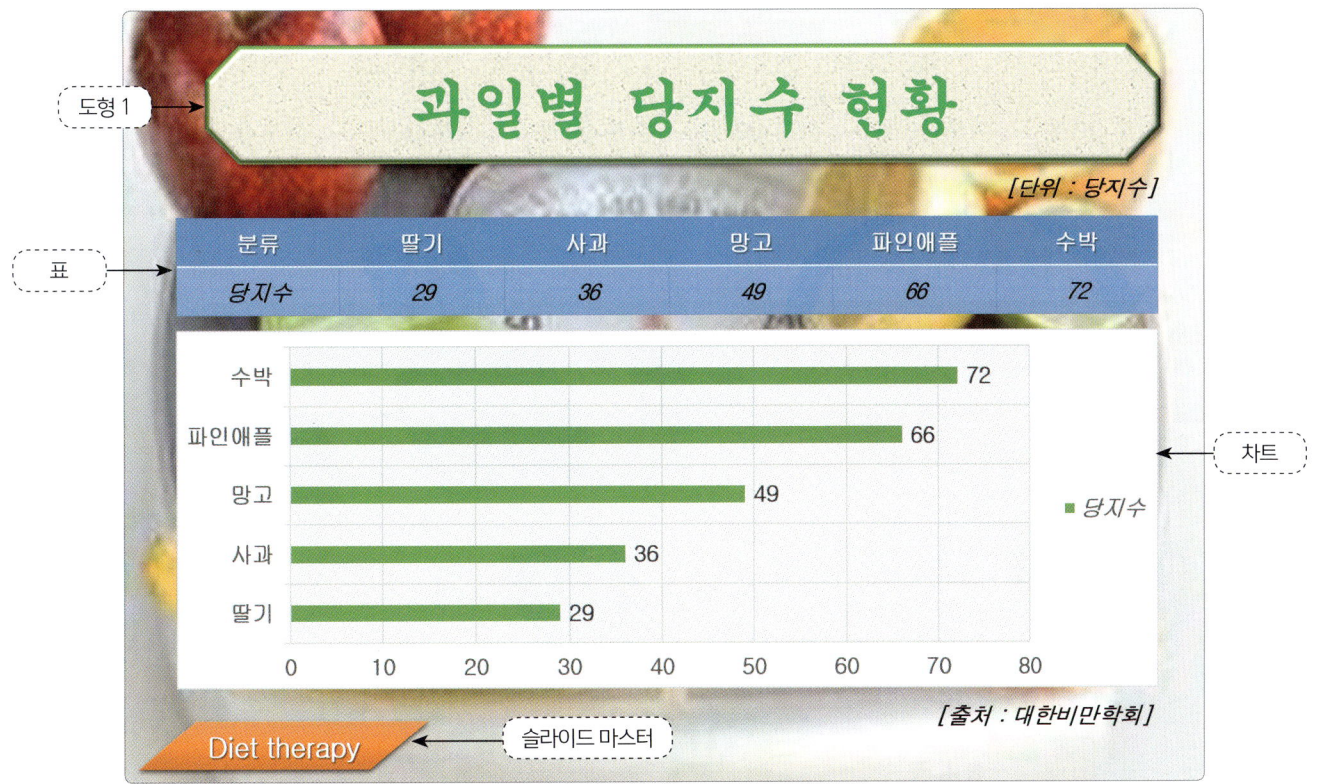

《작성조건》

(1) 제목
▶ 도형 1 ⇒ 기본 도형 : 팔각형, 도형 채우기(질감 : 재생지), 도형 윤곽선(실선, 색 : '녹색, 강조 6', 너비 : 3pt, 겹선 종류 : 단순형), 도형 효과(그림자 - 바깥쪽 - 오프셋 대각선 오른쪽 아래, 입체 효과 - 둥글게), 글꼴(궁서체, 44pt, 굵게, 녹색)

(2) 본문
▶ 텍스트 상자 1([단위 : 당지수]) ⇒ 글꼴(돋움, 16pt, 굵게, 기울임꼴)
▶ 표 ⇒ 표 스타일(테마 스타일 1 - 강조 1), 가장 위의 행 : 글꼴(굴림체, 16pt, 굵게, 텍스트 그림자, 가운데 맞춤), 나머지 행 : 글꼴(굴림체, 16pt, 굵게, 기울임꼴, 가운데 맞춤)
▶ 텍스트 상자 2([출처 : 대한비만학회]) ⇒ 글꼴(돋움, 16pt, 굵게, 기울임꼴)
▶ 차트 ⇒ 가로 막대형 : 묶은 가로 막대형, 차트 스타일(색 변경 - '색상형 - 색 4', 스타일 6), 축 서식/데이터 레이블 서식 : 글꼴(굴림, 16pt, 굵게), 범례 서식 : 글꼴(굴림, 16pt, 굵게, 기울임꼴), 데이터는 표 참고
▶ 배경 ⇒ 배경 서식(채우기 - 그림 또는 질감 채우기)에서 그림 2 삽입(현재 슬라이드만 적용)
▶ 애니메이션 지정 ⇒ 차트 : 나타내기 - 밝기 변화
▶ 지시사항이 없는 부분은《출력형태》와 동일하게 작성하시오.

디지털정보활용능력 : 프리젠테이션(파워포인트)

[시험시간: 40분] 4/4

【슬라이드 4】 아래의 작성조건 및 출력형태에 알맞게 네 번째 슬라이드에 작업하시오. (60점)

《출력형태》

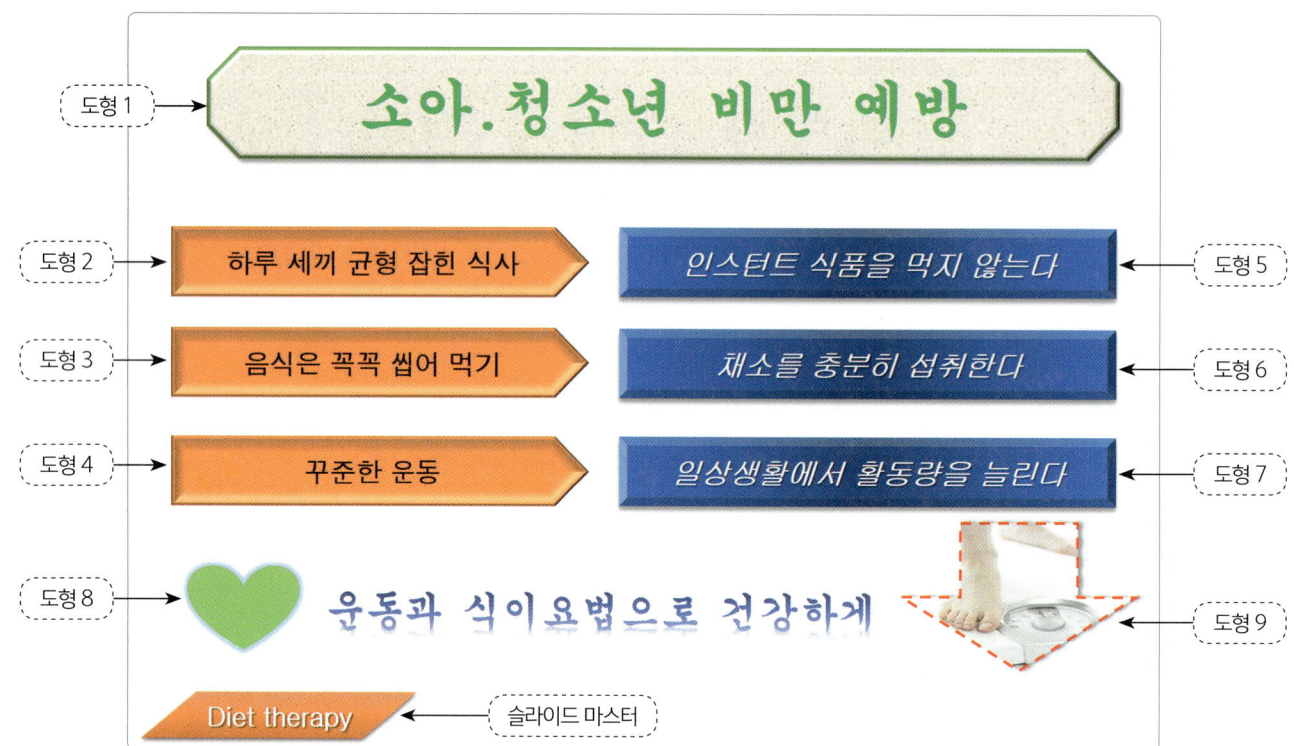

《작성조건》

(1) 제목

▶ 도형 1 ⇒ 기본 도형 : 팔각형, 도형 채우기(질감 : 재생지), 도형 윤곽선(실선, 색 : '녹색, 강조 6', 너비 : 3pt, 겹선 종류 : 단순형), 도형 효과(그림자 – 바깥쪽 – 오프셋 대각선 오른쪽 아래, 입체 효과 – 둥글게), 글꼴(궁서체, 44pt, 굵게, 녹색)

(2) 본문

▶ 도형 2~4 ⇒ 블록 화살표 : 오각형, 도형 채우기('주황, 강조 2'), 선 없음, 도형 효과(입체 효과 – 부드럽게 둥글리기), 글꼴(돋움, 20pt, 굵게, '검정, 텍스트 1')

▶ 도형 5~7 ⇒ 기본 도형 : 빗면, 도형 채우기(파랑, 그라데이션 – 가운데에서), 선 없음, 도형 효과(그림자 – 바깥쪽 – 오프셋 아래쪽), 글꼴(굴림, 22pt, 굵게, 기울임꼴, 텍스트 그림자)

▶ 도형 8 ⇒ 기본 도형 : 하트, 도형 채우기(연한 녹색), 선 없음, 도형 효과(네온 – '파랑, 5 pt 네온, 강조색 1')

▶ 도형 9 ⇒ 블록 화살표 : 아래쪽 화살표, 도형 채우기(그림 또는 질감 채우기) 기능을 사용하여 그림 3 삽입, 도형 윤곽선(실선, 색 : 빨강, 너비 : 2pt, 겹선 종류 : 단순형, 대시 종류 : 파선), 도형 효과(그림자 – 바깥쪽 – 오프셋 오른쪽)

▶ WordArt 삽입(운동과 식이요법으로 건강하게) ⇒ WordArt 스타일('그라데이션 채우기 – 파랑, 강조 1, 반사'), 글꼴 (궁서체, 30pt, 굵게)

▶ 지시사항이 없는 부분은《출력형태》와 동일하게 작성하시오.

MS Office 2016 버전용

제12회 실전모의고사

▶ 시험과목 : 프리젠테이션(파워포인트)
▶ 시험일자 : 20XX. XX. XX.(X)
▶ 응시자 기재사항 및 감독위원 확인

수 검 번 호	DIP – XXXX –	감독위원 확인
성 명		

응시자 유의사항

1. 응시자는 신분증을 지참하여야 시험에 응시할 수 있으며, 시험이 종료될 때까지 신분증을 제시하지 못할 경우 해당 시험은 0점 처리됩니다.
2. 시스템(PC 작동 여부, 네트워크 상태 등)의 이상 여부를 반드시 확인하여야 하며, 시스템 이상이 있을시 감독위원에게 조치를 받으셔야 합니다.
3. 시험 중 부주의 또는 고의로 시스템을 파손한 경우는 응시자 부담으로 합니다.
4. 답안 전송 프로그램을 통해 다운로드 받은 파일을 이용하여 답안 파일을 작성하시기 바랍니다.
5. 작성한 답안 파일은 답안 전송 프로그램을 통하여 전송됩니다. 감독위원의 지시에 따라 주시기 바랍니다.
6. 다음 사항의 경우 실격(0점) 혹은 부정행위 처리됩니다.
   ❶ 답안 파일을 저장하지 않았거나, 저장한 파일이 손상되었을 경우
   ❷ 답안 파일을 지정된 폴더(바탕화면 "KAIT" 폴더)에 저장하지 않았을 경우
      ※ 답안 전송 프로그램 로그인 시 바탕화면에 자동 생성됨
   ❸ 답안 파일을 다른 보조기억장치(USB) 혹은 네트워크(메신저, 게시판 등)로 전송할 경우
   ❹ 휴대용 전화기 등 통신기기를 사용할 경우
7. 슬라이드는 반드시 순서대로 작성해야 하며, 순서가 다를 경우 "0"점 처리됩니다.
8. 시험지에 제시된 글꼴이 응시 프로그램에 없는 경우, 반드시 감독위원에게 해당 내용을 통보한 뒤 조치를 받아야 합니다.
9. 슬라이드 작성 시 도형의 그룹 설정을 사용하는 경우, 채점에서 감점 처리됩니다.
10. 시험의 완료는 작성이 완료된 답안을 저장하고, 답안 전송이 완료된 상태를 확인한 것으로 합니다. 답안 전송 확인 후 문제지는 감독위원에게 제출한 후 퇴실하여야 합니다.
11. 답안 전송이 완료된 경우에는 수정 또는 정정이 불가능합니다.
12. 시험 시행 후 합격자 발표는 홈페이지(www.ihd.or.kr)에서 확인하시기 바랍니다.
    ❶ 문제 및 모범답안 공개 : 20XX. XX. XX.(X)
    ❷ 합격자 발표 : 20XX. XX. XX.(X)

디지털정보활용능력 : 프리젠테이션(파워포인트) [시험시간: 40분] 1/4

<유의사항>
- 《작성조건》을 준수하여 반드시 프리젠테이션 슬라이드로 작업합니다.
- 글꼴 및 기타 사항에 대해 별도의 지시사항이 없는 경우, 슬라이드 크기와 전체적인 균형을 고려하여 임의로 작성하되, 도형은 그룹으로 설정하지 않습니다.
- 모든 슬라이드 크기(A4), 방향(가로), 디자인 테마(Office 테마)로 지정합니다.
  ▶ 슬라이드 크기, 방향 조정 시 '맞춤 확인'으로 지정하여야 합니다.
- 공통적용사항(슬라이드 마스터)
  ▶ 도형 ⇒ 블록 화살표 : 오각형, 도형 스타일('색 채우기 – 녹색, 강조 6'),
           글꼴(휴먼옛체, 20pt, 굵게, '검정, 텍스트 1')
- 그림 삽입 시 다운로드 한 그림 파일을 반드시 사용하여야 합니다.
- ▭▶은 지시사항이므로 작성하지 않습니다.
- 슬라이드에 제시된 글자 및 숫자 오타는 감점 처리됩니다.

【슬라이드 1】 아래의 작성조건 및 출력형태에 알맞게 첫 번째 슬라이드에 작업하시오. (30점)

《출력형태》

《작성조건》
▶ 도형 1 ⇒ 기본 도형 : 사다리꼴, 도형 채우기(그라데이션 : 미리 설정 – '가운데 그라데이션 – 강조 5', 종류 – 선형, 방향 – 선형 아래쪽), 도형 윤곽선(실선, 색 : 녹색, 너비 : 3pt, 겹선 종류 : 단순형), 도형 효과(그림자 – 바깥쪽 – 오프셋 가운데), 글꼴(바탕체, 48pt, 굵게, 노랑)
▶ 도형 2 ⇒ 순서도 : 판단, 도형 채우기(질감 : 녹색 대리석), 선 없음, 도형 효과(반사 – '근접 반사, 터치', 입체 효과 – 디벗)
▶ 도형 3 ⇒ 블록 화살표 : 왼쪽/오른쪽 화살표, 도형 스타일('보통 효과 – 파랑, 강조 1')
▶ 그림 삽입 ⇒ 그림 1삽입, 크기(높이 : 5cm, 너비 : 8cm)
▶ 텍스트 상자(ICT를 접목하여 지능화된 농업 시스템) ⇒ 글꼴(굴림체, 24pt, 굵게, 밑줄)
▶ 애니메이션 지정 ⇒ 도형 1 : 나타내기 – 닦아내기
▶ 지시사항이 없는 부분은 《출력형태》와 동일하게 작성하시오.

디지털정보활용능력 : 프리젠테이션(파워포인트) [시험시간: 40분] 2/4

【슬라이드 2】 아래의 작성조건 및 출력형태에 알맞게 두 번째 슬라이드에 작업하시오. (50점)

《출력형태》

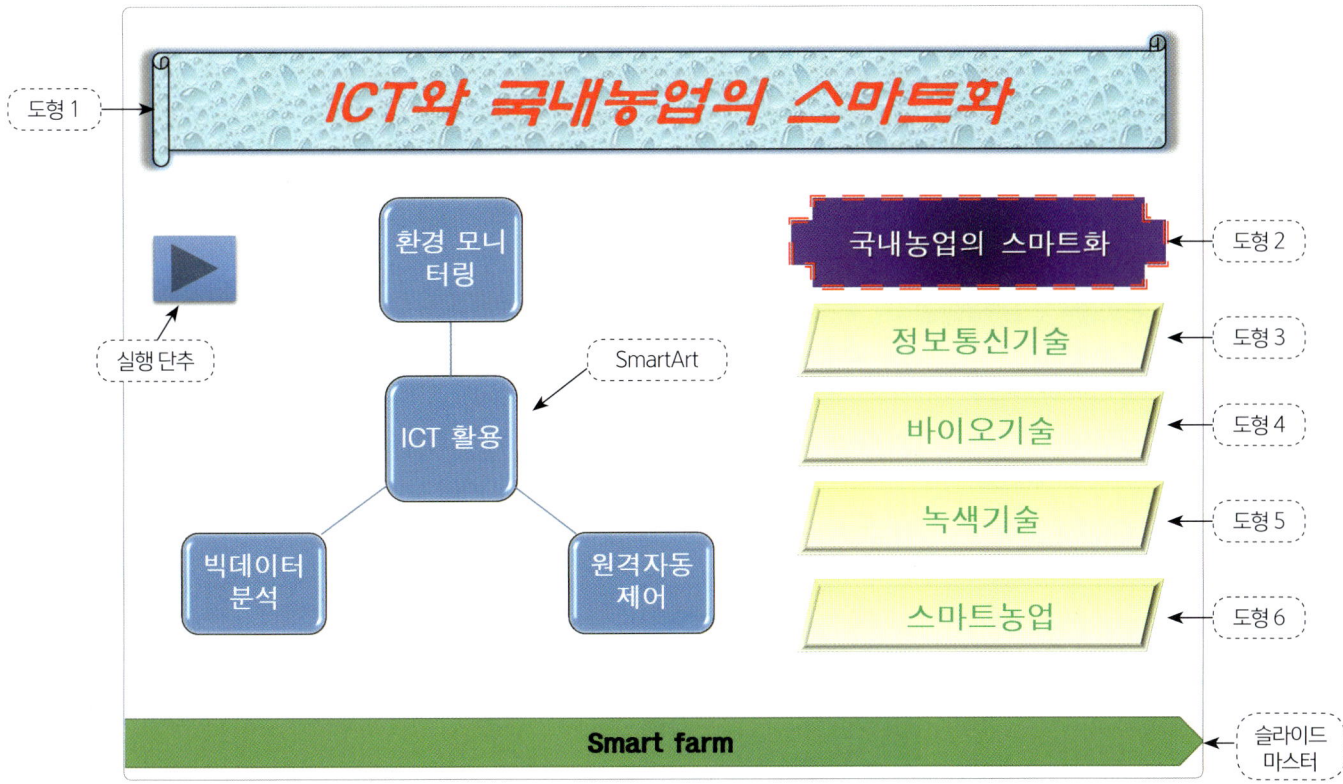

《작성조건》

(1) 제목
- 도형 1 ⇒ 별 및 현수막 : 가로로 말린 두루마리 모양, 도형 채우기(질감 : 작은 물방울), 도형 윤곽선(실선, 색 : '검정, 텍스트 1', 너비 : 1pt, 겹선 종류 : 단순형), 도형 효과(그림자 - 바깥쪽 - 오프셋 가운데, 네온 - '파랑, 5pt 네온, 강조색 1'), 글꼴(휴먼옛체, 40pt, 기울임꼴, 빨강)

(2) 본문
- 도형 2 ⇒ 기본 도형 : 십자형, 도형 채우기(자주, 그라데이션 - 가운데에서), 도형 윤곽선(실선, 색 : 빨강, 너비 : 4pt, 겹선 종류 : 이중, 대시 종류 : 파선), 글꼴(돋움체, 20pt, 굵게, 텍스트 그림자)
- 도형 3~6 ⇒ 기본 도형 : 평행 사변형, 도형 채우기(노랑, 그라데이션 - 선형 아래쪽), 선 없음, 도형 효과(입체 효과 - 볼록하게), 글꼴(돋움체, 22pt, 굵게, 녹색)
- 실행 단추 ⇒ 실행 단추 : 앞으로 또는 다음, 하이퍼링크 : 다음 슬라이드, 도형 스타일('강한 효과 - 파랑, 강조 1')
- SmartArt 삽입 ⇒ 주기형 : 방사형 클러스터형, 글꼴(돋움, 19pt, 굵게, 가운데 맞춤), SmartArt 스타일(색 변경 - '색 채우기 - 강조 1', 3차원 - 만화), (반드시 SmartArt 기능을 이용하여 작성할 것)
- 애니메이션 지정 ⇒ SmartArt : 나타내기 - 바운드
- 지시사항이 없는 부분은《출력형태》와 동일하게 작성하시오.

디지털정보활용능력 : 프리젠테이션(파워포인트) [시험시간: 40분] 3/4

【슬라이드 3】 아래의 작성조건 및 출력형태에 알맞게 세 번째 슬라이드에 작업하시오. (60점)

《출력형태》

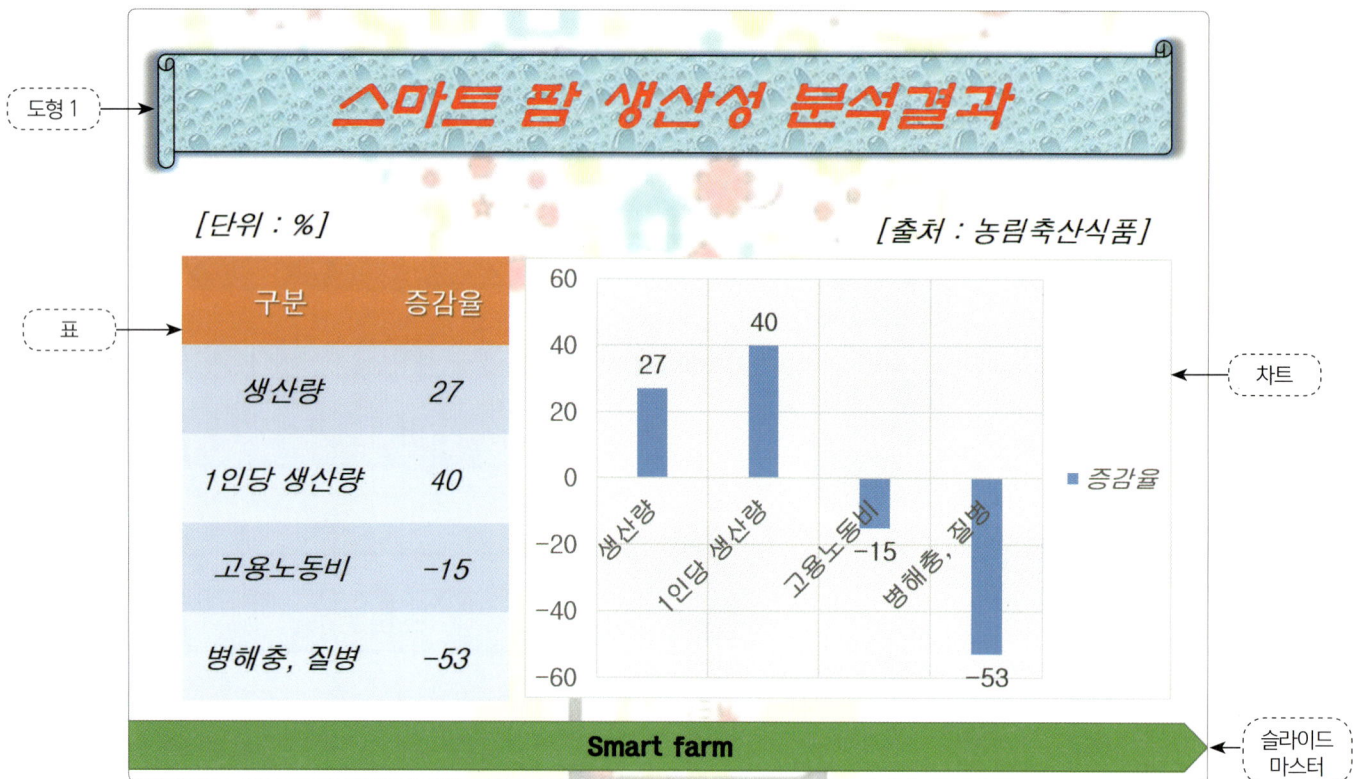

《작성조건》
(1) 제목
▶ 도형 1 ⇒ 별 및 현수막 : 가로로 말린 두루마리 모양, 도형 채우기(질감 : 작은 물방울), 도형 윤곽선(실선, 색 : '검정, 텍스트 1', 너비 : 1pt, 겹선 종류 : 단순형), 도형 효과(그림자 - 바깥쪽 - 오프셋 가운데, 네온 - '파랑, 5pt 네온, 강조색 1'), 글꼴(휴먼옛체, 40pt, 기울임꼴, 빨강)

(2) 본문
▶ 텍스트 상자 1([단위 : %]) ⇒ 글꼴(돋움, 20pt, 굵게, 기울임꼴)
▶ 표 ⇒ 표 스타일(어두운 스타일 2 - 강조 1/강조 2), 가장 위의 행 : 글꼴(돋움, 20pt, 굵게, 텍스트 그림자, 가운데 맞춤), 나머지 행 : 글꼴(돋움, 20pt, 굵게, 기울임꼴, 가운데 맞춤)
▶ 텍스트 상자 2([출처 : 농림축산식품]) ⇒ 글꼴(돋움, 20pt, 굵게, 기울임꼴)
▶ 차트 ⇒ 세로 막대형 : 묶은 세로 막대형, 차트 스타일(색 변경 - '색상형 - 색 2', 스타일 8), 축 서식/데이터 레이블 서식 : 글꼴(굴림, 18pt, 굵게), 범례 서식 : 글꼴(굴림, 18pt, 굵게, 기울임꼴), 데이터는 표 참고
▶ 배경 ⇒ 배경 서식(채우기 - 그림 또는 질감 채우기)에서 그림 2 삽입(현재 슬라이드만 적용)
▶ 애니메이션 지정 ⇒ 차트 : 나타내기 - 날아오기
▶ 지시사항이 없는 부분은《출력형태》와 동일하게 작성하시오.

【슬라이드 4】 아래의 작성조건 및 출력형태에 알맞게 네 번째 슬라이드에 작업하시오. (60점)

《출력형태》

《작성조건》

(1) 제목
- 도형 1 ⇒ 별 및 현수막 : 가로로 말린 두루마리 모양, 도형 채우기(질감 : 작은 물방울), 도형 윤곽선(실선, 색 : '검정, 텍스트 1', 너비 : 1pt, 겹선 종류 : 단순형), 도형 효과(그림자 – 바깥쪽 – 오프셋 가운데, 네온 – '파랑, 5 pt 네온, 강조색 1'), 글꼴(휴먼옛체, 40pt, 기울임꼴, 빨강)

(2) 본문
- 도형 2~4 ⇒ 기본 도형 : 액자, 도형 채우기(질감 : 모래), 선 없음, 도형 효과(그림자 – 안쪽 가운데), 글꼴(굴림체, 24pt, 굵게)
- 도형 5~7 ⇒ 별 및 현수막 : 물결, 도형 채우기(파랑, 그라데이션 – 선형 왼쪽), 선 없음, 도형 효과(그림자 – 바깥쪽 – 오프셋 아래쪽), 글꼴(궁서, 22pt, 기울임꼴, 텍스트 그림자)
- 도형 8 ⇒ 기본 도형 : 하트, 도형 채우기(빨강, 그라데이션 – 가운데에서), 선 없음, 도형 효과(네온 – '주황, 8 pt 네온, 강조색 2')
- 도형 9 ⇒ 설명선 : 설명선 3, 도형 채우기(그림 또는 질감 채우기) 기능을 사용하여 그림 3 삽입, 도형 윤곽선(실선, 색 : 녹색, 너비 : 3pt, 겹선 종류 : 단순형, 대시 종류 : 사각 점선), 도형 효과(그림자 – 바깥쪽 – 오프셋 오른쪽)
- WordArt 삽입(스마트하게 농사 짓자) ⇒ WordArt 스타일('그라데이션 채우기 – 파랑, 강조 1, 반사'), 글꼴(돋움, 35pt, 굵게)
- 지시사항이 없는 부분은 《출력형태》와 동일하게 작성하시오.

MS Office 2016 버전용

제13회 실전모의고사

▸ 시험과목 : 프리젠테이션(파워포인트)
▸ 시험일자 : 20XX. XX. XX.(X)
▸ 응시자 기재사항 및 감독위원 확인

| 수 검 번 호 | DIP – XXXX – | 감독위원 확인 |
| 성 명 | | |

응시자 유의사항

1. 응시자는 신분증을 지참하여야 시험에 응시할 수 있으며, 시험이 종료될 때까지 신분증을 제시하지 못할 경우 해당 시험은 0점 처리됩니다.
2. 시스템(PC 작동 여부, 네트워크 상태 등)의 이상 여부를 반드시 확인하여야 하며, 시스템 이상이 있을시 감독위원에게 조치를 받으셔야 합니다.
3. 시험 중 부주의 또는 고의로 시스템을 파손한 경우는 응시자 부담으로 합니다.
4. 답안 전송 프로그램을 통해 다운로드 받은 파일을 이용하여 답안 파일을 작성하시기 바랍니다.
5. 작성한 답안 파일은 답안 전송 프로그램을 통하여 전송됩니다. 감독위원의 지시에 따라 주시기 바랍니다.
6. 다음 사항의 경우 실격(0점) 혹은 부정행위 처리됩니다.
    ❶ 답안 파일을 저장하지 않았거나, 저장한 파일이 손상되었을 경우
    ❷ 답안 파일을 지정된 폴더(바탕화면 "KAIT" 폴더)에 저장하지 않았을 경우
        ※ 답안 전송 프로그램 로그인 시 바탕화면에 자동 생성됨
    ❸ 답안 파일을 다른 보조기억장치(USB) 혹은 네트워크(메신저, 게시판 등)로 전송할 경우
    ❹ 휴대용 전화기 등 통신기기를 사용할 경우
7. 슬라이드는 반드시 순서대로 작성해야 하며, 순서가 다를 경우 "0"점 처리됩니다.
8. 시험지에 제시된 글꼴이 응시 프로그램에 없는 경우, 반드시 감독위원에게 해당 내용을 통보한 뒤 조치를 받아야 합니다.
9. 슬라이드 작성 시 도형의 그룹 설정을 사용하는 경우, 채점에서 감점 처리됩니다.
10. 시험의 완료는 작성이 완료된 답안을 저장하고, 답안 전송이 완료된 상태를 확인한 것으로 합니다. 답안 전송 확인 후 문제지는 감독위원에게 제출한 후 퇴실하여야 합니다.
11. 답안 전송이 완료된 경우에는 수정 또는 정정이 불가능합니다.
12. 시험 시행 후 합격자 발표는 홈페이지(www.ihd.or.kr)에서 확인하시기 바랍니다.
    ❶ 문제 및 모범답안 공개 : 20XX. XX. XX.(X)
    ❷ 합격자 발표 : 20XX. XX. XX.(X)

디지털정보활용능력 : 프리젠테이션(파워포인트)

[시험시간: 40분]

<유의사항>
- 《작성조건》을 준수하여 반드시 프리젠테이션 슬라이드로 작업합니다.
- 글꼴 및 기타 사항에 대해 별도의 지시사항이 없는 경우, 슬라이드 크기와 전체적인 균형을 고려하여 임의로 작성하되, 도형은 그룹으로 설정하지 않습니다.
- 모든 슬라이드 크기(A4), 방향(가로), 디자인 테마(Office 테마)로 지정합니다.
  ▶ 슬라이드 크기, 방향 조정 시 '맞춤 확인'으로 지정하여야 합니다.
- 공통적용사항(슬라이드 마스터)
  ▶ 도형 ⇒ 기본 도형 : L 도형, 도형 스타일('미세 효과 – 녹색, 강조 6'), 글꼴(궁서체, 24pt, 굵게, 진한 빨강)
- 그림 삽입 시 다운로드 한 그림 파일을 반드시 사용하여야 합니다.
- ⌐ ⌐ → 은 지시사항이므로 작성하지 않습니다.
- 슬라이드에 제시된 글자 및 숫자 오타는 감점 처리됩니다.

【슬라이드 1】 아래의 작성조건 및 출력형태에 알맞게 첫 번째 슬라이드에 작업하시오. (30점)

《출력형태》

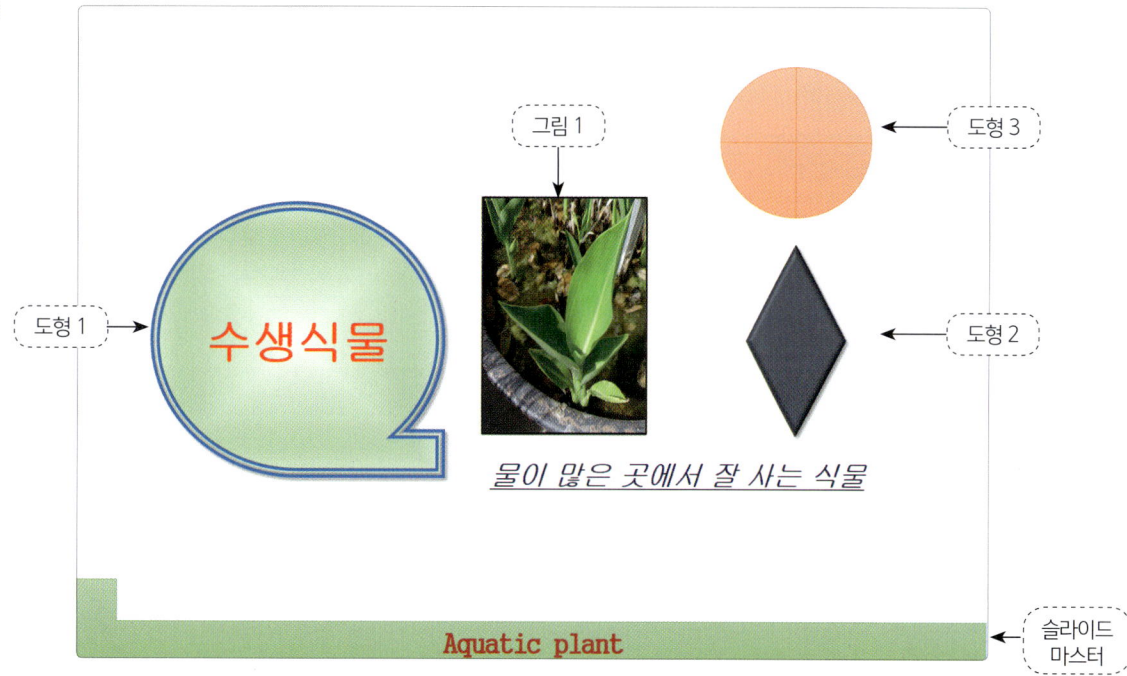

《작성조건》
▶ 도형 1 ⇒ 순서도 : 순차적 액세스 저장소, 도형 채우기(그라데이션 : 미리 설정 – '밝은 그라데이션 – 강조 6', 종류 – 사각형, 방향 – 가운데에서), 도형 윤곽선(실선, 색 : 파랑, 너비 : 8pt, 겹선 종류 : 이중), 도형 효과(그림자 – 바깥쪽 – 오프셋 대각선 오른쪽 아래), 글꼴(굴림, 40pt, 굵게, 빨강)
▶ 도형 2 ⇒ 순서도 : 분류, 도형 채우기('청회색, 텍스트 2'), 선 없음, 도형 효과(그림자 – 바깥쪽 – 오프셋 대각선 오른쪽 아래, 입체 효과 – 둥글게)
▶ 도형 3 ⇒ 순서도 : 논리합, 도형 스타일('미세 효과 – 주황, 강조 2')
▶ 그림 삽입 ⇒ 그림 1 삽입, 크기(높이 : 7cm, 너비 : 5cm)
▶ 텍스트 상자(물이 많은 곳에서 잘 사는 식물) ⇒ 글꼴(굴림, 24pt, 굵게, 기울임꼴, 밑줄, 진한 파랑)
▶ 애니메이션 지정 ⇒ 도형 1 : 나타내기 – 시계 방향 회전
▶ 지시사항이 없는 부분은 《출력형태》와 동일하게 작성하시오.

디지털정보활용능력 : 프리젠테이션(파워포인트)

[시험시간: 40분] 2/4

【슬라이드 2】 아래의 작성조건 및 출력형태에 알맞게 두 번째 슬라이드에 작업하시오. (50점)

《출력형태》

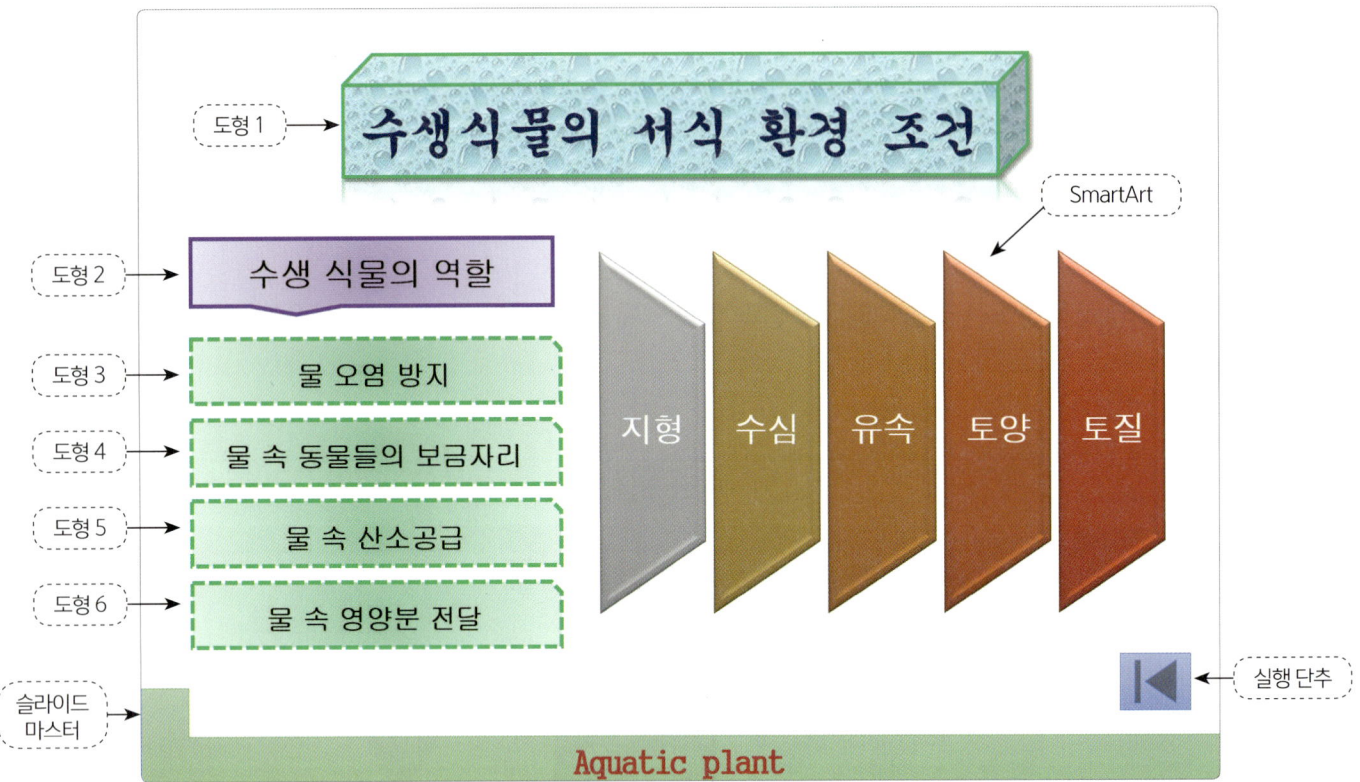

《작성조건》

(1) 제목
- 도형 1 ⇒ 기본 도형 : 정육면체, 도형 채우기(질감 : 작은 물방울), 도형 윤곽선(실선, 색 : 녹색, 너비 : 2.5pt, 겹선 종류 : 단순형), 도형 효과(그림자 - 바깥쪽 - 오프셋 대각선 오른쪽 아래, 반사 - '근접 반사, 터치'), 글꼴(궁서체, 36pt, 굵게, 진한 파랑)

(2) 본문
- 도형 2 ⇒ 설명선 : 사각형 설명선, 도형 채우기(자주, 그라데이션 - 가운데에서), 도형 윤곽선(실선, 색 : 자주, 너비 : 3pt, 겹선 종류 : 단순형), 글꼴(굴림, 24pt, 굵게, '검정, 텍스트 1')
- 도형 3~6 ⇒ 사각형 : 한쪽 모서리가 잘린 사각형, 도형 채우기(녹색, 그라데이션 - 가운데에서), 도형 윤곽선(실선, 색 : 녹색, 너비 : 3pt, 겹선 종류 : 단순형, 대시 종류 : 사각 점선), 글꼴(굴림, 20pt, 굵게, '검정, 텍스트 1')
- 실행 단추 ⇒ 실행 단추 : 시작, 하이퍼링크 : 첫째 슬라이드, 도형 스타일('미세 효과 - 파랑, 강조 5')
- SmartArt 삽입 ⇒ 목록형 : 사다리꼴 목록형, 글꼴(돋움, 24pt, 굵게, 가운데 맞춤), SmartArt 스타일(색 변경 - '색상형 범위 - 강조색 3 또는 4', 3차원 - 경사), (반드시 SmartArt 기능을 이용하여 작성할 것)
- 애니메이션 지정 ⇒ SmartArt : 나타내기 - 날아오기
- 지시사항이 없는 부분은 《출력형태》와 동일하게 작성하시오.

디지털정보활용능력 : 프리젠테이션(파워포인트) [시험시간: 40분] 3/4

【슬라이드 3】 아래의 작성조건 및 출력형태에 알맞게 세 번째 슬라이드에 작업하시오. (60점)

《출력형태》

《작성조건》

(1) 제목
- 도형 1 ⇒ 기본 도형 : 정육면체, 도형 채우기(질감 : 작은 물방울), 도형 윤곽선(실선, 색 : 녹색, 너비 : 2.5pt, 겹선 종류 : 단순형), 도형 효과(그림자 – 바깥쪽 – 오프셋 대각선 오른쪽 아래, 반사 – '근접 반사, 터치'), 글꼴(궁서체, 36pt, 굵게, 진한 파랑)

(2) 본문
- 텍스트 상자 1([단위 : 제곱킬로미터]) ⇒ 글꼴(굴림, 18pt, 굵게, 기울임꼴)
- 표 ⇒ 표 스타일(테마 스타일 1 – 강조 3), 가장 위의 행 : 글꼴(굴림체, 20pt, 굵게, 텍스트 그림자, 가운데 맞춤), 나머지 행 : 글꼴(굴림, 18pt, 굵게, 기울임꼴, 가운데 맞춤)
- 텍스트 상자 2([출처 : 해양수산부]) ⇒ 글꼴(굴림, 18pt, 굵게, 기울임꼴)
- 차트 ⇒ 세로 막대형 : 묶은 세로 막대형, 차트 스타일(색 변경 – '색상형 – 색 3', 스타일 8), 축 서식/데이터 레이블 서식 : 글꼴(굴림, 18pt, 굵게), 범례 서식 : 글꼴(굴림, 18pt, 굵게, 기울임꼴), 데이터는 표 참고
- 배경 ⇒ 배경 서식(채우기 – 그림 또는 질감 채우기)에서 그림 2 삽입(현재 슬라이드만 적용)
- 애니메이션 지정 ⇒ 차트 : 나타내기 – 닦아내기
- 지시사항이 없는 부분은《출력형태》와 동일하게 작성하시오.

【슬라이드 4】 아래의 작성조건 및 출력형태에 알맞게 네 번째 슬라이드에 작업하시오. (60점)

《출력형태》

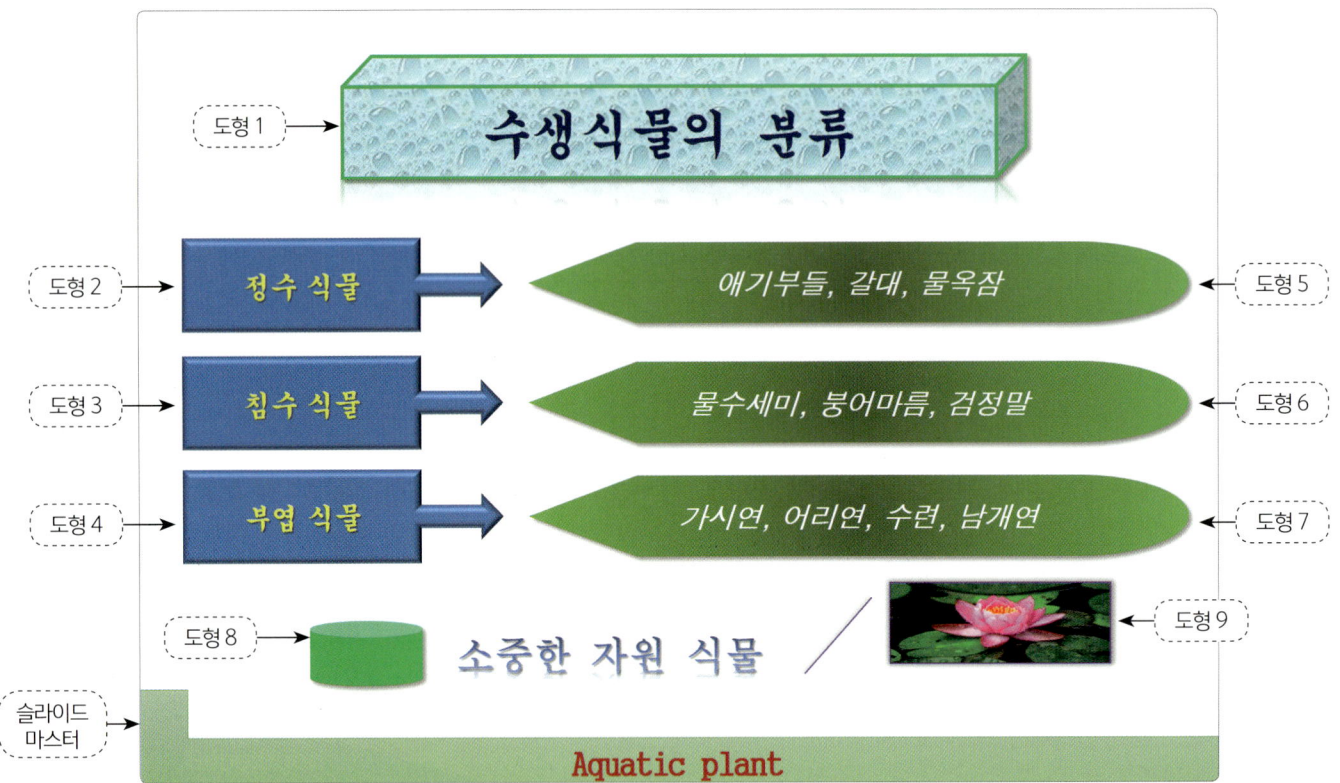

《작성조건》

(1) 제목
- 도형 1 ⇒ 기본 도형 : 정육면체, 도형 채우기(질감 : 작은 물방울), 도형 윤곽선(실선, 색 : 녹색, 너비 : 2.5pt, 겹선 종류 : 단순형), 도형 효과(그림자 - 바깥쪽 - 오프셋 대각선 오른쪽 아래, 반사 - '근접 반사, 터치'), 글꼴(궁서체, 36pt, 굵게, 진한 파랑)

(2) 본문
- 도형 2~4 ⇒ 블록 화살표 : 오른쪽 화살표 설명선, 도형 채우기('파랑, 강조 1, 25% 더 어둡게'), 선 없음, 도형 효과(입체 효과 - 둥글게), 글꼴(궁서, 20pt, 굵게, 텍스트 그림자, 노랑)
- 도형 5~7 ⇒ 순서도 : 화면 표시, 도형 채우기('녹색, 강조 6', 그라데이션 - 가운데에서), 선 없음, 도형 효과(그림자 - 바깥쪽 - 오프셋 대각선 오른쪽 아래), 글꼴(돋움, 20pt, 굵게, 기울임꼴)
- 도형 8 ⇒ 기본 도형 : 원통, 도형 채우기(녹색), 선 없음, 도형 효과(그림자 - 바깥쪽 - 오프셋 대각선 오른쪽 아래)
- 도형 9 ⇒ 설명선 : 설명선 1, 도형 채우기(그림 또는 질감 채우기) 기능을 사용하여 그림 3 삽입, 도형 윤곽선(실선, 색 : 자주, 너비 : 1pt, 겹선 종류 : 단순형), 도형 효과(그림자 - 바깥쪽 - 오프셋 가운데)
- WordArt 삽입(소중한 자원 식물) ⇒ WordArt 스타일('그라데이션 채우기 - 파랑, 강조 1, 반사') 글꼴(바탕체, 28pt, 굵게, 텍스트 그림자)
- 지시사항이 없는 부분은《출력형태》와 동일하게 작성하시오.

MS Office 2016 버전용

제14회 실전모의고사

▸ 시험과목 : 프리젠테이션(파워포인트)
▸ 시험일자 : 20XX. XX. XX.(X)
▸ 응시자 기재사항 및 감독위원 확인

| 수 검 번 호 | DIP - XXXX - | 감독위원 확인 |
| 성   명 | | |

응시자 유의사항

1. 응시자는 신분증을 지참하여야 시험에 응시할 수 있으며, 시험이 종료될 때까지 신분증을 제시하지 못할 경우 해당 시험은 0점 처리됩니다.
2. 시스템(PC 작동 여부, 네트워크 상태 등)의 이상 여부를 반드시 확인하여야 하며, 시스템 이상이 있을시 감독위원에게 조치를 받으셔야 합니다.
3. 시험 중 부주의 또는 고의로 시스템을 파손한 경우는 응시자 부담으로 합니다.
4. 답안 전송 프로그램을 통해 다운로드 받은 파일을 이용하여 답안 파일을 작성하시기 바랍니다.
5. 작성한 답안 파일은 답안 전송 프로그램을 통하여 전송됩니다. 감독위원의 지시에 따라 주시기 바랍니다.
6. 다음 사항의 경우 실격(0점) 혹은 부정행위 처리됩니다.
   ❶ 답안 파일을 저장하지 않았거나, 저장한 파일이 손상되었을 경우
   ❷ 답안 파일을 지정된 폴더(바탕화면 "KAIT" 폴더)에 저장하지 않았을 경우
      ※ 답안 전송 프로그램 로그인 시 바탕화면에 자동 생성됨
   ❸ 답안 파일을 다른 보조기억장치(USB) 혹은 네트워크(메신저, 게시판 등)로 전송할 경우
   ❹ 휴대용 전화기 등 통신기기를 사용할 경우
7. 슬라이드는 반드시 순서대로 작성해야 하며, 순서가 다를 경우 "0"점 처리됩니다.
8. 시험지에 제시된 글꼴이 응시 프로그램에 없는 경우, 반드시 감독위원에게 해당 내용을 통보한 뒤 조치를 받아야 합니다.
9. 슬라이드 작성 시 도형의 그룹 설정을 사용하는 경우, 채점에서 감점 처리됩니다.
10. 시험의 완료는 작성이 완료된 답안을 저장하고, 답안 전송이 완료된 상태를 확인한 것으로 합니다. 답안 전송 확인 후 문제지는 감독위원에게 제출한 후 퇴실하여야 합니다.
11. 답안 전송이 완료된 경우에는 수정 또는 정정이 불가능합니다.
12. 시험 시행 후 합격자 발표는 홈페이지(www.ihd.or.kr)에서 확인하시기 바랍니다.
    ❶ 문제 및 모범답안 공개 : 20XX. XX. XX.(X)
    ❷ 합격자 발표 : 20XX. XX. XX.(X)

디지털정보활용능력 : 프리젠테이션(파워포인트) [시험시간: 40분]

<유의사항>
- 《작성조건》을 준수하여 반드시 프리젠테이션 슬라이드로 작업합니다.
- 글꼴 및 기타 사항에 대해 별도의 지시사항이 없는 경우, 슬라이드 크기와 전체적인 균형을 고려하여 임의로 작성하되, 도형은 그룹으로 설정하지 않습니다.
- 모든 슬라이드 크기(A4), 방향(가로), 디자인 테마(Office 테마)로 지정합니다.
  ▶ 슬라이드 크기, 방향 조정 시 '맞춤 확인'으로 지정하여야 합니다.
- 공통적용사항(슬라이드 마스터)
  ▶ 도형 ⇒ 블록 화살표 : 오각형, 도형 스타일('미세 효과 – 주황, 강조 2'), 글꼴(굴림체, 24pt, 굵게)
- 그림 삽입 시 다운로드 한 그림 파일을 반드시 사용하여야 합니다.
- ⟞⟶ 은 지시사항이므로 작성하지 않습니다.
- 슬라이드에 제시된 글자 및 숫자 오타는 감점 처리됩니다.

【슬라이드 1】 아래의 작성조건 및 출력형태에 알맞게 첫 번째 슬라이드에 작업하시오. (30점)

《출력형태》

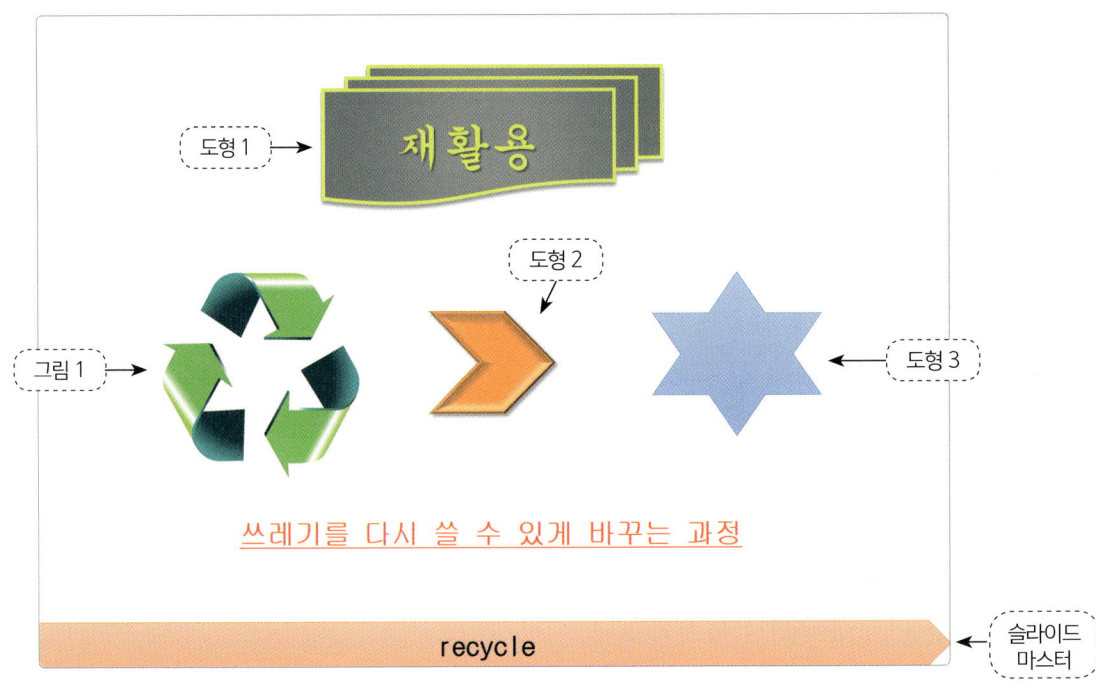

《작성조건》
▶ 도형 1 ⇒ 순서도 : 다중 문서, 도형 채우기(그라데이션 : 미리 설정 – '방사형 그라데이션 – 강조 3', 종류 – 방사형, 방향 – 가운데에서), 도형 윤곽선(실선, 색 : 노랑, 너비 : 3pt, 겹선 종류 : 단순형), 도형 효과(그림자 – 바깥쪽 – 오프셋 아래쪽), 글꼴(궁서체, 40pt, 텍스트 그림자, 노랑)
▶ 도형 2 ⇒ 블록 화살표 : 갈매기형 수장, 도형 채우기('주황, 강조 2'), 선 없음, 도형 효과(그림자 – 바깥쪽 – 오프셋 대각선 오른쪽 아래, 입체 효과 – 부드럽게 둥글리기)
▶ 도형 3 ⇒ 별 및 현수막 : 포인트가 6개인 별, 도형 스타일('미세 효과 – 파랑, 강조 1')
▶ 그림 삽입 ⇒ 그림 1삽입, 크기(높이 : 6cm, 너비 : 6cm)
▶ 텍스트 상자(쓰레기를 다시 쓸 수 있게 바꾸는 과정) ⇒ 글꼴(굴림체, 24pt, 굵게, 밑줄, 빨강)
▶ 애니메이션 지정 ⇒ 도형 1: 나타내기 – 날아오기
▶ 지시사항이 없는 부분은《출력형태》와 동일하게 작성하시오.

디지털정보활용능력 : 프리젠테이션(파워포인트)

[시험시간: 40분]

【슬라이드 2】 아래의 작성조건 및 출력형태에 알맞게 두 번째 슬라이드에 작업하시오. (50점)

《출력형태》

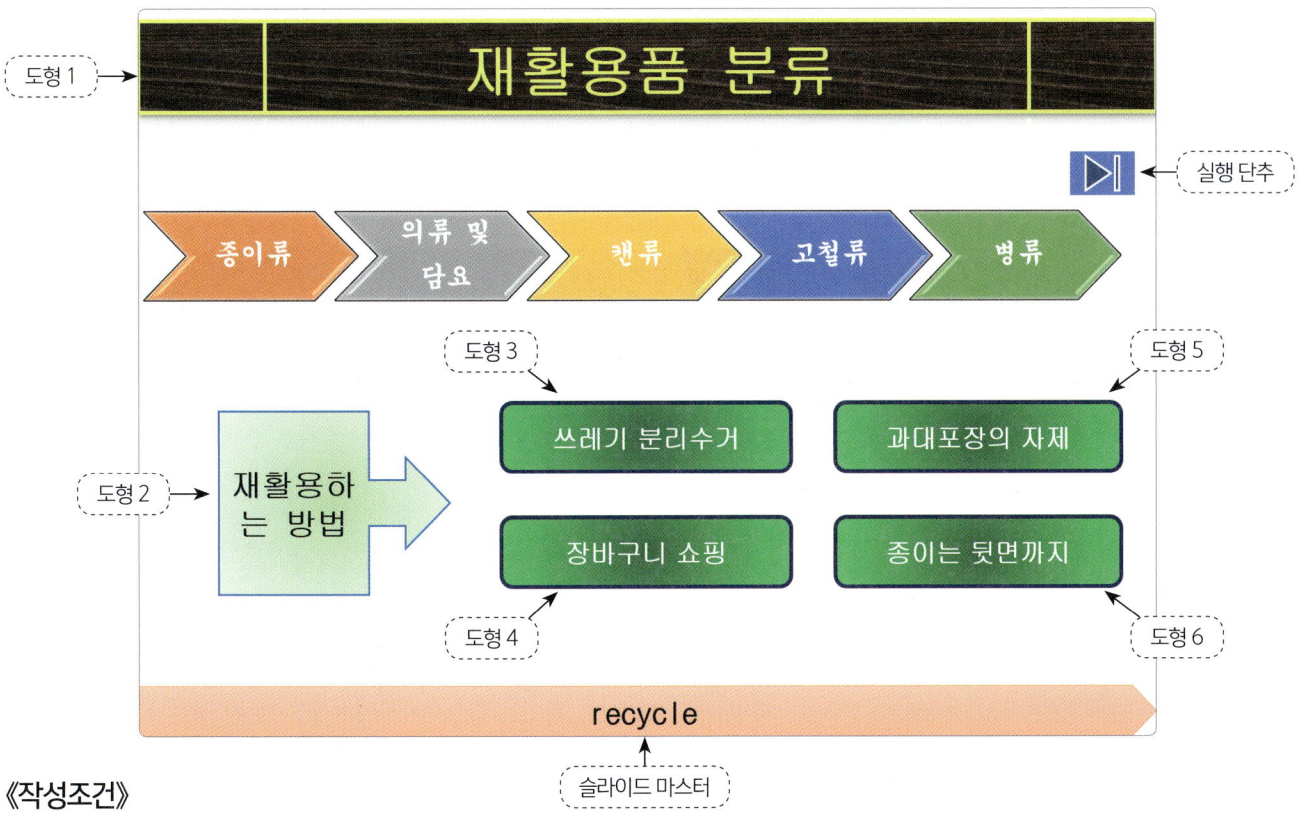

《작성조건》

(1) 제목
▶ 도형 1 ⇒ 순서도 : 종속 처리, 도형 채우기(질감 : 월넛), 도형 윤곽선(실선, 색 : 노랑, 너비 : 3pt, 겹선 종류 : 단순형), 도형 효과(그림자 - 바깥쪽 - 오프셋 대각선 오른쪽 아래, 반사 - '근접 반사, 터치'), 글꼴(굴림체, 44pt, 굵게, 노랑)

(2) 본문
▶ 도형 2 ⇒ 블록 화살표 : 오른쪽 화살표 설명선, 도형 채우기(연한 녹색, 그라데이션 - 가운데에서), 도형 윤곽선(실선, 색 : 파랑, 너비 : 1.5pt, 겹선 종류 : 단순형), 글꼴(굴림체, 24pt, 굵게, '검정, 텍스트 1')
▶ 도형 3~6 ⇒ 사각형 : 모서리가 둥근 직사각형, 도형 채우기(녹색, 그라데이션 - 가운데에서), 도형 윤곽선(실선, 색 : 진한 파랑, 너비 : 3pt, 겹선 종류 : 단순형), 글꼴(굴림, 20pt, 굵게)
▶ 실행 단추 ⇒ 실행 단추 : 끝, 하이퍼링크 : 마지막 슬라이드, 도형 스타일('밝은 색 1 윤곽선, 색 채우기 - 파랑, 강조 5')
▶ SmartArt 삽입 ⇒ 프로세스형 : 기본 갈매기형 수장 프로세스형, 글꼴(궁서체, 20pt, 굵게, 가운데 맞춤), SmartArt 스타일(색 변경 - '색상형 - 강조색', 3차원 - 만화), (반드시 SmartArt 기능을 이용하여 작성할 것)
▶ 애니메이션 지정 ⇒ SmartArt : 나타내기 - 날아오기
▶ 지시사항이 없는 부분은 《출력형태》와 동일하게 작성하시오.

디지털정보활용능력 : 프리젠테이션(파워포인트)

[시험시간: 40분] 3/4

【슬라이드 3】 아래의 작성조건 및 출력형태에 알맞게 세 번째 슬라이드에 작업하시오. (60점)

《출력형태》

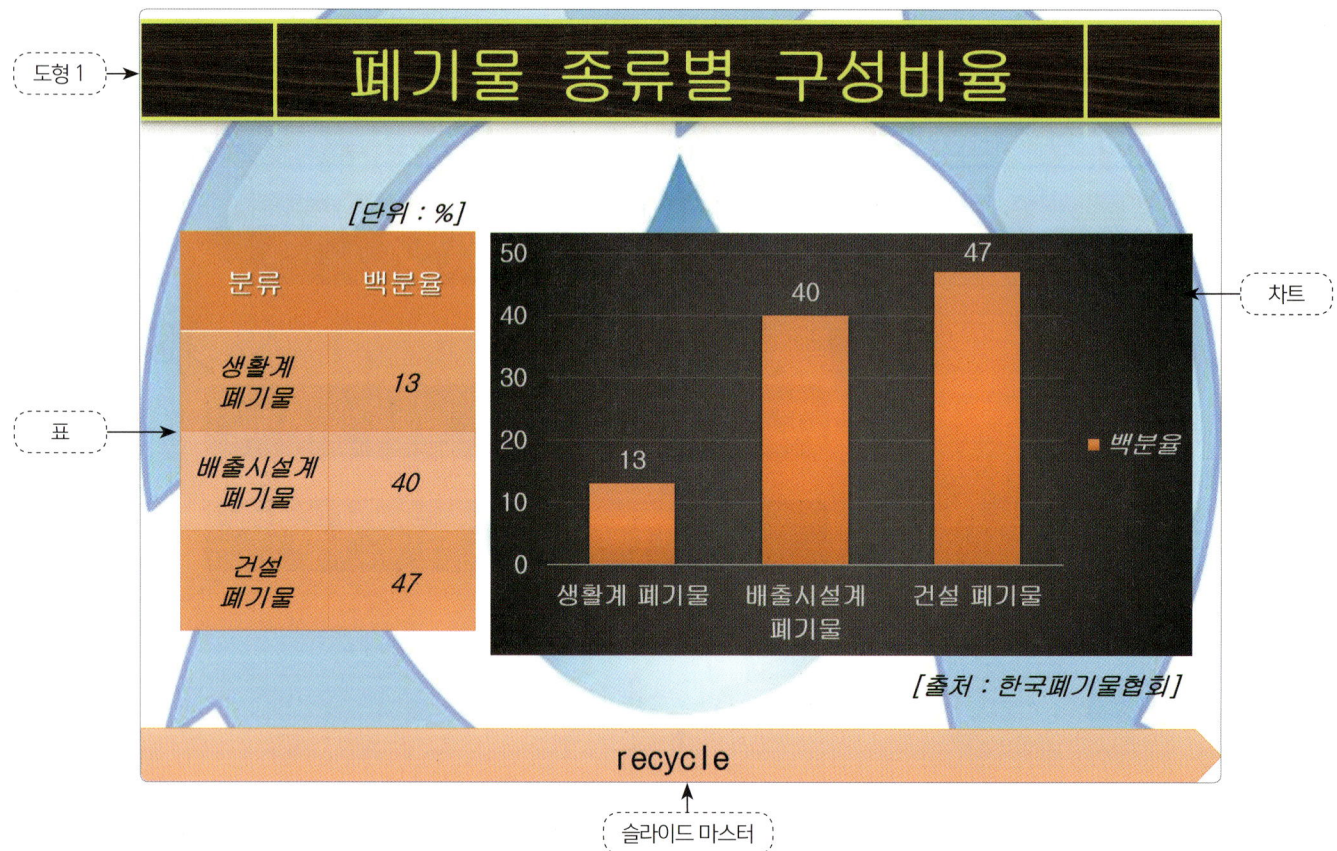

《작성조건》

(1) 제목
▶ 도형 1 ⇒ 순서도 : 종속 처리, 도형 채우기(질감 : 월넛), 도형 윤곽선(실선, 색 : 노랑, 너비 : 3pt, 겹선 종류 : 단순형), 도형 효과(그림자 - 바깥쪽 - 오프셋 대각선 오른쪽 아래, 반사 - '근접 반사, 터치'), 글꼴(굴림체, 44pt, 굵게, 노랑)

(2) 본문
▶ 텍스트 상자 1([단위 : %]) ⇒ 글꼴(굴림, 18pt, 굵게, 기울임꼴)
▶ 표 ⇒ 표 스타일(테마 스타일 1 - 강조 2), 가장 위의 행 : 글꼴(굴림체, 20pt, 굵게, 텍스트 그림자, 가운데 맞춤), 나머지 행 : 글꼴(굴림, 18pt, 굵게, 기울임꼴, 가운데 맞춤)
▶ 텍스트 상자 2([출처 : 한국폐기물협회]) ⇒ 글꼴(굴림, 18pt, 굵게, 기울임꼴)
▶ 차트 ⇒ 세로 막대형 : 묶은 세로 막대형, 차트 스타일(색 변경 - '색상형 - 색 3', 스타일 8), 축 서식/데이터 레이블 서식 : 글꼴(굴림, 18pt, 굵게), 범례 서식 : 글꼴(굴림, 18pt, 굵게, 기울임꼴), 데이터는 표 참고
▶ 배경 ⇒ 배경 서식(채우기 - 그림 또는 질감 채우기)에서 그림 2 삽입(현재 슬라이드만 적용)
▶ 애니메이션 지정 ⇒ 차트 : 나타내기 - 닦아내기
▶ 지시사항이 없는 부분은 《출력형태》와 동일하게 작성하시오.

[슬라이드 4] 아래의 작성조건 및 출력형태에 알맞게 네 번째 슬라이드에 작업하시오. (60점)

《출력형태》

《작성조건》

(1) 제목
- 도형 1 ⇒ 순서도 : 종속 처리, 도형 채우기(질감 : 월넛), 도형 윤곽선(실선, 색 : 노랑, 너비 : 3pt, 겹선 종류 : 단순형), 도형 효과(그림자 – 바깥쪽 – 오프셋 대각선 오른쪽 아래, 반사 – '근접 반사, 터치'), 글꼴(굴림체, 44pt, 굵게, 노랑)

(2) 본문
- 도형 2~4 ⇒ 별 및 현수막 : 포인트가 8개인 별, 도형 채우기(노랑), 선 없음, 도형 효과(입체 효과 – 십자형으로), 글꼴(굴림, 20pt, 굵게, '검정, 텍스트 1')
- 도형 5~7 ⇒ 사각형 : 한쪽 모서리가 잘린 사각형, 도형 채우기('주황, 강조 2', 그라데이션 – 가운데에서), 선 없음, 도형 효과(그림자 – 바깥쪽 – 오프셋 대각선 오른쪽 아래), 글꼴(굴림, 18pt, 굵게, '검정, 텍스트 1')
- 도형 8 ⇒ 블록 화살표 : 갈매기형 수장, 도형 채우기(자주), 선 없음, 도형 효과(그림자 – 바깥쪽 – 오프셋 대각선 오른쪽 아래)
- 도형 9 ⇒ 블록 화살표 : 아래쪽 화살표 설명선, 도형 채우기(그림 또는 질감 채우기) 기능을 사용하여 그림 3 삽입, 도형 윤곽선(실선, 색 : 자주, 너비 : 2.5pt, 겹선 종류 : 단순형), 도형 효과(그림자 – 바깥쪽 – 오프셋 아래쪽)
- WordArt 삽입(일상 생활부터 변화를) ⇒ WordArt 스타일('채우기 – 회색-50%, 강조 3, 선명한 입체'), 글꼴(궁서체, 36pt, 굵게, 텍스트 그림자)
- 지시사항이 없는 부분은《출력형태》와 동일하게 작성하시오.

MS Office 2016 버전용

제15회 실전모의고사

▷ 시험과목 : 프리젠테이션(파워포인트)
▷ 시험일자 : 20XX. XX. XX.(X)
▷ 응시자 기재사항 및 감독위원 확인

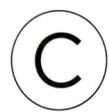

수검번호	DIP – XXXX –	감독위원확인
성 명		

응시자 유의사항

1. 응시자는 신분증을 지참하여야 시험에 응시할 수 있으며, 시험이 종료될 때까지 신분증을 제시하지 못할 경우 해당 시험은 0점 처리됩니다.
2. 시스템(PC 작동 여부, 네트워크 상태 등)의 이상 여부를 반드시 확인하여야 하며, 시스템 이상이 있을시 감독위원에게 조치를 받으셔야 합니다.
3. 시험 중 부주의 또는 고의로 시스템을 파손한 경우는 응시자 부담으로 합니다.
4. 답안 전송 프로그램을 통해 다운로드 받은 파일을 이용하여 답안 파일을 작성하시기 바랍니다.
5. 작성한 답안 파일은 답안 전송 프로그램을 통하여 전송됩니다. 감독위원의 지시에 따라 주시기 바랍니다.
6. 다음 사항의 경우 실격(0점) 혹은 부정행위 처리됩니다.
   ① 답안 파일을 저장하지 않았거나, 저장한 파일이 손상되었을 경우
   ② 답안 파일을 지정된 폴더(바탕화면 "KAIT" 폴더)에 저장하지 않았을 경우
      ※ 답안 전송 프로그램 로그인 시 바탕화면에 자동 생성됨
   ③ 답안 파일을 다른 보조기억장치(USB) 혹은 네트워크(메신저, 게시판 등)로 전송할 경우
   ④ 휴대용 전화기 등 통신기기를 사용할 경우
7. 슬라이드는 반드시 순서대로 작성해야 하며, 순서가 다를 경우 "0"점 처리됩니다.
8. 시험지에 제시된 글꼴이 응시 프로그램에 없는 경우, 반드시 감독위원에게 해당 내용을 통보한 뒤 조치를 받아야 합니다.
9. 슬라이드 작성 시 도형의 그룹 설정을 사용하는 경우, 채점에서 감점 처리됩니다.
10. 시험의 완료는 작성이 완료된 답안을 저장하고, 답안 전송이 완료된 상태를 확인한 것으로 합니다. 답안 전송 확인 후 문제지는 감독위원에게 제출한 후 퇴실하여야 합니다.
11. 답안 전송이 완료된 경우에는 수정 또는 정정이 불가능합니다.
12. 시험 시행 후 합격자 발표는 홈페이지(www.ihd.or.kr)에서 확인하시기 바랍니다.
    ① 문제 및 모범답안 공개 : 20XX. XX. XX.(X)
    ② 합격자 발표 : 20XX. XX. XX.(X)

디지털정보활용능력 : 프리젠테이션(파워포인트)

[시험시간: 40분]

<유의사항>
- 《작성조건》을 준수하여 반드시 프리젠테이션 슬라이드로 작업합니다.
- 글꼴 및 기타 사항에 대해 별도의 지시사항이 없는 경우, 슬라이드 크기와 전체적인 균형을 고려하여 임의로 작성하되, 도형은 그룹으로 설정하지 않습니다.
- 모든 슬라이드 크기(A4), 방향(가로), 디자인 테마(Office 테마)로 지정합니다.
  ▶ 슬라이드 크기, 방향 조정 시 '맞춤 확인'으로 지정하여야 합니다.
- 공통적용사항(슬라이드 마스터)
  ▶ 도형 ⇒ 순서도 : 수동 입력, 도형 스타일('미세 효과 – 녹색, 강조 6'), 글꼴(궁서체, 24pt, 굵게)
- 그림 삽입 시 다운로드 한 그림 파일을 반드시 사용하여야 합니다.
- ⬚⮕ 은 지시사항이므로 작성하지 않습니다.
- 슬라이드에 제시된 글자 및 숫자 오타는 감점 처리됩니다.

【슬라이드 1】 아래의 작성조건 및 출력형태에 알맞게 첫 번째 슬라이드에 작업하시오. (30점)

《출력형태》

《작성조건》
▶ 도형 1 ⇒ 순서도 : 다중 문서, 도형 채우기(그라데이션 : 미리 설정 – '방사형 그라데이션 – 강조 6', 종류 – 방사형, 방향 – 오른쪽 위 모서리에서), 도형 윤곽선(실선, 색 : 자주, 너비 : 1pt, 겹선 종류 : 단순형), 도형 효과(그림자 – 바깥쪽 – 오프셋 대각선 오른쪽 아래), 글꼴(돋움체, 44, 텍스트 그림자)
▶ 도형 2 ⇒ 기본 도형 : 도넛, 도형 채우기(노랑), 선 없음, 도형 효과(그림자 – 바깥쪽 – 오프셋 가운데, 입체 효과 – 둥글게)
▶ 도형 3 ⇒ 수식 도형 : 덧셈 기호, 도형 스타일('강한 효과 – 파랑, 강조 5')
▶ 그림 삽입 ⇒ 그림 1삽입, 크기(높이 : 7cm, 너비 : 6cm)
▶ 텍스트 상자(도시에서 먹을거리를 가꾼다) ⇒ 글꼴(굴림체, 24pt, 굵게, 밑줄, 빨강)
▶ 애니메이션 지정 ⇒ 도형 1 : 나타내기 – 올라오기
▶ 지시사항이 없는 부분은 《출력형태》와 동일하게 작성하시오.

디지털정보활용능력 : 프리젠테이션(파워포인트)

【슬라이드 2】 아래의 작성조건 및 출력형태에 알맞게 두 번째 슬라이드에 작업하시오. (50점)

《출력형태》

《작성조건》

(1) 제목
▶ 도형 1 ⇒ 기본 도형 : 평행 사변형, 도형 채우기(질감 : 녹색 대리석), 도형 윤곽선(실선, 색 : 녹색, 너비 : 1pt, 겹선 종류 : 단순형), 도형 효과(그림자 – 바깥쪽 – 오프셋 오른쪽, 입체 효과 – 둥글게), 글꼴(궁서, 40pt, 굵게, 텍스트 그림자, 노랑)

(2) 본문
▶ 도형 2 ⇒ 블록 화살표 : 아래쪽 화살표, 도형 채우기('주황, 강조 2', 그라데이션 – 가운데에서), 도형 윤곽선(실선, 색 : 주황, 너비 : 5pt, 겹선 종류 : 굵고 얇음), 글꼴(굴림, 24pt, 굵게, '검정, 텍스트 1')
▶ 도형 3~6 ⇒ 순서도 : 수동 연산, 도형 채우기(노랑, 그라데이션 – 가운데에서), 도형 윤곽선(실선, 색 : 녹색, 너비 : 2.5pt, 겹선 종류 : 단순형, 대시 종류 : 사각 점선), 글꼴(굴림, 20pt, 굵게, '검정, 텍스트 1')
▶ 실행 단추 ⇒ 실행 단추 : 홈, 하이퍼링크 : 첫째 슬라이드, 도형 스타일('미세효과 – 파랑, 강조 1')
▶ SmartArt 삽입 ⇒ 주기형 : 기본 방사형, 글꼴(돋움, 20pt, 굵게, 가운데 맞춤), SmartArt 스타일(색 변경 – '색상형 – 강조색', 3차원 – 광택 처리), (반드시 SmartArt 기능을 이용하여 작성할 것)
▶ 애니메이션 지정 ⇒ SmartArt : 나타내기 – 날아오기
▶ 지시사항이 없는 부분은《출력형태》와 동일하게 작성하시오.

디지털정보활용능력 : 프리젠테이션(파워포인트)

[시험시간: 40분] 3/4

【슬라이드 3】 아래의 작성조건 및 출력형태에 알맞게 세 번째 슬라이드에 작업하시오. (60점)

《출력형태》

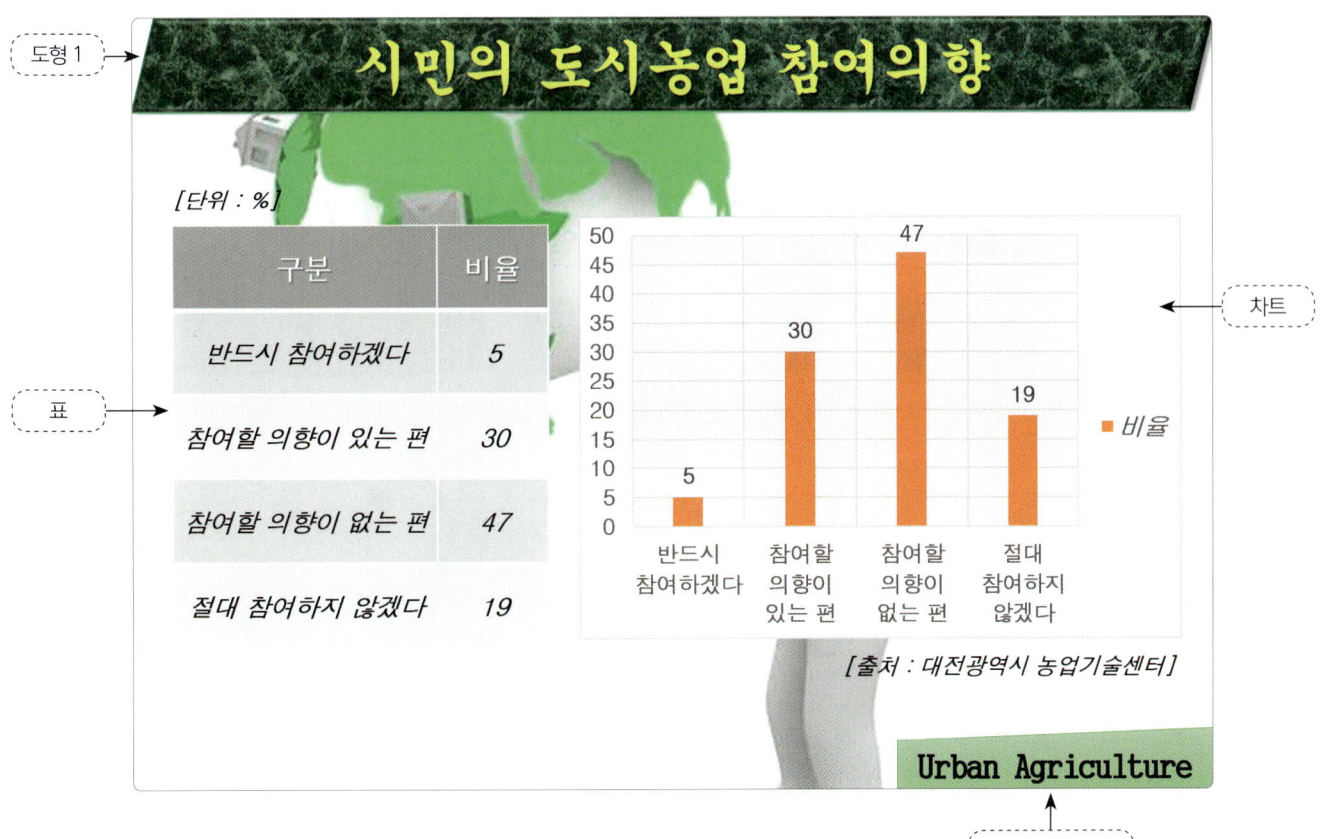

《작성조건》

(1) 제목
▶ 도형 1 ⇒ 기본 도형 : 평행 사변형, 도형 채우기(질감 : 녹색 대리석), 도형 윤곽선(실선, 색 : 녹색, 너비 : 1pt, 겹선 종류 : 단순형), 도형 효과(그림자 - 바깥쪽 - 오프셋 오른쪽, 입체 효과 - 둥글게), 글꼴(궁서, 40pt, 굵게, 텍스트 그림자, 노랑)

(2) 본문
▶ 텍스트 상자 1([단위 : %]) ⇒ 글꼴(돋움, 16pt, 굵게, 기울임꼴)
▶ 표 ⇒ 표 스타일(보통 스타일 2 - 강조 3), 가장 위의 행 : 글꼴(돋움체, 20pt, 굵게, 텍스트 그림자, 가운데 맞춤), 나머지 행 : 글꼴(돋움, 18pt, 굵게, 기울임꼴, 가운데 맞춤)
▶ 텍스트 상자 2([출처 : 대전광역시 농업기술센터]) ⇒ 글꼴(돋움, 16pt, 굵게, 기울임꼴)
▶ 차트 ⇒ 세로 막대형 : 묶은 세로 막대형, 차트 스타일(색 변경 - '색상형 - 색 3', 스타일 8), 축 서식/데이터 레이블 서식 : 글꼴(돋움, 16pt, 굵게), 범례 서식 : 글꼴(굴림, 18pt, 굵게, 기울임꼴), 데이터는 표 참고
▶ 배경 ⇒ 배경 서식(채우기 - 그림 또는 질감 채우기)에서 그림 2 삽입(현재 슬라이드만 적용)
▶ 애니메이션 지정 ⇒ 차트 : 나타내기 - 나누기
▶ 지시사항이 없는 부분은《출력형태》와 동일하게 작성하시오.

디지털정보활용능력 : 프리젠테이션(파워포인트) [시험시간: 40분] 4/4

【슬라이드 4】 아래의 작성조건 및 출력형태에 알맞게 네 번째 슬라이드에 작업하시오. (60점)

《출력형태》

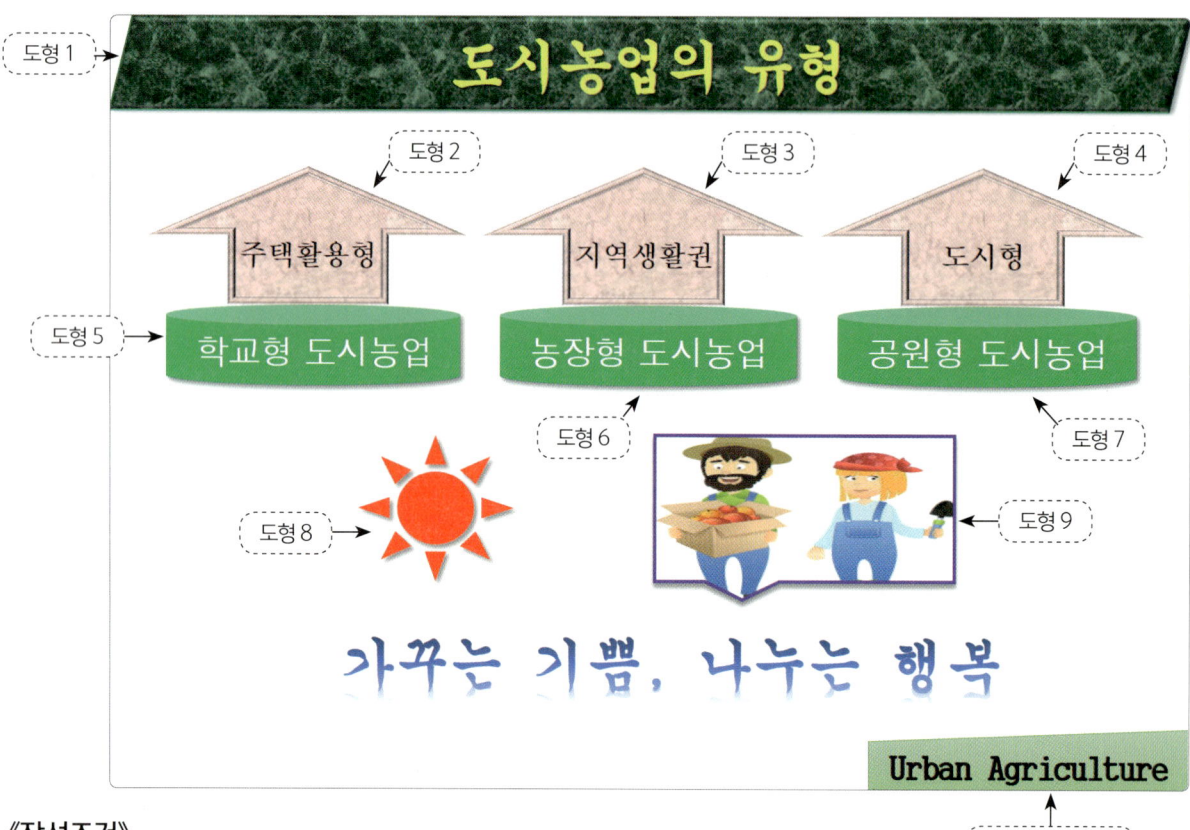

《작성조건》

(1) 제목
- 도형 1 ⇒ 기본 도형 : 평행 사변형, 도형 채우기(질감 : 녹색 대리석), 도형 윤곽선(실선, 색 : 녹색, 너비 : 1pt, 겹선 종류 : 단순형), 도형 효과(그림자 – 바깥쪽 – 오프셋 오른쪽, 입체 효과 – 둥글게), 글꼴(궁서, 40pt, 굵게, 텍스트 그림자, 노랑)

(2) 본문
- 도형 2~4 ⇒ 블록 화살표 : 위쪽 화살표, 도형 채우기(질감 : 분홍 박엽지), 선 없음, 도형 효과(입체 효과 – 급경사), 글꼴(바탕체, 20pt, 굵게, '검정, 텍스트 1')
- 도형 5~7 ⇒ 기본 도형 : 원통, 도형 채우기(녹색), 선 없음, 도형 효과(그림자 – 바깥쪽 – 오프셋 대각선 오른쪽 아래), 글꼴(돋움, 24pt, 굵게)
- 도형 8 ⇒ 기본 도형 : 해, 도형 채우기(빨강), 선 없음, 도형 효과(그림자 – 바깥쪽 – 오프셋 대각선 오른쪽 아래)
- 도형 9 ⇒ 설명선 : 사각형 설명선, 도형 채우기(그림 또는 질감 채우기) 기능을 사용하여 그림 3 삽입, 도형 윤곽선(실선, 색 : 자주, 너비 : 2.5pt, 겹선 종류 : 단순형), 도형 효과(그림자 – 바깥쪽 – 오프셋 아래쪽)
- WordArt 삽입(가꾸는 기쁨, 나누는 행복) ⇒ WordArt 스타일('그라데이션 채우기 – 파랑, 강조 1, 반사'), 글꼴(궁서체, 40pt, 굵게)
- 지시사항이 없는 부분은《출력형태》와 동일하게 작성하시오.

MS Office 2016 버전용

제16회 실전모의고사

▷ 시험과목 : 프리젠테이션(파워포인트)
▷ 시험일자 : 20XX. XX. XX.(X)
▷ 응시자 기재사항 및 감독위원 확인

| 수 검 번 호 | DIP - XXXX - | 감독위원 확인 |
| 성 명 | | |

응시자 유의사항

1. 응시자는 신분증을 지참하여야 시험에 응시할 수 있으며, 시험이 종료될 때까지 신분증을 제시하지 못할 경우 해당 시험은 0점 처리됩니다.
2. 시스템(PC 작동 여부, 네트워크 상태 등)의 이상 여부를 반드시 확인하여야 하며, 시스템 이상이 있을시 감독위원에게 조치를 받으셔야 합니다.
3. 시험 중 부주의 또는 고의로 시스템을 파손한 경우는 응시자 부담으로 합니다.
4. 답안 전송 프로그램을 통해 다운로드 받은 파일을 이용하여 답안 파일을 작성하시기 바랍니다.
5. 작성한 답안 파일은 답안 전송 프로그램을 통하여 전송됩니다. 감독위원의 지시에 따라 주시기 바랍니다.
6. 다음 사항의 경우 실격(0점) 혹은 부정행위 처리됩니다.
   ❶ 답안 파일을 저장하지 않았거나, 저장한 파일이 손상되었을 경우
   ❷ 답안 파일을 지정된 폴더(바탕화면 "KAIT" 폴더)에 저장하지 않았을 경우
      ※ 답안 전송 프로그램 로그인 시 바탕화면에 자동 생성됨
   ❸ 답안 파일을 다른 보조기억장치(USB) 혹은 네트워크(메신저, 게시판 등)로 전송할 경우
   ❹ 휴대용 전화기 등 통신기기를 사용할 경우
7. 슬라이드는 반드시 순서대로 작성해야 하며, 순서가 다를 경우 "0"점 처리됩니다.
8. 시험지에 제시된 글꼴이 응시 프로그램에 없는 경우, 반드시 감독위원에게 해당 내용을 통보한 뒤 조치를 받아야 합니다.
9. 슬라이드 작성 시 도형의 그룹 설정을 사용하는 경우, 채점에서 감점 처리됩니다.
10. 시험의 완료는 작성이 완료된 답안을 저장하고, 답안 전송이 완료된 상태를 확인한 것으로 합니다. 답안 전송 확인 후 문제지는 감독위원에게 제출한 후 퇴실하여야 합니다.
11. 답안 전송이 완료된 경우에는 수정 또는 정정이 불가능합니다.
12. 시험 시행 후 합격자 발표는 홈페이지(www.ihd.or.kr)에서 확인하시기 바랍니다.
    ❶ 문제 및 모범답안 공개 : 20XX. XX. XX.(X)
    ❷ 합격자 발표 : 20XX. XX. XX.(X)

| 디지털정보활용능력 : 프리젠테이션(파워포인트) | [시험시간: 40분] 1/4 |

<유의사항>
- 《작성조건》을 준수하여 반드시 프리젠테이션 슬라이드로 작업합니다.
- 글꼴 및 기타 사항에 대해 별도의 지시사항이 없는 경우, 슬라이드 크기와 전체적인 균형을 고려하여 임의로 작성하되, 도형은 그룹으로 설정하지 않습니다.
- 모든 슬라이드 크기(A4), 방향(가로), 디자인 테마(Office 테마)로 지정합니다.
  ▶ 슬라이드 크기, 방향 조정 시 '맞춤 확인'으로 지정하여야 합니다.
- 공통적용사항(슬라이드 마스터)
  ▶ 도형 ⇒ 순서도 : 판단, 도형 스타일('미세 효과 – 주황, 강조 2'), 글꼴(굴림체, 20pt, 굵게)
- 그림 삽입 시 다운로드 한 그림 파일을 반드시 사용하여야 합니다.
- ┌┈┈┐→ 은 지시사항이므로 작성하지 않습니다.
- 슬라이드에 제시된 글자 및 숫자 오타는 감점 처리됩니다.

【슬라이드 1】 아래의 작성조건 및 출력형태에 알맞게 첫 번째 슬라이드에 작업하시오. (30점)

《출력형태》

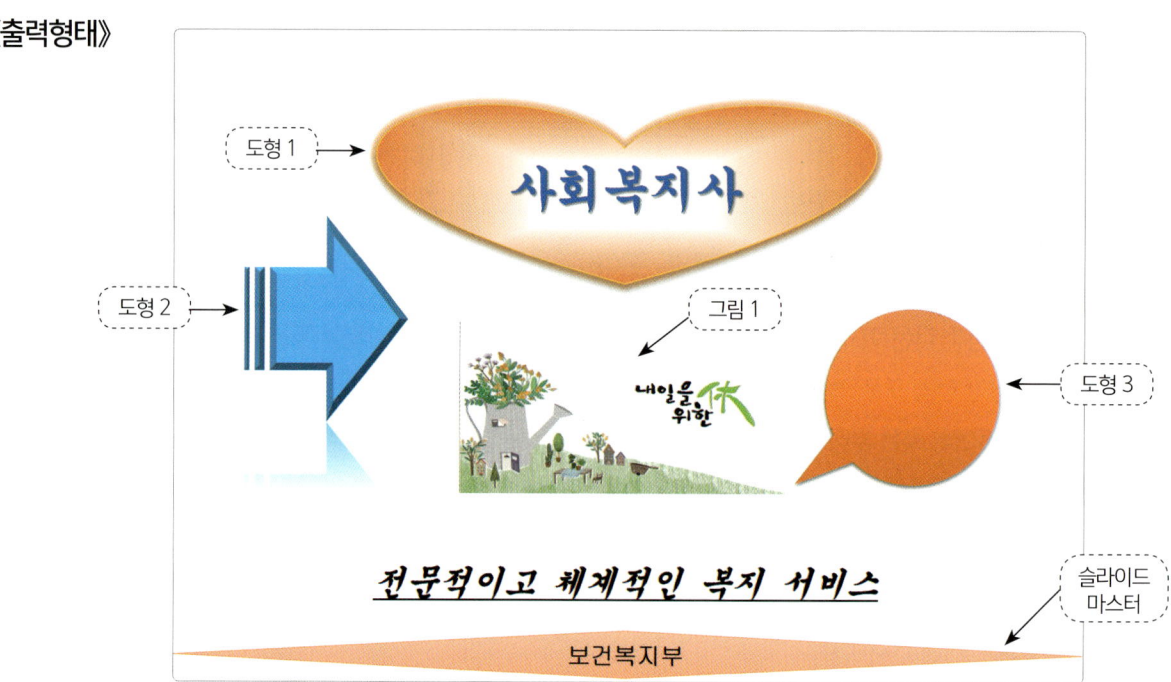

《작성조건》
▶ 도형 1 ⇒ 기본 도형 : 하트, 도형 채우기(그라데이션 : 미리 설정 – '위쪽 스포트라이트 강조 2', 종류 – 사각형, 방향 – 가운데에서), 도형 윤곽선(실선, 색 : 주황, 너비 : 1pt, 겹선 종류 : 단순형), 도형 효과(그림자 – 바깥쪽 – 오프셋 아래쪽, 네온 – '주황, 8 pt 네온, 강조색 2'), 글꼴(궁서체, 40pt, 굵게, 텍스트 그림자, 파랑)
▶ 도형 2 ⇒ 블록 화살표 : 줄무늬가 있는 오른쪽 화살표, 도형 채우기(연한 파랑), 선 없음, 도형 효과(반사 – '근접 반사, 터치', 입체 효과 – 각지게)
▶ 도형 3 ⇒ 설명선 : 타원형 설명선, 도형 스타일('강한 효과 – 주황, 강조 2')
▶ 그림 삽입 ⇒ 그림 1 삽입, 크기(높이 : 5cm, 너비 : 10cm)
▶ 텍스트 상자(전문적이고 체계적인 복지 서비스) ⇒ 글꼴(궁서체, 28pt, 굵게, 기울임꼴, 밑줄)
▶ 애니메이션 지정 ⇒ 도형 1 : 나타내기 – 시계 방향 회전
▶ 지시사항이 없는 부분은《출력형태》와 동일하게 작성하시오.

| 디지털정보활용능력 : 프리젠테이션(파워포인트) | [시험시간: 40분] 2/4

【슬라이드 2】 아래의 작성조건 및 출력형태에 알맞게 두 번째 슬라이드에 작업하시오. (50점)

《출력형태》

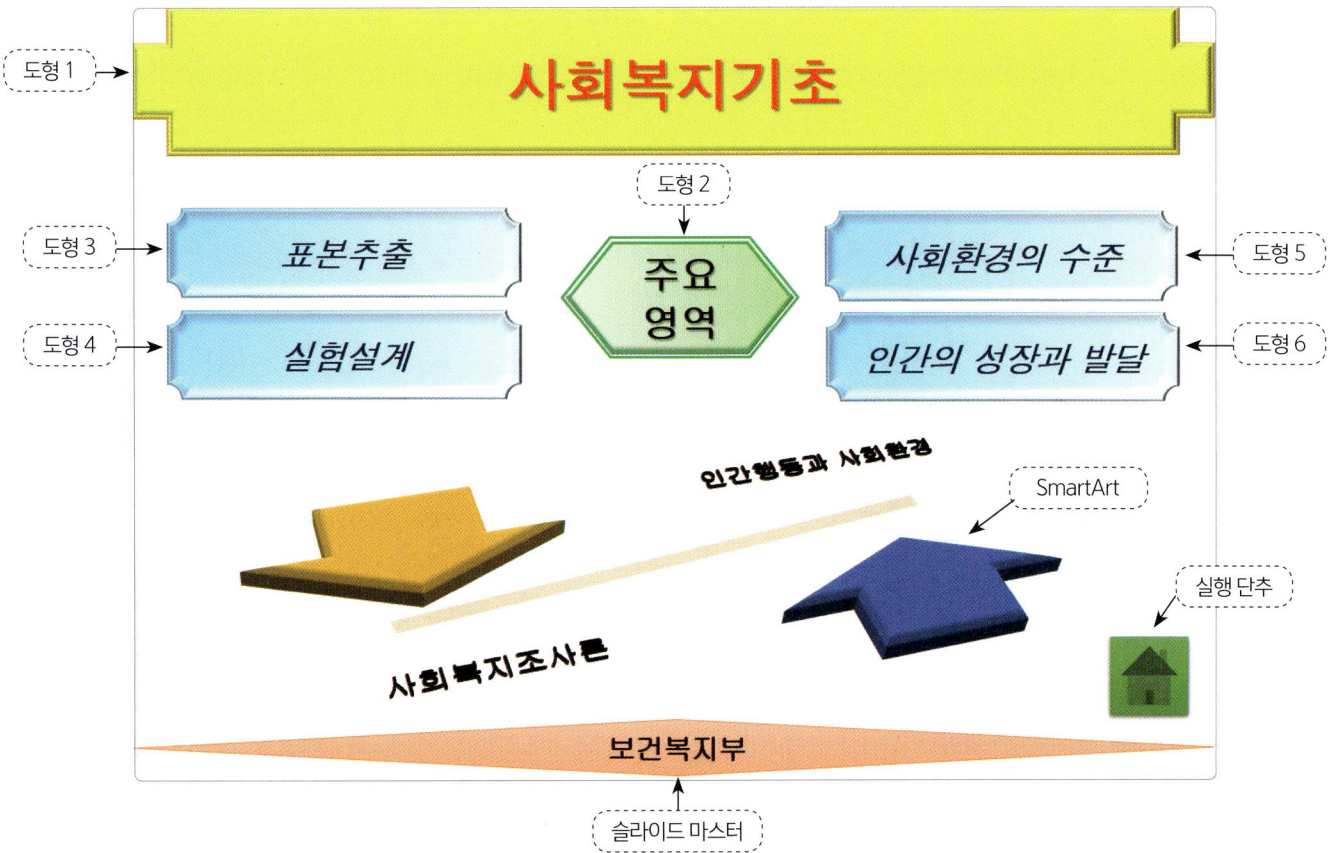

《작성조건》

(1) 제목
▶ 도형 1 ⇒ 기본 도형 : 십자형, 도형 채우기(노랑), 도형 윤곽선(실선, 색 : 주황, 너비 : 2pt, 겹선 종류 : 단순형), 도형 효과(그림자 – 안쪽 대각선 오른쪽 위, 입체 효과 – 아트 데코), 글꼴(돋움체, 40pt, 굵게, 텍스트 그림자, 빨강)

(2) 본문
▶ 도형 2 ⇒ 순서도 : 준비, 도형 채우기(연한 녹색, 그라데이션 – 선형 왼쪽), 도형 윤곽선(실선, 색 : 녹색, 너비 : 6pt, 겹선 종류 : 이중), 글꼴(굴림체, 28pt, 굵게, 텍스트 그림자, '검정, 텍스트 1')
▶ 도형 3~6 ⇒ 기본 도형 : 배지, 도형 채우기(연한 파랑, 그라데이션 – 왼쪽 위 모서리에서), 선 없음, 도형 효과(입체 효과 – 부드럽게 둥글리기), 글꼴(돋움, 24pt, 굵게, 기울임꼴, 진한 파랑)
▶ 실행 단추 ⇒ 실행 단추 : 홈, 하이퍼링크 : 첫째 슬라이드, 도형 스타일('강한 효과 – 녹색, 강조 6')
▶ SmartArt 삽입 ⇒ 관계형 : 평형 화살표형, 글꼴(굴림, 22pt, 굵게, 가운데 맞춤), SmartArt 스타일(색 변경 – '색상형 범위 – 강조색 4 또는 5', 3차원 – 조감도), (반드시 SmartArt 기능을 이용하여 작성할 것)
▶ 애니메이션 지정 ⇒ SmartArt : 나타내기 – 실선 무늬
▶ 지시사항이 없는 부분은 《출력형태》와 동일하게 작성하시오.

디지털정보활용능력 : 프리젠테이션(파워포인트) [시험시간: 40분] 3/4

【슬라이드 3】 아래의 작성조건 및 출력형태에 알맞게 세 번째 슬라이드에 작업하시오. (60점)

《출력형태》

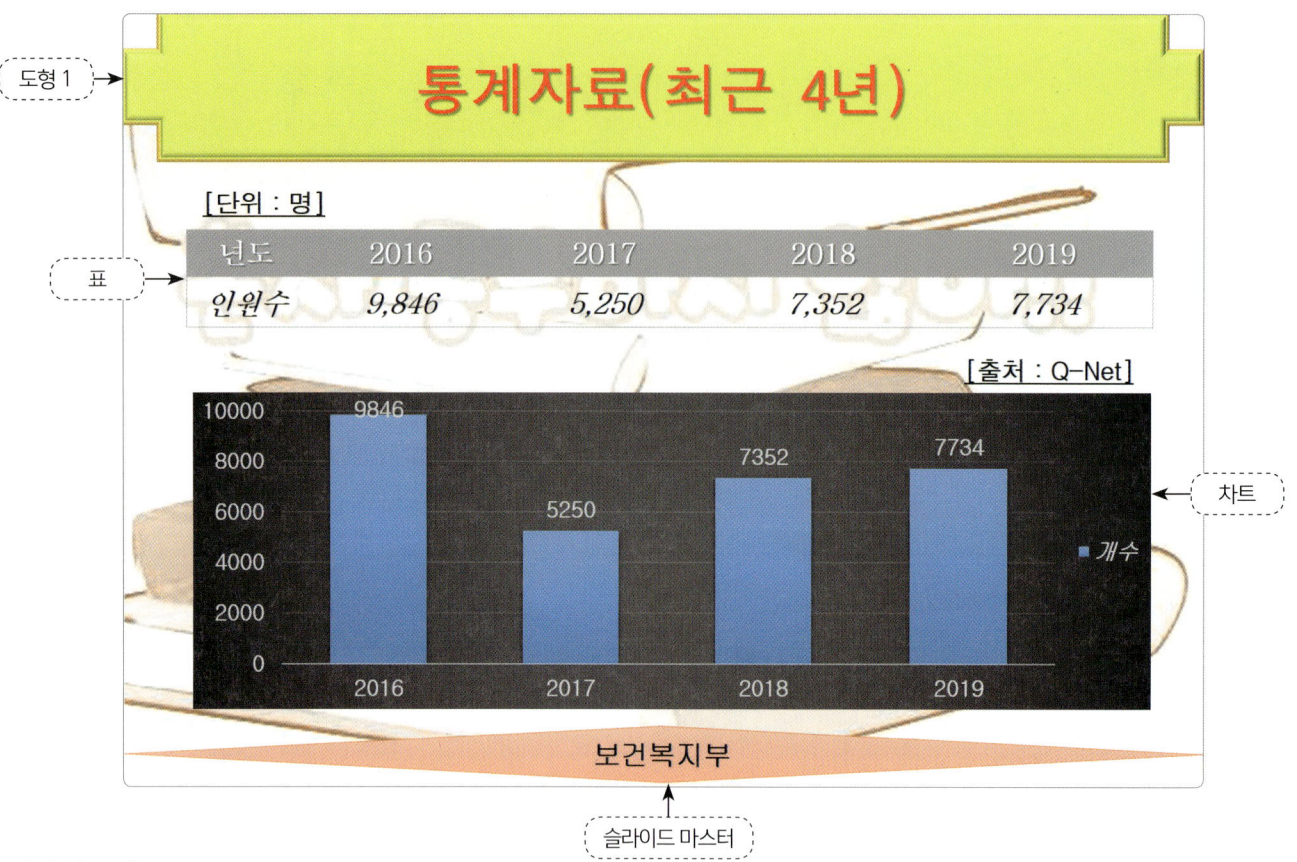

《작성조건》

(1) 제목
▶ 도형 1 ⇒ 기본 도형 : 십자형, 도형 채우기(노랑), 도형 윤곽선(실선, 색 : 주황, 너비 : 2pt, 겹선 종류 : 단순형), 도형 효과(그림자 – 안쪽 대각선 오른쪽 위, 입체 효과 – 아트 데코), 글꼴(돋움체, 40pt, 굵게, 텍스트 그림자, 빨강)

(2) 본문
▶ 텍스트 상자 1([단위 : 명]) ⇒ 글꼴(돋움, 18pt, 굵게, 밑줄)
▶ 표 ⇒ 표 스타일(밝은 스타일 2 – 강조 3), 가장 위의 행 : 글꼴(바탕, 20pt, 굵게, 텍스트 그림자, 가운데 맞춤), 나머지 행 : 글꼴(바탕, 20pt, 굵게, 기울임꼴, 가운데 맞춤)
▶ 텍스트 상자 2([출처 : Q-Net]) ⇒ 글꼴(돋움, 18pt, 굵게, 밑줄)
▶ 차트 ⇒ 세로 막대형 : 묶은 세로 막대형, 차트 스타일(색 변경 – '색상형 – 색 2', 스타일 9), 축 서식/데이터 레이블 서식 : 글꼴(굴림, 16pt, 굵게), 범례 서식 : 글꼴(굴림, 16pt, 굵게, 기울임꼴), 데이터는 표 참고
▶ 배경 ⇒ 배경 서식(채우기 – 그림 또는 질감 채우기)에서 그림 2 삽입(현재 슬라이드만 적용)
▶ 애니메이션 지정 ⇒ 차트 : 나타내기 – 도형
▶ 지시사항이 없는 부분은 《출력형태》와 동일하게 작성하시오.

디지털정보활용능력 : 프리젠테이션(파워포인트) [시험시간: 40분] 4/4

【슬라이드 4】 아래의 작성조건 및 출력형태에 알맞게 네 번째 슬라이드에 작업하시오. (60점)

《출력형태》

《작성조건》

(1) 제목
▶ 도형 1 ⇒ 기본 도형 : 십자형, 도형 채우기(노랑), 도형 윤곽선(실선, 색 : 주황, 너비 : 2pt, 겹선 종류 : 단순형), 도형 효과(그림자 - 안쪽 대각선 오른쪽 위, 입체 효과 - 아트 데코), 글꼴(돋움체, 40pt, 굵게, 텍스트 그림자, 빨강)

(2) 본문
▶ 도형 2~4 ⇒ 기본 도형 : 육각형, 도형 채우기(질감 : 파피루스), 선 없음, 도형 효과(그림자 - 안쪽 가운데), 글꼴(굴림, 20pt, 굵게, 파랑)
▶ 도형 5~7 ⇒ 기본 도형 : 빗면, 도형 채우기('주황, 강조 2', 그라데이션 - 가운데에서), 선 없음, 도형 효과(네온 - '주황, 8 pt 네온, 강조색 2'), 글꼴(돋움, 24pt, 굵게, 기울임꼴, '검정, 텍스트 1')
▶ 도형 8 ⇒ 블록 화살표 : 위쪽 화살표 설명선, 도형 채우기(연한 녹색, 그라데이션 - 선형 왼쪽), 선 없음, 도형 효과(반사 - '1/2 반사, 4 pt 오프셋')
▶ 도형 9 ⇒ 기본 도형 : 정육면체, 도형 채우기(그림 또는 질감 채우기) 기능을 사용하여 그림 3 삽입, 도형 윤곽선(실선, 색 : 노랑, 너비 : 3pt, 겹선 종류 : 단순형, 대시 종류 : 둥근 점선), 도형 효과(네온 - '주황, 18 pt 네온, 강조색 2')
▶ WordArt 삽입(grade social worker) ⇒ WordArt 스타일('채우기 - 주황, 강조 2, 윤곽선 - 강조 2'), 글꼴(궁서, 36pt, 굵게, 텍스트 그림자)
▶ 지시사항이 없는 부분은《출력형태》와 동일하게 작성하시오.

MS Office 2016 버전용

제17회 실전모의고사

▷ 시험과목 : 프리젠테이션(파워포인트)
▷ 시험일자 : 20XX. XX. XX.(X)
▷ 응시자 기재사항 및 감독위원 확인

수 검 번 호	DIP - XXXX -	감독위원 확인
성 명		

응시자 유의사항

1. 응시자는 신분증을 지참하여야 시험에 응시할 수 있으며, 시험이 종료될 때까지 신분증을 제시하지 못할 경우 해당 시험은 0점 처리됩니다.
2. 시스템(PC 작동 여부, 네트워크 상태 등)의 이상 여부를 반드시 확인하여야 하며, 시스템 이상이 있을시 감독위원에게 조치를 받으셔야 합니다.
3. 시험 중 부주의 또는 고의로 시스템을 파손한 경우는 응시자 부담으로 합니다.
4. 답안 전송 프로그램을 통해 다운로드 받은 파일을 이용하여 답안 파일을 작성하시기 바랍니다.
5. 작성한 답안 파일은 답안 전송 프로그램을 통하여 전송됩니다. 감독위원의 지시에 따라 주시기 바랍니다.
6. 다음 사항의 경우 실격(0점) 혹은 부정행위 처리됩니다.
   ❶ 답안 파일을 저장하지 않았거나, 저장한 파일이 손상되었을 경우
   ❷ 답안 파일을 지정된 폴더(바탕화면 "KAIT" 폴더)에 저장하지 않았을 경우
      ※ 답안 전송 프로그램 로그인 시 바탕화면에 자동 생성됨
   ❸ 답안 파일을 다른 보조기억장치(USB) 혹은 네트워크(메신저, 게시판 등)로 전송할 경우
   ❹ 휴대용 전화기 등 통신기기를 사용할 경우
7. 슬라이드는 반드시 순서대로 작성해야 하며, 순서가 다를 경우 "0"점 처리됩니다.
8. 시험지에 제시된 글꼴이 응시 프로그램에 없는 경우, 반드시 감독위원에게 해당 내용을 통보한 뒤 조치를 받아야 합니다.
9. 슬라이드 작성 시 도형의 그룹 설정을 사용하는 경우, 채점에서 감점 처리됩니다.
10. 시험의 완료는 작성이 완료된 답안을 저장하고, 답안 전송이 완료된 상태를 확인한 것으로 합니다. 답안 전송 확인 후 문제지는 감독위원에게 제출한 후 퇴실하여야 합니다.
11. 답안 전송이 완료된 경우에는 수정 또는 정정이 불가능합니다.
12. 시험 시행 후 합격자 발표는 홈페이지(www.ihd.or.kr)에서 확인하시기 바랍니다.
    ❶ 문제 및 모범답안 공개 : 20XX. XX. XX.(X)
    ❷ 합격자 발표 : 20XX. XX. XX.(X)

디지털정보활용능력 : 프리젠테이션(파워포인트) [시험시간: 40분]

<유의사항>
- 《작성조건》을 준수하여 반드시 프리젠테이션 슬라이드로 작업합니다.
- 글꼴 및 기타 사항에 대해 별도의 지시사항이 없는 경우, 슬라이드 크기와 전체적인 균형을 고려하여 임의로 작성하되, 도형은 그룹으로 설정하지 않습니다.
- 모든 슬라이드 크기(A4), 방향(가로), 디자인 테마(Office 테마)로 지정합니다.
  ▶ 슬라이드 크기, 방향 조정 시 '맞춤 확인'으로 지정하여야 합니다.
- 공통적용사항(슬라이드 마스터)
  ▶ 도형 ⇒ 기본 도형 : 팔각형, 도형 스타일('강한 효과 – 파랑, 강조 5'), 글꼴(바탕, 20pt, 굵게, 텍스트 그림자)
- 그림 삽입 시 다운로드 한 그림 파일을 반드시 사용하여야 합니다.
- ⌐ ⌐→은 지시사항이므로 작성하지 않습니다.
- 슬라이드에 제시된 글자 및 숫자 오타는 감점 처리됩니다.

【슬라이드 1】 아래의 작성조건 및 출력형태에 알맞게 첫 번째 슬라이드에 작업하시오. (30점)

《출력형태》

《작성조건》
▶ 도형 1 ⇒ 기본 도형 : 모서리가 접힌 도형, 도형 채우기(그라데이션 : 미리 설정 – '밝은 그라데이션 – 강조 5', 종류 – 선형, 방향 – 선형 아래쪽), 도형 윤곽선(실선, 색 : 진한 파랑, 너비 : 3pt, 겹선 종류 : 단순형), 도형 효과(네온 – '파랑, 11 pt 네온, 강조색 1'), 글꼴(궁서체, 40pt, 굵게, 기울임꼴, 진한 파랑)
▶ 도형 2 ⇒ 기본 도형 : 도넛, 도형 채우기(녹색), 선 없음, 도형 효과(반사 – '근접 반사, 터치', 입체 효과 – 리블렛)
▶ 도형 3 ⇒ 기본 도형 : 웃는 얼굴, 도형 스타일('미세 효과 – 녹색, 강조 6')
▶ 그림 삽입 ⇒ 그림 1삽입, 크기(높이 : 8cm, 너비 : 12cm)
▶ 텍스트 상자(청소년 진로의식 및 진로) ⇒ 글꼴(궁서체, 24pt, 굵게, 밑줄)
▶ 애니메이션 지정 ⇒ 도형 1: 나타내기 – 밝기 변화
▶ 지시사항이 없는 부분은《출력형태》와 동일하게 작성하시오.

디지털정보활용능력 : 프리젠테이션(파워포인트)

[시험시간: 40분]

【슬라이드 2】 아래의 작성조건 및 출력형태에 알맞게 두 번째 슬라이드에 작업하시오. (50점)

《출력형태》

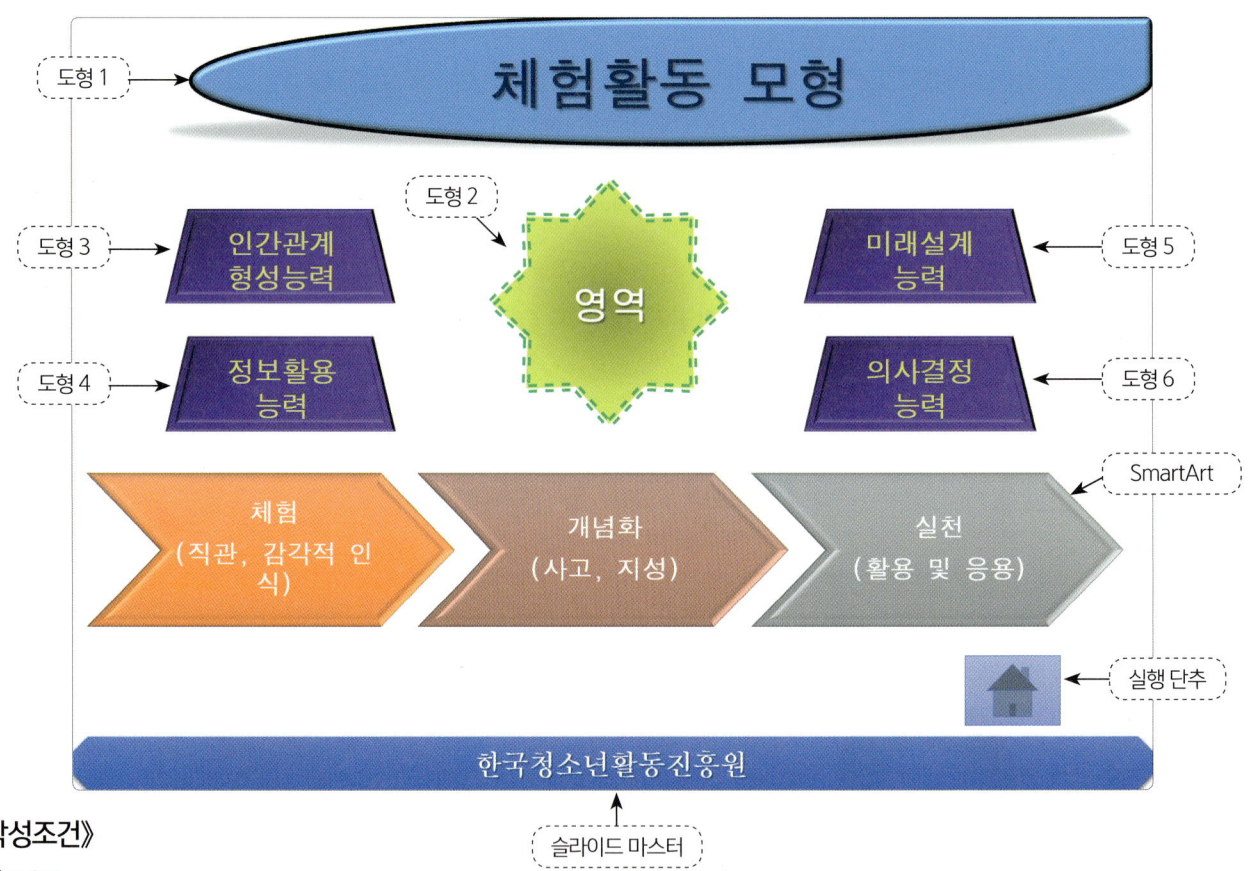

《작성조건》

(1) 제목
▶ 도형 1 ⇒ 기본 도형 : 눈물 방울, 도형 채우기('파랑, 강조 1'), 도형 윤곽선(실선, 색 : '검정, 텍스트 1', 너비 : 2.5pt, 겹선 종류 : 단순형), 도형 효과(그림자 - 원근감 대각선 왼쪽 위, 입체 효과 - 비스듬하게), 글꼴(돋움체, 40pt, 굵게, 텍스트 그림자, 진한 파랑)

(2) 본문
▶ 도형 2 ⇒ 별 및 현수막 : 포인트가 8개인 별, 도형 채우기(노랑, 그라데이션 - 가운데에서), 도형 윤곽선(실선, 색 : 녹색, 너비 : 6pt, 겹선 종류 : 이중, 대시 종류 : 둥근 점선), 글꼴(굴림, 28pt, 굵게, 텍스트 그림자)
▶ 도형 3~6 ⇒ 기본 도형 : 사다리꼴, 도형 채우기(자주, 그라데이션 - 왼쪽 위 모서리에서), 선 없음, 도형 효과(입체 효과 - 딱딱한 가장자리), 글꼴(돋움, 20pt, 굵게, 노랑)
▶ 실행 단추 ⇒ 실행 단추 : 홈, 하이퍼링크 : 첫째 슬라이드, 도형 스타일('미세 효과 - 파랑, 강조 5')
▶ SmartArt 삽입 ⇒ 프로세스 : 기본 갈매기형 수장 프로세스형, 글꼴(돋움체, 18pt, 굵게, 가운데 맞춤), SmartArt 스타일(색 변경 - '색상형 범위 - 강조색 2 또는 3', 3차원 - 경사), (반드시 SmartArt 기능을 이용하여 작성할 것)
▶ 애니메이션 지정 ⇒ SmartArt : 나타내기 - 바운드
▶ 지시사항이 없는 부분은《출력형태》와 동일하게 작성하시오.

디지털정보활용능력 : 프리젠테이션(파워포인트)

[시험시간: 40분] 3/4

【슬라이드 3】 아래의 작성조건 및 출력형태에 알맞게 세 번째 슬라이드에 작업하시오. (60점)

《출력형태》

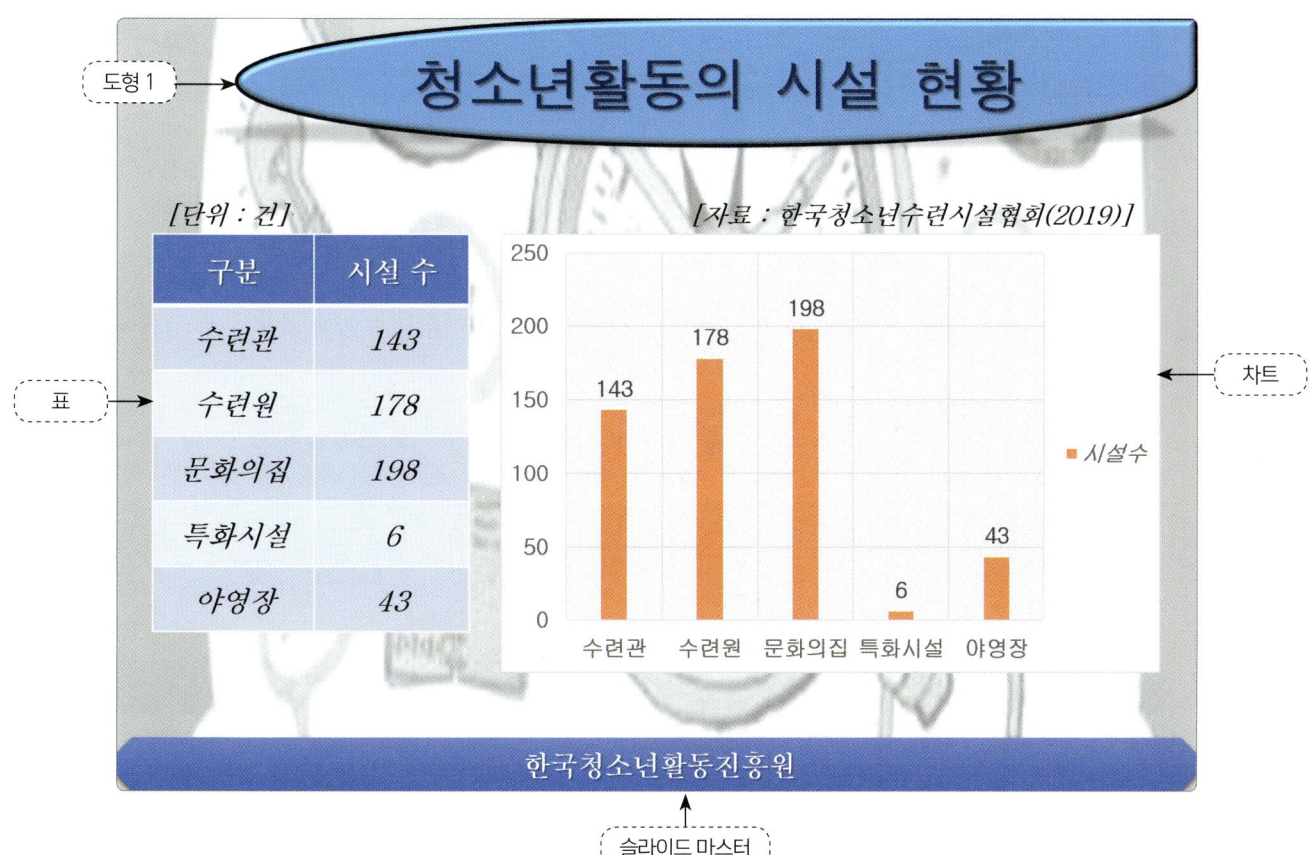

《작성조건》

(1) 제목
▶ 도형 1 ⇒ 기본 도형 : 눈물 방울, 도형 채우기('파랑, 강조 1'), 도형 윤곽선(실선, 색 : '검정, 텍스트 1', 너비 : 2.5pt, 겹선 종류 : 단순형), 도형 효과(그림자 - 원근감 대각선 왼쪽 위, 입체 효과 - 비스듬하게), 글꼴(돋움체, 40pt, 굵게, 텍스트 그림자, 진한 파랑)

(2) 본문
▶ 텍스트 상자 1([단위 : 건]) ⇒ 글꼴(바탕, 18pt, 굵게, 기울임꼴)
▶ 표 ⇒ 표 스타일(보통 스타일 2 - 강조 5), 가장 위의 행 : 글꼴(바탕, 20pt, 굵게, 텍스트 그림자, 가운데 맞춤), 나머지 행 : 글꼴(바탕, 20pt, 굵게, 기울임꼴, 가운데 맞춤)
▶ 텍스트 상자 2([자료 : 한국청소년수련시설협회(2019)]) ⇒ 글꼴(바탕, 18pt, 굵게, 기울임꼴)
▶ 차트 ⇒ 세로 막대형 : 묶은 세로 막대형, 차트 스타일(색 변경 - '색상형 - 색 3', 스타일 8), 축 서식/데이터 레이블 서식 : 글꼴(굴림, 16pt, 굵게), 범례 서식 : 글꼴(굴림, 16pt, 굵게, 기울임꼴), 데이터는 표 참고
▶ 배경 ⇒ 배경 서식(채우기 - 그림 또는 질감 채우기)에서 그림 2 삽입(현재 슬라이드만 적용)
▶ 애니메이션 지정 ⇒ 차트 : 나타내기 - 바둑판 무늬
▶ 지시사항이 없는 부분은 《출력형태》와 동일하게 작성하시오.

디지털정보활용능력 : 프리젠테이션(파워포인트)

[시험시간: 40분] 4/4

【슬라이드 4】 아래의 작성조건 및 출력형태에 알맞게 네 번째 슬라이드에 작업하시오. (60점)

《출력형태》

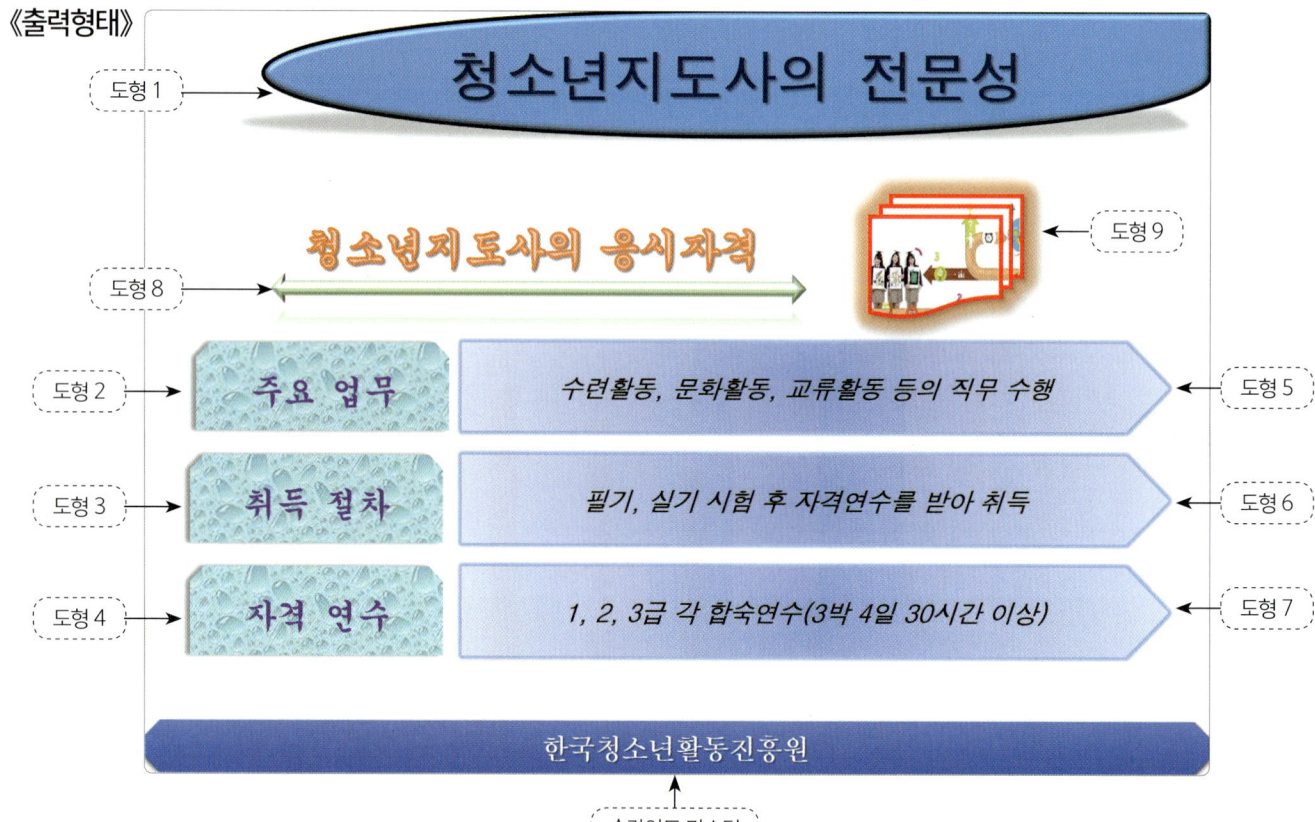

《작성조건》

(1) 제목
▶ 도형 1 ⇒ 기본 도형 : 눈물 방울, 도형 채우기('파랑, 강조 1'), 도형 윤곽선(실선, 색 : '검정, 텍스트 1', 너비 : 2.5pt, 겹선 종류 : 단순형), 도형 효과(그림자 - 원근감 대각선 왼쪽 위, 입체 효과 - 비스듬하게), 글꼴(돋움체, 40pt, 굵게, 텍스트 그림자, 진한 파랑)

(2) 본문
▶ 도형 2~4 ⇒ 사각형 : 양쪽 모서리가 잘린 사각형, 도형 채우기(질감 : 작은 물방울), 선 없음, 도형 효과(그림자 - 바깥쪽 - 오프셋 왼쪽), 글꼴(궁서체, 24pt, 굵게, 자주)
▶ 도형 5~7 ⇒ 블록 화살표 : 오각형, 도형 채우기(파랑, 그라데이션 - 가운데에서), 선 없음, 도형 효과(네온 - '파랑, 5 pt 네온, 강조색 5'), 글꼴(돋움, 18pt, 굵게, 기울임꼴, '검정, 텍스트 1')
▶ 도형 8 ⇒ 블록 화살표 : 왼쪽/오른쪽 화살표, 도형 채우기(연한 녹색, 그라데이션 - 선형 위쪽), 선 없음, 도형 효과(반사 - '전체 반사, 4 pt 오프셋')
▶ 도형 9 ⇒ 순서도 : 다중 문서, 도형 채우기(그림 또는 질감 채우기) 기능을 사용하여 그림 3 삽입, 도형 윤곽선(실선, 색 : 빨강, 너비 : 3pt, 겹선 종류 : 단순형), 도형 효과(그림자 - 바깥쪽 - 오프셋 대각선 오른쪽 아래, 네온 - '주황, 18 pt 네온, 강조색 2')
▶ WordArt 삽입(청소년지도사의 응시자격) ⇒ WordArt 스타일('채우기 - 주황, 강조 2, 윤곽선 - 강조 2'), 글꼴(궁서, 30pt, 굵게, 텍스트 그림자)
▶ 지시사항이 없는 부분은 《출력형태》와 동일하게 작성하시오.

MS Office 2016 버전용

제18회 실전모의고사

▷ 시험과목 : 프리젠테이션(파워포인트)
▷ 시험일자 : 20XX. XX. XX.(X)
▷ 응시자 기재사항 및 감독위원 확인

수 검 번 호	DIP – XXXX –	감독위원확인
성 명		

응시자 유의사항

1. 응시자는 신분증을 지참하여야 시험에 응시할 수 있으며, 시험이 종료될 때까지 신분증을 제시하지 못할 경우 해당 시험은 0점 처리됩니다.
2. 시스템(PC 작동 여부, 네트워크 상태 등)의 이상 여부를 반드시 확인하여야 하며, 시스템 이상이 있을시 감독위원에게 조치를 받으셔야 합니다.
3. 시험 중 부주의 또는 고의로 시스템을 파손한 경우는 응시자 부담으로 합니다.
4. 답안 전송 프로그램을 통해 다운로드 받은 파일을 이용하여 답안 파일을 작성하시기 바랍니다.
5. 작성한 답안 파일은 답안 전송 프로그램을 통하여 전송됩니다. 감독위원의 지시에 따라 주시기 바랍니다.
6. 다음 사항의 경우 실격(0점) 혹은 부정행위 처리됩니다.
    ❶ 답안 파일을 저장하지 않았거나, 저장한 파일이 손상되었을 경우
    ❷ 답안 파일을 지정된 폴더(바탕화면 "KAIT" 폴더)에 저장하지 않았을 경우
        ※ 답안 전송 프로그램 로그인 시 바탕화면에 자동 생성됨
    ❸ 답안 파일을 다른 보조기억장치(USB) 혹은 네트워크(메신저, 게시판 등)로 전송할 경우
    ❹ 휴대용 전화기 등 통신기기를 사용할 경우
7. 슬라이드는 반드시 순서대로 작성해야 하며, 순서가 다를 경우 "0"점 처리됩니다.
8. 시험지에 제시된 글꼴이 응시 프로그램에 없는 경우, 반드시 감독위원에게 해당 내용을 통보한 뒤 조치를 받아야 합니다.
9. 슬라이드 작성 시 도형의 그룹 설정을 사용하는 경우, 채점에서 감점 처리됩니다.
10. 시험의 완료는 작성이 완료된 답안을 저장하고, 답안 전송이 완료된 상태를 확인한 것으로 합니다. 답안 전송 확인 후 문제지는 감독위원에게 제출한 후 퇴실하여야 합니다.
11. 답안 전송이 완료된 경우에는 수정 또는 정정이 불가능합니다.
12. 시험 시행 후 합격자 발표는 홈페이지(www.ihd.or.kr)에서 확인하시기 바랍니다.
    ❶ 문제 및 모범답안 공개 : 20XX. XX. XX.(X)
    ❷ 합격자 발표 : 20XX. XX. XX.(X)

디지털정보활용능력 : 프리젠테이션(파워포인트)

[시험시간: 40분] 1/4

<유의사항>
- 《작성조건》을 준수하여 반드시 프리젠테이션 슬라이드로 작업합니다.
- 글꼴 및 기타 사항에 대해 별도의 지시사항이 없는 경우, 슬라이드 크기와 전체적인 균형을 고려하여 임의로 작성하되, 도형은 그룹으로 설정하지 않습니다.
- 모든 슬라이드 크기(A4), 방향(가로), 디자인 테마(Office 테마)로 지정합니다.
    ▶ 슬라이드 크기, 방향 조정 시 '맞춤 확인'으로 지정하여야 합니다.
- 공통적용사항(슬라이드 마스터)
    ▶ 도형 ⇒ 블록 화살표 : 갈매기형 수장, 도형 스타일('미세 효과 – 황금색, 강조 4'), 글꼴(굴림, 18pt, 굵게)
- 그림 삽입 시 다운로드 한 그림 파일을 반드시 사용하여야 합니다.
- ⟦⟧→은 지시사항이므로 작성하지 않습니다.
- 슬라이드에 제시된 글자 및 숫자 오타는 감점 처리됩니다.

【슬라이드 1】 아래의 작성조건 및 출력형태에 알맞게 첫 번째 슬라이드에 작업하시오. (30점)

《출력형태》

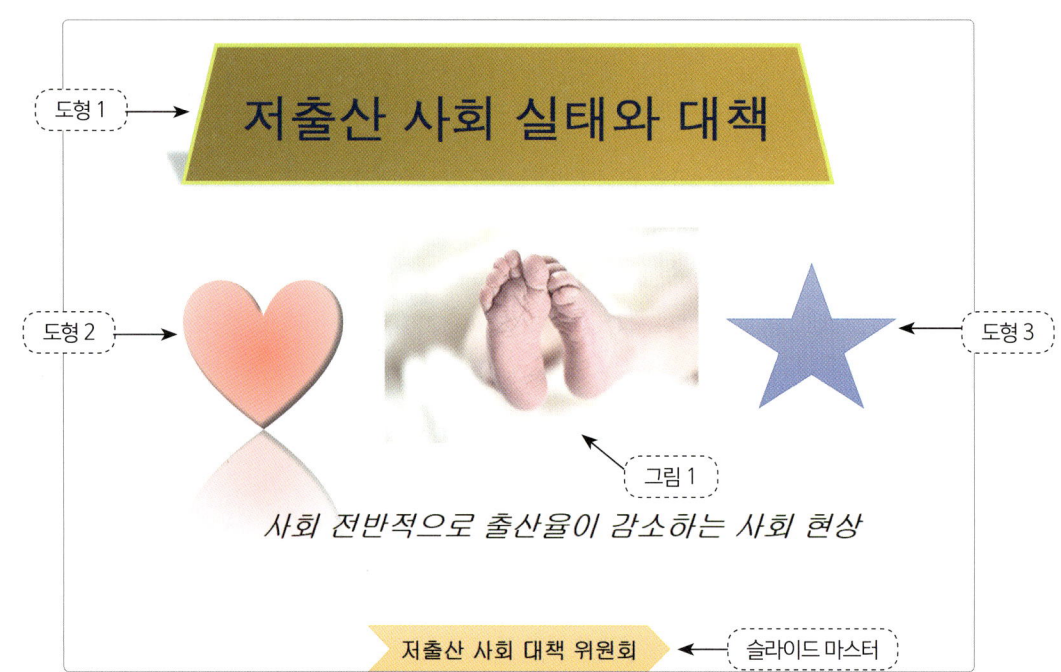

《작성조건》
▶ 도형 1 ⇒ 기본 도형 : 사다리꼴, 도형 채우기(그라데이션 : 미리 설정 – '방사형 그라데이션 – 강조 4', 종류 – 방사형, 방향 – 오른쪽 아래 모서리에서), 도형 윤곽선(실선, 색 : 노랑, 너비 : 3pt, 겹선 종류 : 단순형), 도형 효과(그림자 – 원근감 대각선 왼쪽 위), 글꼴(돋움, 40pt, 굵게, 진한 파랑)
▶ 도형 2 ⇒ 기본 도형 : 하트, 도형 채우기(빨강, 그라데이션 – 가운데에서), 선 없음, 도형 효과(그림자 – 안쪽 대각선 오른쪽 아래, 반사 – '전체 반사, 터치')
▶ 도형 3 ⇒ 별 및 현수막 : 포인트가 5개인 별, 도형 스타일('미세 효과 – 파랑, 강조 5')
▶ 그림 삽입 ⇒ 그림 1 삽입, 크기(높이 : 6cm, 너비 : 9cm)
▶ 텍스트 상자(사회 전반적으로 출산율이 감소하는 사회 현상) ⇒ 글꼴(굴림, 24pt, 굵게, 기울임꼴)
▶ 애니메이션 지정 ⇒ 도형 2 : 나타내기 – 확대/축소
▶ 지시사항이 없는 부분은 《출력형태》와 동일하게 작성하시오.

디지털정보활용능력 : 프리젠테이션(파워포인트) [시험시간: 40분] 2/4

【슬라이드 2】 아래의 작성조건 및 출력형태에 알맞게 두 번째 슬라이드에 작업하시오. (50점)

《출력형태》

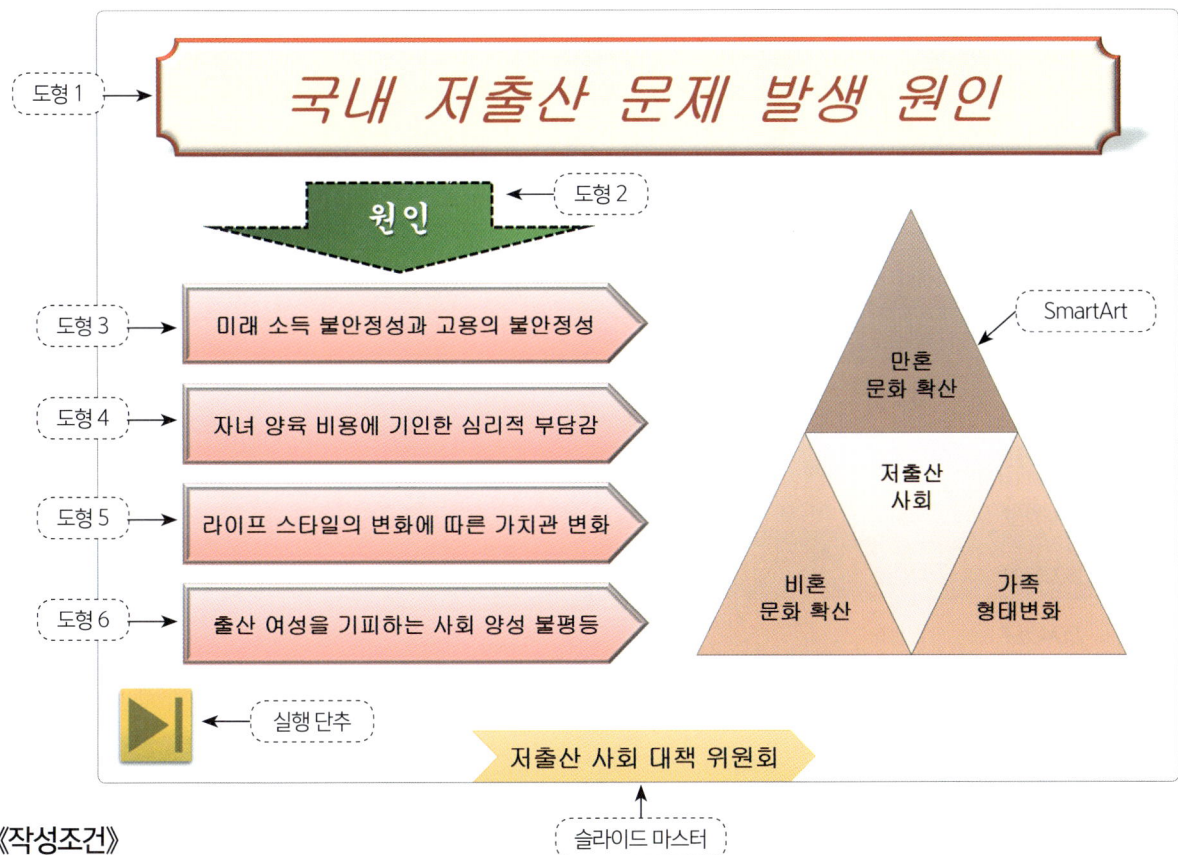

《작성조건》

(1) 제목
▶ 도형 1 ⇒ 기본 도형 : 배지, 도형 채우기('주황, 강조 2, 80% 더 밝게'), 도형 윤곽선(실선, 색 : 진한 빨강, 너비 : 3pt, 겹선 종류 : 단순형), 도형 효과(그림자 – 원근감 대각선 오른쪽 위, 입체 효과 – 아트 데코), 글꼴(굴림체, 40pt, 굵게, 기울임꼴, 진한 빨강)

(2) 본문
▶ 도형 2 ⇒ 블록 화살표 : 아래쪽 화살표, 도형 채우기('녹색, 강조 6', 그라데이션 – 왼쪽 위 모서리에서), 도형 윤곽선(실선, 색 : '검정, 텍스트 1', 너비 : 2pt, 겹선 종류 : 단순형, 대시 종류 : 사각 점선), 글꼴(궁서, 24pt, 굵게, 텍스트 그림자)
▶ 도형 3~6 ⇒ 블록 화살표 : 오각형, 도형 채우기('진한 빨강', 그라데이션 – 선형 위쪽), 선 없음, 도형 효과(입체 효과 – 낮은 수준의 경사), 글꼴(굴림, 16pt, 굵게, '검정, 텍스트 1')
▶ 실행 단추 ⇒ 실행 단추 : 끝, 하이퍼링크 : 마지막 슬라이드, 도형 스타일('강한 효과 – 황금색, 강조 4')
▶ SmartArt 삽입 ⇒ 피라미드형 : 세그먼트 피라미드형, 글꼴(굴림, 16pt, 굵게, 가운데 맞춤), SmartArt 스타일(색 변경 – '그라데이션 반복 – 강조 2', 미세 효과), (반드시 SmartArt 기능을 이용하여 작성할 것)
▶ 애니메이션 지정 ⇒ SmartArt : 나타내기 – 닦아내기
▶ 지시사항이 없는 부분은 《출력형태》와 동일하게 작성하시오.

디지털정보활용능력 : 프리젠테이션(파워포인트) [시험시간: 40분] 3/4

【슬라이드 3】 아래의 작성조건 및 출력형태에 알맞게 세 번째 슬라이드에 작업하시오. (60점)

《출력형태》

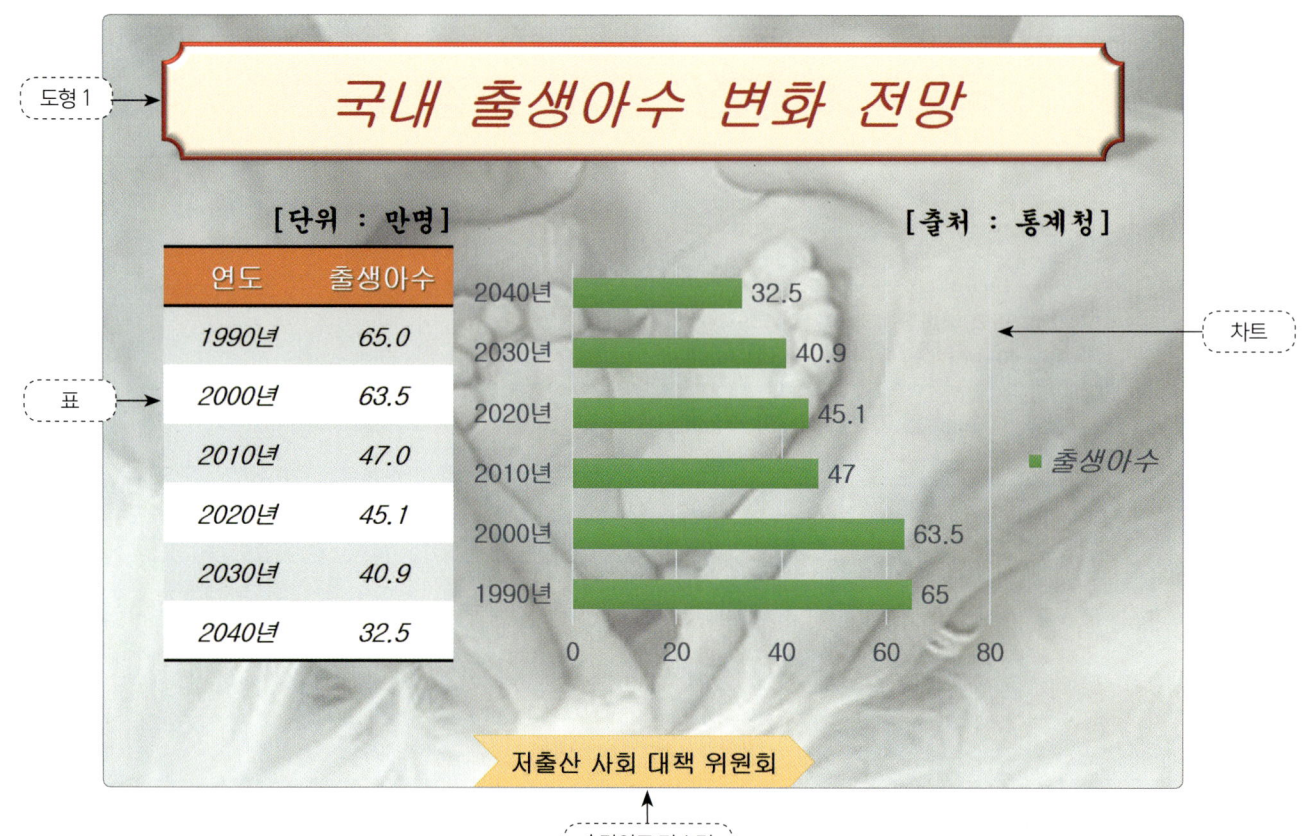

《작성조건》

(1) 제목
▶ 도형 1 ⇒ 기본 도형 : 배지, 도형 채우기('주황, 강조 2, 80% 더 밝게'), 도형 윤곽선(실선, 색 : 진한 빨강, 너비 : 3pt, 겹선 종류 : 단순형), 도형 효과(그림자 – 원근감 대각선 오른쪽 위, 입체 효과 – 아트 데코), 글꼴(굴림체, 40pt, 굵게, 기울임꼴, 진한 빨강)

(2) 본문
▶ 텍스트 상자 1([단위 : 만명]) ⇒ 글꼴(궁서체, 20pt, 굵게)
▶ 표 ⇒ 표 스타일(보통 스타일 3 – 강조 2), 가장 위의 행 : 글꼴(굴림, 20pt, 굵게, 텍스트 그림자, 가운데 맞춤), 나머지 행 : 글꼴(굴림, 18pt, 굵게, 기울임꼴, 가운데 맞춤)
▶ 텍스트 상자 2([출처 : 통계청]) ⇒ 글꼴(궁서체, 20pt, 굵게)
▶ 차트 ⇒ 가로 막대형 : 묶은 가로 막대형, 차트 스타일(색 변경 – '색상형 – 색 4', 스타일 5), 축 서식/데이터 레이블 서식 : 글꼴(굴림, 18pt, 굵게), 범례 서식 : 글꼴(굴림, 20pt, 굵게, 기울임꼴), 데이터는 표 참고
▶ 배경 ⇒ 배경 서식(채우기 – 그림 또는 질감 채우기)에서 그림 2 삽입(현재 슬라이드만 적용)
▶ 애니메이션 지정 ⇒ 차트 : 나타내기 – 바둑판 무늬
▶ 지시사항이 없는 부분은《출력형태》와 동일하게 작성하시오.

| 디지털정보활용능력 : 프리젠테이션(파워포인트) | [시험시간: 40분] 4/4 |

【슬라이드 4】 아래의 작성조건 및 출력형태에 알맞게 네 번째 슬라이드에 작업하시오. (60점)

《출력형태》

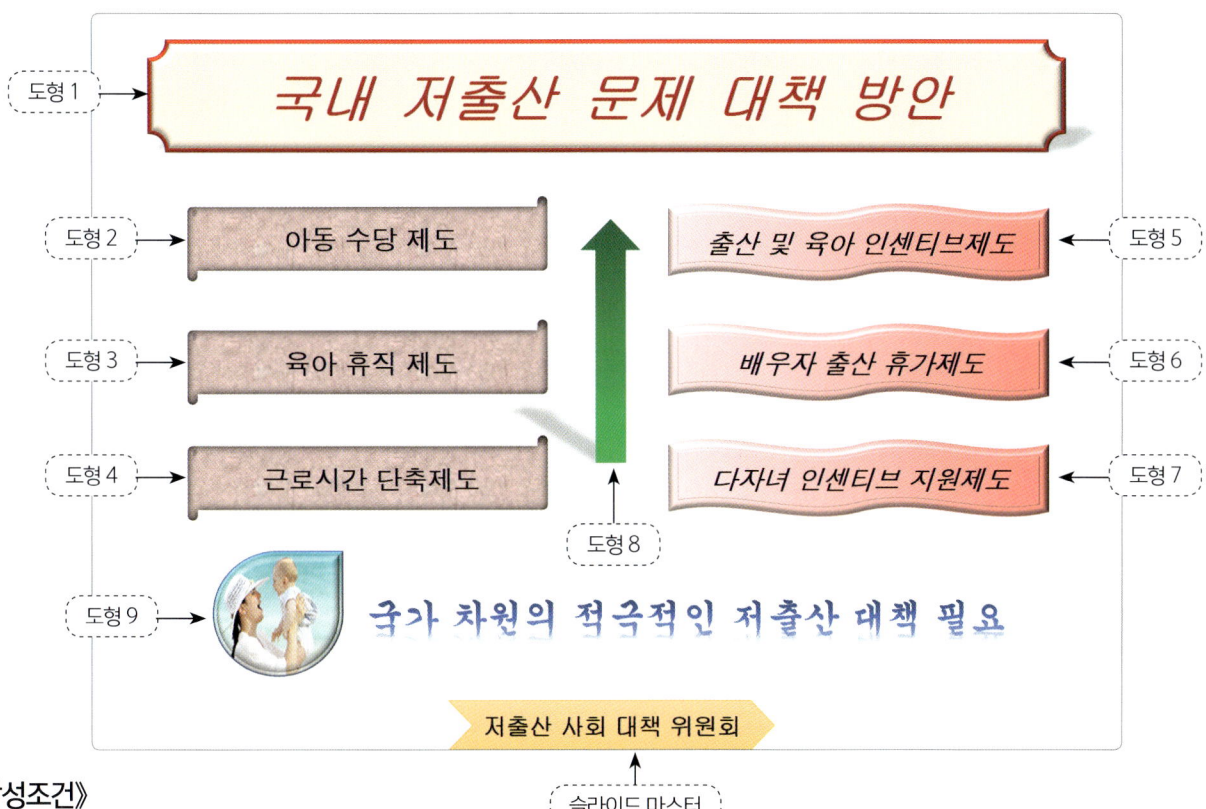

《작성조건》

(1) 제목
▶ 도형 1 ⇒ 기본 도형 : 배지, 도형 채우기('주황, 강조 2, 80% 더 밝게'), 도형 윤곽선(실선, 색 : 진한 빨강, 너비 : 3pt, 겹선 종류 : 단순형), 도형 효과(그림자 – 원근감 대각선 오른쪽 위, 입체 효과 – 아트 데코), 글꼴(굴림체, 40pt, 굵게, 기울임꼴, 진한 빨강)

(2) 본문
▶ 도형 2~4 ⇒ 별 및 현수막 : 가로로 말린 두루마리 모양, 도형 채우기(질감 : 분홍 박엽지), 선 없음, 도형 효과(그림자 – 안쪽 가운데), 글꼴(돋움, 20pt, 굵게, '검정, 텍스트 1')
▶ 도형 5~7 ⇒ 별 및 현수막 : 이중 물결, 도형 채우기(빨강, 그라데이션 – 선형 왼쪽), 선 없음, 도형 효과(입체 효과 – 리블렛), 글꼴(돋움, 20pt, 굵게, 기울임꼴, '검정, 텍스트 1')
▶ 도형 8 ⇒ 블록 화살표 : 위쪽 화살표, 도형 채우기(녹색, 그라데이션 – 선형 아래쪽), 선 없음, 도형 효과(그림자 – 원근감 대각선 왼쪽 위)
▶ 도형 9 ⇒ 기본 도형 : 눈물 방울, 도형 채우기(그림 또는 질감 채우기) 기능을 사용하여 그림 3 삽입, 도형 윤곽선(실선, 색 : '파랑, 강조 5', 너비 : 1pt, 겹선 종류 : 단순형), 도형 효과(입체 효과 – 아트 데코)
▶ WordArt 삽입(국가 차원의 적극적인 저출산 대책 필요) ⇒ WordArt 스타일('그라데이션 채우기 – 파랑, 강조 1, 반사'), 글꼴(궁서, 28pt, 굵게)
▶ 지시사항이 없는 부분은 《출력형태》와 동일하게 작성하시오.

제19회 실전모의고사

MS Office 2016 버전용

▶ 시험과목 : 프리젠테이션(파워포인트)
▶ 시험일자 : 20XX. XX. XX.(X)
▶ 응시자 기재사항 및 감독위원 확인

수검번호	DIP - XXXX -	감독위원확인
성 명		

응시자 유의사항

1. 응시자는 신분증을 지참하여야 시험에 응시할 수 있으며, 시험이 종료될 때까지 신분증을 제시하지 못할 경우 해당 시험은 0점 처리됩니다.
2. 시스템(PC 작동 여부, 네트워크 상태 등)의 이상 여부를 반드시 확인하여야 하며, 시스템 이상이 있을시 감독위원에게 조치를 받으셔야 합니다.
3. 시험 중 부주의 또는 고의로 시스템을 파손한 경우는 응시자 부담으로 합니다.
4. 답안 전송 프로그램을 통해 다운로드 받은 파일을 이용하여 답안 파일을 작성하시기 바랍니다.
5. 작성한 답안 파일은 답안 전송 프로그램을 통하여 전송됩니다. 감독위원의 지시에 따라 주시기 바랍니다.
6. 다음 사항의 경우 실격(0점) 혹은 부정행위 처리됩니다.
    ❶ 답안 파일을 저장하지 않았거나, 저장한 파일이 손상되었을 경우
    ❷ 답안 파일을 지정된 폴더(바탕화면 "KAIT" 폴더)에 저장하지 않았을 경우
        ※ 답안 전송 프로그램 로그인 시 바탕화면에 자동 생성됨
    ❸ 답안 파일을 다른 보조기억장치(USB) 혹은 네트워크(메신저, 게시판 등)로 전송할 경우
    ❹ 휴대용 전화기 등 통신기기를 사용할 경우
7. 슬라이드는 반드시 순서대로 작성해야 하며, 순서가 다를 경우 "0"점 처리됩니다.
8. 시험지에 제시된 글꼴이 응시 프로그램에 없는 경우, 반드시 감독위원에게 해당 내용을 통보한 뒤 조치를 받아야 합니다.
9. 슬라이드 작성 시 도형의 그룹 설정을 사용하는 경우, 채점에서 감점 처리됩니다.
10. 시험의 완료는 작성이 완료된 답안을 저장하고, 답안 전송이 완료된 상태를 확인한 것으로 합니다. 답안 전송 확인 후 문제지는 감독위원에게 제출한 후 퇴실하여야 합니다.
11. 답안 전송이 완료된 경우에는 수정 또는 정정이 불가능합니다.
12. 시험 시행 후 합격자 발표는 홈페이지(www.ihd.or.kr)에서 확인하시기 바랍니다.
    ❶ 문제 및 모범답안 공개 : 20XX. XX. XX.(X)
    ❷ 합격자 발표 : 20XX. XX. XX.(X)

디지털정보활용능력 : 프리젠테이션(파워포인트)

[시험시간: 40분]

<유의사항>
- 《작성조건》을 준수하여 반드시 프리젠테이션 슬라이드로 작업합니다.
- 글꼴 및 기타 사항에 대해 별도의 지시사항이 없는 경우, 슬라이드 크기와 전체적인 균형을 고려하여 임의로 작성하되, 도형은 그룹으로 설정하지 않습니다.
- 모든 슬라이드 크기(A4), 방향(가로), 디자인 테마(Office 테마)로 지정합니다.
  ▶ 슬라이드 크기, 방향 조정 시 '맞춤 확인'으로 지정하여야 합니다.
- 공통적용사항(슬라이드 마스터)
  ▶ 도형 ⇒ 기본 도형 : 육각형, 도형 스타일('보통 효과 – 주황, 강조 2'), 글꼴(돋움, 20pt, 굵게, 밑줄)
- 그림 삽입 시 다운로드 한 그림 파일을 반드시 사용하여야 합니다.
- ⬚⟶ 은 지시사항이므로 작성하지 않습니다.
- 슬라이드에 제시된 글자 및 숫자 오타는 감점 처리됩니다.

【슬라이드 1】 아래의 작성조건 및 출력형태에 알맞게 첫 번째 슬라이드에 작업하시오. (30점)

《출력형태》

《작성조건》
▶ 도형 1 ⇒ 순서도 : 문서, 도형 채우기(그라데이션 : 미리 설정 – '아래쪽 스포트라이트 – 강조 5', 종류 – 선형, 방향 – 선형 위쪽), 도형 윤곽선(실선, 색 : 연한 파랑, 너비 : 3pt, 겹선 종류 : 단순형), 도형 효과(입체 효과 – 딱딱한 가장자리), 글꼴(바탕체, 48pt, 굵게, 텍스트 그림자, 주황)
▶ 도형 2 ⇒ 기본 도형 : 구름, 도형 채우기('청회색, 텍스트 2'), 선 없음, 도형 효과(그림자 – 바깥쪽 – 오프셋 왼쪽, 반사 – '1/2 반사, 터치')
▶ 도형 3 ⇒ 별 및 현수막 : 포인트가 4개인 별, 도형 스타일('강한 효과 – 녹색, 강조 6')
▶ 그림 삽입 ⇒ 그림 1삽입, 크기(높이 : 8cm, 너비 : 9cm)
▶ 텍스트 상자(만성 재발성의 염증성 피부질환) ⇒ 글꼴(궁서체, 28pt, 굵게, 밑줄, 자주)
▶ 애니메이션 지정 ⇒ 도형 1 : 나타내기 – 올라오기
▶ 지시사항이 없는 부분은《출력형태》와 동일하게 작성하시오.

【슬라이드 2】 아래의 작성조건 및 출력형태에 알맞게 두 번째 슬라이드에 작업하시오. (50점)

《출력형태》

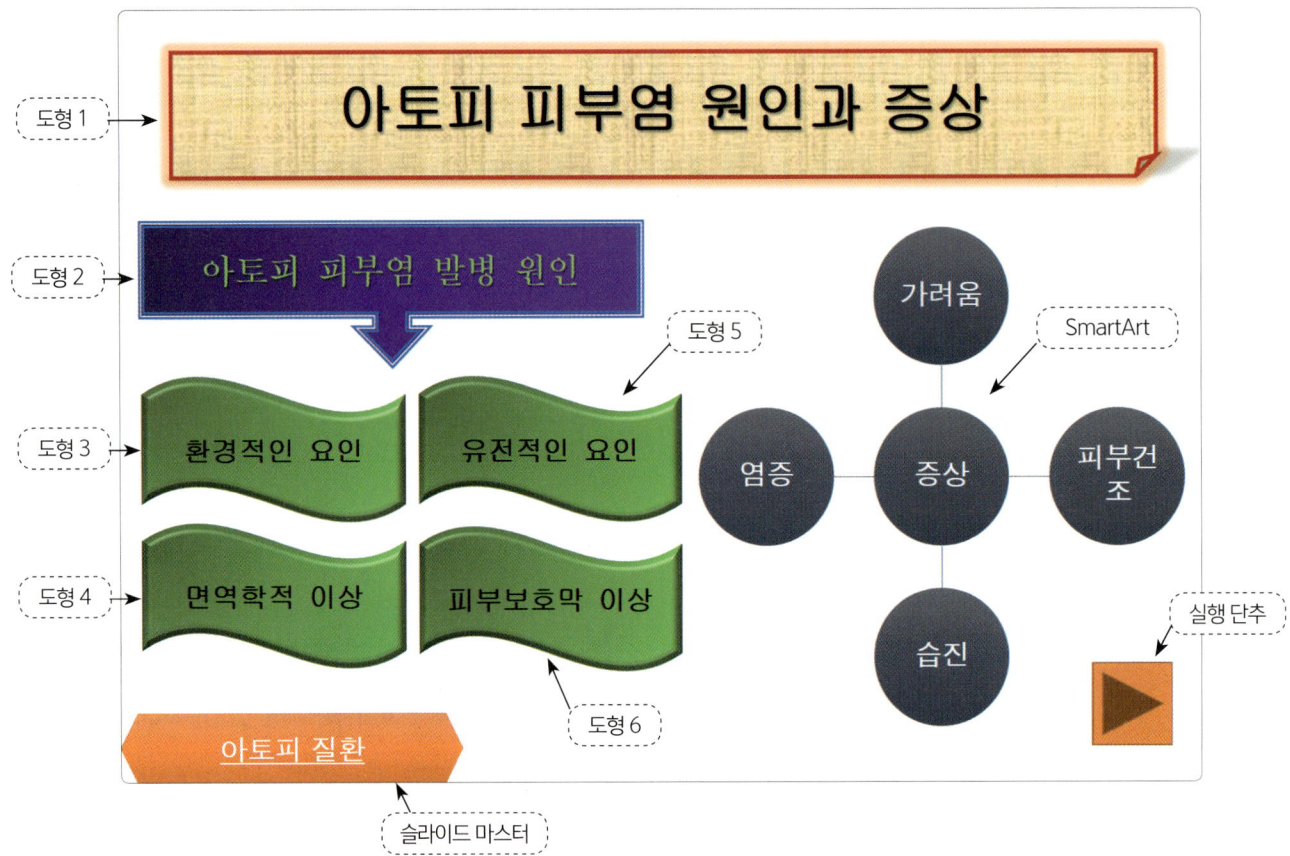

《작성조건》

(1) 제목
▶ 도형 1 ⇒ 기본 도형 : 모서리가 접힌 도형, 도형 채우기(질감 : 파피루스), 도형 윤곽선(실선, 색 : 진한 빨강, 너비 : 3pt, 겹선 종류 : 단순형), 도형 효과(그림자 – 원근감 대각선 오른쪽 위, 네온 – '주황, 11 pt 네온, 강조색 2'), 글꼴(굴림, 40pt, 굵게, 텍스트 그림자, '검정, 텍스트 1')

(2) 본문
▶ 도형 2 ⇒ 블록 화살표 : 아래쪽 화살표 설명선, 도형 채우기(자주, 그라데이션 – 선형 오른쪽), 도형 윤곽선(실선, 색 : 파랑, 너비 : 5pt, 겹선 종류 : 이중), 글꼴(바탕체, 24pt, 굵게, 텍스트 그림자, 연한 녹색)
▶ 도형 3~6 ⇒ 별 및 현수막 : 물결, 도형 채우기('녹색, 강조 6', 그라데이션 – 왼쪽 위 모서리에서), 선 없음, 도형 효과(입체 효과 – 비스듬하게), 글꼴(굴림체, 20pt, 굵게, '검정, 텍스트 1')
▶ 실행 단추 ⇒ 실행 단추 : 앞으로 또는 다음, 하이퍼링크 : 다음 슬라이드, 도형 스타일('색 채우기 – 주황, 강조 2')
▶ SmartArt 삽입 ⇒ 주기형 : 기본 방사형, 글꼴(돋움, 20pt, 굵게, 가운데 맞춤), SmartArt 스타일(색 변경 – '기본 테마색 – 어두운 색 2 채우기', 보통 효과), (반드시 SmartArt 기능을 이용하여 작성할 것)
▶ 애니메이션 지정 ⇒ SmartArt : 나타내기 – 날아오기
▶ 지시사항이 없는 부분은 《출력형태》와 동일하게 작성하시오.

디지털정보활용능력 : 프리젠테이션(파워포인트) [시험시간: 40분] 3/4

【슬라이드 3】 아래의 작성조건 및 출력형태에 알맞게 세 번째 슬라이드에 작업하시오. (60점)

《출력형태》

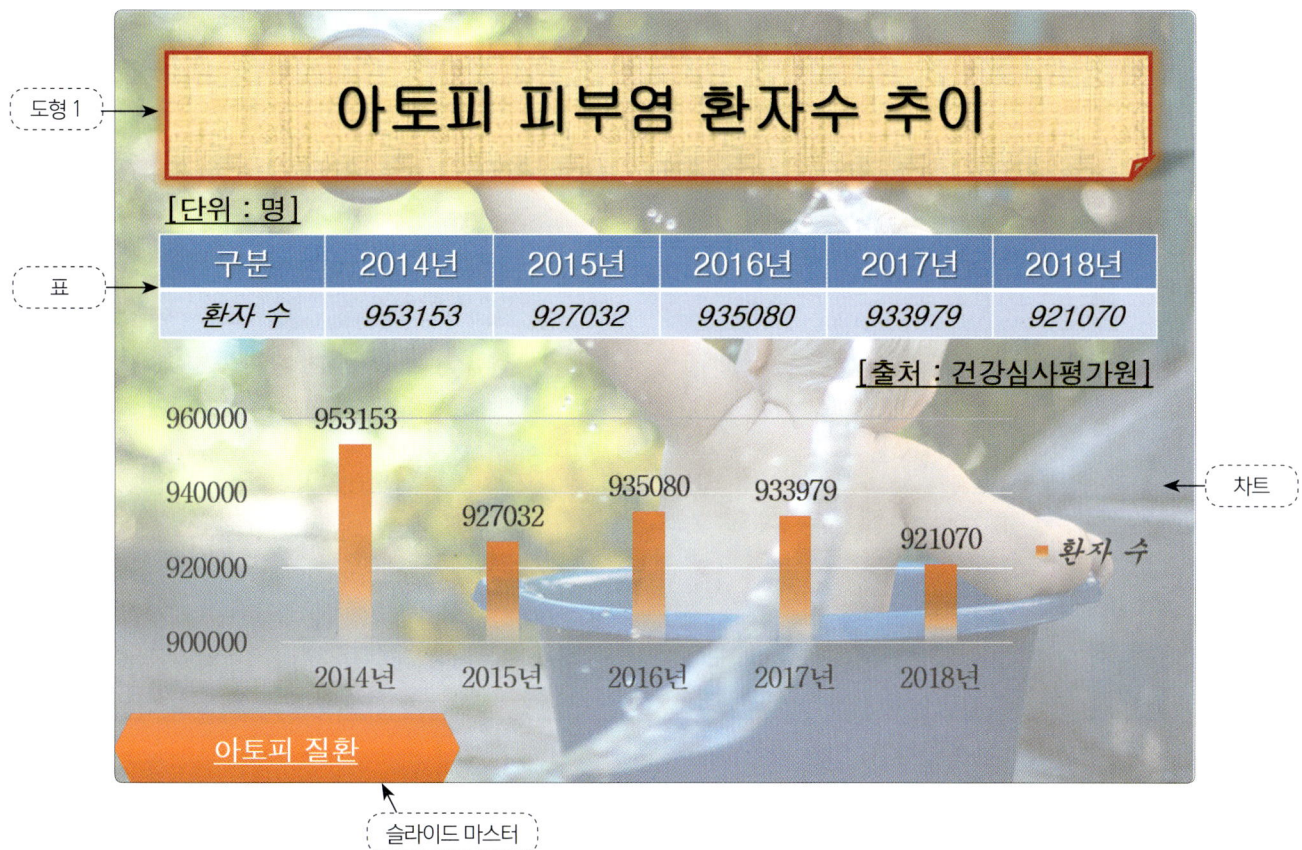

《작성조건》

(1) 제목
▶ 도형 1 ⇒ 기본 도형 : 모서리가 접힌 도형, 도형 채우기(질감 : 파피루스), 도형 윤곽선(실선, 색 : 진한 빨강, 너비 : 3pt, 겹선 종류 : 단순형), 도형 효과(그림자 – 원근감 대각선 오른쪽 위, 네온 – '주황, 11 pt 네온, 강조색 2'), 글꼴(굴림, 40pt, 굵게, 텍스트 그림자, '검정, 텍스트 1')

(2) 본문
▶ 텍스트 상자 1([단위 : 명]) ⇒ 글꼴(돋움, 20pt, 굵게, 밑줄)
▶ 표 ⇒ 표 스타일('보통 스타일 2 – 강조 1'), 가장 위의 행 : 글꼴(돋움, 22pt, 굵게, 텍스트 그림자, 가운데 맞춤), 나머지 행 : 글꼴(돋움, 20pt, 굵게, 기울임꼴, 가운데 맞춤)
▶ 텍스트 상자 2([출처 : 건강심사평가원]) ⇒ 글꼴(돋움, 20pt, 굵게, 밑줄)
▶ 차트 ⇒ 세로 막대형 : 묶은 세로 막대형, 차트 스타일(색 변경 – '색상형 – 색 3', 스타일 10), 축 서식/데이터 레이블 서식 : 글꼴(바탕체, 20pt, 굵게), 범례 서식 : 글꼴(궁서, 20pt, 기울임꼴), 데이터는 표 참고
▶ 배경 ⇒ 배경 서식(채우기 – 그림 또는 질감 채우기)에서 그림 2 삽입(현재 슬라이드만 적용)
▶ 애니메이션 지정 ⇒ 차트 : 나타내기 – 밝기 변화
▶ 지시사항이 없는 부분은《출력형태》와 동일하게 작성하시오.

디지털정보활용능력 : 프리젠테이션(파워포인트)

[시험시간: 40분] 4/4

【슬라이드 4】 아래의 작성조건 및 출력형태에 알맞게 네 번째 슬라이드에 작업하시오. (60점)

《출력형태》

《작성조건》

(1) 제목
- 도형 1 ⇒ 기본 도형 : 모서리가 접힌 도형, 도형 채우기(질감 : 파피루스), 도형 윤곽선(실선, 색 : 진한 빨강, 너비 : 3pt, 겹선 종류 : 단순형), 도형 효과(그림자 – 원근감 대각선 오른쪽 위, 네온 – '주황, 11 pt 네온, 강조색 2'), 글꼴(굴림, 40pt, 굵게, 텍스트 그림자, '검정, 텍스트 1')

(2) 본문
- 도형 2~4 ⇒ 블록 화살표 : 오각형, 도형 채우기(질감 : 자주 편물), 선 없음, 도형 효과(반사 – '근접 반사, 터치'), 글꼴(궁서체, 22pt, 굵게, 주황)
- 도형 5~7 ⇒ 별 및 현수막 : 이중 물결, 도형 채우기(연한 녹색, 그라데이션 – 가운데에서), 선 없음, 도형 효과(입체 효과 – 각지게), 글꼴(돋움체, 22pt, 굵게, 기울임꼴, '검정, 텍스트 1')
- 도형 8 ⇒ 기본 도형 : 원통, 도형 채우기(자주, 그라데이션 – 오른쪽 위 모서리에서), 선 없음, 도형 효과(네온 – '파랑, 11 pt 네온, 강조색 5')
- 도형 9 ⇒ 기본 도형 : 정오각형, 도형 채우기(그림 또는 질감 채우기) 기능을 사용하여 그림 3 삽입, 도형 윤곽선(실선, 색 : 주황, 너비 : 3pt, 겹선 종류 : 단순형, 대시 종류 : 파선), 도형 효과(그림자 – 원근감 대각선 오른쪽 아래)
- WordArt 삽입(생활습관 개선으로 아토피를 잡자!) ⇒ WordArt 스타일('채우기 – 회색-50%, 강조 3, 선명한 입체'), 글꼴(궁서, 32pt, 굵게)
- 지시사항이 없는 부분은 《출력형태》와 동일하게 작성하시오.

MS Office 2016 버전용

제20회 실전모의고사

▸ 시험과목 : 프리젠테이션(파워포인트)
▸ 시험일자 : 20XX. XX. XX.(X)
▸ 응시자 기재사항 및 감독위원 확인

수검번호	DIP - XXXX -	감독위원확인
성　　명		

응시자 유의사항

1. 응시자는 신분증을 지참하여야 시험에 응시할 수 있으며, 시험이 종료될 때까지 신분증을 제시하지 못할 경우 해당 시험은 0점 처리됩니다.
2. 시스템(PC 작동 여부, 네트워크 상태 등)의 이상 여부를 반드시 확인하여야 하며, 시스템 이상이 있을시 감독위원에게 조치를 받으셔야 합니다.
3. 시험 중 부주의 또는 고의로 시스템을 파손한 경우는 응시자 부담으로 합니다.
4. 답안 전송 프로그램을 통해 다운로드 받은 파일을 이용하여 답안 파일을 작성하시기 바랍니다.
5. 작성한 답안 파일은 답안 전송 프로그램을 통하여 전송됩니다. 감독위원의 지시에 따라 주시기 바랍니다.
6. 다음 사항의 경우 실격(0점) 혹은 부정행위 처리됩니다.
    ❶ 답안 파일을 저장하지 않았거나, 저장한 파일이 손상되었을 경우
    ❷ 답안 파일을 지정된 폴더(바탕화면 "KAIT" 폴더)에 저장하지 않았을 경우
       ※ 답안 전송 프로그램 로그인 시 바탕화면에 자동 생성됨
    ❸ 답안 파일을 다른 보조기억장치(USB) 혹은 네트워크(메신저, 게시판 등)로 전송할 경우
    ❹ 휴대용 전화기 등 통신기기를 사용할 경우
7. 슬라이드는 반드시 순서대로 작성해야 하며, 순서가 다를 경우 "0"점 처리됩니다.
8. 시험지에 제시된 글꼴이 응시 프로그램에 없는 경우, 반드시 감독위원에게 해당 내용을 통보한 뒤 조치를 받아야 합니다.
9. 슬라이드 작성 시 도형의 그룹 설정을 사용하는 경우, 채점에서 감점 처리됩니다.
10. 시험의 완료는 작성이 완료된 답안을 저장하고, 답안 전송이 완료된 상태를 확인한 것으로 합니다. 답안 전송 확인 후 문제지는 감독위원에게 제출한 후 퇴실하여야 합니다.
11. 답안 전송이 완료된 경우에는 수정 또는 정정이 불가능합니다.
12. 시험 시행 후 합격자 발표는 홈페이지(www.ihd.or.kr)에서 확인하시기 바랍니다.
    ❶ 문제 및 모범답안 공개 : 20XX. XX. XX.(X)
    ❷ 합격자 발표 : 20XX. XX. XX.(X)

디지털정보활용능력 : 프리젠테이션(파워포인트)   [시험시간: 40분] 1/4

<유의사항>
- 《작성조건》을 준수하여 반드시 프리젠테이션 슬라이드로 작업합니다.
- 글꼴 및 기타 사항에 대해 별도의 지시사항이 없는 경우, 슬라이드 크기와 전체적인 균형을 고려하여 임의로 작성하되, 도형은 그룹으로 설정하지 않습니다.
- 모든 슬라이드 크기(A4), 방향(가로), 디자인 테마(Office 테마)로 지정합니다.
  ▶ 슬라이드 크기, 방향 조정 시 '맞춤 확인'으로 지정하여야 합니다.
- 공통적용사항(슬라이드 마스터)
  ▶ 도형 ⇒ 순서도 : 수동 입력, 도형 스타일('보통 효과 – 파랑, 강조 1'), 글꼴(굴림, 20pt, 굵게, 밑줄)
- 그림 삽입 시 다운로드 한 그림 파일을 반드시 사용하여야 합니다.
- ⬚⟶은 지시사항이므로 작성하지 않습니다.
- 슬라이드에 제시된 글자 및 숫자 오타는 감점 처리됩니다.

【슬라이드 1】 아래의 작성조건 및 출력형태에 알맞게 첫 번째 슬라이드에 작업하시오. (30점)

《출력형태》

《작성조건》
▶ 도형 1 ⇒ 기본 도형 : 육각형, 도형 채우기(그라데이션 : 미리 설정 – '아래쪽 스포트라이트 – 강조 4', 종류 – 사각형, 방향 – 가운데에서), 도형 윤곽선(실선, 색 : 자주, 너비 : 2pt, 겹선 종류 : 단순형), 도형 효과(입체 효과 – 둥글게), 글꼴(돋움체, 44pt, 굵게, 텍스트 그림자, '검정, 텍스트 1')
▶ 도형 2 ⇒ 기본 도형 : 해, 도형 채우기 : 주황, 선 없음, 도형 효과(그림자 – 바깥쪽 – 오프셋 위쪽, 반사 – '근접 반사, 터치')
▶ 도형 3 ⇒ 기본 도형 : 번개, 도형 스타일('강한 효과 – 주황, 강조 2')
▶ 그림 삽입 ⇒ 그림 1 삽입, 크기(높이 : 7cm, 너비 : 7cm)
▶ 텍스트 상자(인공조명의 과도한 사용으로 인한 공해) ⇒ 글꼴(궁서, 24pt, 기울임꼴, 밑줄)
▶ 애니메이션 지정 ⇒ 도형 1 : 나타내기 – 밝기 변화
▶ 지시사항이 없는 부분은 《출력형태》와 동일하게 작성하시오.

디지털정보활용능력 : 프리젠테이션(파워포인트)   [시험시간: 40분] 2/4

【슬라이드 2】 아래의 작성조건 및 출력형태에 알맞게 두 번째 슬라이드에 작업하시오. (50점)

《출력형태》

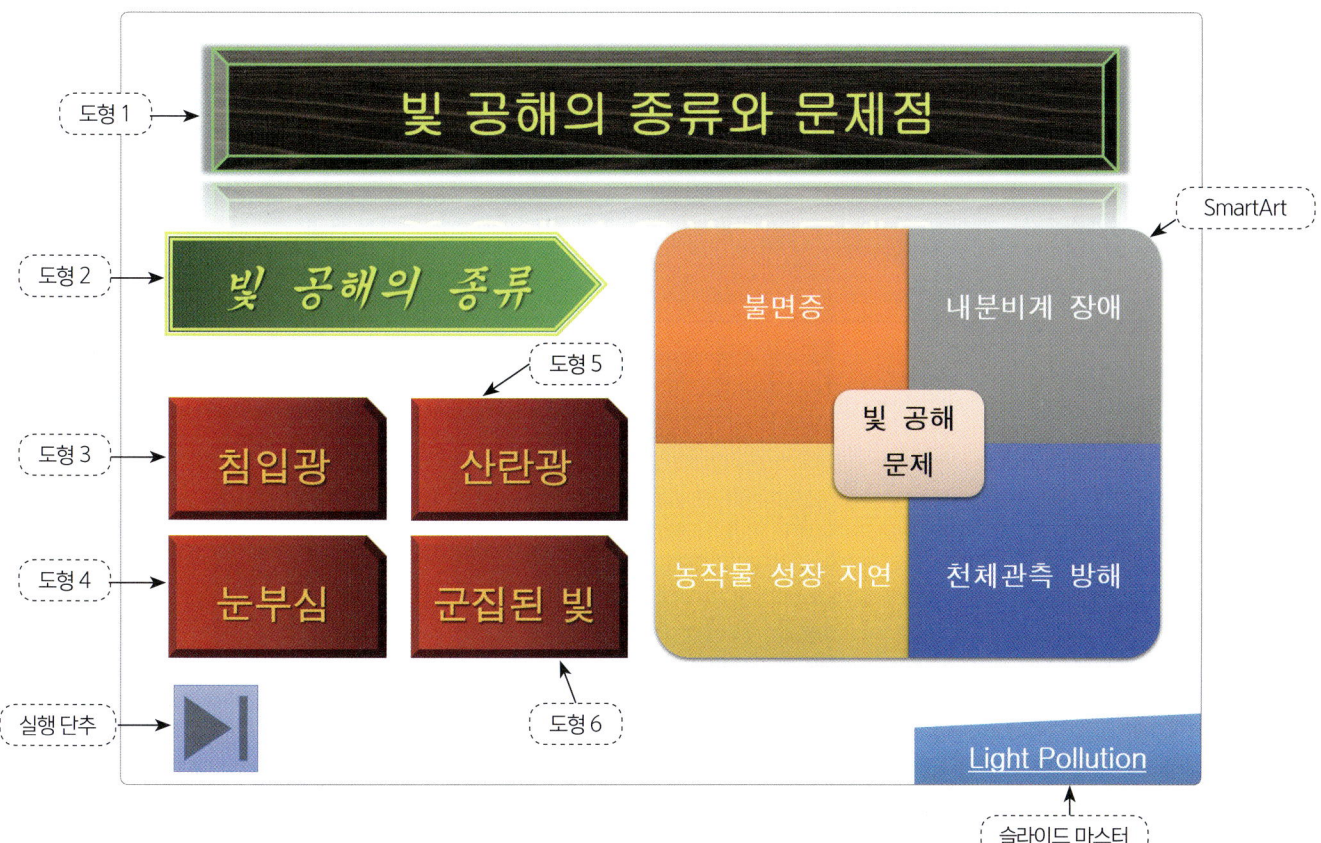

《작성조건》

(1) 제목
▶ 도형 1 ⇒ 기본 도형 : 빗면, 도형 채우기(질감 : 월넛), 도형 윤곽선(실선, 색 : 연한 녹색, 너비 : 2pt, 겹선 종류 : 단순형), 도형 효과(그림자 - 바깥쪽 - 오프셋 가운데, 반사 - '근접 반사, 8 pt 오프셋'), 글꼴(굴림, 36pt, 굵게, 노랑)

(2) 본문
▶ 도형 2 ⇒ 블록 화살표 : 오각형, 도형 채우기('녹색, 강조 6', 그라데이션 - 선형 오른쪽), 도형 윤곽선(실선, 색 : 노랑, 너비 : 6pt, 겹선 종류 : 이중), 글꼴(궁서체, 32pt, 기울임꼴, 텍스트 그림자, 노랑)
▶ 도형 3~6 ⇒ 사각형 : 한쪽 모서리가 잘린 사각형, 도형 채우기(진한 빨강, 그라데이션 - 선형 왼쪽), 선 없음, 도형 효과(입체 효과 - 각지게), 글꼴(돋움, 28pt, 굵게, 텍스트 그림자, 주황)
▶ 실행 단추 ⇒ 실행 단추 : 끝, 하이퍼링크 : 마지막 슬라이드, 도형 스타일('미세 효과 - 파랑, 강조 5')
▶ SmartArt 삽입 ⇒ 행렬형 : 제목 있는 행렬형, 글꼴(돋움체, 20pt, 굵게, 가운데 맞춤), SmartArt 스타일(색 변경 - '색상형 - 강조색', 강한 효과), (반드시 SmartArt 기능을 이용하여 작성할 것)
▶ 애니메이션 지정 ⇒ SmartArt : 나타내기 - 날아오기
▶ 지시사항이 없는 부분은 《출력형태》와 동일하게 작성하시오.

디지털정보활용능력 : 프리젠테이션(파워포인트)

[시험시간: 40분] 3/4

【슬라이드 3】 아래의 작성조건 및 출력형태에 알맞게 세 번째 슬라이드에 작업하시오. (60점)

《출력형태》

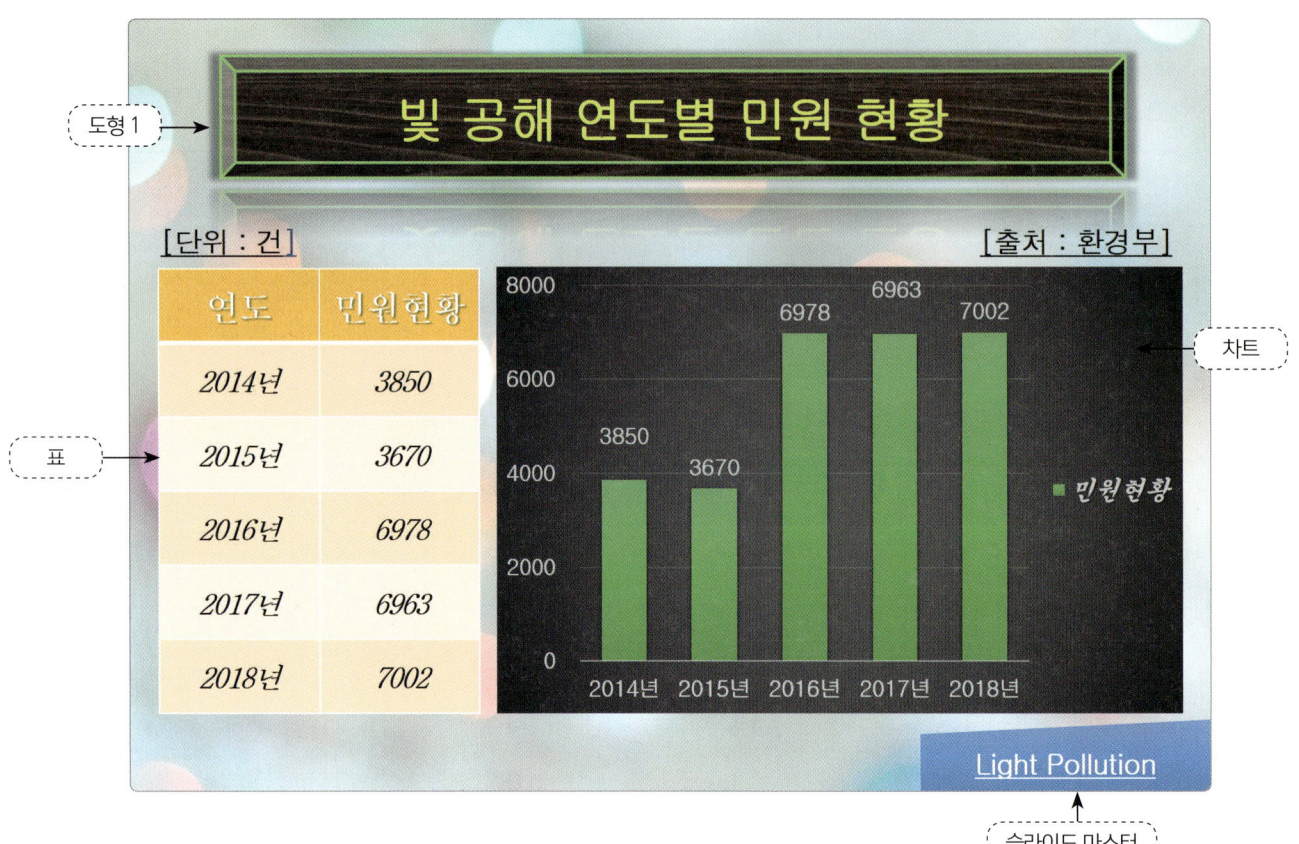

《작성조건》

(1) 제목
▶ 도형 1 ⇒ 기본 도형 : 빗면, 도형 채우기(질감 : 월넛), 도형 윤곽선(실선, 색 : 연한 녹색, 너비 : 2pt, 겹선 종류 : 단순형), 도형 효과(그림자 – 바깥쪽 – 오프셋 가운데, 반사 – '근접 반사, 8 pt 오프셋'), 글꼴(굴림, 36pt, 굵게, 노랑)

(2) 본문
▶ 텍스트 상자 1([단위 : 건]) ⇒ 글꼴(돋움, 20pt, 굵게, 밑줄)
▶ 표 ⇒ 표 스타일(보통 스타일 2 – 강조 4), 가장 위의 행 : 글꼴(바탕체, 24pt, 굵게, 텍스트 그림자, 가운데 맞춤), 나머지 행 : 글꼴(바탕체, 20pt, 굵게, 기울임꼴, 가운데 맞춤)
▶ 텍스트 상자 2([출처 : 환경부]) ⇒ 글꼴(돋움, 20pt, 굵게, 밑줄)
▶ 차트 ⇒ 세로 막대형 : 묶은 세로 막대형, 차트 스타일(색 변경 – '색상형 – 색 4', 스타일 9), 축 서식/데이터 레이블 서식 : 글꼴(굴림, 16pt, 굵게), 범례 서식 : 글꼴(궁서, 18pt, 굵게, 기울임꼴, 텍스트 그림자), 데이터는 표 참고
▶ 배경 ⇒ 배경 서식(채우기 – 그림 또는 질감 채우기)에서 그림 2 삽입(현재 슬라이드만 적용)
▶ 애니메이션 지정 ⇒ 차트 : 나타내기 – 올라오기
▶ 지시사항이 없는 부분은《출력형태》와 동일하게 작성하시오.

디지털정보활용능력 : 프리젠테이션(파워포인트) [시험시간: 40분] 4/4

【슬라이드 4】 아래의 작성조건 및 출력형태에 알맞게 네 번째 슬라이드에 작업하시오. (60점)

《출력형태》

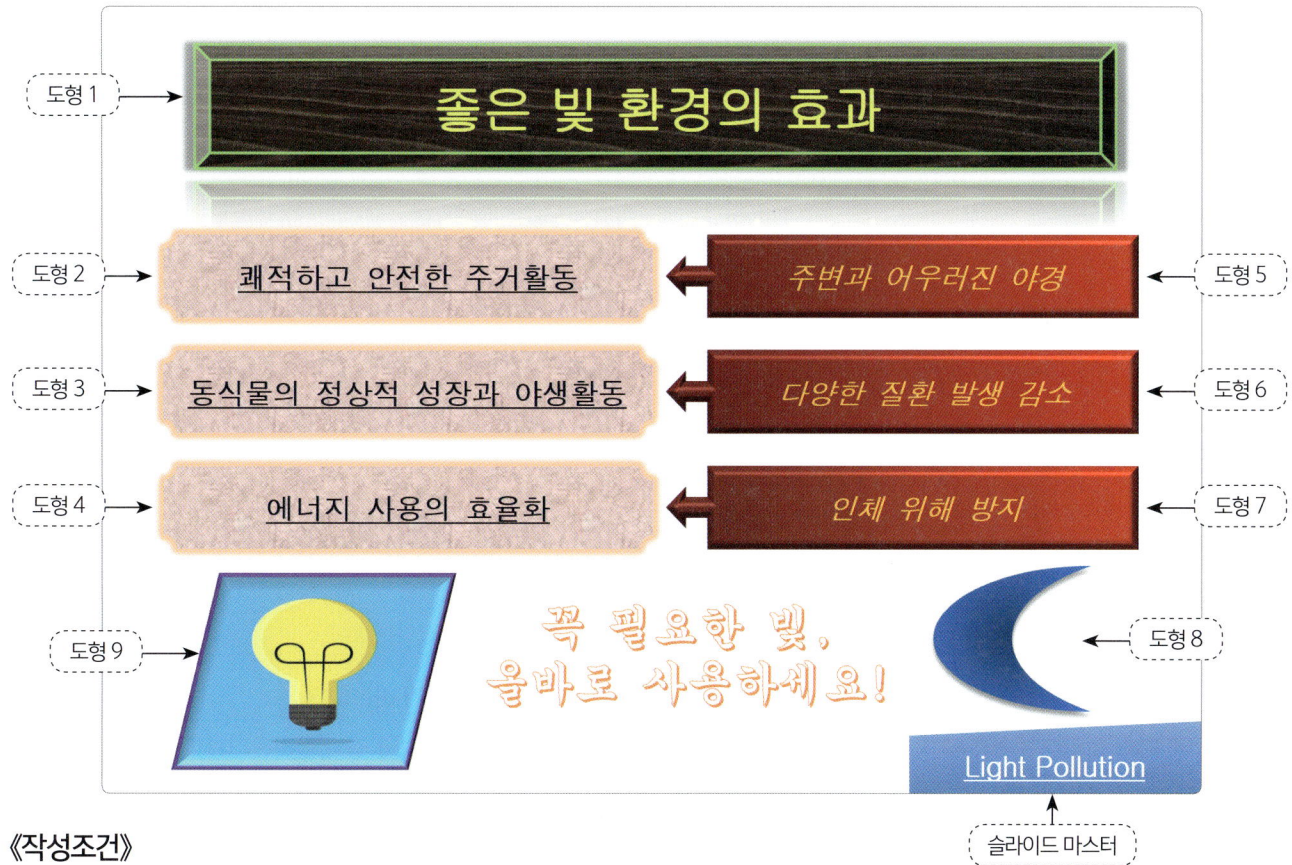

《작성조건》

(1) 제목
▶ 도형 1 ⇒ 기본 도형 : 빗면, 도형 채우기(질감 : 월넛), 도형 윤곽선(실선, 색 : 연한 녹색, 너비 : 2pt, 겹선 종류 : 단순형), 도형 효과(그림자 - 바깥쪽 - 오프셋 가운데, 반사 - '근접 반사, 8 pt 오프셋'), 글꼴(굴림, 36pt, 굵게, 노랑)

(2) 본문
▶ 도형 2~4 ⇒ 기본 도형 : 배지, 도형 채우기(질감 : 분홍 박엽지), 선 없음, 도형 효과(네온 - '주황, 8 pt 네온, 강조색 2'), 글꼴(돋움체, 20pt, 굵게, 밑줄, '검정, 텍스트 1')
▶ 도형 5~7 ⇒ 블록 화살표 : 왼쪽 화살표 설명선, 도형 채우기(진한 빨강, 그라데이션 - 왼쪽 아래 모서리에서), 선 없음, 도형 효과(입체 효과 - 비스듬하게), 글꼴(돋움체, 20pt, 굵게, 기울임꼴, 주황)
▶ 도형 8 ⇒ 기본 도형 : 달, 도형 채우기(파랑, 그라데이션 - 가운데에서), 선 없음, 도형 효과(그림자 - 바깥쪽 - 오프셋 아래쪽)
▶ 도형 9 ⇒ 기본 도형 : 평행 사변형, 도형 채우기(그림 또는 질감 채우기) 기능을 사용하여 그림 3 삽입, 도형 윤곽선(실선, 색 : 자주, 너비 : 3pt, 겹선 종류 : 단순형, 대시 종류 : 사각 점선), 도형 효과(입체 효과 - 부드럽게 둥글리기)
▶ WordArt 삽입(꼭 필요한 빛, 올바로 사용하세요!) ⇒ WordArt 스타일('채우기 - 흰색, 윤곽선 - 강조 2, 진한 그림자 - 강조 2'), 글꼴(궁서체, 32pt, 굵게, 텍스트 그림자)
▶ 지시사항이 없는 부분은《출력형태》와 동일하게 작성하시오.

제21회 실전모의고사

MS Office 2016 버전용

▸ 시험과목 : 프리젠테이션(파워포인트)
▸ 시험일자 : 20XX. XX. XX.(X)
▸ 응시자 기재사항 및 감독위원 확인

| 수 검 번 호 | DIP - XXXX - | 감독위원 확인 |
| 성 명 | | |

응시자 유의사항

1. 응시자는 신분증을 지참하여야 시험에 응시할 수 있으며, 시험이 종료될 때까지 신분증을 제시하지 못할 경우 해당 시험은 0점 처리됩니다.
2. 시스템(PC 작동 여부, 네트워크 상태 등)의 이상 여부를 반드시 확인하여야 하며, 시스템 이상이 있을시 감독위원에게 조치를 받으셔야 합니다.
3. 시험 중 부주의 또는 고의로 시스템을 파손한 경우는 응시자 부담으로 합니다.
4. 답안 전송 프로그램을 통해 다운로드 받은 파일을 이용하여 답안 파일을 작성하시기 바랍니다.
5. 작성한 답안 파일은 답안 전송 프로그램을 통하여 전송됩니다. 감독위원의 지시에 따라 주시기 바랍니다.
6. 다음 사항의 경우 실격(0점) 혹은 부정행위 처리됩니다.
   ❶ 답안 파일을 저장하지 않았거나, 저장한 파일이 손상되었을 경우
   ❷ 답안 파일을 지정된 폴더(바탕화면 "KAIT" 폴더)에 저장하지 않았을 경우
      ※ 답안 전송 프로그램 로그인 시 바탕화면에 자동 생성됨
   ❸ 답안 파일을 다른 보조기억장치(USB) 혹은 네트워크(메신저, 게시판 등)로 전송할 경우
   ❹ 휴대용 전화기 등 통신기기를 사용할 경우
7. 슬라이드는 반드시 순서대로 작성해야 하며, 순서가 다를 경우 "0"점 처리됩니다.
8. 시험지에 제시된 글꼴이 응시 프로그램에 없는 경우, 반드시 감독위원에게 해당 내용을 통보한 뒤 조치를 받아야 합니다.
9. 슬라이드 작성 시 도형의 그룹 설정을 사용하는 경우, 채점에서 감점 처리됩니다.
10. 시험의 완료는 작성이 완료된 답안을 저장하고, 답안 전송이 완료된 상태를 확인한 것으로 합니다. 답안 전송 확인 후 문제지는 감독위원에게 제출한 후 퇴실하여야 합니다.
11. 답안 전송이 완료된 경우에는 수정 또는 정정이 불가능합니다.
12. 시험 시행 후 합격자 발표는 홈페이지(www.ihd.or.kr)에서 확인하시기 바랍니다.
    ❶ 문제 및 모범답안 공개 : 20XX. XX. XX.(X)
    ❷ 합격자 발표 : 20XX. XX. XX.(X)

디지털정보활용능력 : 프리젠테이션(파워포인트)

[시험시간: 40분] 1/4

<유의사항>
- 《작성조건》을 준수하여 반드시 프리젠테이션 슬라이드로 작업합니다.
- 글꼴 및 기타 사항에 대해 별도의 지시사항이 없는 경우, 슬라이드 크기와 전체적인 균형을 고려하여 임의로 작성하되, 도형은 그룹으로 설정하지 않습니다.
- 모든 슬라이드 크기(A4), 방향(가로), 디자인 테마(Office 테마)로 지정합니다.
  ▶ 슬라이드 크기, 방향 조정 시 '맞춤 확인'으로 지정하여야 합니다.
- 공통적용사항(슬라이드 마스터)
  ▶ 도형 ⇒ 기본 도형 : 원통, 도형 스타일('강한 효과 – 주황, 강조 2'), 글꼴(굴림체, 20pt, 굵게)
- 그림 삽입 시 다운로드 한 그림 파일을 반드시 사용하여야 합니다.
- ┌┄┄┐→ 은 지시사항이므로 작성하지 않습니다.
- 슬라이드에 제시된 글자 및 숫자 오타는 감점 처리됩니다.

【슬라이드 1】 아래의 작성조건 및 출력형태에 알맞게 첫 번째 슬라이드에 작업하시오. (30점)

《출력형태》

《작성조건》
▶ 도형 1 ⇒ 기본 도형 : 액자, 도형 채우기(그라데이션 : 미리 설정 – '가운데 그라데이션 – 강조 6', 종류 – 선형, 방향 – 선형 위쪽), 도형 윤곽선(실선, 색 : 진한 파랑, 너비 : 3pt, 겹선 종류 : 단순형), 도형 효과(네온 – '녹색, 11pt 네온, 강조색 6'), 글꼴(돋움, 44pt, 굵게, 텍스트 그림자, 파랑)
▶ 도형 2 ⇒ 수식 도형 : 부등호, 도형 채우기(연한 파랑), 선 없음, 도형 효과(반사 – '근접 반사, 터치', 입체 효과 – 둥글게)
▶ 도형 3 ⇒ 수식 도형 : 나눗셈 기호, 도형 스타일('강한 효과 – 주황, 강조 2')
▶ 그림 삽입 ⇒ 그림 1 삽입, 크기(높이 : 8cm, 너비 : 6cm)
▶ 텍스트 상자(청소년 진로발달의 영향요인) ⇒ 글꼴(궁서체, 24pt, 기울임꼴, 밑줄)
▶ 애니메이션 지정 ⇒ 도형 1 : 나타내기 – 도형
▶ 지시사항이 없는 부분은 《출력형태》와 동일하게 작성하시오.

디지털정보활용능력 : 프리젠테이션(파워포인트)

[시험시간: 40분]

【슬라이드 2】 아래의 작성조건 및 출력형태에 알맞게 두 번째 슬라이드에 작업하시오. (50점)

《출력형태》

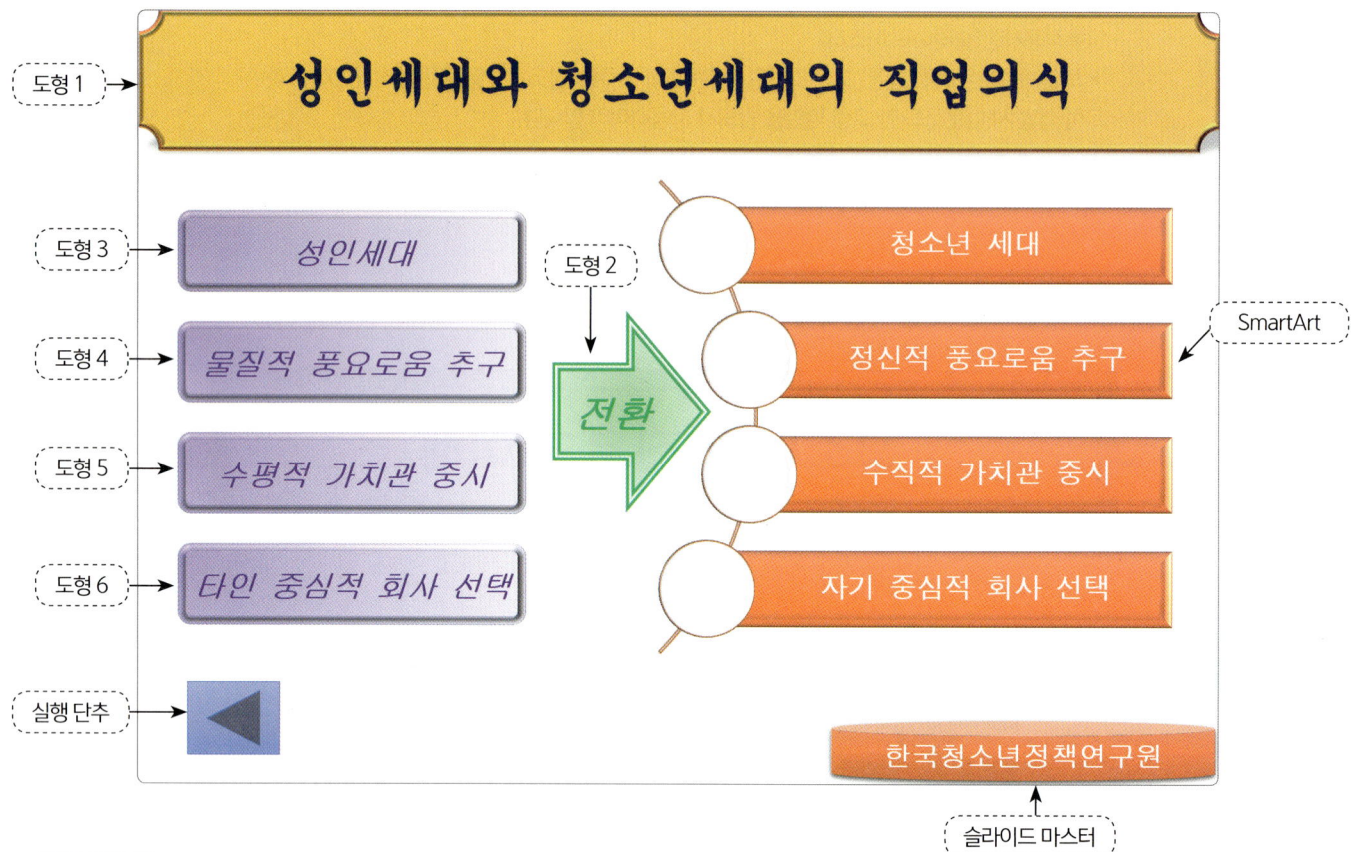

《작성조건》

(1) 제목
▶ 도형1 ⇒ 기본 도형 : 배지, 도형 채우기(주황), 도형 윤곽선(실선, 색 : '주황, 강조 2', 너비 : 2.5pt, 겹선 종류 : 단순형), 도형 효과(그림자 - 원근감 - 대각선 오른쪽 위, 입체 효과 - 낮은 수준의 경사), 글꼴(궁서체, 36pt, 굵게, 진한 파랑)

(2) 본문
▶ 도형 2 ⇒ 블록 화살표 : 오른쪽 화살표, 도형 채우기(연한 녹색, 그라데이션 - 가운데에서), 도형 윤곽선(실선, 색 : 녹색, 너비 : 6pt, 겹선 종류 : 이중), 글꼴(굴림체, 28pt, 굵게, 기울임꼴, 녹색)

▶ 도형 3~6 ⇒ 사각형 : 모서리가 둥근 직사각형, 도형 채우기(자주, 그라데이션 - 왼쪽 위 모서리에서), 선 없음, 도형 효과(입체 효과 - 볼록하게), 글꼴(굴림체, 22pt, 굵게, 기울임꼴, 자주)

▶ 실행 단추 ⇒ 실행 단추 : 뒤로 또는 이전, 하이퍼링크 : 이전 슬라이드, 도형 스타일('미세 효과 - 파랑, 강조 5')

▶ SmartArt 삽입 ⇒ 목록형 : 세로 곡선 목록형, 글꼴(돋움체, 20pt, 굵게, 가운데 맞춤), SmartArt 스타일(색 변경 - '색 채우기 - 강조 2', 3차원 - 경사), (반드시 SmartArt 기능을 이용하여 작성할 것)

▶ 애니메이션 지정 ⇒ SmartArt : 나타내기 - 시계 방향 회전

▶ 지시사항이 없는 부분은《출력형태》와 동일하게 작성하시오.

디지털정보활용능력 : 프리젠테이션(파워포인트)

[시험시간: 40분] 3/4

【슬라이드 3】 아래의 작성조건 및 출력형태에 알맞게 세 번째 슬라이드에 작업하시오. (60점)

《출력형태》

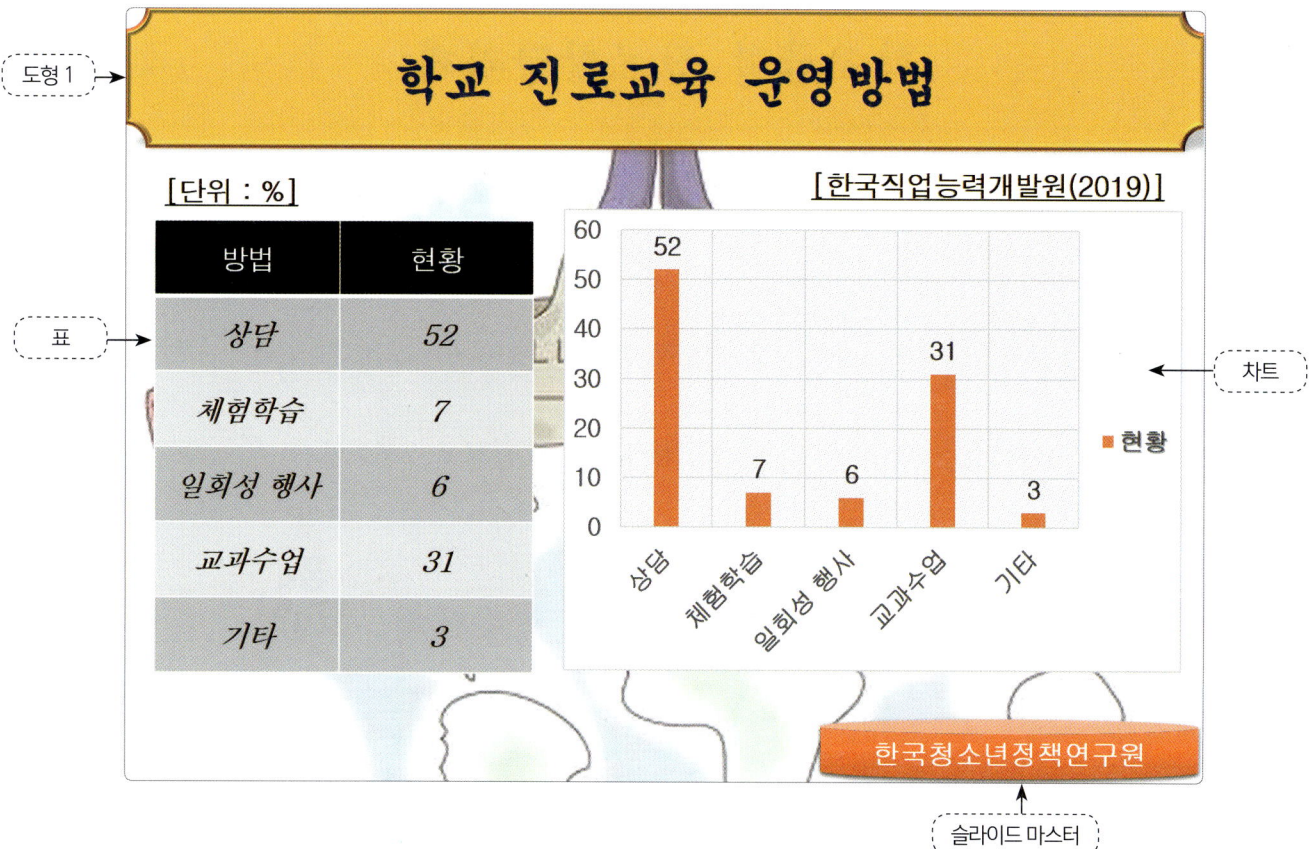

《작성조건》

(1) 제목
▶ 도형 1 ⇒ 기본 도형 : 배지, 도형 채우기(주황), 도형 윤곽선(실선, 색 : '주황, 강조 2', 너비 : 2.5pt, 겹선 종류 : 단순형), 도형 효과(그림자 - 원근감 - 대각선 오른쪽 위, 입체 효과 - 낮은 수준의 경사), 글꼴(궁서체, 36pt, 굵게, 진한 파랑)

(2) 본문
▶ 텍스트 상자 1([단위 : %]) ⇒ 글꼴(돋움, 20pt, 굵게, 밑줄)
▶ 표 ⇒ 표 스타일(보통 스타일 2), 가장 위의 행 : 글꼴(돋움, 20pt, 굵게, 텍스트 그림자, 가운데 맞춤), 나머지 행 : 글꼴(바탕, 20pt, 굵게, 기울임꼴, 가운데 맞춤)
▶ 텍스트 상자 2([한국직업능력개발원(2019)]) ⇒ 글꼴(돋움, 20pt, 굵게, 밑줄)
▶ 차트 ⇒ 세로 막대형 : 묶은 세로 막대형, 차트 스타일(색 변경 - '색상형 - 색 3', 스타일 8), 축 서식/데이터 레이블 서식 : 글꼴(굴림, 18pt, 굵게), 범례 서식 : 글꼴(굴림, 18pt, 굵게, 텍스트 그림자), 데이터는 표 참고
▶ 배경 ⇒ 배경 서식(채우기 - 그림 또는 질감 채우기)에서 그림 2 삽입(현재 슬라이드만 적용)
▶ 애니메이션 지정 ⇒ 차트 : 나타내기 - 올라오기
▶ 지시사항이 없는 부분은 《출력형태》와 동일하게 작성하시오.

디지털정보활용능력 : 프리젠테이션(파워포인트)

[시험시간: 40분] 4/4

【슬라이드 4】 아래의 작성조건 및 출력형태에 알맞게 네 번째 슬라이드에 작업하시오. (60점)

《출력형태》

《작성조건》

(1) 제목
▶ 도형 1 ⇒ 기본 도형 : 배지, 도형 채우기(주황), 도형 윤곽선(실선, 색 : '주황, 강조 2', 너비 : 2.5pt, 겹선 종류 : 단순형), 도형 효과(그림자 - 원근감 - 대각선 오른쪽 위, 입체 효과 - 낮은 수준의 경사), 글꼴(궁서체, 36pt, 굵게, 진한 파랑)

(2) 본문
▶ 도형 2~4 ⇒ 기본 도형 : 타원, 도형 채우기(질감 : 분홍 박엽지), 선 없음, 도형 효과(그림자 - 바깥쪽 - 오프셋 왼쪽), 글꼴(바탕, 22pt, 굵게, 빨강)
▶ 도형 5~7 ⇒ 기본 도형 : 평행 사변형, 도형 채우기('주황, 강조 2', 그라데이션 - 가운데에서), 선 없음, 도형 효과(네온 - '주황, 8 pt 네온, 강조색 2'), 글꼴(바탕, 20pt, 굵게, 기울임꼴, '검정, 텍스트 1')
▶ 도형 8 ⇒ 기본 도형 : 하트, 도형 채우기(연한 녹색, 그라데이션 - 선형 왼쪽), 선 없음, 도형 효과(반사 - '1/2 반사, 4 pt 오프셋')
▶ 도형 9 ⇒ 별 및 현수막 : 포인트가 5개인 별, 도형 채우기(그림 또는 질감 채우기) 기능을 사용하여 그림 3 삽입, 도형 윤곽선(실선, 색 : 빨강, 너비 : 3pt, 겹선 종류 : 단순형, 대시 종류 : 둥근 점선), 도형 효과(네온 - '주황, 8 pt 네온, 강조색 2')
▶ WordArt 삽입(청소년의 진로직업 발달과제) ⇒ WordArt 스타일('채우기 - 흰색, 윤곽선 - 강조 1, 그림자'), 글꼴(궁서, 30pt, 굵게, 텍스트 그림자)
▶ 지시사항이 없는 부분은 《출력형태》와 동일하게 작성하시오.

제22회 실전모의고사

MS Office 2016 버전용

▸ 시험과목 : 프리젠테이션(파워포인트)
▸ 시험일자 : 20XX. XX. XX.(X)
▸ 응시자 기재사항 및 감독위원 확인

B

수 검 번 호	DIP – XXXX –	감독위원확인
성 명		

응시자 유의사항

1. 응시자는 신분증을 지참하여야 시험에 응시할 수 있으며, 시험이 종료될 때까지 신분증을 제시하지 못할 경우 해당 시험은 0점 처리됩니다.
2. 시스템(PC 작동 여부, 네트워크 상태 등)의 이상 여부를 반드시 확인하여야 하며, 시스템 이상이 있을시 감독위원에게 조치를 받으셔야 합니다.
3. 시험 중 부주의 또는 고의로 시스템을 파손한 경우는 응시자 부담으로 합니다.
4. 답안 전송 프로그램을 통해 다운로드 받은 파일을 이용하여 답안 파일을 작성하시기 바랍니다.
5. 작성한 답안 파일은 답안 전송 프로그램을 통하여 전송됩니다. 감독위원의 지시에 따라 주시기 바랍니다.
6. 다음 사항의 경우 실격(0점) 혹은 부정행위 처리됩니다.
    ❶ 답안 파일을 저장하지 않았거나, 저장한 파일이 손상되었을 경우
    ❷ 답안 파일을 지정된 폴더(바탕화면 "KAIT" 폴더)에 저장하지 않았을 경우
        ※ 답안 전송 프로그램 로그인 시 바탕화면에 자동 생성됨
    ❸ 답안 파일을 다른 보조기억장치(USB) 혹은 네트워크(메신저, 게시판 등)로 전송할 경우
    ❹ 휴대용 전화기 등 통신기기를 사용할 경우
7. 슬라이드는 반드시 순서대로 작성해야 하며, 순서가 다를 경우 "0"점 처리됩니다.
8. 시험지에 제시된 글꼴이 응시 프로그램에 없는 경우, 반드시 감독위원에게 해당 내용을 통보한 뒤 조치를 받아야 합니다.
9. 슬라이드 작성 시 도형의 그룹 설정을 사용하는 경우, 채점에서 감점 처리됩니다.
10. 시험의 완료는 작성이 완료된 답안을 저장하고, 답안 전송이 완료된 상태를 확인한 것으로 합니다. 답안 전송 확인 후 문제지는 감독위원에게 제출한 후 퇴실하여야 합니다.
11. 답안 전송이 완료된 경우에는 수정 또는 정정이 불가능합니다.
12. 시험 시행 후 합격자 발표는 홈페이지(www.ihd.or.kr)에서 확인하시기 바랍니다.
    ❶ 문제 및 모범답안 공개 : 20XX. XX. XX.(X)
    ❷ 합격자 발표 : 20XX. XX. XX.(X)

디지털정보활용능력 : 프리젠테이션(파워포인트)

[시험시간: 40분]

<유의사항>
- 《작성조건》을 준수하여 반드시 프리젠테이션 슬라이드로 작업합니다.
- 글꼴 및 기타 사항에 대해 별도의 지시사항이 없는 경우, 슬라이드 크기와 전체적인 균형을 고려하여 임의로 작성하되, 도형은 그룹으로 설정하지 않습니다.
- 모든 슬라이드 크기(A4), 방향(가로), 디자인 테마(Office 테마)로 지정합니다.
  ▶ 슬라이드 크기, 방향 조정 시 '맞춤 확인'으로 지정하여야 합니다.
- 공통적용사항(슬라이드 마스터)
  ▶ 도형 ⇒ 기본 도형 : 타원, 도형 스타일('보통 효과 – 파랑, 강조 1'), 글꼴(굴림, 20pt, 굵게)
- 그림 삽입 시 다운로드 한 그림 파일을 반드시 사용하여야 합니다.
- ⌐⌐⌐→은 지시사항이므로 작성하지 않습니다.
- 슬라이드에 제시된 글자 및 숫자 오타는 감점 처리됩니다.

【슬라이드 1】 아래의 작성조건 및 출력형태에 알맞게 첫 번째 슬라이드에 작업하시오. (30점)

《출력형태》

《작성조건》
▶ 도형 1 ⇒ 기본 도형 : 정육면체, 도형 채우기(그라데이션 : 미리 설정 – '밝은 그라데이션 – 강조 1', 종류 – 선형, 방향 – 선형 위쪽), 도형 윤곽선(실선, 색 : 녹색, 너비 : 2pt, 겹선 종류 : 단순형), 도형 효과(그림자 – 바깥쪽 – 오프셋 대각선 오른쪽 아래), 글꼴(바탕, 44pt, 굵게, 텍스트 그림자, 자주)
▶ 도형 2 ⇒ 기본 도형 : 구름, 도형 채우기(진한 파랑), 선 없음, 도형 효과(그림자 – 원근감 대각선 왼쪽 위, 반사 – '전체 반사, 8 pt 오프셋')
▶ 도형 3 ⇒ 블록 화살표 : 왼쪽 화살표 설명선, 도형 스타일('색 채우기 – 주황, 강조 2')
▶ 그림 삽입 ⇒ 그림 1삽입, 크기(높이 : 8cm, 너비 : 8cm)
▶ 텍스트 상자(일상에서 노출 가능한 유해화학물질) ⇒ 글꼴(굴림, 28pt, 굵게, 밑줄)
▶ 애니메이션 지정 ⇒ 도형 1 : 나타내기 – 날아오기
▶ 지시사항이 없는 부분은 《출력형태》와 동일하게 작성하시오.

[슬라이드 2] 아래의 작성조건 및 출력형태에 알맞게 두 번째 슬라이드에 작업하시오. (50점)

《출력형태》

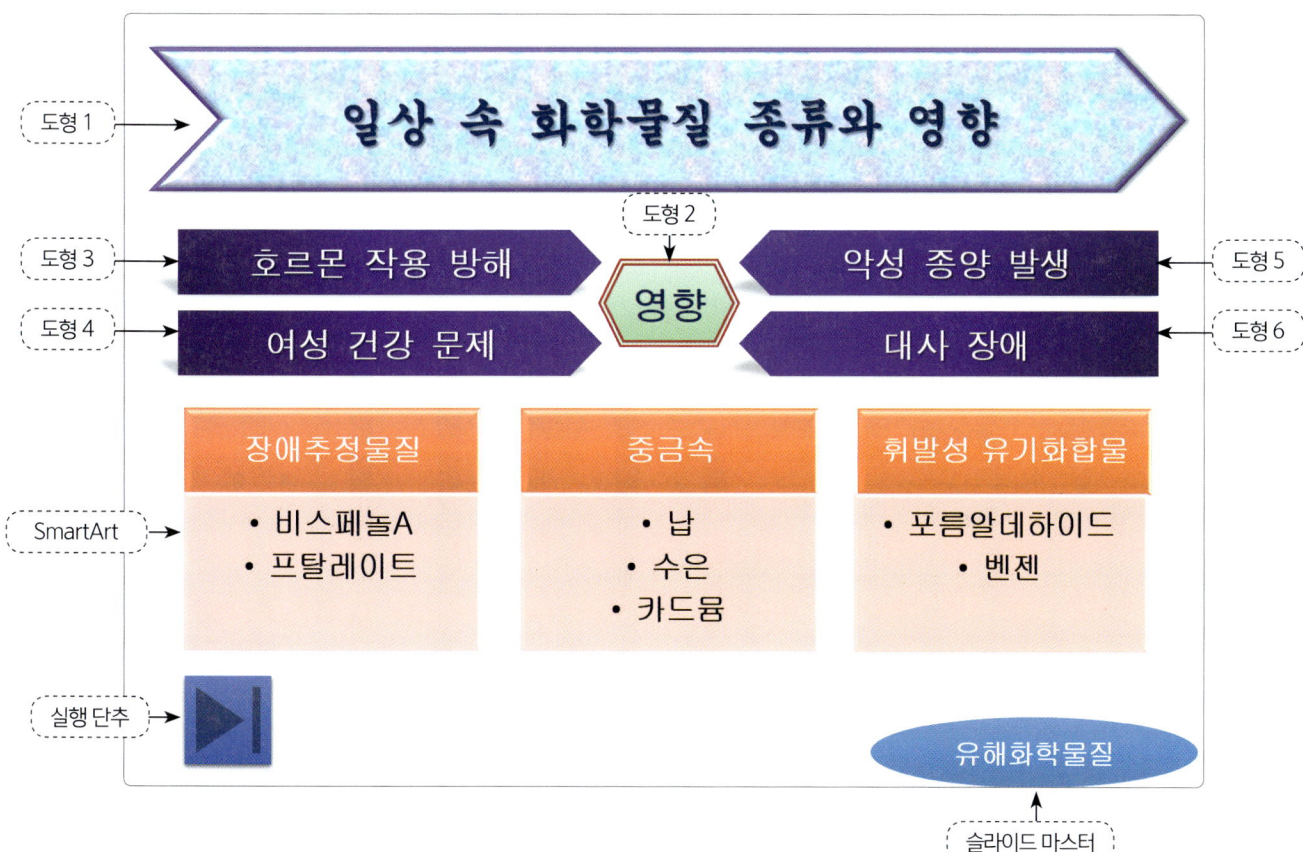

《작성조건》

(1) 제목
- 도형 1 ⇒ 블록 화살표 : 갈매기형 수장, 도형 채우기(질감 : 꽃다발), 도형 윤곽선(실선, 색 : 자주, 너비 : 3pt, 겹선 종류 : 단순형), 도형 효과(그림자 - 바깥쪽 - 오프셋 오른쪽, 입체 효과 - 아트 데코), 글꼴(궁서체, 34pt, 굵게, 텍스트 그림자, 진한 파랑)

(2) 본문
- 도형 2 ⇒ 기본 도형 : 육각형, 도형 채우기(연한 녹색, 그라데이션 - 선형 위쪽), 도형 윤곽선(실선, 색 : 진한 빨강, 너비 : 5pt, 겹선 종류 : 이중), 글꼴(굴림, 28pt, 굵게, 진한 파랑)
- 도형 3~6 ⇒ 블록 화살표 : 오각형, 도형 채우기(자주, 그라데이션 - 왼쪽 아래 모서리에서), 선 없음, 도형 효과(그림자 - 원근감 대각선 왼쪽 위), 글꼴(돋움체, 24pt, 굵게, 텍스트 그림자)
- 실행 단추 ⇒ 실행 단추 : 끝, 하이퍼링크 : 마지막 슬라이드, 도형 스타일('강한 효과 - 파랑, 강조 5')
- SmartArt 삽입 ⇒ 목록형 : 가로 글머리 기호 목록형, 글꼴(굴림, 22pt, 굵게, 가운데 맞춤), SmartArt 스타일(색 변경 - '색 채우기 - 강조 2', 3차원 - 광택 처리), (반드시 SmartArt 기능을 이용하여 작성할 것)
- 애니메이션 지정 ⇒ SmartArt : 나타내기 - 도형
- 지시사항이 없는 부분은《출력형태》와 동일하게 작성하시오.

[슬라이드 3] 아래의 작성조건 및 출력형태에 알맞게 세 번째 슬라이드에 작업하시오. (60점)

《출력형태》

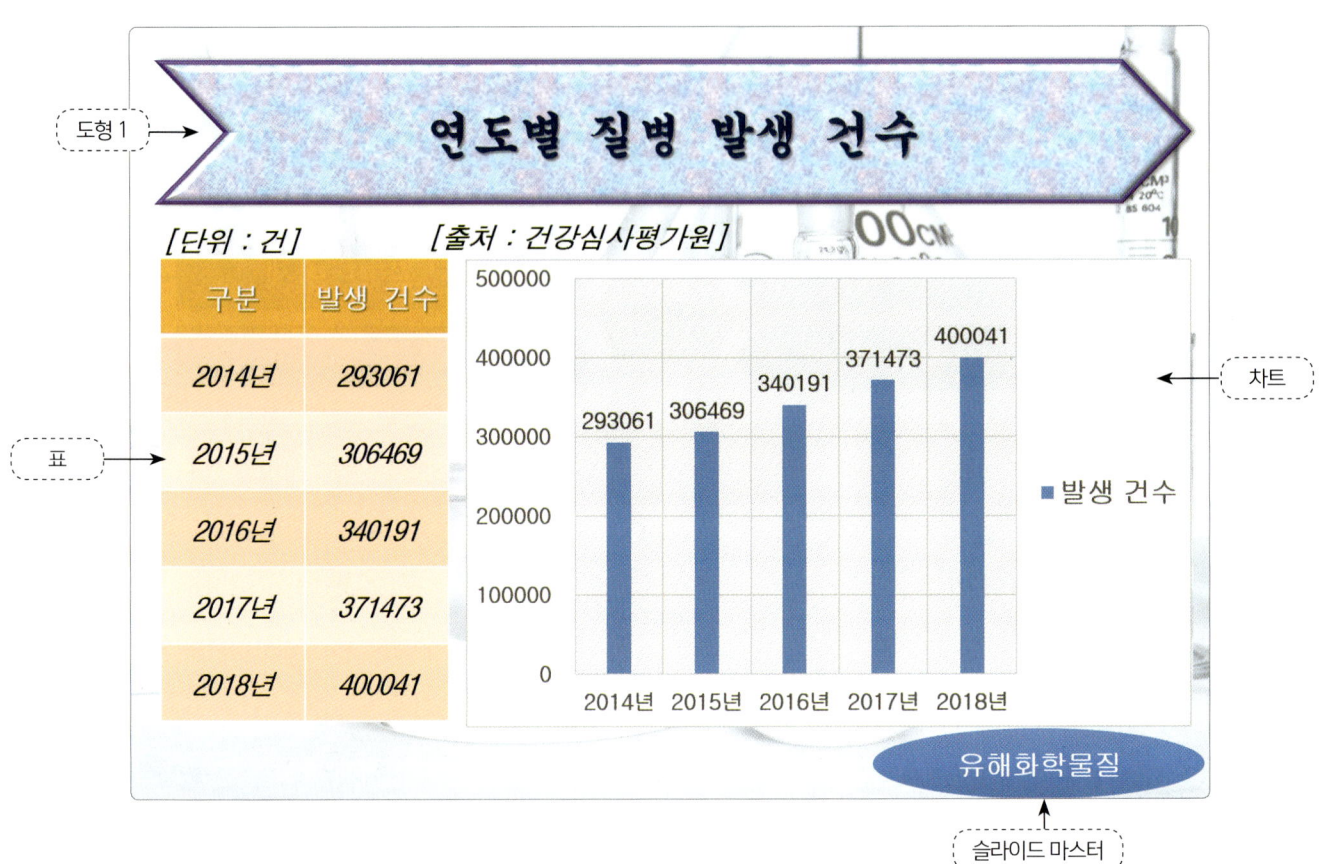

《작성조건》

(1) 제목
▶ 도형 1 ⇒ 블록 화살표 : 갈매기형 수장, 도형 채우기(질감 : 꽃다발), 도형 윤곽선(실선, 색 : 자주, 너비 : 3pt, 겹선 종류 : 단순형), 도형 효과(그림자 – 바깥쪽 – 오프셋 오른쪽, 입체 효과 – 아트 데코), 글꼴(궁서체, 34pt, 굵게, 텍스트 그림자, 진한 파랑)

(2) 본문
▶ 텍스트 상자 1([단위 : 건]) ⇒ 글꼴(돋움, 20pt, 굵게, 기울임꼴)
▶ 표 ⇒ 표 스타일(보통 스타일 2 – 강조 4), 가장 위의 행 : 글꼴(돋움체, 20pt, 굵게, 텍스트 그림자, 가운데 맞춤), 나머지 행 : 글꼴(돋움체, 20pt, 굵게, 기울임꼴, 가운데 맞춤)
▶ 텍스트 상자 2([출처 : 건강심사평가원]) ⇒ 글꼴(돋움, 20pt, 굵게, 기울임꼴)
▶ 차트 ⇒ 세로 막대형 : 묶은 세로 막대형, 차트 스타일(색 변경 – '색상형 – 색 2', 스타일 8), 축 서식/데이터 레이블 서식 : 글꼴(굴림, 16pt, 굵게), 범례 서식 : 글꼴(굴림, 20pt, 굵게), 데이터는 표 참고
▶ 배경 ⇒ 배경 서식(채우기 – 그림 또는 질감 채우기)에서 그림 2 삽입(현재 슬라이드만 적용)
▶ 애니메이션 지정 ⇒ 차트 : 나타내기 – 나누기
▶ 지시사항이 없는 부분은 《출력형태》와 동일하게 작성하시오.

디지털정보활용능력 : 프리젠테이션(파워포인트) [시험시간: 40분] 4/4

【슬라이드 4】 아래의 작성조건 및 출력형태에 알맞게 네 번째 슬라이드에 작업하시오. (60점)

《출력형태》

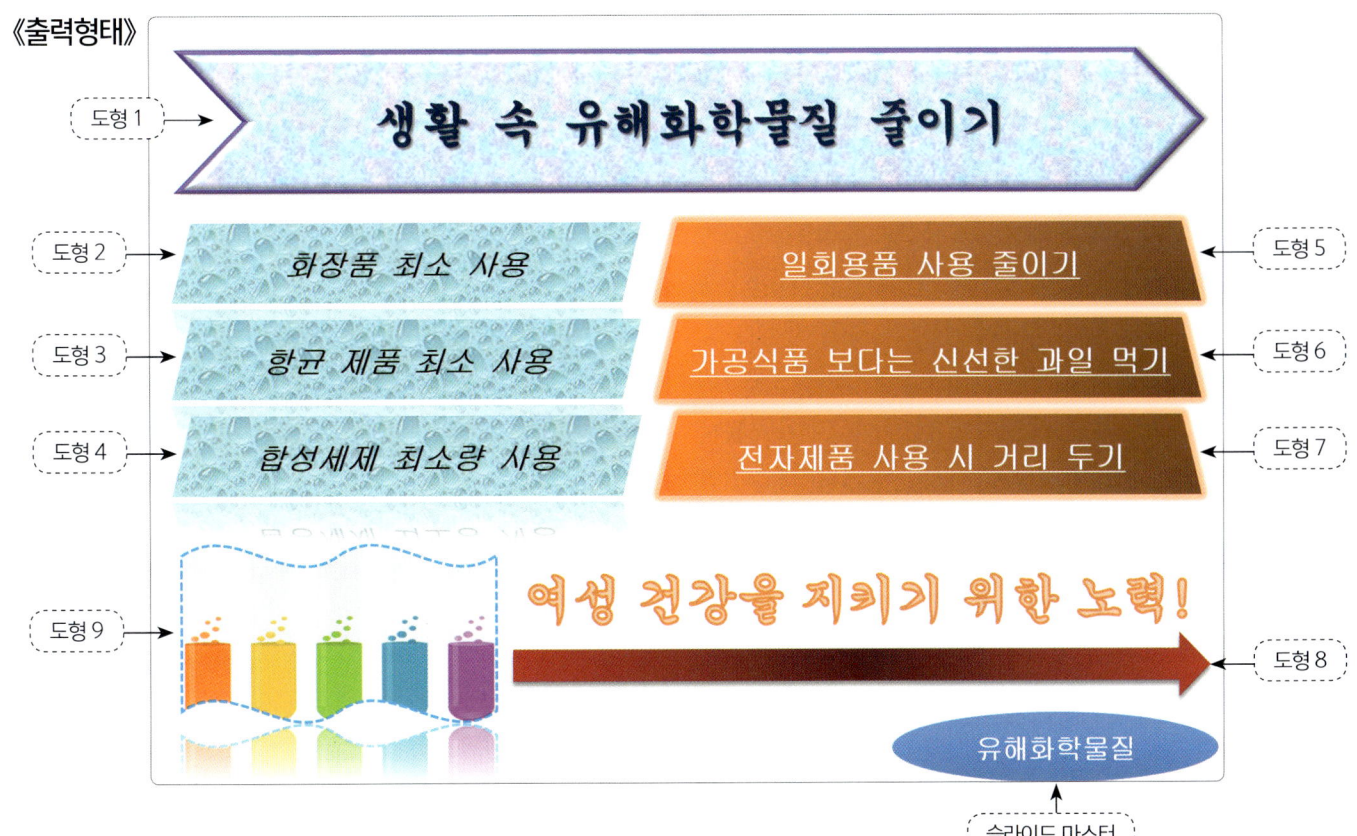

《작성조건》

(1) 제목
- 도형 1 ⇒ 블록 화살표 : 갈매기형 수장, 도형 채우기(질감 : 꽃다발), 도형 윤곽선(실선, 색 : 자주, 너비 : 3pt, 겹선 종류 : 단순형), 도형 효과(그림자 – 바깥쪽 – 오프셋 오른쪽, 입체 효과 – 아트 데코), 글꼴(궁서체, 34pt, 굵게, 텍스트 그림자, 진한 파랑)

(2) 본문
- 도형 2~4 ⇒ 기본 도형 : 평행 사변형, 도형 채우기(질감 : 작은 물방울), 선 없음, 도형 효과(반사 – '1/2 반사, 4 pt 오프셋'), 글꼴(굴림체, 22pt, 굵게, 기울임꼴, '검정, 텍스트 1')
- 도형 5~7 ⇒ 기본 도형 : 사다리꼴, 도형 채우기('주황, 강조 2, 그라데이션 – 오른쪽 아래 모서리에서'), 선 없음, 도형 효과(네온 – '주황, 8 pt 네온, 강조색 2'), 글꼴(굴림체, 22pt, 굵게, 밑줄)
- 도형 8 ⇒ 블록 화살표 : 오른쪽 화살표, 도형 채우기(진한 빨강, 그라데이션 – 가운데에서), 선 없음, 도형 효과(그림자 – 바깥쪽 – 오프셋 아래쪽)
- 도형 9 ⇒ 별 및 현수막 : 이중 물결, 도형 채우기(그림 또는 질감 채우기) 기능을 사용하여 그림 3 삽입, 도형 윤곽선(실선, 색 : 연한 파랑, 너비 : 2pt, 겹선 종류 : 단순형, 대시 종류 : 사각 점선), 도형 효과(반사 – '근접 반사, 터치')
- WordArt 삽입(여성 건강을 지키기 위한 노력!) ⇒ WordArt 스타일('채우기 – 주황, 강조 2, 윤곽선 – 강조 2'), 글꼴(궁서, 36pt, 굵게)
- 지시사항이 없는 부분은 《출력형태》와 동일하게 작성하시오.

제23회 실전모의고사

MS Office 2016 버전용

▸ 시험과목 : 프리젠테이션(파워포인트)
▸ 시험일자 : 20XX. XX. XX.(X)
▸ 응시자 기재사항 및 감독위원 확인

수 검 번 호	DIP – XXXX –	감독위원 확인
성 명		

응시자 유의사항

1. 응시자는 신분증을 지참하여야 시험에 응시할 수 있으며, 시험이 종료될 때까지 신분증을 제시하지 못할 경우 해당 시험은 0점 처리됩니다.
2. 시스템(PC 작동 여부, 네트워크 상태 등)의 이상 여부를 반드시 확인하여야 하며, 시스템 이상이 있을시 감독위원에게 조치를 받으셔야 합니다.
3. 시험 중 부주의 또는 고의로 시스템을 파손한 경우는 응시자 부담으로 합니다.
4. 답안 전송 프로그램을 통해 다운로드 받은 파일을 이용하여 답안 파일을 작성하시기 바랍니다.
5. 작성한 답안 파일은 답안 전송 프로그램을 통하여 전송됩니다. 감독위원의 지시에 따라 주시기 바랍니다.
6. 다음 사항의 경우 실격(0점) 혹은 부정행위 처리됩니다.
   ❶ 답안 파일을 저장하지 않았거나, 저장한 파일이 손상되었을 경우
   ❷ 답안 파일을 지정된 폴더(바탕화면 "KAIT" 폴더)에 저장하지 않았을 경우
      ※ 답안 전송 프로그램 로그인 시 바탕화면에 자동 생성됨
   ❸ 답안 파일을 다른 보조기억장치(USB) 혹은 네트워크(메신저, 게시판 등)로 전송할 경우
   ❹ 휴대용 전화기 등 통신기기를 사용할 경우
7. 슬라이드는 반드시 순서대로 작성해야 하며, 순서가 다를 경우 "0"점 처리됩니다.
8. 시험지에 제시된 글꼴이 응시 프로그램에 없는 경우, 반드시 감독위원에게 해당 내용을 통보한 뒤 조치를 받아야 합니다.
9. 슬라이드 작성 시 도형의 그룹 설정을 사용하는 경우, 채점에서 감점 처리됩니다.
10. 시험의 완료는 작성이 완료된 답안을 저장하고, 답안 전송이 완료된 상태를 확인한 것으로 합니다. 답안 전송 확인 후 문제지는 감독위원에게 제출한 후 퇴실하여야 합니다.
11. 답안 전송이 완료된 경우에는 수정 또는 정정이 불가능합니다.
12. 시험 시행 후 합격자 발표는 홈페이지(www.ihd.or.kr)에서 확인하시기 바랍니다.
    ❶ 문제 및 모범답안 공개 : 20XX. XX. XX.(X)
    ❷ 합격자 발표 : 20XX. XX. XX.(X)

디지털정보활용능력 : 프리젠테이션(파워포인트) [시험시간: 40분]

<유의사항>
- 《작성조건》을 준수하여 반드시 프리젠테이션 슬라이드로 작업합니다.
- 글꼴 및 기타 사항에 대해 별도의 지시사항이 없는 경우, 슬라이드 크기와 전체적인 균형을 고려하여 임의로 작성하되, 도형은 그룹으로 설정하지 않습니다.
- 모든 슬라이드 크기(A4), 방향(가로), 디자인 테마(Office 테마)로 지정합니다.
  ▶ 슬라이드 크기, 방향 조정 시 '맞춤 확인'으로 지정하여야 합니다.
- 공통적용사항(슬라이드 마스터)
  ▶ 도형 ⇒ 사각형 : 모서리가 둥근 직사각형, 도형 스타일('미세 효과 – 주황, 강조 2'), 글꼴(굴림, 18pt, 굵게)
- 그림 삽입 시 다운로드 한 그림 파일을 반드시 사용하여야 합니다.
- ┈┈▶ 은 지시사항이므로 작성하지 않습니다.
- 슬라이드에 제시된 글자 및 숫자 오타는 감점 처리됩니다.

【슬라이드 1】아래의 작성조건 및 출력형태에 알맞게 첫 번째 슬라이드에 작업하시오. (30점)

《출력형태》

《작성조건》
▶ 도형 1 ⇒ 별 및 현수막 : 가로로 말린 두루마리 모양, 도형 채우기(그라데이션 : 미리 설정 – '가운데 그라데이션 – 강조 5', 종류 – 선형, 방향 – 선형 아래쪽), 도형 윤곽선(실선, 색 : '파랑, 강조 1, 50% 더 어둡게', 너비 : 3pt, 겹선 종류 : 단순형), 도형 효과(네온 – '파랑, 8 pt 네온, 강조색 1'), 글꼴(휴먼옛체, 54pt, 텍스트 그림자, 노랑)
▶ 도형 2 ⇒ 기본 도형 : 번개, 도형 채우기(진한 빨강), 선 없음, 도형 효과(그림자 – 안쪽 가운데, 반사 – '근접 반사, 터치')
▶ 도형 3 ⇒ 기본 도형 : 구름, 도형 스타일('보통 효과 – 파랑, 강조 5')
▶ 그림 삽입 ⇒ 그림 1삽입, 크기(높이 : 7cm, 너비 : 10cm)
▶ 텍스트 상자(바닷속에 해조류 심는 날) ⇒ 글꼴(돋움, 28pt, 굵게, 밑줄, 파랑)
▶ 애니메이션 지정 ⇒ 도형 1 : 나타내기 – 닦아내기
▶ 지시사항이 없는 부분은 《출력형태》와 동일하게 작성하시오.

디지털정보활용능력 : 프리젠테이션(파워포인트) [시험시간: 40분] 2/4

【슬라이드 2】 아래의 작성조건 및 출력형태에 알맞게 두 번째 슬라이드에 작업하시오. (50점)

《출력형태》

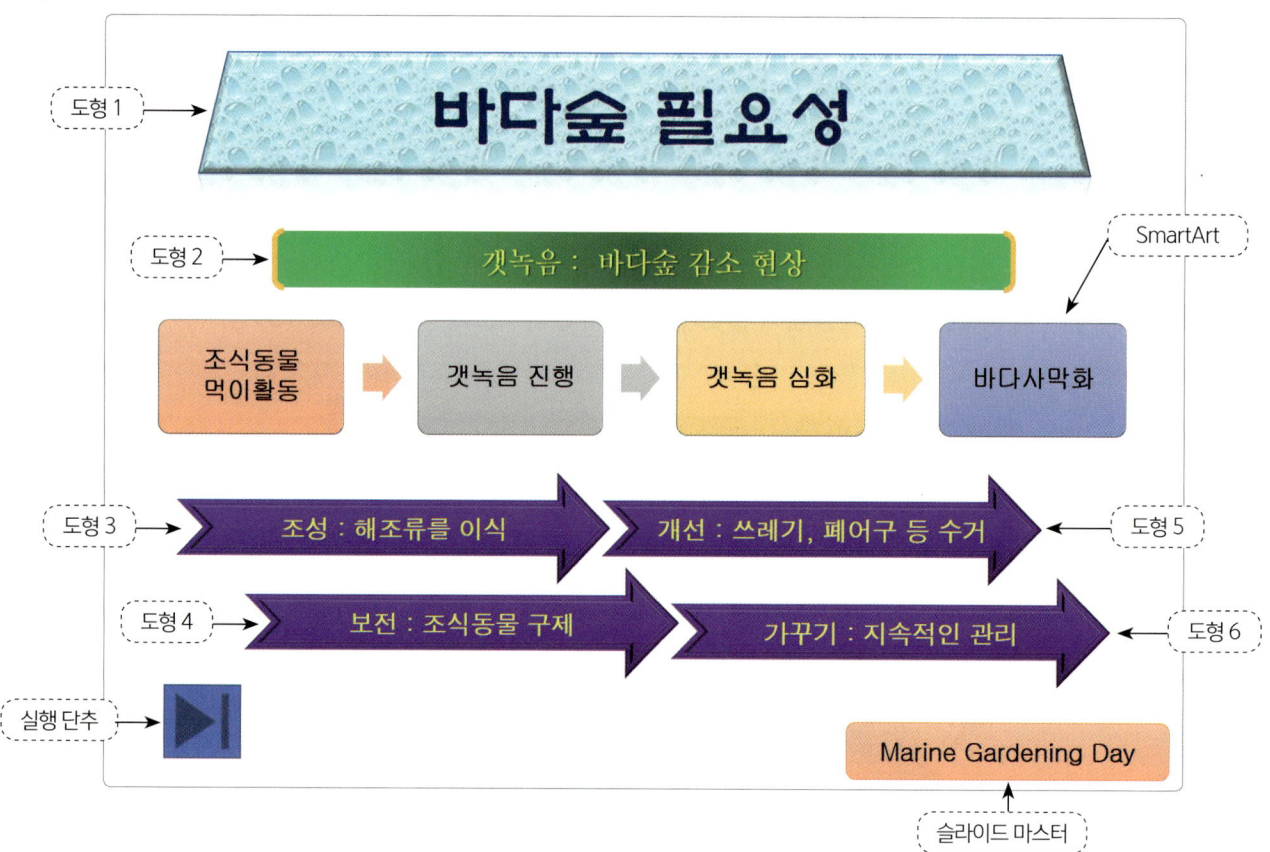

《작성조건》

(1) 제목
▶ 도형 1 ⇒ 기본 도형 : 사다리꼴, 도형 채우기(질감 : 작은 물방울), 도형 윤곽선(실선, 색 : 파랑, 너비 : 1pt, 겹선 종류 : 단순형), 도형 효과(반사 – '근접 반사, 터치', 입체 효과 – 비스듬하게), 글꼴(휴먼옛체, 48pt, 진한 파랑)

(2) 본문
▶ 도형 2 ⇒ 기본 도형 : 양쪽 대괄호, 도형 채우기(녹색, 그라데이션 – 가운데에서), 도형 윤곽선(실선, 색 : 주황, 너비 : 4pt, 겹선 종류 : 단순형), 글꼴(바탕, 20pt, 굵게, 텍스트 그림자, 노랑)
▶ 도형 3~6 ⇒ 블록 화살표 : 톱니 모양의 오른쪽 화살표, 도형 채우기(자주, 그라데이션 – 선형 위쪽), 선 없음, 도형 효과(입체 효과 – 급경사), 글꼴(돋움, 18pt, 굵게, 노랑)
▶ 실행 단추 ⇒ 실행 단추 : 끝, 하이퍼링크 : 마지막 슬라이드, 도형 스타일('색 채우기 – 파랑, 강조 5')
▶ SmartArt 삽입 ⇒ 프로세스형 : 기본 프로세스형, 글꼴(굴림, 18pt, 굵게, 가운데 맞춤), SmartArt 스타일(색 변경 – '색상형 – 강조색', 미세 효과), (반드시 SmartArt 기능을 이용하여 작성할 것)
▶ 애니메이션 지정 ⇒ SmartArt : 나타내기 – 나누기
▶ 지시사항이 없는 부분은 《출력형태》와 동일하게 작성하시오.

디지털정보활용능력 : 프리젠테이션(파워포인트) [시험시간: 40분] 3/4

【슬라이드 3】 아래의 작성조건 및 출력형태에 알맞게 세 번째 슬라이드에 작업하시오. (60점)

《출력형태》

《작성조건》

(1) 제목
▶ 도형 1 ⇒ 기본 도형 : 사다리꼴, 도형 채우기(질감 : 작은 물방울), 도형 윤곽선(실선, 색 : 파랑, 너비 : 1pt, 겹선 종류 : 단순형), 도형 효과(반사 – '근접 반사, 터치', 입체 효과 – 비스듬하게), 글꼴(휴먼옛체, 48pt, 진한 파랑)

(2) 본문
▶ 텍스트 상자 1([단위 : ha]) ⇒ 글꼴(바탕, 18pt, 굵게, 기울임꼴)
▶ 표 ⇒ 표 스타일(보통 스타일 3 – 강조 6), 가장 위의 행 : 글꼴(굴림, 18pt, 굵게, 텍스트 그림자, 가운데 맞춤), 나머지 행 : 글꼴(굴림, 16pt, 굵게, 기울임꼴, 가운데 맞춤)
▶ 텍스트 상자 2([출처 : 해양수산부]) ⇒ 글꼴(바탕, 18pt, 굵게, 기울임꼴)
▶ 차트 ⇒ 세로 막대형 : 묶은 세로 막대형, 차트 스타일(색 변경 – '색상형 – 색 3', 스타일 8), 축 서식/데이터 레이블 서식 : 글꼴(돋움, 16pt, 굵게), 범례 서식 : 글꼴(돋움, 18pt, 굵게, 기울임꼴), 데이터는 표 참고
▶ 배경 ⇒ 배경 서식(채우기 – 그림 또는 질감 채우기)에서 그림 2 삽입(현재 슬라이드만 적용)
▶ 애니메이션 지정 ⇒ 차트 : 나타내기 – 블라인드
▶ 지시사항이 없는 부분은《출력형태》와 동일하게 작성하시오.

디지털정보활용능력 : 프리젠테이션(파워포인트)

[시험시간: 40분] 4/4

【슬라이드 4】 아래의 작성조건 및 출력형태에 알맞게 세 번째 슬라이드에 작업하시오. (60점)

《출력형태》

《작성조건》
(1) 제목
▶ 도형 1 ⇒ 기본 도형 : 사다리꼴, 도형 채우기(질감 : 작은 물방울), 도형 윤곽선(실선, 색 : 파랑, 너비 : 1pt, 겹선 종류 : 단순형), 도형 효과(반사 – '근접 반사, 터치', 입체 효과 – 비스듬하게), 글꼴(휴먼옛체, 48pt, 진한 파랑)

(2) 본문
▶ 도형 2~4 ⇒ 순서도 : 화면 표시, 도형 채우기(파랑, 그라데이션 – 가운데에서), 선 없음, 도형 효과(입체 효과 – 리블렛), 글꼴(궁서, 20pt, 굵게, 진한 파랑)
▶ 도형 5~7 ⇒ 블록 화살표 : 갈매기형 수장, 도형 채우기(질감 : 물고기 화석), 선 없음, 도형 효과(그림자 – 안쪽 가운데), 글꼴(궁서, 20pt, 굵게, 텍스트 그림자, 진한 파랑)
▶ 도형 8 ⇒ 별 및 현수막 : 물결, 도형 채우기(녹색, 그라데이션 – 선형 위쪽), 선 없음, 도형 효과(반사 – '근접 반사, 터치')
▶ 도형 9 ⇒ 순서도 : 논리합, 도형 채우기(그림 또는 질감 채우기) 기능을 사용하여 그림 3 삽입, 도형 윤곽선(실선, 색 : 노랑, 너비 : 3pt, 겹선 종류 : 단순형), 도형 효과(네온 – '주황, 8 pt 네온, 강조색 2')
▶ WordArt 삽입(매년 5월 10일은 바다식목일) ⇒ WordArt 스타일('채우기 – 파랑, 강조 1, 윤곽선 – 배경 1, 진한 그림자 – 강조 1'), 글꼴(휴먼옛체, 36pt, 굵게, 텍스트 그림자)
▶ 지시사항이 없는 부분은 《출력형태》와 동일하게 작성하시오.